北京市汇融律师事务所
FILONG LAW FIRM
零壹租赁智库

主　编：张稚萍　柏　亮
副主编：邹　颖　李雪梅　赵慧利
统　筹：赵慧利

融资租赁

案件解析与实践指导

北京市汇融律师事务所
零壹租赁智库　◎著

中国经济出版社
CHINA ECONOMIC PUBLISHING HOUSE
北　京

图书在版编目（CIP）数据

融资租赁案件解析与实践指导／北京市汇融律师事务所，零壹租赁智库著．
北京：中国经济出版社，2018.4
ISBN 978－7－5136－5115－8

Ⅰ．①融…　Ⅱ．①北…　②零…　Ⅲ．①融资租赁—金融法—案例—中国
Ⅳ．①D922.282.5

中国版本图书馆 CIP 数据核字（2018）第 045849 号

责任编辑　张梦初
责任印制　马小宾
封面设计　华子设计

出版发行　中国经济出版社
印 刷 者　北京力信诚印刷有限公司
经 销 者　各地新华书店
开　　本　710mm×1000mm　1/16
印　　张　32.75
字　　数　500 千字
版　　次　2018 年 4 月第 1 版
印　　次　2018 年 4 月第 1 次
定　　价　98.00 元
广告经营许可证　京西工商广字第 8179 号

中国经济出版社　**网址** www.economyph.com　**社址** 北京市西城区百万庄北街 3 号　**邮编** 100037
本版图书如存在印装质量问题，请与本社发行中心联系调换（联系电话：010－68330607）

本书编写人员

主　　编　张稚萍　柏　亮

副 主 编　邹　颖　李雪梅　赵慧利

编委会成员[①]　张稚萍　柏　亮　马长春　邹　颖　李雪梅　张立国
李艳科　王　勇　孙　静　战　荣　贺　欣　孟俐君
任　立　王　松　胡行健　崔晓晔　王文佳　张福广
明文丰

统　　筹[②]　赵慧利

编　　辑[③]　吴雪阳　毛彧之　李　梦

---

① 张稚萍:北京市汇融律师事务所主任。
柏亮:零壹财经创始人、CEO,中国融资租赁三十人论坛外部理事。
马长春、邹颖、李雪梅、张立国:均为北京市汇融律师事务所合伙人。
李艳科、王勇、孙静、战荣、任立:均为北京市汇融律师事务所律师。
贺欣、孟俐君:均为北京汇融(天津)律师事务所律师。
王松:北京市汇融律师事务所实习律师。
胡行健、崔晓晔、王文佳、张福广、明文丰:均为北京市汇融律师事务所律师助理。
② 赵慧利:零壹财经合伙人、华中区域总监,零壹租赁智库总监。
③ 吴雪阳、毛彧之、李梦:均为零壹租赁智库研究员。

前　言

近10年以来，我国融资租赁获得突飞猛进的发展，2017年资产余额已超过5万亿元人民币，比10年前增加了100倍还多。随着交易量的上升，纠纷数量也持续增长，最近几年来全国法院审结的融资租赁纠纷案件每年都在2万件左右，该数量尚不包括仲裁案件。“前事不忘，后事之师。”通过对案例的剖析，总结经验教训，传播融资租赁法律知识，助力融资租赁企业提高风险防范意识，有效避免或者减少交易纠纷的发生，是本书的写作目的。

融资租赁纠纷案件多数因承租人欠租而由出租人提起诉讼，诉请承租人还款，大部分判决支持出租人的主张。但也有少数案件由承租人或第三人提起诉讼，要求解除合同或要求出租人承担损害赔偿责任，根据不同的案情，也可能出现个性化的结论。任何领域，如果只是浅尝辄止，都难以窥其堂奥。如果仅按照规范文义去理解融资租赁，实践中将会遭遇一个又一个难题。本书紧密结合实践中出现的真实案例，以法院判决为依托，尽可能将基础理论与实务经验、政策更新与实用热点提示到，使读者既能洞识融资租赁的本质，又能了解本行业的最前沿发展，从阅读中获益。

本书由零壹财经创始人兼CEO柏亮先生提议编写，是本所与零壹租赁智库的第四次合作。自2015年开始，本所应中心之约，连续3年为其主编的《中国融资租赁行业年度报告》撰写融资租赁纠纷案例，每年10个左右。编辑本书时，考虑到已提供给《中国融资租赁年度报告》的30个案例（2015年10个，2016年9个，2017年白皮书尚未出版，预计11个，共计30个案例），在尽量避免重复的基础上，选取了有代表性的70个案例加以分析，所选案例尽量涉及融资租赁交易的方方面面，包括合同的效力、性质、权利义务的分配、特殊交易结构、合同的履行、诉讼请求的主张、租赁物取回、担保、破产、诉讼程序问题等，从多个角度折射司法机关对融资租赁相关问题的认识和作者的观点，提示租赁公司开展相关业务应该注意的事项。由于《中国融资租赁年度报告》中的30个案例都系当年有代表性的案例，体现了融资租赁的基本特征，在选择本书案例时，为避免重复，已经写过的主题没有入选，以至于在初稿汇总时感到角度有点偏，像“疑难案例汇编”，反而不能反映融资租赁的本质特征，所以弥补性地选了几个反映融资租赁基本特征的基础案例，有些争议点是租赁公司普遍关注的问题，即使前30个案例已经写过，但还是选择了类似案例放入本书。所以，除个别主题与前述案例有重复外，尽量考虑选取角度更广泛一些，对于读者朋友来说，结合前30个案例，可以更好地看到融资租赁纠纷的全貌。

本书选取的大部分案例发生在2013年2月份《最高人民法院关于审理融资租赁合同纠纷案件适用法律问题的解释》发布之后，个别案例由于其争议焦点有价值，但在司法解释颁布之后的案例中没有找到类似案例，所以选用了司法解释颁布之前审结的案例，但时间并不久远，最早为2010年。这70个案例中，有2个案例其纠纷本身与融资租赁没有直接关系，但是该案例争议的问题租赁公司也经常遇到，所以一并收入，作为风险防范或澄清法律问题的提示。这些案例从中国裁判文书网、无讼、聚法、北大法宝、法信等专业网站查询而来，都是已经公开的案例。所选取的个别案例本身并不典型或完美，但是从这个案例可以延伸出有价值的评论，所以也予选取。本案例汇编由本所多名同事分别撰写，每个案例的书写体例尽量保持一致，鉴于案例已经公开，所以对其中法人当事人的信息未作处理，但对涉及自然人的案例，则只保留姓氏而隐去了实名，以姓氏加某或某某的方式代称；对于常用法律和司法解释，为避免每个案例重复解释，统一做了简称，详见所附《法律、司法解释简称表》；有的案例呈现了纠纷的全貌，有的则集中于对争议焦点的分析，省略了无关争议焦点的信息。案例中都附有案号，感兴趣的读者可以从原判决中得到全部信息。有的案例评析言简意赅，观点表达清楚即可，有的评析展开论述，涉及与争议焦点相关的问题。笔者逐一审阅、修订，或与作者讨论了评议焦点，希望能给读者有价值的启发。

感谢安排、促进本书出版的零壹租赁智库总监赵慧利女士，她的敬业、专业和体贴令人温暖；感谢群策群力参加讨论、收集、编写案例的同事们，审阅、修改稿件的过程是令人愉快的，我常常为同事们的某个闪光的观点或某段精彩的文字而感到惊喜；感谢认真负责地帮助编辑整理的助理明文丰小姐、任立律师，以及参加核稿的战荣律师、王文佳助理、张福广助理。

文不厌改，临近出版再看一遍，又做了一些小的改动，我相信再看一遍还会检查出不尽如人意之处，所以，如果读者发现错漏之处，欢迎批评指正。

北京市汇融律师事务所主任　张稚萍

2017 年 11 月 18 日

目　录

法律、司法解释简称表

为行文规范，本案例选评中对多次涉及的法律法规、司法解释及其他规范性文件使用简称，不完全列举如下：

《中华人民共和国民法总则》简称《民法总则》；

《中华人民共和国民事诉讼法》简称《民事诉讼法》；

《中华人民共和国保险法》简称《保险法》；

《中华人民共和国公司法》简称《公司法》；

《中华人民共和国道路交通安全法》简称《道路交通安全法》；

《中华人民共和国民法通则》简称《民法通则》；

《中华人民共和国物权法》简称《物权法》；

《中华人民共和国企业破产法》简称《企业破产法》；

《中华人民共和国合同法》简称《合同法》；

《中华人民共和国担保法》简称《担保法》；

《最高人民法院关于适用〈中华人民共和国物权法〉若干问题的解释（一）》（法释〔2016〕5号）简称《物权法司法解释（一）》；

《最高人民法院关于审理民间借贷案件适用法律若干问题的规定》（法释〔2015〕18号）简称《民间借贷司法解释》；

《最高人民法院关于适用〈中华人民共和国民事诉讼法〉的解释》（法释〔2015〕5号）简称《民事诉讼法解释》；

《最高人民法院关于审理融资租赁合同纠纷案件适用法律问题的解释》（法释〔2014〕3号）简称《融资租赁司法解释》；

《最高人民法院关于审理买卖合同纠纷案件适用法律问题的解释》（法释〔2012〕8 号）简称《买卖合同司法解释》；

《最高人民法院关于当前形势下审理民商事合同纠纷案件若干问题的指导意见》（法发〔2009〕40 号）简称《民商事合同纠纷指导意见》；

《最高人民法院关于适用〈中华人民共和国合同法〉若干问题的解释（二）》（法释〔2009〕5 号）简称《合同法司法解释（二）》；

《最高人民法院关于适用〈中华人民共和国担保法〉若干问题的解释》（法释〔2000〕44 号）简称《担保法司法解释》；

《最高人民法院关于适用〈中华人民共和国合同法〉若干问题的解释（一）》（法释〔1999〕19 号）简称《合同法司法解释（一）》。

引　言

融资租赁法律环境的演变①

不知史者，无以把握当下，无以图未来。融资租赁作为舶来品，自改革开放引入我国，其间数十载，可谓几经起落沉浮，其发展与我国的政治、经济以及法律环境状况紧密相关，只有将其放在一段历史纵深里审视，置于国内外大环境中探察，分析其演变的轨迹，我们的目光才能穿透种种扑朔迷离，从而把握融资租赁的发展脉搏，洞察发展趋势，抓住大好形势，筹划应对之策，为融资租赁的发展不断注入新的动力。

① 本部分作者为北京市汇融律师事务所主任张稚萍。

一、融资租赁的产生和发展

（一）融资租赁的萌芽

近代设备租赁开始于18世纪的工业革命。工业革命使社会生产从农业、手工业经济为主转向以机器制造业为主，适应社会化生产方式和产业结构的变化，租赁业的发展进入了一个新阶段，租赁标的发生了明显变化，由传统的以土地、房屋、农具、简单交通运输工具为主转向了由各种工业设备、通信设备、货车、铁路线为主。这一时期的租赁业称为近代设备租赁业。

英国是最早发生工业革命的国家，也是近代设备租赁业的发源地。19世纪中叶，英国钢铁、煤炭等重工业开始发展，工业革命使运输方式由人力、畜力转为以铁路运输为主，从而火车、铁路线的租赁首先发展起来。最具代表性的案例是伦敦—格林威治铁路线，这是伦敦的第一条铁路，在独立经营8年后于1849年租赁给东南铁路公司经营，租期长达999年，英国铁路大王乔治·哈逊当时利用租赁铁路线方式控制了很多条铁路，其铁路公司因此不断扩大。笔者也在加拿大图书馆中查到过20世纪初加拿大铁路线的长期租赁合同，可见当时铁路线租赁是一种常用的模式。

近代设备租赁是在传统租赁的基础上发展而来，与传统租赁的区别在于：

第一，工业机器设备成为主要的租赁标的，租赁成为企业普遍采用的设备销售的方式。

第二，租赁期限较长，特别是租购的出现，使企业有意识地利用租期内设备所有权与使用权分离，先取得使用权开始生产，最终获得所有权，这孕育了现代融资租赁业的萌芽。

第三，从事租赁业务的主体是设备制造商，租赁标的主要是自己生产的设备，租赁交易在生产厂家（出租人）和用户（承租人）二者之间进行，用户把租赁作为代替购买的手段，制造商以促进设备销售为主要目的。

第四，近代租赁的市场活力较小，仍是企业主之间的直接租赁，专业性的租赁公司尚未产生。

（二）现代融资租赁——市场经济下的一种金融创新

现代融资租赁始于20世纪50年代，以1952年美国租赁公司的成立为标志。

美国租赁公司是根据该公司第一任总经理亨利·叙费尔德的经验和设想创立的，他原在加州一个食品厂工作，因没有资金更新带小型升降机的卡车，便采用了长期租赁的方式，以每月125美元的价格与经纪人达成协议。他以企业家的远虑，根据这一经验提出了建立租赁公司的设想，并获得了当地商会的支持，创建了第一家专业租赁公司——美国租赁公司，专门从事长期设备租赁业务，其第一笔业务便是利用美洲银行50万美元贷款按照当地商会的指定购入了该商会所需要的设备，开辟了租赁业的新纪元。

融资租赁由于其独特的优点，融资与融物相结合，以融物方式实现融资目的，深受客户的欢迎。融资租赁业务迅速由美国扩展到欧洲、日本等国家与地区，包括商业银行、投资银行、人寿保险公司、养老基金、信托基金在内的各类金融机构为改革传统的信贷方式，保证资金的安全性和获取高回报率，纷纷以各种方式介入融资租赁业，极大地推动了租赁业的发展，各种类型的租赁公司不断涌现。

20世纪70年代起，随着国际贸易的发展和跨国公司海外投资的扩张及发展中国家吸引外资的需求，融资租赁开始跨越国界，发达国家的租赁公司纷纷在发展中国家建立分支机构或合资企业，国际租赁成为现代租赁业发展的新趋势，以及国际贸易活动中的一种重要形式，极大地促进了国际贸易的发展。

我国融资租赁业的产生和发展伴随着我国改革开放政策，始于改革开放的20世纪80年代初。当时，我国大量企业亟须技术改造，缺乏资金。在荣毅仁先生的倡导下，从日本引进了融资租赁。1981年4月，由中国国际信托投资公司发起，与北京机电设备公司、日本东方租赁公司、日本奥力士公司等合资创建了我国第一家专业的中外合资租赁公司——中国东方租赁有限公司，标志着我国现代租赁业的诞生。此后，租赁作为一个新兴产业在我国得到了迅速的发展，租赁机构纷纷设立，租赁交易金额成倍增长，经营范围日益扩大，用户遍布各行各业，在企业进行技术更新改造和引进外资方面起到了不可替代的独特的作用，开辟了一条利用外资的新渠道。

融资租赁之所以在产生仅仅60多年的时间内就发展成年业务规模超过9000亿美元（根据《2016年世界租赁年报》的统计，2015年的全球融资租赁额为9443亿美元）的巨大行业，是因为它符合经济发展的客观规律，兼顾交易各方的利益，特别是满足了承租人的多层次需求，具有强劲的生命力。

二、融资租赁的法律特征

融资租赁顺应经济需求而生，是贸易与信贷相结合的创新产物，与传统的交易存在较大差异，拥有独特的交易模式与运作方法，正因如此，也需要专门的法律予以规范。由于与传统租赁、信贷、分期付款等法律关系有相似之处，司法实践中经常存在处理偏差，融资租赁需要借助法律规范明确其性质定位、规范其区分标准、构建保障机制。随着融资租赁交易体量的不断增大，纠纷数量也随之水涨船高，制定独立的融资租赁法的需求也日益迫切，以实现定纷止争、保障交易、促进融资等多重目的。下面探讨一下融资租赁究竟是什么。

（一）概念和特征

融资租赁，是指出租人根据承租人对租赁物和供货人的选择或认可，将其从供货人处取得的租赁物按融资租赁合同的约定出租给承租人占有、使用，向承租人收取租金，最短租赁期限为一年的交易活动。这一定义源自《中华人民共和国融资租赁法（草案）》（以下简称《融资租赁法（草案）》），比《中华人民共和国合同法》（以下简称《合同法》）的概念范围要宽，主要区别在于，出租人取得租赁物的方式，根据《合同法》的规定仅限于“购买”，而随着融资租赁的发展，出租人取得租赁物的方式已经不仅仅局限于购买，还包括租入、建设工程总包、建造、委托加工订制等多种方式，相应地，供货人也不仅仅限于“出卖”人，还有建设工程施工方、建造人、加工承揽人等，所以，在概念上做了扩充。

融资租赁是基于资产的融资，以融物的方式达到融资的目的，出租人既有物权又有债权，物权是债权的保障。融资租赁相比于其他法律关系具有如下基本法律特征：

（1）两个合同：供货合同和租赁合同。

（2）三方当事人：出租人、承租人、供货人。

（3）三方当事人互为权利义务，权利义务体现在两个合同中。以通过买卖方式取得租赁物为例，供货人在融资租赁交易中的核心利益是将货物卖出，核心权利是收取货款，并承担其在买卖合同下出卖人的所有义务，包括向承租人交货、品质保证、安装调试、售后服务等。承租人的权利义务包括：指定租赁物并选择供货人；占有使用租赁物；支付租金；保管、保养租赁物；承担租赁物灭失风险及一定范围内对第三者损害的赔偿责任。出租人的主要义务是支付租赁物购买价款，附随保证承租人的平静占有租赁物的义务，主要权利是收取租金。在三方当事人的关系中，供货人知道出租人取得租赁物的目的是租给承租人使用，对买方的义务直接及于承租人；出租人不承担租赁物的瑕疵担保责任。如果租赁物未交付、迟延交付或交付不符合供货合同的约定，出租人不承担责任，承租人有权就其损害向供货人主张赔偿。

（4）不可解约性：融资租赁合同的解除条件较一般合同严格，主要指承租人不可随意解除合同。这是因为租赁物是出租人完全按照承租人的要求和指定购买，不仅租赁物是特定的，使用者也是特定的。若在租赁期限内允许承租人随意解除合同，则出租人在短时间内可能很难找到合适的客户，并且某些租赁物可能是为承租人量身定做，仅适合承租人使用，如果承租人随意解约，出租人因此会蒙受较大损失。因此，在租赁期限内，承租人不能以任何借口或理由随意解除合同，承租人解除合同的代价几乎相当于其全部履行完合同。

（5）租赁期满承租人有选择权：在租赁期满时，承租人对租赁物一般享有留购、续租、退租三种选择权。在实践中，大多数融资租赁合同规定，租期届满的，承租人可支付象征性的价格留购租赁物。

（6）权利义务分配特殊：融资租赁合同中，出租人只承担支付租赁物购买价款的义务，租赁物的保管义务、维护维修、致人损害责任、毁损灭失的风险由承租人承担，供货人履约不能的风险也由承租人承担。

（二）与其他近似交易的区别

1. 与传统租赁的区别

传统租赁合同即出租人将租赁物交付承租人占有、使用，承租人支付租金的合同。

（1）合同形式的区别：融资租赁通常是中长期合同，故法律并规定应当采用书面形式。传统租赁合同既可以是书面形式，也可以是口头形式，如在短期租赁的情况下。根据我国《合同法》规定，传统租赁合同租期6个月以上的，应当采用书面形式。

（2）合同当事人的区别：融资租赁合同中有三方当事人即出租人、承租人还有供货人，而在传统租赁中，仅有出租人和承租人两方当事人。

（3）出租人是否事先拥有租赁物的区别：在订立融资租赁合同时，出租人通常事先并不拥有租赁物，而在订立传统的租赁合同时，出租人通常事先已经拥有租赁物。

（4）租赁物交付的区别：融资租赁合同中由供货人向承租人交付租赁物，而在传统的租赁合同中由出租人向承租人交付租赁物。

（5）瑕疵担保责任的区别：融资租赁合同中出租人不承担租赁物瑕疵担保责任，而在传统租赁合同中出租人承担租赁物的瑕疵担保责任。

（6）租金构成的区别：融资租赁中的租金，一般根据购买租赁物的大部分或者全部成本加上出租人的合理利润确定，租金通常是承租人使用出租人资金的对价，或者说资金对价所占比重很大。而在传统租赁合同中，租金是承租人使用租赁物的对价，一次租赁的租金通常不会涵盖租赁物的大部分成本，出租人通过反复出租收回投资并赚取利润。

（7）租赁物维修、保养义务负担的区别：在融资租赁合同中，承租人对租赁物负有维修、保养义务，而在传统租赁合同中由出租人承担租赁物的维修、保养义务。

（8）租赁期满租赁物归属的区别：融资租赁合同租赁期满承租人有返还、续租、留购选择权，而在传统租赁合同中租赁期满租赁物归还出租人。

（9）是否可以解约的区别：融资租赁合同具有不可解约性，而传统租赁合同没有这一限制。

2. 与抵押贷款的区别

抵押贷款是指抵押人将其自有或第三人所有的动产、不动产抵押给贷款人，而从出借人获得资金的活动。

（1）融资的性质不同：抵押贷款中借款人的目的是获得资金，贷款人和借款人之间是借贷关系。融资租赁是融资与融物相结合的融资形式，对承租人来说以物为载体实现融资的目的。

（2）经营主体不同：贷款人通常是银行，属于金融机构，可以吸收公众存款，受到严格监管，民间借贷的情况除外。租赁公司是非银行金融机构或普通企业，不能吸收公众存款，监管较为宽松。

（3）权利性质不同：抵押贷款中，贷款人享有抵押权，属于优先受偿权，而在融资租赁中，出租人享有所有权，租赁物不属于破产财产。

（4）债务人的会计、税务处理不同：在抵押贷款情况下，借款人按借款进行会计、税务处理，而在融资租赁情况下承租人按融资租入固定资产进行会计处理，按税收法规对融资租赁的专门规定进行税务处理。

3. 与所有权保留分期付款销售的区别

所有权保留分期付款销售是先将物交付给买方使用，在买方支付完毕全部购买价款之后，物的所有权才转移给买方的特殊买卖合同。

（1）合同性质不同：融资租赁中不仅包含买卖合同（供货合同），还包括租赁合同，而所有权保留分期付款销售合同中只有买卖合同。

（2）合同主体不同：融资租赁合同包含三方当事人，所有权保留分期付款销售只有两方当事人。

（3）债务人履行完义务后，物的归属不同：融资租赁合同中，对期满后租赁物的处理通常有特别约定，承租人可选择于租赁期满时取得租赁物的所有权。而在所有权保留的分期付款销售中，当买方支付完全部价金后，物的所有权便当然移转于买受人，无须另订协议。

（4）适用法律不同：融资租赁合同除受买卖条款（在购买取得方式下）约束外，还受专门的融资租赁的法律条款调整，而所有权保留分期付款销售适用法律中关于买卖的规定。

三、国外融资租赁法律演变

融资租赁诞生于美国，美国属于判例法国家，虽然没有专门的融资租赁法律，但是实行当事人意思自治，契约自由原则，依据合同规范当事人的权利义务。后来美国也制定了《美国统一商法典》，并在第九编担保物权编涉及融资租赁的内容，但这是后话了，当时美国并没有关于融资租赁的成文法律规定。20 世纪 60 年代，融资租赁传到欧洲，欧洲大多数国家属于大陆法系，崇尚成文法。产生于判例法系国家的融资租赁在欧洲遇到了法律障碍，现成的成文法中没有对这种交易的规定，融资租赁看上去像保留所有权的分期付款买卖，也很像抵押贷款，但是又冠以租赁的名称，从而学术界对其性质产生了争议，先后出现了分期付款买卖说、抵押贷款说、让与担保说等学说。20 世纪 70 年代，融资租赁传播到亚太国家，势不可当，发展迅速。关于其性质，在亚洲国家也遇到了同样的疑惑。一方面，融资租赁由于适应了经济的发展，深受用户欢迎；另一方面，一旦发生争议，租赁公司会遇到很大的困难。例如，如果租赁物不适合承租人的使用，承租人能否解约？如果租赁物有瑕疵，出租人是否应当承担责任？等等。

民事法律既是现代社会经济和社会秩序有效建构的基础，又是每一个社会成员须臾不可离开的生活准则。在典型的成文法系国家，民法典很经典，往往是一国商事习惯、民俗文化的集大成者。以法国民法典为例，1804 年颁布的《法国民法典》是继罗马法之后，民法发展史上的重要里程碑，它确立了现代民法的法典模式，与《德国民法典》一起构成了现代欧洲大陆法的基石，作为第一部资产阶级民法典，极大地促进了法国 19—20 世纪资本主义经济的快速发展，对世界其他国家的民事立法产生了重要的影响，很多国家民法立法都借鉴《法国民法典》的模式和内容。该法典由拿破仑推动制定，拿破仑为此花费了大量的心血，他在战败被流放到圣赫勒拿岛时，曾自豪地说，“我的光荣并不在于赢得了 40 场战役，因为滑铁卢一役就使得这些胜利黯然失色，但是我的民法典却不会被遗忘，它将永世长存。”正因为其经典性，若对其进行修改，需要议会进行长期的讨论、辩论，其难度可想而知。

立法总是滞后的，法律所调整的社会关系是发展的，即使在一个静态的社会中，也不可能创造出能预料到一切可能的争议并预先加以解决的永恒不变的法律。客观事物纷繁复杂，再完备的法律也不可能将社会政治生活、经济生活囊括无遗，相对稳定的法律面对千变万化的客观事物，往往显得捉襟见肘。立法者通过严格程序制定法律，无法对新生事物及社会一般观念、伦理标准的变迁做出全面回应，在适用法律时，面对丰富多样的现实生活，有时显得一筹莫展。尤其是近几十年来，社会结构和经济结构处于快速变动之中，实践中的新情况、新问题层出不穷，原有法律不可能概括许多新的法律关系，融资租赁就是如此。

很多国家的融资租赁开创者们都尝试过呼吁对融资租赁进行立法，但困难很大。租赁界的前辈们在各自国家呼吁立法遇到困难，转而将视线投向国际立法，通过独特的立法设计，制定了一系列示范法、公约以及议定书，超越了英美法系、大陆法系的界限，打破了各国因法律制度差异所形成的藩篱，构建了统一的、完整的保障融资租赁交易的制度、机制，搭建了业界交流的共同话语平台，其中凝结了无数专家、学者以及业内人士的卓越智慧与不懈努力，这些国际立法有力地推动了国际的融资租赁交易，也带动许多国家制定或完善国内的融资租赁立法，从而持续推动了融资租赁法律环境的改善，为其后相关行业的繁荣发展奠定了制度基础。

（一）《国际融资租赁公约》赋予融资租赁独立的法律地位

为了寻求有效解决融资租赁的法律地位问题，特别是在国际融资租赁交易中产生的前所未有的问题，规范跨国融资租赁活动，1974 年 2 月，在国际统一私法协会第 53 届理事会上提出了旨在制定租赁交易统一规则而进行准备调查的建议案。与此同时，将制定租赁交易统一规则作为此后 3 年（1975—1977 年）的优先研究课题列入总计划之中，并成立了一个专门工作小组负责协调工作。1975 年 4 月，工作小组召开全体会议并做出决定，以后通过的租赁统一规则的调整范围不包括国际不动产租赁和国内租赁。因为以不动产为租赁物的国际租赁非常罕见，而且在同一规则中也没有必要将这两种不同性质的租赁作为调整对象；至于国内租赁，由于各国法律文化背景迥然不同，要想制定一部统一各国国内租赁法规的统一规则困难重重，可能性不大。这次会议基本上为将来出台的租赁统一规则定了基调。

此后，经过工作小组数次调查和征询意见，认为有必要制定一套调整融资租赁的国际统一规则，并提请国际统一私法协会理事会同意后正式成立了专家研究组。专家组在1977—1984年主持召开了4次会议和两次实务界专家座谈会，制定了《国际融资租赁统一规则初步草案》。该草案于1985年4月、1986年4月和1987年4月三次由政府专家委员会讨论、修改，并形成了公约的“最后草案”。1988年5月，该“最后草案”于国际统一私法协会在加拿大渥太华召开的外交会议上经过讨论修改后正式获得通过，并形成了现有的公约文本。

《国际融资租赁公约》（以下简称《公约》）首次确定了融资租赁作为独立交易的法律地位，对确定融资租赁区别于其他交易的法律性质起到了定纷止争的作用。《公约》由代表出租人利益的融资租赁发达的国家倡议、推动制定，但是，由于在讨论、表决过程中，代表承租人利益、租赁业务尚不发达的国家占了大多数，所以最后通过的文本出现了偏差，导致《公约》面目模糊。《公约》处处可见这种折中性，例如，《公约》第8条规定：“除非本公约另有约定或租赁协议中另有说明，出租人不应对承租人承担设备方面的任何责任，只要承租人不是由于依赖出租人的技能和判断以及由于出租人干预对供货人的选择或对设备的指定而受到损失。”这就是妥协的产物，出租人认为由于租赁物和供货人都由承租人自行选定，因此，供货人的履约风险和租赁物的瑕疵，都应该由承租人自己承担，出租人不承担租赁物的瑕疵担保责任。但反对者凭空设想后提出意见，如果承租人依赖出租人的技能选择租赁物，或者出租人干预承租人选择租赁物，是不是应该承担责任?《公约》最后采纳了这样想当然的观点，貌似合理，但没有实践依据，实际上已经超出了融资租赁的定义范围，模糊了融资租赁的本质。

这些为平衡承租人的心理感受或出于表面的公平而弱化出租人权利的条款尚可接受，但核心争议集中在《公约》第12条规定：“凡是设备未交付、延迟交付或与供货协议不符时，承租人有权针对出租人拒收设备或终止租赁协议。”这一规定是多数派争取的结果，但显然违背了融资租赁的本质特征，赋予承租人过多的权利，加重了出租人的责任，以至于最初积极推进《公约》起草的代表出租人利益的国家，也是租赁发达的国家，开始抵制《公约》，导致《公约》加入国寥寥，根据《公约》的规定，《公约》于第三份批准、接受、核准或加入书交存之日起6个月后的第1个月第1天生效。第三份批准书是尼日利亚于1994年10月25日递交，《公约》迟至1995年5月1日才生效。目前有10个缔约国，分别为白俄罗斯、法国、匈牙利、意大利、拉脱维亚、尼日利亚、巴拿马、俄罗斯、乌克兰和乌兹别克斯坦。

虽然《公约》的加入国不多，但是其确定的原则以及除上述争议条款外的其他条款作为国际惯例通行于世。《公约》最大的贡献在于将融资租赁合同与其他近似合同区别开来，赋予其独立的法律地位。

（二）《开普敦公约》

在国际商事活动中，以航空器机身或者发动机、铁路车辆以及空间资产等具有高价值或者具有特别经济意义的移动设备做担保进行融资的需求日益增加，所有权保留的分期付款销售、抵押以及融资租赁都是常用的融资方式。根据传统的冲突法规则，动产物权关系适用的准据法是物之所在地法，对于船舶、航空器等移动设备，可以适用登记注册地法或者旗国法，但由于动产的可移动性，使得准据法存在不确定性。在没有统一适用的法律而依靠冲突规则的情况下，当事方的权利义务存在较大的不可预期性，特别是在跨境交易的情况下，该问题尤为突出。

民航业是资本密集型行业，仅仅依靠传统的银行信贷获得资金无法满足行业的快速发展，飞机租赁、保留所有权销售的融资方式越来越普遍，亟须公示权利，切实保障出资人的合法权益。

国际统一私法协会在制定了《国际融资租赁公约》后，有了充分的关于资产融资的立法经验，应行业的建议，于《公约》通过后的次年即1989开展了制定关于大型移动设备包括航空器、铁路机车以及空间资产的《移动设备国际利益公约》的研究，以期统一与移动设备有关的以资产为基础的交易方面的规则。这三类资产的共同特征是：都需要大规模的资本投入；资产具有移动的属性，有跨境融资的需求。1997年4月7—12日在罗马召开的第76届理事会上，国际统一私法协会决定采取先制定一个统一适用于各类资产的公约，然后再分别制定特别议定书，将每类资产所特有的问题规定在议定书中的双文本方式。而在《公约》和《议定书》的适用方面，要成为某一议定书的缔约国，必须同时加入《移动设备国际利益公约》。如果《公约》和《议定书》有冲突，后者的规定优先。2001年11月16日，在国际统一私法协会和国际民航组织于南非开普敦召开的外交会议上，通过了《移动设备国际利益公约》（又称《开普敦公约》）以及《航空器设备特定问题议定书》，该《公约》于2004年生效，《议定书》于2006年3月1日生效。《开普敦公约》对于飞机租赁的发展起到了巨大的促进作用，飞机制造商、航空公司、租赁公司、银行、乘客各方都受益，受到普遍赞誉，缔约国达到73个，外加欧盟以集体方式加入。

随后，国际统一私法协会和国际铁路运输组织起草了《关于铁路机车车辆特别问题的卢森堡议定书》，并于2007年2月23日在卢森堡召开的外交会议上通过并供各国签署。

《关于空间资产特定问题的议定书》在2012年2月27—3月9日由德国政府召集、国际统一私法协会主持、于柏林召开的外交会议上获得通过。

我国参加了上述《开普敦公约》和三个议定书的起草工作，并已于2008年10月28日经第十一届全国人民代表大会常务委员会第五次会议通过，批准加入《移动设备国际利益公约》以及《航空器设备特定问题议定书》，并作出了相关声明。

目前，第四个议定书《农机、矿业和工程机械设备特定问题议定书》正在起草过程中，我国也积极参与该议定书的起草工作，派代表团参加了2017年（3月20—24日、10月2—6日）在罗马召开的两次政府专家会议。

（三）《租赁示范法》

国际统一私法协会有制定《融资租赁国际公约》和《开普敦公约》的成功经验，随着融资租赁业的发展，越来越多的国家开始发展融资租赁，一些国家有立法的需求，特别是在世界银行所属国际金融公司长期不懈的推动下，很多国家希望在这一专项立法领域少走弯路。国际统一私法协会于2005年开始启动这一工作，于2008年11月13日通过。

《租赁示范法》不属于有约束力的生效法律，是为有立法需求的国家制定租赁法律时提供的示范文本，该法集中了世界各国融资租赁的先进经验，充分体现了融资租赁近60年发展所形成的规则和惯例，立法水平极高，可为需要立法的国家提供便利。

在示范法的带动下，很多国家制定了自己的租赁法，例如，《俄罗斯联邦融资租赁法》《土库曼斯坦外国租赁法》《哈萨克斯坦共和国融资租赁法》《塞尔维亚共和国融资租赁法》《乌兹别克斯坦共和国租赁法》《塞舌尔共和国融资租赁法》等，这些法律深受《租赁示范法》的影响，这些国家在融资租赁立法方面充分体现了后发优势。

四、中国融资租赁法律环境的演变

（一）1996年司法解释为正确解决融资租赁法律纠纷提供了保障

随着改革开放的发展，我国于1981年从日本引进融资租赁业务模式，中国租赁有限公司和中国东方租赁有限公司的成立，标志着我国融资租赁业的开始。我国引入融资租赁的目的主要是开辟一条利用外资的渠道。当时，我国有很多企业需要进行技术改造，缺乏资金和设备，融资租赁方式有效地补充了资金的不足，为我国经济建设贡献了一分力量。但随着改革的深入，政企分家，1988年最高人民法院发布司法解释，认定政府担保无效，而之前的融资租赁业务基本上都有地方政府的担保。20世纪90年代初，欠租问题日益严重，租赁公司起诉到法院，承租人往往以租赁物瑕疵、合同显失公平等理由来抗辩，由于没有明确的法律规定，司法机关审理案件时没有统一的标准。我国法律中对租赁的规定体现在当时有效适用的《经济合同法》，其中有财产租赁合同条款，而从其内容来看，显然是指普通的传统租赁，而非现代意义的融资租赁。例如，《经济合同法》第23条第2款规定："出租方应按照合同规定时间和标准，将出租的财产交给承租方使用。"第44条规定出租方的违约责任："1. 未按合同规定的时间提供出租财产，应偿付违约金。2. 未按合同规定质量提供出租财产，负责赔偿由此而造成的损失。3. 未按合同规定提供有关设备、附件等，致使承租方不能如期正常使用的，除按规定如数补齐外，还应偿付违约金。"一旦依据"财产租赁"的标准审理融资租赁纠纷，租赁公司必将受到损失。当时出现了好几起案例，判决租赁公司应当承担租赁物的瑕疵担保责任，承租人有权退租，出租人应赔偿承租人由此造成的损失等。这些判决否定了融资租赁的本质特征，打乱了当事人权利义务分配的均衡性，加重了出租人的责任，使租赁公司的生存环境面临严峻的挑战。当时20多家中外合资融资租赁公司成立联谊会（中国外商投资企业协会租赁业工作委员会的前身）互通信息、商讨对策，向国家有关部门呼吁解决欠租问题，改善融资租赁的法律环境，引起了国家的重视，时任国务院总理朱镕基曾经六次作出批示，帮助解决融资租赁面临的问题。最高人民法院也充分听取租赁公司的呼声，展开国内外调研，借鉴国际经验，立足于我国融资租赁的实践，制定了《关于审理融资租赁合同纠纷案件若干问题的规定》（法发〔1996〕第19号）（以下简称《规定》），于1996年5月27日印发全国法院，首次明确"融资租赁合同是指出租人根据承租人对租赁物的特定要求和对供货人的选择，出资向供货人购买租赁物，并租给承租人使用，承租人按约定币种支付租金，在租赁期满时，按约定的办法取得租赁物所有权的协议"，并在印发通知中作出说明，融资租赁合同纠纷逐年增多，审理好这类案件，是人民法院经济审判的一项重要任务。

《规定》如定海神针，确定了融资租赁交易两个合同、三方当事人的特殊法律关系，是在没有立法的情况下做出的积极的司法解释。最高人民法院通过司法解释的方式及时补充了立法的不足，为融资租赁在我国的发展提供了有力的保障，也为日后《合同法》中将融资租赁作为独立列名合同奠定了基础。

（二）《中华人民共和国合同法》确定了融资租赁合同作为有名合同的法律地位

我国法律中首次出现“融资租赁”字样，当推《中华人民共和国民用航空法》。《中华人民共和国民用航空法》由中华人民共和国第八届全国人民代表大会常务委员会第十六次会议于 1995 年 10 月 30 日通过，1996 年 3 月 1 日起施行。该法在第三章“民用航空器权利”中第四节“民用航空器租赁”第 26 条至第 33 条共计 8 条提及民用航空器融资租赁，虽然不具有对其他标的物的普遍适用性，条款内容也没有全面充分地反映出融资租赁的本质特征，但是对确认国际上存在融资租赁这种交易方式、为立法者将融资租赁合同写入《中华人民共和国合同法》（以下简称《合同法》）起到了奠定基础的作用。

《中华人民共和国合同法》由中华人民共和国第九届全国人民代表大会第二次会议于 1999 年 3 月 15 日通过，1999 年 10 月 1 日起施行。《合同法》在第十四章将融资租赁合同作为列名合同予以规范，赋予融资租赁独立的法律地位，从而使融资租赁公司的权益有了法律保障。在该法起草过程中，租赁公司积极反映所遇到的问题和困难，引起起草人员的重视，该合同内容的加入体现了行业推动的力量。据笔者所知，除《魁北克民法典》中有融资租赁章节外，当时世界上几乎没有国家对融资租赁进行成文的法律规范，我国《合同法》在融资租赁立法方面具有世界先进性。

（三）《中华人民共和国融资租赁法》（草案）促进了融资租赁的繁荣发展

2004 年，第十届全国人大常委会将《中华人民共和国融资租赁法》（以下简称《融资租赁法》）列入立法规划，启动了《融资租赁法》的起草工作，经过起草工作小组 3 年的工作，先后形成了第一次征求意见稿、第二次征求意见稿、第三次征求意见稿和送审稿，但由于当时行业规模尚小，问题不突出，没有通过。虽然没有通过，但意义深远，为 2007 年国务院批准商业银行投资设立金融租赁公司起到了引导作用，也为今日融资租赁行业的发展奠定了基础。

（四）《中华人民共和国物权法》设立了善意第三人制度对租赁行业造成致命伤害

前述司法解释或法律、法律草案都对融资租赁的发展起到了积极正面的促进作用，而《物权法》设立的善意第三人制度所起到的则是消极负面的伤害作用。

《中华人民共和国物权法》（以下简称《物权法》）于2007年3月16日第十届全国人民代表大会第五次会议通过，2007年10月1日起施行。

《物权法》调整因物的归属和利用而产生的民事关系，是规范财产关系的民事基本法律。融资租赁中出租人既有物权又有债权，其债权方面受《合同法》的规范和调整，其物权方面受《物权法》的规范和调整。融资租赁交易的特征是物的所有权人和占有人长期分离，租赁物的所有权属于出租人，承租人占有租赁物，但不享有所有权。根据《物权法》设立的动产占有公示的原则，在动产融资租赁中，承租人占有租赁物，第三人可能误认为承租人是租赁物的所有人。而《物权法》确认了善意取得制度，善意第三人有可能从承租人处取得物的所有权或抵押权。善意取得制度使出租人有可能从既有物权又有债权的有利地位降为只有债权而丧失物权的不利地位。我国法律对承租人的这种行为缺乏有效的处罚制度，不利于租赁公司寻求救济，有可能导致承租人的恶意滥用，导致租赁公司陷入困境。租赁公司的所有权被侵害的案例时有发生，包括被转租、转让、抵押、投资等。在象征财产权制度确立的《物权法》实施之后，由于善意第三人制度的设立，这一问题不仅没有解决，反而更严重了。为保护交易安全，亟待从制度上而不是依靠租赁公司自身的力量去解决这一问题。对抗善意第三人的制度解决方案：一是专门立法规定在融资租赁情况下，未经出租人同意，承租人处分租赁物的行为无效，出租人的所有权可以对抗第三人，承租人将租赁物转让给受让人符合《物权法》规定的善意取得情形的，所有权人有权追回，第三人的损失由承租人承担，但是立法过程较长。二是设立登记制度，进行物权公示，以保障出租人的权益，这是便捷有效的方式。中国人民银行征信中心根据租赁业界的要求，依托应收账款质押登记公示系统建成了动产融资统一登记公示系统——融资租赁登记公示系统。该系统于2009年7月20日上线运行，服务全国范围内融资租赁的登记与查询。但是由于没有法律的授权，根据物权法定的原则，该登记缺乏对抗第三人的普遍效力。因此，需要全国人民代表大会进行授权，或授权国务院制定行政法规，将中国人民银行征信中心的融资租赁登记规定为一种物权公示的方式，赋予该登记对抗第三人的法律效力，以减少甚至避免善意第三人制度在融资租赁中的滥用，规范市场秩序，有效促进融资租赁业的长远发展。

（五）2014年融资租赁司法解释立足于新形势，对解决特定问题进行了有意的尝试，但仍有遗憾

随着我国制造业的腾飞和经济规模的增长，租赁公司数量日益增多，特别是银行投资设立金融租赁公司后，我国融资租赁获得巨大的发展，交易规模日渐上升，纠纷量也随之增加，需要法律保驾护航。原有的1996年制定的司法解释已经不能满足新形势下面临的新问题，最高人民法院于2013年11月25日由最高人民法院审判委员会第1597次会议通过，2014年2月24日公布《最高人民法院关于审理融资租赁合同纠纷案件适用法律问题的解释》（法释〔2014〕3号）（以下简称《融资租赁司法解释》），自2014年3月1日起施行。

该司法解释对解决紧迫面临的善意第三人制度对出租人造成的伤害进行了有意的尝试，第9条明确规定："承租人或者租赁物的实际使用人，未经出租人同意转让租赁物或者在租赁物上设立其他物权，第三人依据物权法第106条的规定取得租赁物的所有权或者其他物权，出租人主张第三人物权权利不成立的，人民法院不予支持，但有下列情形之一的除外：……（三）第三人与承租人交易时，未按照法律、行政法规、行业或

者地区主管部门的规定在相应机构进行融资租赁交易查询的；……”

随后，中国人民银行颁布关于使用融资租赁登记系统进行融资租赁交易查询的通知（银发〔2014〕93号），规定：“三、银行等机构作为资金融出方在办理资产抵押、质押和受让等业务时，应当对抵押物、质物的权属和价值以及实现抵押权、质权的可行性进行严格审查，并登录融资租赁登记公示系统查询相关标的物的权属状况，以避免抵押物、质物为承租人不具有所有权的租赁物而影响金融债权的实现。”

实践中多数善意第三人为有提供融资能力的银行等机构，通过上述配套文件，赋予该类机构查询义务，将大部分可能的善意第三人予以排除。

一些地方政府也发布规定，对所辖区域内特定商事主体设定查询义务，使特定地区的善意第三人范围缩小。

同时，《融资租赁司法解释》第9条第2项规定，出租人可以授权承租人将租赁物抵押给出租人并在登记机关依法办理抵押权登记，以此达到阻却善意第三人获得租赁物所有权的目的，但这也只是在我国缺乏统一融资租赁登记制度背景下的权宜之计，相关制度还需在实践中不断充实、完善。

至此，善意第三人问题在很大程度上得到解决。

该司法解释对解决善意取得制度对出租人造成的伤害进行了有益的尝试，然而仍有很多遗憾。①

五、融资租赁法律环境仍然存在的问题

（一）行业性质不清

与规模、性质近似的行业，如银行业、证券业、保险业、信托业、基金业等相比，由于缺乏行业立法，对融资租赁的性质缺乏明确的定位，在

---

① 如欲全面了解对该司法解释的观点，请参阅张稚萍：《融资租赁司法解释评析》，北京仲裁，2014年02期（总第88辑），第1页。

营改增的过程中，将融资租赁按照业务模式切割成不同的性质和类别，动产、不动产、直接租赁、售后回租适用不同税率，没有将融资租赁作为一个统一的行业来对待。

（二）善意取得制度对租赁公司造成的伤害没有彻底解决

如前所述，在对抗善意第三人方面，如果租赁公司在中国人民银行动产登记公示系统进行了融资租赁登记，则根据政府文件或规章的要求，特定的机构负有查询义务，但查询义务主体是有限的，并非全社会的所有机构和个人，因此，对于没有查询义务的主体来说，即使租赁公司进行了融资租赁登记，也不能对他们产生对抗效力，还是可以成为善意第三人。

（三）取回占有不容易

融资租赁的生命力就在于租赁公司既有物权又有债权，物权可以作为债权的保障，在承租人违约或破产的情况下租赁公司可以取回租赁物。但对如何取回，即自力取回还是通过司法程序取回，我国法律没有明确规定，《物权法》原则规定可以取回占有，第 34 条规定“无权占有不动产或者动产的，权利人可以请求返还原物”，但未具体规定取回的方式。实践中取回占有非常困难，自力取回往往遇到承租人的抵制、不配合，通过诉讼取回则耗时费力，往往错过最佳时机，导致租赁物贬值。如果有快速取回的法律程序，如取回令，则可以有效改善这一状况。

（四）特殊不动产登记不落实的问题

《物权法》第 9 条规定：“不动产物权的设立、变更、转让和消灭，经依法登记，发生效力；未经登记，不发生效力，但法律另有规定的除外。”第 14 条规定：“不动产物权的设立、变更、转让和消灭，依照法律规定应当登记的，自记载于不动产登记簿时发生效力。”

《不动产登记暂行条例》（国务院令第 656 号）第 5 条规定：“下列不动产权利，依照本条例的规定办理登记：……（二）房屋等建筑物、构筑物所有权；……”《不动产登记暂行条例》第7条规定：“不动产登记由不动产所在地的县级人民政府不动产登记机构办理；直辖市、设区的市人民政府可以确定本级不动产登记机构统一办理所属各区的不动产登记。”

根据上述《物权法》《不动产登记暂行条例》等的规定，不动产租赁物所有权的设立、变更应当办理不动产登记并以登记作为物权变动的效力。

但是在实践中，有些土地、房屋等不动产的登记制度很完善，但对构筑物等特殊不动产如桥梁、大坝、机场跑道、管网、泵站、码头、油库等的登记存在困难，以至于在以构筑物为标的物的融资租赁交易中，由于无法登记而导致租赁公司无法有效取得租赁物的所有权，为租赁权益的保障留下隐患。

（五）机动车登记不完善的问题

《物权法》第24条规定：“船舶、航空器和机动车等物权的设立、变更、转让和消灭，未经登记，不得对抗善意第三人。”

现行机动车登记不是民法意义上的所有权登记，而是允许上路行驶的行政管理意义上的登记（但其中抵押登记具有物权登记效力）。登记栏目设置对所有权和使用权分离的情况没有考虑，在以机动车为租赁物的融资租赁业务中，租赁公司为了方便管理，不得已将租赁物登记在承租人名下，导致纠纷频发。

概括来说，我国融资租赁的法律环境虽然还存在问题，但是随着租赁行业的壮大，国家越来越重视，国务院和各省市近两年来连续发布了促进租赁业发展的政策和措施，法律环境越来越完善，相信上述问题也会逐步解决。

综上所述，融资租赁产生60多年来，法律环境逐步改善，立法从无到有，从有到好。近年来，我国融资租赁交易额已经连续几年仅次于美国，处于全球第二位，随着“一带一路”倡议的推广和落地，我国的融资租赁也会在形成新的创新性规则方面贡献出智慧和力量。这需要我们全体租赁同人的共同努力！

第一章

融资租赁合同的性质认定与效力

案例 1.1　租赁物实际不存在的，合同性质和效力认定①

售后回租业务中，承租人主张租赁物实际不存在，而出租人没有证据证明租赁物真实存在，则涉及融资租赁合同的性质及其效力认定问题。

远东国际租赁有限公司与云南楚雄锦华建工集团有限公司、楚雄锦华房地产开发有限公司等融资租赁合同纠纷案②

原告：远东国际租赁有限公司（以下简称“远东公司”或“出租人”）

被告：云南楚雄锦华建工集团有限公司（以下简称“锦华建工公司”或“承租人”）

被告：楚雄锦华房地产开发有限公司（以下简称“锦华房地产公司”）

被告：周某、陈某甲、陈某乙、陈某丙、陈某丁（周某、陈某甲、陈某乙、陈某丙、陈某丁与锦华房地产公司以下简称“六保证人”）

一、案件基本事实

2013 年 11 月 21 日，远东公司与锦华建工公司签订《售后回租赁合同》和《所有权转让协议》，上述合同约定：出租人向承租人购买租赁物件，并回租给承租人使用。租赁设备为摊铺机等机器设备，购买价款 2760

---

① 本部分作者为北京市汇融律师事务所王文佳。

② 参见上海市浦东新区人民法院（2016）沪 0115 民初 7346 号民事判决书，2016 年 8 月 25 日作出。

万元，交货地点为租赁物件所有权转移时租赁物件所在地点，设置场所为租赁物件实际使用场所。起租日为2013年11月28日，租赁期间36个月，每月一期，期末支付。承租人未按时、足额支付出租人任一期租金和/或合同项下其他应付款项，出租人有权选择：1. 要求立即付清全部到期和未到期租金及其他应付款项，并偿付违约金；或2. 解除合同、收回和/或处置租赁物件，并要求承租人赔偿所遭受的损失。

同日，锦华房地产公司与出租人签订《保证合同》，周某、陈某甲、陈某乙、陈某丙、陈某丁向出租人出具《保证函》，六保证人为承租人提供连带责任保证担保。

《售后回租赁合同》履行过程中，承租人逾期支付租金，出租人诉至法院。

二、起诉与答辩及法院的认定与判决

出租人请求判令：1. 解除《售后回租赁合同》；2. 承租人返还出租人《售后回租赁合同》项下租赁物；3. 承租人支付出租人按全部未付租金数额计算的损失；4. 出租人可就上述第二项所述的租赁物与承租人协议折价或将该租赁物拍卖、变卖，所得价款用于清偿承租人上述第三项付款义务，如所得价款不足清偿上述债务，则不足部分由承租人继续清偿；5. 六保证人对承租人上述第三项付款义务承担连带清偿责任；6. 承租人与六保证人承担案件诉讼费用。

承租人辩称：租赁物并不存在，出租人与承租人之间并不存在融资租赁法律关系，双方恶意串通，以合法形式掩盖企业之间资金借贷的事实，扰乱金融秩序，违反法律禁止性规定，《售后回租赁合同》属无效。

六保证人共同辩称：出租人与承租人以合法形式掩盖非法目的，涉案《售后回租赁合同》系虚假合同，六保证人不应对该合同所产生的租金债务承担保证责任。

一审法院认为：1. 关于涉案《售后回租赁合同》的性质。承租人辩称租赁物并不存在，对此出租人确认其并未收到租赁物发票原件，亦未进行现场查验和巡视查验，亦不知晓租赁物现处何处。因出租人从未查验过设备，且未能进一步提供证据证明租赁物的实际存在，故法院采信承租人意见，涉案租赁物并不实际存在。根据法律规定，标的物不存在，合同不成立，故双方之间的融资租赁法律关系不成立，应当以双方实际构成的法律关系处理。根据合同约定，出租人向承租人提供资金，承租人使用并偿付利息，双方之间实际构成企业间借贷关系，即涉案合同的性质是名为融资租赁，实为企业间借贷。2. 关于借款合同的效力。法院认为，借款合同有效，理由如下：第一，出租人作为融资租赁企业，虽未取得发放贷款的资质，但没有证据证明其以发放贷款为主要业务或主要利润来源。第二，尽管承租人的真实意思系从出租人处获得借款，但没有证据证明出租人与承租人合谋以合法形式掩盖非法目的，即该借款合同不违反法律、行政法规的强制性禁止规定。故出租人与承租人之间的借款合同有效，双方仍应当依约履行各自义务。

一审法院判决：1. 解除出租人与承租人签订的《售后回租赁合同》；2. 承租人归还出租人借款本金 11585329. 92 元；3. 承租人偿付出租人逾期付款违约金；4. 六保证人对承租人上述还款义务承担连带保证责任；5. 驳回出租人其余诉讼请求。案件受理费、财产保全费、公告费由承租人与六保证人共同负担。

三、案件评析

本案争议的焦点是：售后回租业务中，承租人主张租赁物实际不存在，而出租人没有证据证明租赁物真实存在，则融资租赁合同的性质及其效力认定问题。

（一）关于合同法律关系的定性

法院以租赁物实际不存在，认定本案合同的性质是名为融资租赁，实为企业间借贷。该认定体现了租赁物对于构建融资租赁法律关系的重要性。融资租赁的法律特征是通过“融物”达到“融资”的目的，其融资目的必须通过融物来实现，这是融资租赁与金融借贷的根本区别所在。所以，租赁物在融资租赁法律关系中是一个极为重要的要素。实践中通常认为，作为融资租赁的租赁标的物的财产应当是具体、明确、有形和非消耗性的，这是融资租赁法律关系的特性所决定的。具体到本案，仅《售后回租赁合同》约定租赁设备为摊铺机等机器，并没有具体的租赁物清单与之对应。《所有权转让协议》《售后回租赁合同》附件之《租赁物件接受证明》《所有权说明函》均只提及“租赁合同项下租赁物件”，未提及租赁物具体为何物。出租人自认在签订《售后回租赁合同》时并未查验设备，租赁物是否存在并不知晓，未收到租赁物发票原件。出租人亦未能进一步提供证据证明租赁物的实际存在。而且承租人自认为了融资的目的而虚构租赁物与出租人签订融资租赁合同的事实。综合以上，出租人与承租人签订的《售后回租赁合同》，无真实的租赁物存在，不符合融资租赁“融物”的要求。从本质上看，双方只有融资，没有融物，仅是资金往来，不构成融资租赁法律关系。

根据《融资租赁司法解释》第 1 条：“人民法院应当根据合同法第 237 条的规定，结合标的物的性质、价值、租金的构成以及当事人的合同权利金额义务，对是否构成融资租赁法律关系作出认定。对名为融资租赁合同，但实际不构成融资租赁法律关系的，人民法院应按照其实际构成的法律关系处理。”本案因租赁物实际不存在，认定双方不构成融资租赁法律关系。既有证据仅能证明出租人与承租人之间有资金的出借与返还关系。根据《合同法》第 196 条“借款合同是借款人向贷款人借款，到期返还借款并支付利息的合同”的规定，应认定本案实际构成借贷法律关系。

（二）关于合同效力的认定

对于本案所涉合同是否有效的问题，虽然本案企业间借贷主体不具备从事金融业务的资质，但没有证据证明其以发放贷款为主要业务或主要利润来源，根据《民间借贷司法解释》第 11 条规定，法人之间为生产、经营需要订立的民间借贷合同，除存在合同法第 52 条、本规定第 14 条规定的情形外，借贷合同有效。本案所涉合同内容不存在《合同法》第 52 条规定的合同无效的法定情形，亦不存在《民间借贷司法解释》第 14 条规定的民间借贷无效的法定情形，因此，本案认定为借款合同应属有效。

四、实践指导意见

在融资租赁业务快速发展的过程中，租赁物的重要性有被忽视的倾向。而融资租赁是以融物的方式进行融资，没有明确真实的租赁物，就不能建立融资租赁法律关系。尤其是在售后回租业务中，为防止出现以售后回租为名、行资金拆借之实的规避法律行为，融资租赁公司应重点审查租赁物是否客观真实存在，买卖合同、发票与租赁物之间是否有对应关系等，做到每笔融资租赁交易都有具体、明确、真实存在的租赁物。结合本案的警示，提出以下具体建议供融资租赁公司参考：1. 建议融资租赁公司充分重视租赁物清单，在租赁物清单中尽量细化对租赁物具体特征的描述（如列明租赁物名称、数量、型号等），通过对租赁物具体描述可以实现租赁物的特定化，从而做到每笔租赁交易都有具体、明确的租赁物可资查证。2. 建议融资租赁公司重视对租赁物真实、明确存在的现场查验及对与租赁物有关书面文件的审查、保存，以上所述书面文件包括租赁物所有权凭证、租赁物购货合同、销售发票等。这些能够证实租赁物的真实明确存在的书面文件，与租赁物清单相互印证，能够使得租赁物得以明确。3. 重视租后管理，掌握租赁物的现状，并注重在融资租赁业务开展中对与租赁物相关的证据的收集、保留，如收集、保留关于租赁物实物检视、租赁物现状、存放地点等的相关记录，以确保租赁公司的合法权益。

案例1.2 房产租赁物未办理过户登记的，如何认定租赁合同性质及其效力[①]

租赁物为房产时，仅办理网签而未办理过户登记的，是否影响融资租赁法律关系的认定？以下案例涉及这一问题。

北车（天津）投资租赁有限公司与无锡市华贸控地置业有限公司、北京华贸控地投资有限公司借款合同纠纷案[②]

原告：北车（天津）投资租赁有限公司（以下简称“北车公司”）

被告：无锡市华贸控地置业有限公司（以下简称“无锡华贸”）

被告：北京华贸控地投资有限公司（以下简称“北京华贸”）

被告：方某

一、案件基本事实

2013年11月14日，北车公司与无锡华贸签订《融资租赁合同》，约定：1. 无锡华贸将其自有的商业地产（位于江苏省江阴市南闸街道规划道路南、锡澄路西侧的“中关村数码广场”以及“锡澄路586号”的239套房产）转让给北车公司，北车公司受让租赁物后将其出租给无锡华贸使用。2. 租赁期限5年，起租日为北车公司向无锡华贸支付购房款之日起6个月；自北车公司支付购房款之日起至起租日止的期间为租前期。租赁年利率为13.3%。租前息按月支付，租金每3个月期末等额本息支付一次。3. 租赁期限届满，在无锡华贸清偿所有应付租金以及其他应付款项后，租赁物由无锡华贸按照每套人民币100元，共计23900元留购。④任何一方违约给对方造成损失的，应负责赔偿守约方因此遭受的损失（包括但不限

---

① 本部分作者为北京市汇融律师事务所合伙人李雪梅。

② 参见天津市高级人民法院（2016）津民初34号一审民事判决书，2016年12月26日作出。

于守约方为索赔而支付的律师费等）；如无锡华贸迟延支付任何款项，应就迟延付款金额按日万分之五向北车公司支付迟延违约金。《融资租赁合同》的附件《租赁附表》记载：付款日为2013年11月14日，租赁期限60个月，租金共分18期支付；租金总额为352852351.02元，自2013年12月14日至2014年5月14日，分6期支付租前息2770833.33元（1.2亿本金对应的租前息为1330000元，1.3亿本金对应的租前息为1440833.33元）；从2014年8月14日至2018年11月14日，每3个月期末等额本息支付租金18679297.28元；留购价款为23900元。

2013年11月14日，北车公司与无锡华贸签订《补充协议书》约定：北车公司支付的2.5亿元购房款视为已履行完毕《商品房买卖合同》项下全部付款义务，北车公司已拥有所涉全部房产的所有权；租赁期内，如无锡华贸出现《融资租赁合同》约定的严重违约情形，则须无条件配合北车公司办理房屋权属转移登记手续。若无锡华贸超出15日未能办理，应按购房价款日万分之五标准支付违约金。

2013年11月14日，北车公司与北京华贸签订《保证合同》、方某向北车公司出具《担保书》，北京华贸和方某分别对《融资租赁合同》项下无锡华贸全部债务提供不可撤销的连带责任保证。

2013年11月19日，北车公司与无锡华贸签订系列《商品房买卖合同》，约定北车公司购买无锡华贸名下的作为《融资租赁合同》租赁物的全部239套房产。所有合同均已在江阴市商品房买卖网上备案系统进行了登记备案。

北车公司于2013年11月14日和11月20日以银行转账方式向无锡华贸共计支付2.5亿元。截至北车公司起诉时，无锡华贸仅支付了前4期租前息，拖欠第5、6期租前息以及前7期租金。北车公司为追索拖欠租金，于2015年12月31日与某律师事务所签订《一般风险代理协议》，委托该所律师担任诉讼代理人并支付了70000元律师费。

二、起诉与答辩及法院的认定与判决

北车公司诉请法院判令：无锡华贸支付到期未付租金及其自应付之日起至全部付清之日止的违约金、全部未到期租金、留购价款、律师费；北京华贸、方某对无锡华贸的债务承担连带清偿责任。

各被告均未提交书面答辩意见。

法院经审理认为：案涉《融资租赁合同》《补充协议书》《商品房买卖合同》《保证合同》等协议是当事人自愿签订，意思表示真实，不违反相关法律、行政法规的强制性规定且已实际履行，均合法有效。在融资租赁法律关系中，出租人享有租赁物的所有权。虽然本案《融资租赁合同》确认融资形式为承租人无锡华贸将其所有的不动产转让给出租人北车公司后，再从北车公司处租回租赁物继续使用，并在租赁期内向北车公司支付租金，体现的内容是融资租赁法律关系项下的售后回租交易模式，但由于《商品房买卖合同》项下的房产并未办理所有权转移登记手续，北车公司尚未取得相应房产的所有权。因此北车公司签订《商品房买卖合同》《融资租赁合同》，并非是以买卖方式取得所有权后又通过向无锡华贸出租租赁物来实现合同目的并完成资金融通的。这与融资租赁法律关系中出租人对租赁物享有所有权的特征不符，故本案不构成融资租赁法律关系，而应按照借款关系处理。因涉案合同约定的权利义务内容系真实意思表示，双方在签订该合同时对租赁物的权属状况亦应明知，故《融资租赁合同》《补充协议书》和《商品房买卖合同》约定的内容对双方均有约束力。

关于北车公司诉请的到期未付和未到期租金以及违约金问题，法院认为，涉案合同明确约定了租前息和租金采取分期支付的方式，承租人一旦出现未能按照合同约定向出租人支付租金及其他款项的违约情形，出租人有权宣布合同立即到期，要求承租人立即付清所有到期未付及未到期的租金和其他应付款项。现无锡华贸实际收取租赁物转让款后未能按期偿还，欠付第 5、6 期租前息及全部租金，理应承担全部到期应付未付租金及其违约金，以及未到期租金的清偿责任。根据《民间借贷司法解释》第 26 条："借贷双方约定的利率未超过年利率 24%，出借人请求借款人按照约定的利率支付利息的，人民法院应予支持。"涉案《融资租赁合同》已经约定了租赁年利率为 13.3%，故按照双方约定的日万分之五标准计收违约金偏高，法院酌情将违约金计收标准调整为年利率 10.7%。无锡华贸应当在约定的租前息和租金支付期限届满后向北车公司支付相应的违约金。

关于留购价款应否支持的问题，法院认为，涉案《融资租赁合同》虽然就无锡华贸在清偿完毕全部租金和其他应付款项的前提下，支付留购价款后即取得租赁物的所有权作出了约定，但因本案不属融资租赁法律关系，不存在支付留购价款即取得租赁物的所有权问题，故法院不支持北车公司关于无锡华贸支付留购价款的诉请。

最终，法院判决无锡华贸偿还北车公司到期未付租金及违约金、全部未到期租金，北京华贸、方某对上述给付事项承担连带保证责任，驳回北车公司关于支付留购价款及律师费的诉讼请求。

三、案件评析

本案涉及的问题包括：房产租赁物未过户是否影响融资租赁法律关系的认定、违约金标准、留购价款及律师费等，但有一个问题当事人未提及、法院也未展开分析，这在融资租赁业务实践中却非常重要，即房产网签问题，笔者在为租赁公司提供法律服务过程中就经常被问及办理了网签是否意味着租赁公司取得了房产所有权、网签是否属于物权法所说的登记等类似问题。由于本案涉及的其他问题在本书其他案例中已有分析，为免重复，本书仅分析房产"网签"问题。

本案中，北车公司与无锡华贸就租赁物 239 套房产的买卖签订了系列《商品房买卖合同》，并将所有合同均在江阴市商品房买卖网上备案系统进行了登记备案。这里的"登记备案"即通常所说的"网签"，所谓网签，是网上签约的简称，也称网上备案，即买卖双方在房屋行政主管部门（以下简称房管部门）设立的交易信息系统（以下简称网签系统）线上填写房屋买卖主体、标的物、价款等信息，在线下生成与线上填写的信息一致的、需由当事人双方签字或盖章的买卖合同，并将上述信息记载于房管部门房产交易档案，买卖双方及其他人可以根据网签号对合同进行查询。网签包括三个环节，一是线上填写房屋买卖信息的网上签约；二是当事人在线下签署房屋买卖合同；三是房管部门在特定载体上显现和保存签约信息的网上备案。网签是新房和存量房交易中都要经历的环节，是在房地产管理部门监管下进行的防止卖方一房二卖的一种手段，一旦网签成功，便在网签系统上留下记录，让交易更加透明。本书以下所称网签，系指存量房网签。

在实行网签的地区，网签是房屋过户前的一种强制性安排，通过市场交易买卖房屋的，都必须进行网签，且在网签后至房屋过户登记前，同一房屋不能再次办理网签，这一点在一些地区的存量房交易规则中得到确认，如《广州市存量房网上交易规则》（广州市住房和城乡建设委员会2016年7月23日发布）第12条规定："通过网上交易系统签订存量房买卖合同后，在完成交易过户前或者存量房买卖合同未撤下的，不得再通过网上交易系统签订以该存量房为标的的买卖合同。"因此，网签在实践中能起到防止"一房多卖"的效果。有些地区还规定网签是过户登记的前置程序，如《北京市建设委员会关于全面推行存量房买卖合同网上签约有关问题的通知》（京建交〔2008〕628号）第1条规定："已取得房屋所有权证的存量房进行买卖的，当事人在申请转移登记前均需进行存量房买卖合同网上签约。"从实践情况来看，网签的推行，既有效降低了一房数卖等市场失信风险，还有效提升了主管部门的市场监管能力，故《国务院办公厅关于促进房地产市场平稳健康发展的通知》（国办发〔2010〕4号）要求进一步建立健全存量房交易合同网上备案制度，住房和城乡建设部更于2016年4月提出要网签全覆盖。虽然国务院及各地都推行网签制度，但是我国法律法规对网签的法律效力并未明确规定，由此也给购房人带来不少困惑，基于网签的强制性以及其防止"一房多卖"的实际效果，很多人认为只要办理了网签，就意味着购房人取得了房屋的所有权，不少租赁公司的业务人员甚至部分法务人员亦如此认为。

毋庸置疑，网签不是物权法上的不动产登记程序，不具有物权变动效力。但网签的功能是通过保障房屋购买人对出卖人的转移房屋所有权的债权请求权来防止一房多卖，网签所备案的是买方的一种请求权，借助网签系统，将本处于相对权范畴的债权请求权公示出来，使其产生对抗力。从网签的功能及实际效果来看，网签能起到一定的登记的作用，即在网签系统公示出的房屋买卖合同具有一定程度的对抗力，虽不意味着网签合同的买方一定是房屋的所有权人，但可以合理推断该买方是所涉房产的未来所有权人，即登记是房屋产权的实然状态，而网签是很可能演化成此等实然状态的或然状态，正因如此，网签在实践中达到了防止一房多卖的效果。

基于网签的功能及实践效果，笔者认为，在不涉及第三人时，可参照《物权法司法解释（一）》第 2 条，确认网签的买受人对所涉房产的权属；若涉及第三人的，如房产已被登记的权利人处分给第三人或为第三人设定了权利负担，且第三人符合《物权法》第 106 条善意取得构成要件的，则需遵守登记的公信力，以登记为准。本案中，北车公司已支付了全部购房款且双方已办理了网签手续，且并未涉及第三人利益，笔者认为若肯定北车公司对租赁物的权属，而非简单认定"房产并未办理所有权转移登记手续，北车公司尚未取得相应房产的所有权"，更符合交易双方的真实意思。

综上所述，笔者认为本案判决对案涉法律关系性质及其理由的认定值得商榷。

四、对租赁公司的启示

在以房产作为租赁物的融资租赁业务中，出租人大都仅办理网签手续而不将房产过户到自己名下，其根本原因在于我国缺乏专门的融资租赁登记制度，进而导致房产的售后回租被视为真实的交易而需缴纳高额契税等税费。但是，网签并不是物权法意义上的登记，不具有物权效力，在登记的权利人将房产处分给第三人时，出租人将面临丧失物权的风险，且网签无法对抗法院查封，若承租人的其他债权人申请法院查封房产，出租人需提起执行异议之诉申请法院确认其所有权来维权，既给出租人带来诉累又浪费国家司法资源。

针对上述风险，一方面，租赁公司应当加强和提高权利保护意识，完善融资租赁交易文件，针对房产的过户登记、税费承担、房产所有权归属及转移等通过融资租赁合同等文件作出明确约定，例如，承租人负责将租赁物所有权变更登记到出租人名下并负担过户税费，且约定明确的过户期限，并妥善保管出租人支付购房款的付款凭证等资料原件，若出现承租人违约时，租赁公司可参考（2014）石民三初字第00107号案（河北省金融租赁有限公司与北京方正房地产开发有限公司融资租赁合同纠纷案）诉请承租人将房产过户至出租人名下；另一方面，为防范善意第三人风险，建议租赁公司要求承租人将房产或相应土地使用权抵押登记在租赁公司名下。

案例1.3　海关监管物作为租赁物时融资租赁（回租）合同的效力[①]

根据《中华人民共和国海关法》（以下简称《海关法》）的规定，海关监管货物，未经海关许可，不得转让或进行其他处置。人民法院判决、裁定或者有关行政执法部门决定处理海关监管货物的，应当责令当事人办结海关手续。违反规定擅自将海关监管货物转让或进行其他处置的，可以处以罚款，有违法所得的，没收违法所得。在融资租赁公司与承租人开展融资租赁（回租）交易时，如果承租人未经海关许可以海关监管货物作为租赁物与融资租赁公司开展业务，融资租赁合同的效力是否会受到影响？

① 本部分作者为北京市汇融律师事务所律师李艳科。

华融金融租赁股份有限公司与成都经纬印务有限公司保证合同纠纷案①

原告：华融金融租赁股份有限公司

被告：成都经纬印务有限公司

一、案件基本事实

2007年9月14日，原告华融金融租赁股份有限公司（以下简称“华融金租”）与江阴普天广告有限公司（以下简称“普天公司”）签订回租物品转让协议，约定：普天公司将已购进的原价为1107万元的财产以1000万元的价格转让给华融金租，普天公司转让回租物品如需相关部门审批的，则由普天公司负责办理审批手续；普天公司保证回租物品不存在抵押权，也无其他权属纠纷；华融金租首次支付回租物品价款之时，回租物品所有权转移给华融金租，华融金租再以原物出租给普天公司使用等内容。同日，华融金租与普天公司签订融资租赁合同一份，约定融资租赁合同项下的融资租赁方式为回租等内容；同时，华融金租与江阴市同庆商务印刷有限公司（以下简称“同庆公司”）、刘某某、李某某及成都经纬印务有限公司（以下简称“经纬印务”）签订保证合同一份，约定：同庆公司、刘某某、李某某及经纬印务自愿为普天公司在融资租赁合同项下的债务提供连带责任保证等内容，保证期间为主合同履行期届满后两年。

上述合同签订后，华融金租于2007年10月31日向普天公司支付了租赁物购买价款。在融资租赁合同履行中，普天公司自第5期租金（应于2008年1月15日前支付）开始出现逾期，经华融金租催讨，普天公司仍未支付，同庆公司、刘某某、李某某及经纬印务亦未履行担保责任。

2010年3月15日，华融金租以保证合同纠纷为由起诉经纬印务，要求其对普天公司融资租赁合同项下的债务承担保证责任。

---

① 参见杭州市西湖区人民法院（2010）杭西商初字第491号民事判决书，2014年7月3日作出。

2008 年 8 月 28 日，江阴市人民法院作出民事裁定书，裁定受理普天公司破产清算申请。2008 年 10 月 14 日，江阴海关向江阴市人民法院发函一份（文件号为：澄关办发〔2008〕82 号），称普天公司经海关批准曾于 2003 年 10 月 15 日免税进口多色高速印刷机一台，根据减免税进口设备法定的 5 年海关监管年限计算，上述设备的海关监管期限将在 2008 年 10 月 15 日届满，并自该日起自动解除海关监管，此前属海关监管货物。

二、原审法院的认定和判决

法院认为：1. 华融金租与普天公司、同庆公司、刘某某、李某某、经纬印务签订的回租物品转让协议、融资租赁合同、保证金协议书、信用互助金协议、保证合同，系各方当事人的真实意思表示，且不违反有关法律效力性强制规定，均合法有效，各方应按约履行。2. 针对经纬印务辩称认为华融金租与普天公司涉嫌逃税而恶意串通，故意隐瞒物品处于监管期的情况，损害国家和经纬印务的利益，导致合同无效的意见，法院认为，本案回租物品属于免税进口产品而处于海关监管期间，根据我国《海关法》规定，海关监管货物如需处置应经海关许可，并办结海关手续，可见，属于海关监管的货物，只要办理了相关的手续即可由当事人进行处置，并不是当然无效，即使违反相关规定，也是违反了管理性强制规定，而不是效力性强制规定，并不影响本案回租物品转让协议、融资租赁合同的效力。回租物品转让协议、融资租赁合同有效，经纬印务主张主合同无效而导致保证合同无效的观点缺乏依据，法院不予采信。

法院判决：1. 经纬印务支付华融金租租金 6283347. 73 元，于本判决生效之日起十日内付清。2. 经纬印务支付华融金租违约金 673033. 97 元（暂计至 2010 年 3 月 12 日止，此后至生效判决确定的支付日止的违约金按延付租金的每日万分之五的标准另计），于本判决生效之日起十日内付清。3. 经纬印务支付华融金租名义货价 150000 元，于本判决生效之日起十日内付清。如果未按本判决指定的期间履行给付金钱义务，应当依照《民事诉讼法》第229条之规定，加倍支付迟延履行期间的债务利息。4. 案件受理费61545元，财产保全申请费5000元，合计66545元，由经纬印务负担，于本判决生效之日起十日内支付。

三、上诉与答辩及法院的认定和判决

保证人经纬印务不服一审判决，于2010年11月29日向杭州市中级人民法院提起上诉①称：

1. 一审认定《回租物品转让协议》《融资租赁合同》《保证合同》合法有效是错误的。签订《保证合同》是经纬印务被普天公司欺诈的结果，华融金租和普天公司均向经纬印务隐瞒了回租物品正在海关监管期间这一重要事实。经纬印务与华融金租签订《保证合同》并不是真实意思的表示。假如华融金租不知道回租物品属“海关监管”物品，那普天公司是以欺诈手段订立合同，并以此偷逃高达30%的关税，其行为损害了国家利益，故案涉合同都是无效的。如华融金租明知“海关监管”的事实仍然与普天公司签订回租协议并要求经纬印务提供担保，按《担保法》的相关规定，经纬印务也不应承担保证责任。

2. 回租物品被南京市中级人民法院查封并裁定执行给普天公司的其他债权人的事实证明，华融金租因“海关监管”从来就没有取得过回租物的所有权，没有所有权回租也就无从谈起，因此华融金租与普天公司所签《融资租赁合同》自始无效。

法院审理认定：

1. 华融金租与普天公司、经纬印务等签订的《回租物品转让协议》《融资租赁合同》《保证金协议书》《信用互助金协议》《保证合同》均系各方当事人的真实意思表示。

① 详见“浙江法院公开网”，杭州市中级人民法院（2010）浙杭商终字第1663号民事判决书，2011年2月作出。

2. 虽然华融金租与普天公司签订《回租物品转让协议》《融资租赁合同》时，该回租物品尚处于海关监管期间，根据我国《海关法》规定，海关监管货物如需处置应经海关许可，并办结海关手续，因此属于海关监管的货物，只要办理了手续即可由当事人进行处置。故华融金租与普天公司签订的《回租物品转让协议》《融资租赁合同》并非自始当然无效。经纬印务认为主合同无效及保证合同也无效的上诉理由，不予采纳。

3. 案涉合同签订后，华融金租已向普天公司支付了相应的转让款，履行了其合同义务，因普天公司未按约及时支付租金，经纬印务作为连带责任保证人，理应承担相应的保证责任。其他法院将案涉租赁物裁定抵债处理的事实，并不能成为经纬印务拒绝承担保证责任的理由。

法院判决：驳回上诉，维持原判。

四、案件评析

本案的争议焦点在于售后回租交易中，承租人违反《海关法》第 37 条的规定，擅自将海关监管货物转让给出租人并租回使用的，融资租赁合同及其从合同（保证合同等）的效力是否自始无效。

根据《海关法》第 37 条第 1 款、第 3 款的规定，海关监管货物，未经海关许可，不得开拆、提取、交付、发运、调换、改装、抵押、质押、留置、转让、更换标记、移作他用或者进行其他处置。人民法院判决、裁定或者有关行政执法部门决定处理海关监管货物的，应当责令当事人办结海关手续。从《海关法》第八章规定的法律责任来看，当事人违反《海关法》第 37 条第 1 款的规定处置海关监管货物的，《海关法》并未明确相关合同的效力，而是仅规定了海关处以罚款并没收违法所得的法律后果。根据《进出口关税条例》第 49 条的规定来看，在监管年限内转让或者移作他用需要补税的，海关应根据该货物的进口时间折旧估价，补征进口关税。因此从《海关法》以及《进出口关税条例》的规定来看，主要从补征关税、处以罚款以及没收违法所得的方面要求纳税义务人承担违反《海关法》第 37 条的法律责任，并未着眼于纳税义务人擅自处置海关监管货物所签署的合同效力。

根据《民法总则》第 153 条的规定，违反法律、行政法规的强制性规定的民事法律行为无效，但是该强制性规定不导致该民事法律行为无效的除外。从上述对《海关法》的规定以及杭州西湖区法院、杭州中院的分析来看，违反《海关法》第 37 条的规定转让租赁物并签署《回租物品转让协议》和《融资租赁合同》的，该合同效力并非自始无效，且办理完毕相关海关手续后，也不影响出租人取得该海关监管设备的所有权。承租人在向出租人转让海关监管设备时，其对海关监管设备享有所有权，只是其处分权受到了《海关法》的限制，但这种限制并不导致海关监管设备转让协议的无效，出租人可以依据《海关法》同一条规定请求人民法院责令承租人办结海关手续并取回租赁物，因此从这个角度讲，宜将《海关法》的规定认定为《民法总则》第 153 条规定的例外情形，违反该规定的并不导致《回租物品转让协议》和《融资租赁合同》无效。

从我国最高人民法院相关司法解释以及国际上相关规定来看，对财产处分权的限制亦不应影响相关合同的效力，如果最终当事人未能依约定获得处分权，应适用有关合同履行不能的规定，而非适用合同无效的规定。例如，《买卖合同司法解释》第 3 条规定："当事人一方以出卖人在缔约时对标的物没有所有权或者处分权为由主张合同无效的，人民法院不予支持。出卖人因未取得所有权或者处分权致使标的物所有权不能转移，买受人要求出卖人承担违约责任或者要求解除合同并主张损害赔偿的，人民法院应予支持。"国际统一私法协会《国际商事合同通则》第 3.3 条亦规定"（1）合同订立时不可能履行所承担之义务的事实本身不影响合同的效力。（2）合同订立时一方当事人无权处置与该合同相关联之财产的事实本身不影响合同的效力。"因此，从这个角度分析，承租人在签署《回租物品转让协议》时虽然处分权受到了《海关法》的限制，但这一限制随着海关监管期限届满或者当事人补办相关海关手续会随之消灭，因此这一事实本身不应成为影响《回租物品转让协议》效力的事由。

五、对租赁公司的启示

目前海关总署关于海关监管设备在监管年限内能否开展融资租赁问题的意见，主要体现在以下两个文件中：

1.《海关总署关税征管司关于银河公司以减免税设备进行融资租赁问题的批复》（税管函〔2004〕56 号）

海关总署同意以海关监管设备与金融租赁公司开展融资租赁业务，具体手续按照有关减免税货物向金融机构抵押贷款的有关规定办理。

2.《海关总署关于征管司关于广东冠豪新技术股份有限公司出售减免税设备后再以融资租赁方式租回有关问题的复函》（税管函〔2007〕263 号）

海关总署认为在补缴减免税设备剩余监管年限内的税款并办理解除监管手续之前，不得同意以海关监管设备与融资租赁公司开展融资租赁业务。

分析海关总署上述两个文件，尽管在金融租赁公司、融资租赁公司的适用上有所差异，但这一差异符合《海关进出口货物减免税管理办法》第 31 条的规定。根据该条款，在海关监管年限内，减免税申请人仅可以要求以减免税货物向金融机构办理贷款抵押，不得向金融机构以外的公民、法人或者其他组织办理贷款抵押。

因此，金融租赁公司作为金融机构，在以海关监管设备作为租赁物开展融资租赁业务时，建议按照税管函〔2004〕56 号文、《海关进出口货物减免税管理办法》第 31 条的规定，按照有关减免税货物向金融机构抵押贷款的有关规定办理手续。融资租赁公司开展此类业务时，鉴于其并非金融机构，不符合《海关进出口货物减免税管理办法》所述的减免税货物抵押的条件，可通过交易结构设计、向承租人收取相应金额的保证金等方式规避相关风险。

案例1.4 售后回租业务中，承租人未经抵押权人同意将抵押财产转让给出租人的，融资租赁合同和转让合同的效力如何认定①

在售后回租交易中，承租人对转让给出租人的租赁物应享有所有权和处分权，不存在权利瑕疵和负担。如果承租人违反上述约定，未经抵押权人同意，将其已设定了抵押的租赁物转让给出租人，则融资租赁合同、转让合同是否有效以及双方是否构成融资租赁法律关系便成了值得探讨的问题。目前，司法界对该问题仍无统一定论，导致相同的诉求在不同的法院得到不同的判决，亟待司法规范。

一、判决融资租赁合同及转让合同有效、双方构成融资租赁法律关系的案例

案件一：上诉人丹阳银球针纺服饰有限公司与被上诉人江苏金融租赁有限公司融资租赁合同纠纷案②

上诉人（原审被告）：丹阳银球针纺服饰有限公司

被上诉人（原审原告）：江苏金融租赁有限公司

（一）案件基本事实

2011年6月17日，江苏金融租赁有限公司（以下简称“出租人”）与金陵针织厂（以下简称“承租人”）签订《融资租赁合同》，约定出租人向承租人支付价款，受让承租人自有的设备，并将该设备作为租赁物出租给承租人使用。同日，承租人与出租人签订《转让协议》，约定承租人以

---

① 本部分作者为北京市汇融律师事务所律师任立。

② 参见南京市中级人民法院（2014）宁商终字第350号民事判决书，2014年5月6日作出。

融资租赁交易方式将其自有的设备转让给出租人并租回使用，承租人保证在向出租人转让租赁物的所有权之前，承租人拥有对该租赁物的完全的排他的所有权，并无将租赁物出租、抵押或其他任何减损出租人对该租赁物所有权的行为。同日，丹阳银球针纺服饰有限公司（以下简称“保证人”）与出租人签订《保证合同》，约定保证人为承租人就《融资租赁合同》的履行提供保证。

上述合同签订后，出租人按合同约定履行了义务。2012 年 1 月起，承租人违反合同约定，不再向出租人支付租金。

（二）起诉与答辩及法院的认定与判决

出租人以承租人未按约支付租金为由，请求判令保证人连带偿还出租人承租人欠付的租金及名义货价等款项。保证人辩称：在出租人与承租人签订《转让协议》之前，设备已办理了抵押登记，故《转让协议》《融资租赁合同》均无效，保证人与出租人签订的《保证合同》也应因前述合同的无效而无效，且保证人无过错，不应承担民事责任。

一审法院认为：融资租赁合同最重要的法律特征是融资与融物相结合，以融物的形式提供融资。本案中，承租人将自己所有的设备出售给出租人，并与出租人签订融资租赁合同，再将该设备租回使用，属于融资租赁合同的回租形式，出租人受让租赁标的物并非为了取得租赁标的物的所有权，而是为了再出租给承租人，获取融资收益，充分体现了融资租赁合同的法律特征。

《物权法》第 191 条第 2 款仅规定“抵押期间，抵押人未经抵押权人同意，不得转让抵押财产”，但并未对抵押人转让抵押财产合同的效力进行否定。再者，如承租人在订立合同前已经在租赁物上设立了其他物权，后又以售后回租方式与出租人订立融资租赁合同，致使出租人无法取得租赁物所有权的，出租人享有解除融资租赁合同的权利，但并不必然导致转让协议和融资租赁合同无效。

综上所述，出租人与承租人签订的转让协议、融资租赁合同合法有效，保证人与出租人签订的相应保证合同亦应合法有效。鉴于承租人未按约支付租金，已构成违约，出租人可以选择要求连带责任保证人付清全部未到期租金。

（三）上诉与答辩及法院的认定与判决

宣判后，保证人向二审法院提起上诉。出租人答辩称：本案系售后回租的融资租赁合同纠纷，即使租赁物被抵押，也不影响融资租赁合同的效力；《物权法》第191条和《担保法》第49条并非针对合同效力的强制性规定，转让抵押物的合同并不一定无效。

二审法院认为：《物权法》第191条第2款规定，抵押期间，抵押人未经抵押权人同意，不得转让抵押财产，但受让人代为清偿债务消灭抵押权的除外。该规定中的“不得转让”既不属于《合同法》第51条规定的无权处分，也不是《合同法》第52条所称强制性规定，其立法本意着眼于抵押财产物权变动行为的禁止，无意否定转让抵押财产合同的效力。

结合《担保法》第49条第1款以及相应的司法解释规定，要求抵押人在转让抵押物时需通知抵押权人，旨在提醒抵押人注意未经抵押权人同意的抵押物转让可能引起的赔偿责任。保证人主张该协议无效或者效力待定，系对前述法律规定的误读，因此其以租赁物已经设定抵押为由主张融资租赁合同无效的意见不能成立。综上，二审法院驳回上诉，维持原判决。

二、判决双方不构成融资租赁法律关系的案例

案件二：浙江夏之远船舶经营有限公司与宁波侨汇融资租赁有限公司融资租赁合同纠纷案①

原告：浙江夏之远船舶经营有限公司

① 参见舟山市普陀区人民法院（2015）舟普商初字第345号民事判决书，2015年8月27日作出。

被告：宁波侨汇融资租赁有限公司

（一）案件基本事实

2014年4月14日，宁波侨汇融资租赁有限公司（以下简称“出租人”）和浙江夏之远船舶经营有限公司（以下简称“承租人”）签署《融资租赁合同》，约定承租人以租赁为目的，将其所有的船舶出售给出租人，再从出租人处租回使用。该船舶已于《融资租赁合同》签订前分别抵押给银行、融资担保公司等第三人（以下合称“抵押权人”），并均办理相关抵押登记手续。合同签订后，船舶未办理所有权转移登记手续，且《融资租赁合同》签订未征得抵押权人同意，出租人也未代承租人向抵押权人清偿债务。

《融资租赁合同》签订后，出租人向承租人支付了全部租赁物购买价款。

自《融资租赁合同》中所约定的支付第6期租赁费的期限（该期支付期限为2014年10月14日前）到期后，承租人并未按期支付该期租赁费。

（二）起诉与答辩及法院的认定与判决

承租人诉称：租赁物在《融资租赁合同》签订前已抵押给抵押权人，且抵押权人也从未同意过转让抵押标的物。依据《物权法》规定，该转让不能成立。据此，被告并未取得标的物的所有权，也不可能完成后续的租赁流程。双方之间实际建立的是借款关系，但为被告办理结汇需要，签署了一份《融资租赁合同》，建立虚假的融资租赁法律关系，以掩盖真实的借款关系。因此，承租人请求判令《融资租赁合同》不构成融资租赁法律关系，实为借贷法律关系。

出租人辩称：《融资租赁合同》依法成立并已实际履行，承租人已将船舶所有权让渡给出租人；故出租人请求驳回起诉或撤销本诉讼。

法院认为：本案的争议焦点是双方签订的《融资租赁合同》是否构成融资租赁法律关系或其他法律关系。

对于该焦点，法院认为：出租人与承租人双方形式上约定成立“售后回租”模式的融资租赁关系；在双方缔约之前，租赁物已存在设立给第三方的抵押负担的事实，但承租人在签订涉案合同时并未获得抵押权人的同意，出租人也未代为清偿以租赁物作为抵押担保的负债，涉案合同也未提及如何清偿消除抵押权这一重大事宜，且租赁物购买价款客观上也无法清偿该负债。基于《物权法》第 191 条的规定，出租人与承租人之间未发生租赁物所有权转让的实际效果，而以所有权转让为核心要素的售后回租也未构成，租赁物的所有权仍为承租人所有。

因此，法院判决，出租人与承租人签署的《融资租赁合同》不构成融资租赁法律关系，而是构成借贷法律关系。

三、案件评析

上述案件共同的争议焦点在于，承租人就已设定抵押权的租赁物与出租人开展融资租赁交易，是否影响租赁物转让协议和融资租赁合同的效力，双方是否构成融资租赁法律关系。对于这一问题，法理上和实务操作中均存在争议，笔者将从这两个方面分别展开阐述。

（一）法理分析

本案中，出租人与承租人（即抵押人）签订了转让合同和融资租赁合同，鉴于售后回租交易中两合同的主体一致，并且是双方为同一目的而订立，可视为一个整体，没有分别论述的必要，故本书仅论证未经抵押权人同意时转让协议的效力。

《物权法》第 191 条规定：“抵押期间，抵押人经抵押权人同意转让抵押财产的，应当将转让所得的价款向抵押权人提前清偿债务或者提存。转让的价款超过债权数额的部分归抵押人所有，不足部分由债务人清偿。抵押期间，抵押人未经抵押权人同意，不得转让抵押财产，但受让人代为清偿债务消灭抵押权的除外。”对这一条款不同的解读方式导致学界对转让合同的效力问题产生争议，主流观点对此问题持肯定态度，大多数学者承认转让合同的效力，认为无论抵押权转让是否经抵押权人同意，合同效力都不应予以否认。具体分析如下：

首先，《合同法》第52条第（五）项规定，违反法律、行政法规的强制性规定的合同无效；《合同法司法解释（二）》第14条规定，该项中的“强制性规定”，是指效力性强制性规定。那么，对于本案涉及的转让合同效力的认定，关键在于认定《物权法》第191条第2款是否为效力性强制性规定。

《民商事合同指导意见》中规定，“如果强制性规范规制的是合同行为本身即只要该合同行为发生即绝对地损害国家利益或者社会公共利益的，人民法院应当认定合同无效”。显然，转让抵押物并不必然造成对国家或社会公共利益的损害；同时，在抵押权转让的情形中，如果抵押人转让抵押物的目的在于和受让人进行正常的商业活动，抵押权人的抵押权并未因转让而丧失，且可以追及至抵押物，也不必然损害抵押权人的抵押权。因此，笔者认为《物权法》第191条第2款并不是效力性强制性规定，不能导致转让合同无效。

其次，从我国抵押物转让制度的历史沿革及文义理解的角度看：1988年《民通意见》第115条直接否认抵押物转让行为的效力[①]，但该条款已废止；1995年《担保法》第49条规定，根据抵押人是否通知抵押权人来确定转让行为的效力，即认为转让抵押物并非一概无效[②]；2000年《担保法司法解释》第67条进一步放宽了转让抵押物的限制，规定抵押人转让

① 《民通意见》第115条规定：“抵押物如由抵押人自己占有并负责保管，在抵押期间，非经债权人同意，抵押人将同一抵押物转让他人，或者就抵押物价值已设置抵押部分再作抵押的，其行为无效。”

② 《担保法》第49条第1款规定：“抵押期间，抵押人转让已办理登记的抵押物的，应当通知抵押权人并告知受让人转让物已经抵押的情况；抵押人未通知抵押权人或者未告知受让人的，转让行为无效。”

已登记的抵押物，抵押权人仍可行使抵押权①。

再次，在对《物权法》第 191 条进行评论时，最高人民法院物权法研究小组亦明确指出："《物权法》为了适应我国市场经济条件下对物的流通的需求，……对抵押物转让的限制保持比较宽松的立法态度，将价金物上代位主义和抵押权追及效力以及涤除权制度进行整合，设计出目前这个比较宽松和利益平衡的抵押物移转制度。"

综上所述，虽然《物权法》第 191 条第 2 款在字面上使用了"不得转让抵押财产"的表述，但纵观我国所有关于抵押物转让的规定，其核心思想都在于尽可能地减少标的物上的权利负担，以降低抵押权人的风险，维护市场交易安全。该条款的立法本意并非对转让抵押物行为进行限制，而是在贯彻物权法中"物尽其用"原则的同时，对抵押权人、抵押人和受让人的利益加以平衡。因此，笔者认为，在抵押人未经抵押权人同意转让抵押财产的情况下，不能依据《物权法》第 191 条第 2 款认定转让合同以及融资租赁合同无效。

需要指出的是，虽然根据上述法理分析，抵押人可以转让已设定抵押权的租赁物，但是这一转让并不影响抵押权人对抵押物享有优先受偿权。抵押人转让抵押物后不履行还款义务的，抵押权人仍可追及抵押物，对之行使抵押权。

（二）实务中法院的操作

目前在司法实践中，相当部分法院对于这一问题采取前文引用案件一中法院类似的态度，认为《物权法》第 191 条第 2 款并不否定已设定抵押的租赁物转让合同的效力。例如，在仲利国际租赁有限公司与日德电机

① 《担保法司法解释》第 67 条第 1 款规定："抵押权存续期间，抵押人转让抵押物未通知抵押权人或者未告知受让人的，如果抵押物已经登记的，抵押权人仍可以行使抵押权；取得抵押物所有权的受让人，可以代替债务人清偿其全部债务，使抵押权消灭。受让人清偿债务后可以向抵押人追偿。"

（浙江）有限公司、温岭日德电机有限公司等融资租赁合同纠纷案[①]中，法院认为《物权法》第191条第2款并不意味着抵押人未经抵押权人同意而转让抵押财产的行为即告无效，根据《担保法司法解释》第67条第1款的规定，受让人可以取得抵押物的所有权而抵押权人则保留对抵押物的追及权而继续行使抵押权，二者并不相悖，抵押物受让人也可代为清偿债务而消灭抵押负担，因此在租赁物已办理抵押登记手续的情况下，抵押权人对租赁物享有优先受偿权，但该优先受偿权不影响涉案《买卖合同》的效力，涉案《买卖合同》和《融资租赁合同》应定性为融资租赁关系，且合法有效。

但是，以上关于转让合同和融资租赁合同效力的正面性论述和判决并不意味着出租人可忽视以抵押物作为租赁物开展融资租赁业务的风险。正如前文所引用的案件二中，法院根据《物权法》第191条的规定，以作为受让人的出租人并未代为清偿债务、消灭租赁物上的抵押权为由，判决出租人与承租人不构成融资租赁法律关系。实践中还存在诸多法院观点与之类似，如北车（天津）投资租赁有限公司与四川华通柠檬有限公司融资租赁合同纠纷案[②]中，法院承认转让合同和融资租赁合同有效，但认为该案不构成融资租赁法律关系，而应按照借款关系处理，因为该案已抵押的租赁物为不动产，在抵押撤销之前出租人无法办理所有权转移登记手续并取得相应租赁物的所有权，与融资租赁法律关系中出租人对租赁物享有所有权的法律特征不符。

另外，在北京国资融资租赁股份有限公司与山东飞达集团有限公司、中澳控股集团有限公司等融资租赁合同纠纷案[③]中，出租人和承租人以承租人自有的设备作为租赁物开展售后回租业务，部分租赁物在转让前已被抵押，虽然最高院支持融资租赁合同和转让合同有效、出租人和承租人之

---

① 参见宁波市中级人民法院（2015）浙甬商外初字第91号民事判决书，2016年10月19日作出。

② 参见天津市高级人民法院（2015）津高民二初字第0040号民事判决书，2015年9月29日作出。

③ 参见最高人民法院（2017）最高法民申111号民事裁定书，2017年3月30日作出。

间构成融资租赁法律关系，但抵押权人并未就转让抵押物的合同效力进行有针对性的抗辩，最高院也未对此展开论述。因此，最高院在该案中的正面裁判并不具备普遍参考意义。

（三）出租人开展融资租赁业务的风险

对于出租人而言，在抵押物作为售后回租业务中租赁物的情形下，即使出租人取得租赁物所有权，但由于抵押权先于所有权设立，该所有权是存在权利负担的，该负担的存在会产生如下后果：

第一，出租人若要顺利处分租赁物，需消灭该权利负担，即代替承租人清偿债务。

第二，出租人处分租赁物后，抵押权人有权就处置所得优先受偿，抵押权人有权要求出租人返还基于处置租赁物的所得（在抵押权人债权范围内），如果处置租赁物价款在清偿完抵押权人的债权后仍有剩余的，出租人仅能就剩余部分来实现租赁债权。

第三，在抵押权人与承租人的债务纠纷中，出租人有可能以第三人的身份参加诉讼，抵押权人有权要求以拍卖、变卖、折价租赁物的方式行使抵押权。

第四，鉴于双方是否构成融资租赁法律关系仍有争论，依然存在出租人无法取得租赁物所有权的风险，进而，在出租人未取得租赁物所有权的情况下，出租人与承租人开展的交易是否构成融资租赁法律关系亦存疑。

此外，《金融租赁公司管理办法》以及《融资租赁企业监督管理办法》均规定，金融租赁公司和融资租赁公司不得接受已抵押、权属存在争议、被查封的标的物作为融资租赁标的物。因此，若出租人接受已抵押财产开展融资租赁交易，不排除产生合规风险的可能。

案例1.5　售后回租业务中承租人将其无权处分的租赁物转让给出租人的法律后果[①]

售后回租交易中，承租人对转让给出租人的租赁物应享有所有权或处分权。若承租人将未取得所有权或处分权的租赁物转让给出租人，则融资租赁合同的效力如何？出租人能否取得租赁物的物权？融资租赁法律关系能否认定？

广东富邦融资租赁有限公司与天田国际贸易（深圳）有限公司融资租赁合同纠纷案[②]

上诉人（原审第三人）：天田国际贸易（深圳）有限公司（以下简称“天田公司”或“出卖人”）

被上诉人（原审原告）：广东富邦融资租赁有限公司（以下简称“富邦租赁”或“出租人”）

被上诉人（原审被告）：东莞亚纳世电气有限公司（以下简称“亚纳世公司”或“承租人”）

被上诉人（原审被告）：鲍某

一、案件基本事实

2013年4月26日，富邦租赁与亚纳世公司签订《融资租赁合同》，约定：亚纳世公司将其拥有的设备出售给富邦租赁后，又将该设备从富邦租赁租回使用，设备购买价格为人民币360万元。设备明细见《融资租赁合同》附件一《财产清单》。租赁期限自2013年4月28日至2014年9月30日止，亚纳世公司分18期按月向富邦租赁支付租金。自亚纳世公司收到富

① 本部分作者为北京市汇融律师事务所王文佳。

② 参见广州市中级人民法院（2015）穗中法金民终字第635号民事判决书，2015年8月13日作出。

邦租赁支付的设备购买价款之日，设备所有权即转移给富邦租赁。亚纳世公司未按时支付富邦租赁任一期租金超过 10 日，或亚纳世企业发生停业、停产、破产等情况，亚纳世公司均构成根本违约。亚纳世公司根本违约时，富邦租赁有权同时采取以下措施："①要求亚纳世公司立即支付全部到期和未到期资金及其他应付款项；②要求亚纳世公司按合同约定的财产购买价支付富邦租赁违约金……④解除合同即时收回租赁物处置，优先偿还滞纳金、违约金及富邦租赁实际损失……"鲍某为亚纳世公司提供连带责任保证。

《融资租赁合同》签订后，亚纳世公司向富邦租赁只支付了 5 期租金，后自 2013 年 8 月下旬开始停产停业，未再经营，亦未再向富邦租赁支付任何款项。

《融资租赁合同》附件一的《财产清单》列明了设备名称、数量等，其中即包括激光机（amada 牌）一台（以下简称"激光机"）。该激光机系由亚纳世公司之前向天田公司购买。亚纳世公司与天田公司签订的《买卖合同》约定：激光机总价 115 万元，分期支付，亚纳世公司付清全额货款前，激光机归天田公司拥有，亚纳世公司不得将该激光机进行出租、转卖或设定担保等任何处理，亚纳世公司付清全额货款的同时，天田公司提供增值税发票。

亚纳世公司支付第一、二期货款后，天田公司将激光机交付亚纳世公司，并在未收到全部价款的情况下开具增值税专用发票抵扣联给亚纳世公司。因亚纳世公司未按照约定支付后续货款，亚纳世公司与天田公司又签订《付款协议书》，约定亚纳世公司向天田公司支付设备款余款 805000 元及保养维修费 149663 元。后因亚纳世公司停产停业，天田公司向亚纳世公司发出《解除合同书》，通知亚纳世公司解除合同，并要求亚纳世公司返还激光机。

二、起诉与答辩及法院的认定与判决

富邦租赁诉至法院请求：1. 解除《融资租赁合同》；2. 承租人亚纳世公司立即返还租赁设备；3. 承租人亚纳世公司支付富邦租赁违约金；4. 鲍某对上述欠款承担连带责任；5. 承租人亚纳世公司与鲍某支付律师代理费、诉讼费。

出卖人天田公司作为有独立请求权的第三人参加诉讼，请求判令：《买卖合同》项下的激光机归天田公司所有。

法院认为：激光机是亚纳世公司向天田公司购买，双方约定在支付全部货款前，该机器的所有权归属于天田公司。亚纳世公司在未支付全部货款前将该机器通过售后回租的方式出卖给富邦租赁是无权处分行为。要确定激光机的返还对象，关键看富邦租赁是否适用善意取得。首先，要确定富邦租赁在签订《融资租赁合同》时是否善意。从证据来看，激光机放置于亚纳世公司内，亚纳世公司也持有该机器发票，且机器也没有在登记机关依法办理权属登记，机器显著位置也没有对权属情况作出标识，富邦租赁有理由相信该机器是亚纳世公司所有。在此情形下，应当认定富邦租赁在购买该机器时为善意。其次，富邦租赁与亚纳世公司签订《融资租赁合同》，约定由出让人亚纳世公司继续占有该动产，富邦租赁签订该合同并已支付所有购买款，因此，物权自该约定生效时发生效力。综上，富邦租赁作为善意受让人，依法取得激光机的所有权。

法院判决：1. 解除《融资租赁合同》；2. 亚纳世公司返还《融资租赁合同》约定的租赁物给富邦租赁；3. 亚纳世公司向富邦租赁支付违约金；4. 鲍某对上述第三项欠款承担连带清偿责任；5. 驳回富邦租赁的其他诉讼请求；6. 驳回天田公司的诉讼请求。

三、上诉与答辩及法院的认定与判决

出卖人天田公司上诉称：1. 富邦租赁与亚纳世公司签署的《融资租赁合同》名为融资租赁合同，实为借贷合同。该合同系以合法形式掩盖非法目的，应为无效。2. 富邦租赁受让激光机时没有尽到应有的严格审查义务和谨慎注意义务，自身存在过错，不构成善意。3. 富邦租赁没有举证证明、原审判决也没有查明其系以合理的价格受让激光机。请求撤销一审判决，依法改判确认激光机归天田公司所有。

法院认为：本案争议的焦点归纳为：1. 富邦租赁与亚纳世公司之间融资租赁合同法律关系的效力；2. 富邦租赁是否能够取得激光机的所有权。

关于焦点一：富邦租赁与亚纳世公司签订的《融资租赁合同》就租赁物、购买价款、租赁期限及租金收取、租赁物权属、使用、违约责任等设定了双方的权利义务，综合法律规定、合同主要条款、合同实际履行状况等因素考量，双方采取的是售后回租的融资租赁方式，构成融资租赁法律关系。

关于焦点二：融资租赁公司从事融资租赁业务时应当注意租赁物的权属是否清晰以及其合理的市场价值。售后回租业务中，租赁物所有权转移以约定生效时发生效力，这和动产以交付方式发生所有权转移效力的普遍原则相区别，融资租赁公司更应当审查租赁物的采购合同、发票等产权转移凭证等证明材料，属于融资租赁行业的交易习惯。且《融资租赁合同》中约定了，亚纳世公司应在签订该合同时提供出售给富邦租赁全部财产的购买合同、发票等相关购买凭证的原件。而亚纳世公司并未支付全部货款给天田公司，未取得激光机所有权的情况下，将该机器通过售后回租方式卖给富邦租赁，是无权处分行为。富邦租赁要取得机器的所有权必须同时满足法律规定的善意取得制度的条件，即要考量其受让机器时是否同时具备善意、支付合理对价及完成交付三个条件。首先，依照《民商事合同纠纷指导意见》第 14 条的规定，法院在判断合同相对人主观上是否属于善意且无过失时，应当结合合同缔结与履行过程中的各种因素综合判断合同相对人是否尽到合理注意义务。富邦租赁没有证据证明其在签订《融资租赁合同》时审查了涉及机器的买卖合同及发票等有关权属的证明材料，没有尽到合理注意义务，其受让机器不属于善意。其次，富邦租赁未能提供《财产清单》中所列财产计价 360 万元的有效证据，故其关于对激光机支付了合理对价的陈述不能成立。综合判断，富邦租赁不应作为善意受让人，不能取得激光机的所有权。

法院改判亚纳世公司返还除激光机以外的租赁物给富邦租赁。

四、案件评析

本案涉及的主要法律问题为：售后回租中，承租人转让无权处分的租赁物给出租人，融资租赁合同的效力如何？出租人能否取得租赁物的物权？融资租赁法律关系能否认定？笔者针对上述问题简要评析如下：

（一）关于合同效力的认定

本案中承租人亚纳世公司未按《买卖合同》约定，向出卖人天田公司支付全部货款，激光机所有权仍归属于天田公司，亚纳世公司未取得激光机所有权，亦未取得天田公司同意其处分激光机的授权。亚纳世公司将激光机作为租赁物转让给富邦租赁的行为属于无权处分。《合同法》第 51 条规定：“无权处分的人处分他人的财产，经权利人追认或者无处分权的人订立合同后取得处分权的，该合同有效。”根据该规定，无权处分的人就他人财产与第三人签订合同，合同效力处于待定状态。在经过权利人追认或订立合同后无权处分人取得财产处分权的情况下，合同有效。《买卖合同司法解释》第 3 条规定：“当事人一方以出卖人在缔约时对标的物没有所有权或者处分权为由主张合同无效的，人民法院不予支持。出卖人因未取得所有权或者处分权致使标的物所有权不能转移，买受人要求出卖人承担违约责任或者要求解除合同并主张损害赔偿的，人民法院应予支持。”

《买卖合同司法解释》的该规定实际上是对《合同法》第 51 条的进一步明确，据此，出卖人无权处分标的物的，买卖合同并不因此而无效，因出卖人无权处分致使标的物所有权不能转移，买受人可要求出卖人承担违约责任或者要求解除合同并主张损害赔偿，但买卖合同有效不意味着受让人能够取得标的物的物权，还要看受让人是否符合善意取得制度的构成要件。具体到本案中，虽然亚纳世公司与富邦租赁开展售后回租的租赁物为亚纳世公司无权处分的激光机，但融资租赁合同并不因此而无效。

（二）关于无权处分情形下标的物的物权归属

《物权法》第 106 条规定了善意取得制度，根据该条的规定，无权处分人将动产转让给受让人的，受让人对于该动产的善意取得必须同时满足以下三个条件：（1）受让人受让该动产时是善意的；（2）以合理的价格转让；（3）转让的动产依照法律规定应当登记的已经登记，不需要登记的已经交付受让人。具体到本案中，出租人富邦租赁与出卖人天田公司均主张拥有激光机的所有权，而激光机的物权归属关键在于富邦租赁是否适用善意取得制度。只有富邦租赁满足上述善意取得要求的三个条件，富邦租赁方能获得激光机所有权，而天田公司将丧失激光机所有权，其只能向亚纳世公司要求赔偿损失。

司法实践中，善意取得制度最大的困难在于受让人“善意”的判断与证明。正是因为对“善意”的判断不同，两级法院对本案中激光机的物权归属作出了截然相反的判决。一审法院认为：“激光机放置于亚纳世公司内，亚纳世公司持有该机器发票，且机器未在登记机关依法办理权属登记，机器显著位置无权属情况标识，富邦租赁有理由相信该机器是亚纳世公司所有，其受让该机器时为善意。”二审法院则认为：“富邦租赁没有证据证明其在签订《融资租赁合同》时审查了涉及激光机的买卖合同及发票等有关权属的证明材料，没有尽到合理注意义务，其受让激光机不属于善意。”笔者赞同二审法院对善意的判断。《物权法司法解释（一）》第 15 条规定，受让人不知道转让人无权处分且无重大过失的，应当认定为受让人为善意。根据该条规定，不明知或非因重大过失而不知即为善意。依据民法学原理，“善意”是指第三人“不知情”，即不知道并且不应当知道处分人对于财产没有处分权。在实践中通常转化为考察第三人是否尽到必要的注意义务，即第三人在交易时负有审查承租人是否享有处分租赁物权利的义务。本案中富邦租赁未审查激光机的买卖合同、发票等有关权属证明材料，无法认定其尽到合理注意义务，不构成善意，也就无法认定富邦租赁取得激光机的物权。

（三）关于合同法律关系的定性

本案中，二审法院以富邦租赁不符合善意取得的构成要件，否定了其对激光机的享有物权。而通过综合考量法律规定、合同主要条款、合同实际履行状况等因素认定了涉案《融资租赁合同》构成融资租赁法律关系。笔者认为，二审法院对激光机作为租赁物部分的《融资租赁合同》，认定融资租赁法律关系成立的理由并不充分。融资租赁的法律特征是通过“融物”达到“融资”的目的，租赁物在融资租赁法律关系中是一个极为重要的因素。售后回租中，租赁物应为承租人所有或有处分权，承租人有权转让的物。本案中，《融资租赁合同》签订时亚纳世公司并未取得激光机的所有权或处分权，将其出卖给富邦租赁的行为系无权处分，而富邦租赁亦不能通过善意取得获得激光机的物权，故该部分《融资租赁合同》不符合融资租赁“融物”的要求，不构成融资租赁法律关系。该种情形下通常以出租人与承租人之间有资金的出借与返还关系，而认定为构成借贷法律关系。

五、实践指导意见

融资租赁业务开展中，有些承租人为了多融资，又囿于可供融资的资产有限，故使用无权处分的设备与租赁公司开展融资租赁业务。一旦承租人的资信状况恶化，设备的真正所有权人、融资租赁公司都会主张对设备的所有权，从而引发争议。因此，融资租赁企业在售后回租业务中，务必重视对租赁物的权属状况进行充分调查（尤其是对其设备购买合同、支付凭证、发票的审查），尽到合理注意义务，确认承租人对租赁物拥有所有权或处分权，并保留证据，确保在承租人经济恶化的情况下，可通过追回租赁物保证权利救济。

案例 1.6　售后回租业务中，承租人无权处分，出租人能否以善意取得为由取得租赁物的所有权[①]

售后回租交易中，承租人对转让给出租人的租赁物应享有所有权或处分权。若承租人将其无权处分的租赁物转让给出租人，出租人能否通过善意取得方式获得租赁物的物权？这是租赁公司在开展售后回租业务时普遍关心的问题，结合下述案例，笔者分析如下。

恒信金融租赁有限公司与江阴市雪渊纺织有限公司、陈某甲等融资租赁合同纠纷案[②]

原告：恒信金融租赁有限公司（以下简称“出租人”）

被告：江阴市雪渊纺织有限公司（以下简称“承租人”）

被告：陈某等人

第三人：苏州纺织机械有限公司（以下简称“苏州纺织”）

一、案件基本事实

出租人与承租人签订《回租合同》，以承租人所有的 12 台剑杆织机（以下简称“设备”）为租赁物开展回租交易，租期 36 个月，每月支付一次租金。合同约定：承租人未按期付款时，出租人有权加速到期要求承租

① 本部分作者为北京市汇融律师事务所合伙人李雪梅。

② 参见上海市黄浦区人民法院（2013）黄浦民五（商）初字第 6265 号民事判决书，2014 年 10 月 17 日作出。

人支付全部款项，亦有权解除合同收回租赁物。《回租合同》附件3“所有权转让协议”中约定：自出租人支付首笔转让价款之日起租赁物所有权由承租人自动转移给出租人。后出租人按约履行了付款义务，并将租赁物交付给承租人，承租人向出租人出具了《租赁物件接收证书》。陈某甲和陈某乙分别向出租人提供连带责任保证担保。

后因承租人拒不支付租金，出租人多次催告未果，故诉至法院。苏州纺织作为有独立请求权的第三人参加诉讼。

二、起诉与答辩及法院判决

出租人诉讼请求：1. 解除《回租合同》；2. 承租人向出租人返还设备；3. 承租人支付到期未付租金及计算至判决生效之日止的逾期利息，被告陈某甲和陈某乙对前述款项承担连带责任。

承租人辩称：因江苏省江阴市人民法院于2013年11月6日裁定承租人进入破产清算程序，故出租人主张的逾期利息应算到2013年11月6日止。

陈某书面答辩称：同意出租人解除《回租合同》的诉请，但不同意返还设备，因承租人已支付大量租金。同意出租人要求承租人支付租金和逾期利息的诉请，但表示目前无力偿还。

第三人苏州纺织述称：根据其与承租人签订的《订货合同》约定，承租人所购买设备的所有权在承租人未付清全部货款时，归苏州纺织所有。鉴于承租人至今未付清全部货款，故苏州纺织应为设备的所有权人，且承租人伪造文件与出租人签订的《回租合同》当属无效，设备所有权不能由承租人转让给出租人，因此出租人无权要求承租人返还。据此，苏州纺织请求判令：1.《回租合同》无效；2. 设备所有权归苏州纺织所有，承租人应立即返还。

针对第三人的诉请，出租人辩称：《回租合同》是其与承租人的真实意思表示，出租人履行了合同项下全部义务、支付了合理对价，因此合同应属有效；承租人提供的材料让出租人有充分理由相信承租人在签订合同时对设备享有所有权，即便承租人尚未付清货款，出租人仍依据善意取得获得了设备的所有权。经法院释明并询问出租人：若法院认定出租人未取得设备的所有权，则出租人如何主张诉请，出租人提出要求承租人向其返还已经支付的设备货款。

针对第三人的诉请，承租人辩称：承租人确实未付清《订货合同》项下货款，根据该合同约定的所有权保留条款，同意苏州纺织诉请。

针对第三人的诉请，陈某等人辩称：承租人确实欠苏州纺织货款，但无法确认是否本案《订货合同》项下货款，即便未付清货款，设备所有权仍应属于承租人。

法院认为：本案的争议焦点有三个，①在承租人与出租人签订《回租合同》时，承租人是否取得了设备所有权；②若认定承租人未取得设备所有权，出租人能否基于善意取得获得该设备所有权；③基于前述两个争议焦点的分析，确定系争《回租合同》的效力，及其产生的法律后果。

关于争议焦点一：《回租合同》项下设备系承租人向苏州纺织购买，双方为此签订的《订货合同》是双方真实意思表示，已成立并生效。根据该合同所有权保留条款的约定，承租人付清货款前，苏州纺织保留对全部设备的所有权。现承租人未付清货款，故设备虽已交付但其所有权仍属于苏州纺织，承租人始终未取得设备的所有权。

关于争议焦点二：对于出租人主张承租人返还设备的诉请，法院认为，由于承租人从未取得该设备的所有权，因此，出租人也无法单纯基于《回租合同》中的买卖行为而自然获得所有权，但对于出租人是否可基于善意取得获得所有权，需依据《物权法》第 106 条进一步判定：

（1）关于出租人的购买价格是否合理。在《回租合同》项下，出租人以与设备原购买总价相同的价格购买设备，苏州纺织虽提出考虑到设备使用过一段时间的折旧问题，设备实际价格应当有所下降，但出租人仍按原购买价格购买并无明显不合理之处。

（2）关于出租人是否善意。在签订《回租合同》时，出租人要求承租人提供了加盖苏州纺织公章的协议书、货款付清的确认、作为支付凭证的银行承兑汇票签收记录、购买设备的增值税发票等。虽然协议书和确认上加盖的苏州纺织的公章经鉴定均系伪造，但该公章与承租人同苏州纺织签订的《订货合同》中所盖的合同专用章并不存在明显矛盾，且有承兑汇票的签收记录证明货款支付情况。苏州纺织无证据证明出租人在签订《回租合同》时知晓设备货款尚未付清，亦无证据证明出租人在签订《回租合同》时存有恶意。因此，应认定出租人在签订《回租合同》时是善意的。

（3）关于设备是否已由承租人交付于出租人。本案中，承租人与出租人在《回租合同》中约定将设备所有权转让给出租人，但由承租人继续占有使用。此种情形属于《物权法》第 27 条规定的占有改定。鉴于占有改定的交付方式公示作用不足，在承租人依然占有使用设备的情形下，并不发生动产所有权转移的效果。否定占有改定情形下善意取得的适用，更有利于保护当事人的合法权益及维护交易安全。因此，仅约定设备所有权归于出租人但依然由承租人占有使用的情形，不属于《物权法》第 106 条第 1 款第（三）项规定的交付。

综上所述，认定出租人的购买行为不构成善意取得，设备的所有权依然归于苏州纺织，承租人应返还于苏州纺织。

关于争议焦点三：由于《回租合同》签订时承租人并未取得设备的所有权，其将该设备出卖给出租人的行为系无权处分，而出租人亦不能通过善意取得获得所有权，故《回租合同》不符合构成融资租赁法律关系的要件，而实际构成了借贷关系。根据《最高人民法院关于对企业借贷合同借款方逾期不归还借款的应如何处理问题的批复》规定，企业借贷合同违反有关金融法规，属无效合同，故《回租合同》应属无效。双方当事人在《回租合同》项下取得的财产，均应当予以返还。出租人已向承租人支付了设备货款，承租人已向出租人支付了手续费、租赁保证金、预付保险费以及部分租金，双方当事人均应返还对方。鉴于承租人已由江阴法院裁定进入破产清算程序，且上述出租人对承租人所负的债务并不属于《企业破产法》第 40 条规定的不得抵销的情形，上述债权债务两相抵销后，承租人应将差额部分返还出租人。

综上所述，法院认为：《回租合同》无效，承租人应将设备返还所有权人苏州纺织，出租人与承租人各自因合同无效取得的财产应当予以返还。

三、案件评析

本案涉及的主要法律问题为：承租人转让无权处分的租赁物给出租人，出租人能否通过善意取得获得租赁物的物权？

（一）关于承租人无权处分

本案中，承租人与苏州纺织在《订货合同》中约定，承租人付清货款前，苏州纺织保留对全部设备的所有权，因此，虽然苏州纺织已向承租人交付设备，但因承租人未支付全部货款，设备所有权仍属于苏州纺织，承租人未取得设备所有权，亦未取得苏州纺织同意其处分设备的授权。承租人将设备作为租赁物转让给出租人的行为属于无权处分。《买卖合同司法解释》第 3 条规定："当事人一方以出卖人在缔约时对标的物没有所有权或者处分权为由主张合同无效的，人民法院不予支持。出卖人因未取得所有权或者处分权致使标的物所有权不能转移，买受人要求出卖人承担违约责任或者要求解除合同并主张损害赔偿的，人民法院应予支持。"该条规定实际上是对《合同法》第 51 条内容的进一步明确，据此，出卖人无权处分标的物的，买卖合同并不因此而无效，因出卖人无权处分致使标的物所有权不能转移，买受人可要求出卖人承担违约责任或者要求解除合同并主张损害赔偿，但买卖合同有效不意味着受让人能够取得标的物的物权，还要看受让人是否符合善意取得制度的构成要件。具体到本案中，虽然承租人与出租人开展售后回租的标的物为承租人无权处分的设备，但融资租赁合同并不必然因此而无效。

（二）无权处分情形下标的物的物权归属

根据《物权法》第106条关于善意取得制度的规定，无权处分人将动产转让给受让人的，受让人对于该动产的善意取得必须同时满足以下三个条件：（1）受让人受让该动产时是善意的；（2）受让人支付了合理的价款；（3）转让的动产依照法律规定应当登记的已经登记，不需要登记的已经交付受让人。三项条件必须同时具备，否则不构成善意取得。具体到本案中，出租人与第三人苏州纺织均主张设备所有权，而设备物权归属关键在于出租人是否构成善意取得。只有在同时满足上述三个条件时，出租人方能获得设备所有权。

本案判决最终认定出租人的购买行为不构成善意取得，理由是欠缺上述第（3）个条件，笔者赞同此观点，具体分析如下：

善意取得制度第三个条件即转让的动产已经交付给受让人，此处所谓“交付”实为完成物权变动的公示行为。物权的变动，必须要通过一定的公示方法来完成，即将物权变动的意思表示向社会公众显示[①]，只有经过公示才能使物权发生移转，而动产物权设立和转让的公示方法就是交付。关于动产的交付，《物权法》规定了两种方式：现实交付和观念交付。现实交付，就是将物从转让人的控制转移到受让人的控制之下，从而发生动产占有的实际移转，这是交付的一般情况。观念交付，是指转让人并不现实地交付动产，而是采用一种变通的交付方法来代替实际交付[②]，《物权法》第25~27条规定了三种观念交付方式，分别是简易交付、指示交付、占有改定。售后回租业务中，租赁公司购买租赁物环节的交付即是占有改定，即在动产物权转让时，双方又约定由出让人继续占有该动产的，物权自该约定生效时发生效力。也就是说，占有改定没有发生物的实际转移，其物权变动的时点是有关占有改定的约定生效之时。正是由于占有改定没

① 王利明．物权法论（修订二版）［M］．北京：中国政法大学出版社，2008：60.
② 王利明．物权法论（修订二版）［M］．北京：中国政法大学出版社，2008：100.

有发生物的实际占有的移转，第三人很难知道转让人和受让人之间发生了物权转移关系，物的原所有权人亦很难知晓其权利被侵害的事实，因此，占有改定交付方式的公示作用非常有限。而由于善意取得制度会侵害原所有权人的物权，因此，对其构成要件应当从严掌握，该制度中的“交付”原则上应为现实交付，王利明教授和王轶教授均持此观点①，只有物的占有状态发生变化，形成了受让人享有物权的外观，原所有权人才有可能获悉其权利已被侵害，从而及时采取救济措施。本案判决认定占有改定不属于《物权法》第106条第1款第（三）项规定的交付，符合善意取得制度的立法原意。

（三）关于合同法律关系的定性

本案中，法院以出租人不符合善意取得的构成要件，否定了其对设备的物权，并否定了《回租合同》构成融资租赁法律关系，而认定为借贷关系。因本案审理时《民间借贷司法解释》尚未出台，故法院依据当时的法律规定认定《回租合同》无效，并无不当，但在《民间借贷司法解释》出台之后，企业之间借贷并不当然会被认定为无效，除非相关合同具有《合同法》第52条或《民间借贷司法解释》第14条规定的无效情形。

四、对租赁公司的启示

融资租赁业务实践中，承租人使用无权处分的设备进行售后回租很常见。而一旦承租人的资信状况恶化，设备真正所有权人、租赁公司都会主张对设备的所有权，从而引发争议。关于租赁公司是否能善意取得设备物权，司法实践多关注租赁公司是否属于“善意”这一条件，而本案所涉及问题很多判决没有提及。本案恰给租赁公司当头一棒，提醒出租人，即使

① 王利明. 物权法论（修订二版）［M］. 北京：中国政法大学出版社，2008：114－115.；王轶. 物权变动论［M］. 北京：中国人民大学出版社，2001：48－75.

善意取得制度的前两个条件都满足了，因占有改定不属于该制度规定的“交付”，租赁公司也不能取得设备的物权。因此，租赁公司务必要重视对租赁物权属状况的调查，尤其是对租赁物原始购买合同、支付凭证、交付验收单据等的审查，尽到合理注意义务，必要时应向租赁物原始供货人核实，以确认承租人对租赁物拥有所有权，并保留证据，确保在承租人经济恶化的情况下，可通过追回租赁物保障债权。

案例 1.7　售后回租业务中，国有企业作为承租人转让租赁物是否需要履行国有资产转让程序[①]

与国有企业开展售后回租业务时，租赁公司经常对一个问题感到困惑，即国有企业作为承租人转让租赁物是否需要履行国有资产转让程序？笔者结合本案进行简要分析，以期对租赁公司起到积极的借鉴意义。

某租赁有限公司与濮阳市某公路工程有限公司融资租赁合同纠纷案[②]

原告：某租赁有限公司（以下简称“出租人”）

被告：濮阳市某公路工程有限公司（以下简称“承租人”）

被告：某市公路管理局（以下简称“担保人”）

一、案件基本事实

2011 年 7 月 29 日，出租人与承租人签署了《售后回租赁合同》和《所有权转让协议》，约定双方开展融资租赁交易，租赁物为摊铺机（以下简称“租赁物”）；出租人应按照承租人的要求，购买承租人自有的租赁物，并将租赁物出租给承租人使用，承租人应向出租人支付租金；承租人

① 本部分作者为北京汇融（天津）律师事务所律师贺欣。

② 参见上海市浦东新区人民法院（2012）浦民六（商）初字第 7398 号民事判决书，2013 年 4 月 22 日作出。上海市第一中级人民法院（2013）沪一中民六（商）终字第 206 号民事判决书，2013 年 8 月 27 日作出。

未按时、足额支付租金的，出租人有权要求承租人立即付清全部租金及其他应付款项，并计收违约金。为担保承租人履行租赁合同，担保人与出租人签署《保证合同》，担保人为承租人的全部债务承担连带清偿责任。上述合同签订后，出租人依约购买并向承租人交付了租赁物，承租人向出租人出具了《租赁物验收合格确认书》。起租后，承租人多次违约，且在2012年9月租金逾期后一直未付租金，出租人多次催收未果。

二、起诉与答辩及法院的认定与判决

出租人向法院提起诉讼，请求：1. 判令承租人支付出租人租金及其他款项；2. 判令承租人承担违约金；3. 判令承租人承担本案诉讼费用、财产保全费；4. 判令担保人对上述第一至第三项付款义务承担连带清偿责任；5. 判令承租人、担保人未全额支付上述第一至第三项款项前，售后回租赁项下租赁物所有权归出租人所有；出租人有权以处置租赁物所获价款抵偿上述全额或部分款项，未能抵偿部分，出租人有权向承租人、担保人继续追偿。

承租人辩称：涉案租赁物涉及国有资产，应当经董事会决议，并应获得国有资产管理监督机构批准才能生效；而涉案合同至今未获得相关机构批准，应属于无效合同。

担保人辩称：根据承租人的答辩内容，原告与承租人签订的售后租赁合同，因涉及国有资产，未经董事会决议及国有资产管理监督机构批准，应认定为无效合同。根据《担保法》规定，担保合同是从合同，因主合同无效，因此担保合同也是无效的。

法院认为：出租人与承租人签订的《售后回租赁合同》及出租人与担保人签订的《保证合同》均是当事人真实意思的表示，内容不违反法律、行政法规的强制性规定，依法具有法律效力，当事人均应恪守。出租人按照《售后回租赁合同》的约定履行了义务，承租人未按约履行给付租金的义务，显属违约，应承担相应的违约责任，应向出租人支付剩余租金，并给付逾期付款违约金。承租人辩称，涉案租赁物涉及国有资产，应当经董事会决议，并应获得国有资产监督管理机构批准才能生效，而涉案合同至今未获得相关机构批准，应属于无效合同。承租人确系国有改制企业，根据承租人在融资过程中向出租人提供的验资报告，在涉案融资租赁合同签署时，在承租人的股权结构中，国有产权只占31.8%，根据《公司法》第217条第2款的规定，承租人为国有参股公司，不是国有控股公司或国有独资公司，因此涉案租赁物不能认定为纯粹的国有资产。对于有限责任公司的资产转让，《公司法》未作任何强制性的要求，而承租人在其公司章程中明确表明，公司以其全部法人财产，依法自主经营、自负盈亏，并未有资产转让需国有资产监督管理机构批准的规定。同时，承租人向出租人出具《董事会决议》，同意其通过“售后回租赁”方式向出租人融资并签署涉案融资租赁合同。因此涉案融资租赁合同依法有效。

法院判决：1. 承租人应于本判决生效之日起10日内给付出租人租金及其他款项；2. 承租人应于本判决生效之日起10日内给付出租人违约金；3. 担保人对承租人上述第一、二项付款义务承担连带清偿责任；4. 在承租人、担保人全额支付上述第一、二项付款义务前，《售后回租赁合同》项下租赁物所有权归出租人所有，出租人有权以处置租赁物所获价款抵偿上述全额或部分款项，未能抵偿部分，由承租人、担保人继续清偿。案件受理费、保全费由承租人、担保人共同负担。

后担保人不服提起上诉，二审法院认可一审法院认定的全部事实，判决驳回上诉，维持原判。

三、案件评析

本案涉及的主要争议焦点是：涉案租赁物是否属于国有资产，其转让是否需履行相关审批程序。法院认为，承租人系国有改制企业，其国有产权占比为31.8%，应为国有参股公司，不是国有控股公司或国有独资公司，因此涉案租赁物不能认定为纯粹的国有资产，其资产转让无须履行审批程序。笔者结合本案，对本案的争议焦点进一步展开分析。

（一）国有企业的定义

“国有企业”并非法律名词，我国法律法规也并未对其作出明确规定。笔者认为，国有企业应为一个约定俗成的称谓，在不同历史时期的内涵并不相同。李曙光教授提出，我国国有企业改革经历了从“国营企业”到“国有企业”再到“国家出资企业”的转变①，即现阶段的国有企业应指国家出资企业，这也与《中华人民共和国企业国有资产法》（主席令第五号，以下简称《企业国有资产法》）的规定保持一致。《企业国有资产法》使用“国家出资企业”的称谓，第5条规定，国家出资企业包括国有独资企业、国有独资公司，以及国有资本控股公司、国有资本参股公司，故只要企业中有国有资本的出资，即属于国家出资企业。纵观《企业国有资产法》全文，均未将认定国有资产与国家出资比例挂钩，因此，法院仅因为承租人的国有产权占比为31.8%，系国有参股公司，而认为其法人财产不属于纯粹的国有资产的观点值得商榷。笔者尝试对本案进行延伸探讨，严格按照《企业国有资产法》的规定，厘清国家出资企业、企业国有资产与企业法人资产的概念，以明确租赁物的转让是否需要履行国有资产转让程序。

（二）国有企业的法人财产（即租赁物）不属于国有资产

《企业国有资产法》第2条规定，“本法所称企业国有资产，是指国家对企业各种形式的出资所形成的权益。”对此，全国人大常委会法工委明确②，企业国有资产不同于企业的法人资产，企业国有资产是指国家作为出资人对所出资企业所享有的权益，而不是指国家出资企业的各项具体财产。出资人将出资投入企业，所形成的企业的厂房、机器设备等企业的各

① 李曙光．企业国有资产法释义［M］．北京：法律出版社，2012：17.

② 全国人民代表大会常务委员会法制工作委员会．中华人民共和国企业国有资产法释义［M］．北京：法律出版社，2008：30.

项具体财产，属于企业的法人财产。按照《物权法》和《企业国有资产法》的规定，企业法人的不动产和动产，由企业依照法律、行政法规和企业章程享有占有、使用、收益和处分的权利。出资人对企业法人财产不具有直接的所有权，出资人对企业享有的是出资人权利，具体体现为资产收益、参与重大决策和选择管理者等权利。

而且，结合《企业国有资产法》通篇对企业法人财产的规定来看，也印证了上述分析，如《企业国有资产法》第16条规定，国家出资企业对其动产、不动产和其他财产依照法律、行政法规以及企业章程享有占有、使用、收益和处分的权利；第30条、第42条、第45条、第47条、第71条、第73条等均使用“转让重大财产”“财产”等来表述企业的法人财产。因此，《企业国有资产法》中的企业国有资产指的是权益，即国家对企业享有的出资人权利，具体体现为资产收益、参与重大决策和选择管理者等权利，不包括国有企业的动产、不动产等法人财产。因此，案涉租赁物不属于企业国有资产，而仅是承租人的企业法人财产。

（三）租赁物转让无须履行国有资产转让程序

根据上述对企业国有资产定义的厘清可知，由于租赁物不属于企业国有资产，因而也不涉及企业国有资产的转让问题。就此，《企业国有资产法》第51条及全国人大常委会法工委也明确[①]，国有资产转让，对于国有独资企业来讲系出资的转让，对于国有独资公司、国有资本控股公司和国有资本参股公司而言系股权、股份的转让；国家出资企业转让厂房、机器设备等不动产、动产和其他财产，不是《企业国有资产法》规定的国有资产转让。因此，案涉租赁物的转让并非国有资产转让，无须履行国有资产转让程序。

① 全国人民代表大会常务委员会法制工作委员会．中华人民共和国企业国有资产法释义［M］．北京：法律出版社，2008：109.

（四）租赁物转让无须履行国有企业法人财产转让程序

关于企业法人财产的转让，《企业国有资产法》只是在第47条规定，国有独资企业、国有独资公司和国有资本控股公司转让重大财产需履行资产评估程序。不过在本案中，一是承租人为国有资本参股公司，根据该条不属于应履行评估程序的主体；二是租赁业务为售后回租，其本质是融资，其转让行为并非实质转让，虽然出租人取得了租赁物所有权，但租赁物仍由承租人占有、使用、收益，租赁物的全部风险仍由承租人承担，出租人并不参与对租赁物的经营活动。

本案的另一个争议焦点为事业单位提供担保的效力及法律后果，关于这一问题的分析参见案例6.3。

（五）实践指导意见

综上所述，笔者认为，与国有企业开展的售后回租业务项下的租赁物不属于国有资产，仅是承租人的企业法人财产，无须履行国有资产转让程序，且承租人出售租赁物的行为实质上不属于转让行为，因而承租人亦无须履行国有企业转让重大财产的程序。

案例1.8　融资租赁合同与分期付款买卖合同的区别与认定[①]

自融资租赁在世界各国广泛发展以来，有关其合同性质的争论在大陆法系国家就从未停止。我国《合同法》将融资租赁合同列为单章规定，从立法上认可其系独立的有名合同。但在司法实践中，融资租赁合同有时却易引起与其他合同的混同。笔者结合本案，对融资租赁合同与分期付款买卖合同的区别与认定进行评析。

---

① 本部分作者为北京汇融（天津）律师事务所律师贺欣。

曲某、孙某某、刘某与江苏徐工工程机械租赁有限公司融资租赁合同纠纷案①

再审申请人（一审被告、二审上诉人）：曲某（以下简称“承租人”）

再审申请人（一审被告、二审上诉人）：孙某某（以下简称“承租人配偶”）

再审申请人（一审被告）：刘某（以下简称“保证人”）

被申请人（一审原告、二审被上诉人）：江苏徐工工程机械租赁有限公司（以下简称“出租人”）

一、案件基本事实

2009 年 6 月，承租人向出租人出具融资租赁申请表，主要内容为拟租设备为汽车起重机，在租赁申请人申明栏特别载明本申请人自主选择上述经销商及设备，自愿向出租人提出融资租赁申请等内容。次日，出租人与承租人签订工程机械销售还款合同，约定：承租人向出租人购买汽车起重机一台；承租人还清设备款后，该设备完全属于承租人所有。同日，出租人、承租人、保证人，签订保证担保合同，保证人自愿为承租人提供连带保证担保；出租人与承租人签订抵押担保合同，约定用租赁物作为抵押物向出租人提供抵押担保。同日，承租人向出租人出具产品质量和售后服务确认书，载明：承租人通过以租代售方式购买徐州重型机械有限公司起重机一台，承诺不因产品质量和服务问题，而延期、减少或停止支付所欠出租人的租金等款项。

2011 年 1 月，因承租人拖欠租金未付，出租人在江苏徐州云龙区法院起诉，要求承租人支付 2010 年 6—12 月的租金及违约金，该院作出（2011）云商初字第 89 号民事判决，判决承租人支付租金及违约金，保证人承担连带责任。后承租人不服提起上诉，二审法院维持原判。

① 参见江苏省高级人民法院（2015）苏商终字第 00370 号二审民事判决书，2015 年 12 月 18 日作出；最高人民法院（2016）最高法民申 204 号民事裁定书，2016 年 2 月 24 日作出。

二、起诉与答辩及法院的认定与判决

上述判决作出后，承租人、承租人配偶、保证人仍未履行付款义务，故出租人再次提起诉讼，请求人民法院依法判令：1. 承租人、承租人配偶共同支付2011年1月10日—2013年6月10日的租金及违约金；2. 保证人对上述债务承担连带清偿责任。

承租人及其配偶共同答辩称：双方之间不是融资租赁合同关系，而是分期付款买卖合同关系。首先，出租人开展融资租赁业务未经银监会批准，营业执照的经营范围并没有融资租赁业务，企业名称中也没有融资租赁或金融租赁字样。其次，承租人出具的融资租赁申请表属于要约，出租人并没有做出承诺，该申请表没有任何效力。再次，根据工程机械销售还款合同，出卖方为出租人、买受方为承租人，同时约定若因设备的质量问题，造成承租人工程工期的耽搁，承租人可以选择直接向设备的供货人主张赔偿权利或选择向出租人主张赔偿权利，该约定说明出租人具有销售者的义务，符合买卖合同的法律特征。

一审法院认为：本案的争议焦点为本案是融资租赁合同还是买卖合同关系。判断当事人之间的法律关系性质，应根据双方当事人约定的权利义务进行综合判断。第一，本案中，虽然双方签订的合同名为工程机械销售还款合同，合同表述出租人为出卖方，承租人为买受方，且机动车销售发票上记载销货单位为出租人，购货单位系承租人，但合同签订前，承租人向出租人提交了融资租赁申请表明确载明：本人自主选择上述经销商及设备，自愿向出租人提出融资租赁申请。而且在该合同中第1条约定的是租赁设备，并约定租金支付时间；而机动车销售发票是根据合同约定，让汽车起重机上牌并由承租人方便使用所开具。可以认定，承租人系自主选择的生产商、供应商和融资租赁交易形式，并非按照出租人的指定或干预进行了选择。第二，承租人出具的产品质量和售后服务确认书明确载明：承租人通过以租代售的方式购买徐州重型机械有限公司一台汽车起重机，并承诺不因产品质量和服务问题，而延期、减少或停止支付所欠租赁公司的租金等款项。第三，承租人对于接收起重机并已经实际使用的事实不持异议。上述数次出现的融资租赁、自主选择上述经销商及设备、设备租金本金、以租代售、租金等内容，显非笔误，应为当事人的真实意思表示。综上，上述合同内容符合融资租赁合同成立的一般要件，双方实际履行的应为融资租赁合同关系。

一审法院判决：1. 承租人及其配偶于判决生效后10日内共同向出租人支付租金及违约金；2. 出租人就汽车起重机实现抵押权后不能清偿的部分，由保证人承担连带清偿责任。保证人承担保证责任后，有权向承租人追偿。

三、上诉与答辩及法院的认定与判决

承租人及其配偶提起上诉，理由同一审答辩意见，请求撤销原审判决。

二审法院认为：本案的争议焦点为双方之间法律关系是融资租赁合同关系还是买卖合同关系。①商务部是融资租赁行业主管部门，内资试点融资租赁公司由商务部和国税总局联合审批，根据相关文件规定，出租人具有从事融资租赁业务经营的资格。②案涉合同签订前，承租人提交了《融资租赁申请表》，体现了承租人自主选择租赁物、自愿向出租人申请融资租赁的意思，且该份申请表上记载的设备型号及价款与双方于次日签订的工程机械销售还款合同上设备型号及价款一致。而出租人是根据承租人的申请，与徐州重型机械公司签订产品购销合同。出租人系根据承租人对出卖人和租赁物的选择出资购买租赁物。此符合融资租赁合同的构成要件。③出租人将租赁物交付出租人使用并收益。《出租人客户接车登记表》载明，承租人已经接收到案涉起重机并投入使用，且承租人已向出租人支付了2009年7月—2010年5月的租金，亦印证双方在履行融资租赁合同。故双方之间存在融资租赁的法律关系。

二审法院判决：驳回上诉，维持原判决。

四、再审与答辩及法院的认定与判决

承租人及其配偶、保证人申请再审，请求撤销二审判决。其事实和理由与上诉理由一致。

再审法院认为：本案审查焦点为承租人与出租人之间形成的是融资租赁合同关系还是买卖合同关系。判断当事人之间的法律关系性质，应根据双方当事人约定及实际履行的权利义务进行综合判断。根据《合同法》规定，买卖合同是出卖人转移标的物所有权于买受人，买受人支付价款的合同；融资租赁合同是出租人根据承租人对出卖人、租赁物的选择，向出卖人购买租赁物，提供给承租人使用，承租人支付租金的合同。根据《融资租赁司法解释》规定，人民法院应当根据《合同法》第237条的规定，结合标的物的性质、价值、租金的构成以及当事人的合同权利和义务，对是否构成融资租赁法律关系作出认定。第一，出租人具有从事融资租赁业务经营的资格。第二，承租人向出租人提交的《融资租赁申请表》，体现了承租人自主选择租赁物、自愿向出租人申请融资租赁的意思，且该份申请表上所载信息与《工程机械销售还款合同》所载信息基本一致；出租人提交的产品购销合同，证明根据承租人对供货人和租赁物的选择出资购买租赁物。第三，出租人将租赁物交付出租人使用并收益，承租人已向出租人支付部分租金，融资租赁合同已履行。综上所述，案涉合同内容符合融资租赁合同成立的一般要件。

再审法院裁定：驳回承租人、孙某某、刘某的再审申请。

五、案件评析

本案的争议焦点为出租人与承租人之间形成的是融资租赁合同关系还是分期付款买卖合同关系。本案中，出租人与承租人签订工程机械销售还款合同，约定承租人向出租人购买汽车起重机一台；约定了还款方式为分期还款；还约定了承租人还清设备款后，该设备完全属于承租人所有，同时再结合还款合同中关于买卖关系的相关表述，该合同符合分期付款买卖合同的形式特征，存在被认定为买卖合同关系的风险，但是本案三审法院均综合整笔交易的情况，从交易的实质出发，认定工程机械销售还款合同实为融资租赁合同。笔者结合法院认定分析原因如下：

（一）融资租赁法律关系的认定

《合同法》第237条规定："融资租赁合同是出租人根据承租人对出卖人、租赁物的选择，向出卖人购买租赁物，提供给承租人使用，承租人支付租金的合同。"典型的融资租赁交易包括三方当事人和两个合同，三方当事人是指出租人、承租人与出卖人，两个合同是指出租人与承租人之间的融资租赁合同和出租人与出卖人之间的买卖合同。同时，融资租赁交易还存在一定的交易特征，第一，出租人须根据承租人对出卖人和租赁物的选择出资购买租赁物；第二，出租人须将购买的租赁物交付承租人使用收益；第三，承租人须向出租人支付租金；第四，出租人不承担租赁物毁损、灭失的风险。

本案中，出租人与承租人之间虽然签署的是工程机械销售还款合同而并非融资租赁合同，但是第一，承租人向出租人提交《融资租赁申请表》，出租人根据该申请与供货人签订买卖合同，且以买卖合同的标的作为租赁物与承租人签署工程机械销售还款合同，可见出租人系根据承租人的选择出资购买租赁物；第二，《融资租赁申请表》《出租人客户接车登记表》《产品质量和售后服务确认书》中数次出现融资租赁、自主选择上述经销商及设备、设备租金本金、以租代售、租金等融资租赁相关表述；第三，承租人已经接收租赁物并投入使用产生收益；第四，承租人已向出租人支付了租金；第五，承租人自担风险，承诺不因产品质量和服务问题，而延期、减少或停止支付所欠出租人的租金等款项，可见，案涉交易符合融资租赁的交易特征，而不符合分期付款买卖的特征。综上所述，法院认定出租人与承租人曲某之间的交易构成融资租赁合同关系，是正确的。

（二）融资租赁合同与分期付款买卖合同的区别

本案中，承租人抗辩本案系分期付款买卖合同关系，笔者认为，融资租赁合同与分期付款买卖合同在形式上确有类似之处，尤其是与保留所有权的分期付款买卖合同，如在分期款项的支付、利息的收取、所有权的让渡等方面，司法实践中也有不少案例将融资租赁合同认定为实质系分期付款买卖合同关系①。但是，两者之间存在本质区别。分期付款买卖合同属于买卖合同，出卖人转让所有权，买受人支付价款而受让所有权，系所有权的交易，仅存在两方当事人，即出卖人与买受人，且一般由出卖人承担质量瑕疵与担保责任；而融资租赁系以融物的形式融资的交易，出租人对租赁物的所有权是名义上的所有权，租赁物由出租人根据承租人选择向出卖人购买，且由承租人占有、使用与支配，租赁物对于出租人而言更多的系物权保障功能，出租人不承担质量瑕疵与担保责任。同时，承租人支付的租金，不仅包括租赁物的购买价格，还包括出租人提供资金融通作用所支出的必要费用及其正常利润②。本案中，出租人基于承租人的自主选择而购买租赁物，承租人自担租赁物相关的风险，承诺不因租赁物的问题而拖延支付租金，且合理推测租金的构成包含了一定的融资利润，可见案涉交易并非所有权的交易，而是以融物的形式融资的交易，不构成分期付款买卖合同关系。

融资租赁合同与保留所有权的分期付款买卖合同亦有不同，虽然两者在合同履约期间，出租人或者出卖人均享有标的物的所有权，不过保留所有权的分期付款买卖合同履行完毕后，买受人即取得所有权；但是融资租赁合同中租赁物的归属因对承租人选择权的约定而有所不同，可有直接归

① 参见柳州市中级人民法院（2015）柳市民二终字第9号二审民事判决书，2015年6月3日作出。

② 最高人民法院民事审判第二庭．最高人民法院关于融资租赁合同司法解释理解与适用［M］．北京：人民法院出版社，2014：38－39.

承租人、出租人收回租赁物或者承租人以象征性价款留购三种形式。本案中，双方关于所有权的约定，虽然与保留所有权的分期付款买卖合同类似，但《融资租赁司法解释》第 1 条第 2 款强调法律关系的认定应综合考虑租赁物的性质、价值、租金构成以及当事人的合同权利和义务因素，不能简单依据合同名称、质量瑕疵负担等单个或者部分合同要素确定，故综合考虑本案仍为融资租赁法律关系。

六、对租赁公司的启示

为了避免在诉讼中引发合同性质认定的争议，建议租赁公司：第一，规范合同的形式，在合同名称、当事人名称、合同架构等方面做到与融资租赁关系相契合，避免出现本案中工程机械销售还款合同、出卖人、买受人等容易引发争议的情况；第二，注重合同的实质，在标的物的性质、价值、租金的构成以及当事人的合同权利和义务方面做到与融资租赁关系相契合，尤其是与《合同法》第 14 章融资租赁合同一章的规定相匹配，避免出现本案中承租人有权因租赁物质量问题造成承租人工程耽搁的损失，向出租人主张赔偿权利等易混淆法律关系的约定。

第二章

融资租赁合同的履行

案例2.1　出租人是否承担租赁物质量瑕疵担保责任[①]

虽然《合同法》明确规定出租人不承担租赁物的质量瑕疵和维修义务，但实践中承租人经常以租赁物存在质量瑕疵以及出租人未履行租赁物维修保养责任向出租人提出拒绝支付租金的抗辩。特别是在争议解决过程中，承租人提出该项抗辩也会增加诉讼中的难度和工作量。租赁物一旦出现质量瑕疵确实会影响到承租人支付租金的动力，但承租人提出抗辩更主要的原因是承租人大多未理解融资租赁交易的实质。下述案例即反映了这一特点。

浙江建设融资租赁有限公司与张某、杭州大圣建设机械有限公司融资租赁合同纠纷案[②]

原告（被上诉人）：浙江建设融资租赁有限公司（以下简称“建设租赁”）

被告（上诉人）：张某

被告：金某

被告：杭州大圣建设机械有限公司（以下简称“大圣公司”）

一、案件基本事实

建设租赁作为出租人与被告张某作为承租人签订一份《融资租赁合

① 本部分作者为北京市汇融律师事务所合伙人邹颖。

② 参见杭州市中级人民法院（2016）浙01民终8030号民事判决书，2017年6月13日作出。

同》，该合同约定，建设租赁根据张某对出卖人、租赁物的选择，购进租赁物（两台塔式起重机），出租给张某使用，每3个月支付一次租金，租赁期限为3年，并对违约等相关事项进行了约定。同日，建设租赁与金某、大圣公司共同签订了一份《保证合同》，由金某、大圣公司对《融资租赁合同》项下承租人张某的债务承担连带保证责任。

上述合同签订后，浙江凯达奔克起重设备有限公司（以下简称“供应商”）、建设租赁、张某签订《租赁物买卖合同》约定：为履行上述《融资租赁合同》，根据张某对供应商和租赁物的选定，订立本合同。供应商应直接向张某交付租赁物，并由张某进行验收。租赁物交付张某之时，所有权自供应商转移至建设租赁。供应商交付的租赁物不符合合同载明的质量条款，供应商应承担无偿修复、补偿损失、减少价款或退货的违约责任；该合同产生的建设租赁对供应商的索赔权转让给张某行使，因此当供应商出现违约情形，无论张某向供应商的索赔进程及结果如何，均不得影响张某按《融资租赁合同》约定按期向建设租赁支付租金。上述合同签订后，建设租赁向供应商支付租赁物购买价款。

事后，张某向建设租赁出具《租赁物接收确认单》：上述《融资租赁合同》项下的租赁物已运抵合同指定地点并查收完毕，张某对租赁物已进行检验，所有零部件到位，运行良好，符合使用的要求。

但承租人张某在第一期、第二期租金到期后均未按照《融资租赁合同》约定按时支付租金，故建设租赁将承租人张某、保证人金某、大圣公司诉至法院。

二、起诉与答辩及法院的认定与判决

建设租赁主要诉讼请求：1. 承租人张某支付未付租金、名义货价、违约金、律师费等；2. 保证人金某、大圣公司对张某的上述付款义务承担连带清偿责任。被告张某的主要答辩：1. 建设租赁交付的租赁物存在质量问题；2. 被告张某无须支付违约金和律师费，且违约金、律师费的计算标准过高。

一审法院认为：建设租赁与张某签订的《融资租赁合同》及与金某、大圣公司签订的《保证合同》均意思表示真实，内容不违反法律、行政法规禁止性规定，应确认有效。张某未按约履行付款义务，金某、大圣公司未履行担保义务，应各自承担相应的民事责任。根据《融资租赁合同》约定，建设租赁有权要求张某提前支付《融资租赁合同》项下应付的全部款项。《融资租赁合同》明确约定："鉴于甲方系根据乙方对出卖人及租赁物的选择而与出卖人订立《租赁物买卖合同》，……出卖人不履行《租赁物买卖合同》的，由乙方行使索赔的权利并承担索赔费用，但不影响乙方按本合同约定向甲方支付租金"。据此，张某以租赁物存在质量问题为由拒付租金缺乏合同依据。另外，一审法院认为建设租赁关于违约金、律师代理费的请求过高，应适当调整。

一审法院判令：张某向建设租赁支付全部未付租金、违约金、名义货价、律师代理费，但对违约金和律师代理费的金额作了适当调整，金某、大圣公司对张某的上述债务承担连带责任。

张某不服一审判决，上诉至二审法院。

二审法院认定的事实与一审法院一致，并归纳本案焦点为：张某关于租赁物存在质量问题的抗辩理由能否成立及是否以此影响相关违约责任的认定。根据《合同法》第 244 条规定："租赁物不符合约定或者不符合使用目的的，出租人不承担责任，但承租人依赖出租人的技能确定租赁物或者出租人干预选择租赁物的除外。"《融资租赁合同》亦约定，建设租赁是根据张某对出卖人、租赁物的选择，购进租赁物并出租给张某，建设租赁对于租赁物不符合使用目的或存在质量瑕疵不承担责任。因此，根据合同约定及法律规定，张某现以租赁物存在质量问题为由否定其对租赁公司的违约行为依据不足。鉴于张某存在未按约付款的行为且没有合法抗辩理由，应承担相应违约责任，因此二审判决驳回上诉，维持原判。

三、案件评析

（一）融资租赁合同的性质及其与租赁合同的区别

融资租赁交易兼有融资和融物的双重性质，其虽然在合同名称上体现了“租赁”两字，但与《合同法》第十三章“租赁合同”存在本质不同，两者均为《合同法》中的列名合同，不存在交叉适用和参照适用的关系。

两者的核心区别在于交易目的，租赁是为了解决承租人对租赁物的使用需求，租金体现的是租赁物的使用价值，出租人是租赁物运营机构；融资租赁更侧重于解决承租人的资金需求，租金体现的通常是资金的使用成本，出租人是资金运营机构。

基于此，融资租赁交易中，出租人承担的是融资功能，承租人需要自行选择租赁物和卖方，且对自己的选择负责。因此，出租人不承担租赁物的瑕疵担保责任和维修责任，这与租赁法律关系项下出租人的责任承担有根本区别。

（二）融资租赁交易中，出租人对租赁物的质量瑕疵不承担担保责任及其例外

如前所述，《合同法》第 244 条规定了出租人对租赁物不承担质量瑕疵担保责任，但需要关注的是，该条款亦规定了除外情形，即承租人依赖出租人的技能确定租赁物或者出租人干预选择租赁物的除外。

《融资租赁司法解释》对上述“除外情形”作了进一步规定，该解释第 19 条规定，若出租人在承租人选择出卖人、租赁物时，对租赁物的选定起决定作用的，或干预或要求承租人按出租人的意愿选择出卖人或租赁物的，承租人要求出租人承担相应责任的，法院应予支持。

由此，上述规定中的“除外情形”是对承租人自由行使租赁物和卖方选择的一种保护，一旦发生“除外情形”，出租人就要对干预的行为负责，

相应地，出租人无法就租赁物的质量瑕疵完全免责。

但为了防止承租人对该权利的滥用，该解释也同时规定，承租人主张其系依赖出租人技能确定租赁物或者出租人干预选择的，应对该事实承担举证责任，但实践中这种例外的情况很少发生。

另外，基于出租人不承担租赁物质量瑕疵担保责任，相应地，租赁物的保管和维修责任也由承租人自行承担。出租人支付租赁物购买价款后，租赁物由卖方直接交付承租人，出租人自始不占有、使用租赁物，而承租人只有对租赁物进行良好的维修保养，才能物尽其用，体现融资租赁交易的价值。由此，承租人基于《合同法》第 247 条的规定，承担租赁物的维修责任。

（三）租赁物存在质量瑕疵，承租人可依约向供货人主张权利并获取救济

如前所述，出租人不承担租赁物质量瑕疵担保责任，对于承租人而言，法律亦规定了其救济途径，《合同法》第 240 条规定，出租人、出卖人和承租人可以约定，出卖人不履行买卖合同义务的，由承租人行使索赔的权利。承租人行使索赔权，出租人应当协助。

据此，融资租赁交易打破了合同相对性，使得承租人虽然不具有买卖合同项下的买受人身份，但有权行使买受人的实质性权利，即向出卖人索赔的权利。上述规定兼顾了对承租人权利的保护，体现了法律对当事人利益的平衡和公平价值的追求。

四、对租赁公司的启示

《合同法》明确规定出租人不承担租赁物的质量瑕疵和维修义务，但《融资租赁司法解释》也规定了例外情形。因此，建议融资租赁公司在融资租赁合同中明确供应商和租赁物均由承租人自由选择，租赁物出现质量瑕疵时由承租人直接向供应商索赔，同时关注买卖合同的履行，及时取得

租赁物接收证明等买卖合同履行过程中形成的文件，以便在发生争议时提供证据还原事实。

案例 2.2　承租人行使索赔权时，出租人是否应予以协助[①]

根据《融资租赁司法解释》第 18 条及《合同法》第 240 条的规定，承租人行使索赔权时，出租人应当协助，否则出租人应对承租人的损失承担赔偿责任。但出租人的协助义务到底有多大，法律未予明确，实践中经常被承租人滥用。以下案例涉及此问题，笔者对其进行了分析，希望能给读者一些有益的启示。

邵阳开元汽车运输服务有限公司、河北创联融资有限公司与马某等融资租赁合同纠纷案[②]

上诉人（原审被告）：邵阳市开元汽车运输服务有限公司（以下简称“开元公司”）

上诉人（原审被告）：河北创联融资租赁有限公司（以下简称“创联租赁”）

被上诉人（原审原告）：马某、孙某、雷某

原审被告：邵阳市鑫佳汽车运输服务有限公司（以下简称“鑫佳公司”）

原审被告：随州东星宇顺专用汽车销售有限公司（以下简称“东星公司”）

一、案件基本事实

马某、孙某、雷某三人合伙购车，约定对外签订合同均由马某一人负责。2012 年 7 月 13 日，马某在鑫佳公司法定代表人郭某的介绍下与开元

① 本部分作者为北京市汇融律师事务所合伙人李雪梅。

② 参见湖南省邵阳市中级人民法院（2015）邵中民二终字第 376 号民事判决书，2015 年 12 月 2 日作出。

公司就融资租赁购车事宜签订了《车辆确认合同》，合同确认了创联租赁为出租人，东星公司为出卖人，承租人马某选择的车辆为上汽依维柯红岩商用车有限公司生产的红岩牌自卸车，车辆型号为 CQ3254SMG384，租期 18 个月，租金总额 351850 元，首付租金 93000 元，订金 30000 元。同日，马某与创联租赁按照《车辆确认合同》的内容，签订了《车辆融资租赁合同》（以下简称“租赁合同”），双方还与开元公司签订了《融资租赁车辆服务合同》，合同约定开元公司协助创联租赁办理租金的收取、租赁物的处置，马某违反租赁合同约定时，创联租赁委托开元公司收回车辆，开元公司收取马某 4650 元车辆服务费，为其办理车辆上牌、落户、购置保险等事宜，另马某每月还需向开元公司交纳 200 元信息费。

租赁合同签订后，创联租赁即向出卖人东星公司购买马某选定的车辆，东星公司遂委托鑫佳公司向销售商重庆永进车厢制造有限公司（以下简称“永进公司”）购买，鑫佳公司与永进公司签订《汽车购销合同》，约定鑫佳公司以 354800 元的价格向永进公司购买一辆型号为 CQ3254SMG384 的红岩金刚牌自卸车。

2012 年 7 月 19 日，开元公司将车交给马某，车牌号为湘 EB14 × ×，随车的行驶证、保险卡也一并转交。马某接车后，当天将该车开往贵州凯里工地进行营运，次日发现该车动力不足，遂立即送往贵州凯里红岩金刚维修站进行检查，发现该车多处标识均为“精功”牌，而并非马某选定的“红岩”牌，马某认为该车系假冒伪造产品、自己被骗，遂找介绍人鑫佳公司与开元公司寻求帮助与解决，鑫佳公司、开元公司均未予理睬。随后，马某向邵阳市公安局经侦支队报案，该经侦支队以没有犯罪事实结案后，马某等人为维持生计，自行修理车辆用于营运。

马某共向开元公司交纳首付租金及其他费用 155100 元，在发现开元公司所交车辆并非其选定的车辆后，即不再支付租金。之后不久，创联租赁以马某拖欠租赁费为由，委托开元公司将车辆开回，开元公司随后电话告知马某需交清剩余租赁费才可用车。马某多次与开元公司交涉未果后，开元公司将该车辆转卖他人。

二、起诉与一审法院的认定与判决

马某与孙某、雷某一起向法院起诉，状告开元公司、创联租赁，法院认为，孙某、雷某二人虽未参与签订融资租赁合同，但系马某的合伙购车人，是本案的适格原告。马某与创联租赁签订的租赁合同是双方真实意思表示，但由于双方就车辆因质量问题产生纠纷，且开元公司已收回租赁物，应视为租赁合同解除。由于开元公司、创联租赁在选择出卖人、租赁物时，对租赁物的选定起决定作用，且马某在行使索赔权时，开元公司、创联租赁也未及时提供必要协助，开元公司、创联租赁均有责任，因此马某向开元公司缴纳的155100元，应由创联租赁及开元公司共同返还给马某。

法院判决：1. 开元公司与创联租赁共同退还马某、孙某、雷某155100元；2. 驳回马某、孙某、雷某其他诉讼请求。

三、上诉与二审法院的认定与判决

开元公司、创联租赁不服一审判决，以下述理由提起上诉：1. 上诉人提供给马某的车辆究竟是否属于假冒伪劣产品没有经过专业机构鉴定，一审法院仅凭新闻报道得出该车是假冒伪劣车不恰当，马某系专门从事运输行业的投资人，对运营汽车型号、性能非常熟悉，完全具有辨别真假的能力，上诉人提供给马某车辆时，马某并无异议，且马某与开元公司签署的《车辆确认合同》中明确约定如车辆出现质量问题等由马某自行向出卖人索赔，马某舍出卖人不告而向上诉人主张权利没有合同依据；2. 上诉人与马某等人签订的租赁合同是双方真实意思表示，合法有效，一审判决在合同未经解除或撤销或确认无效的情况下而判令上诉人退款，不符合法律规定。

二审法院认为：上诉人创联租赁与被上诉人马某签订租赁合同，双方形成融资租赁合同关系。双方在签订合同时均系真实意思表示，且未违反法律规定，合同合法有效，双方均应按照合同约定履行各自的权利、义务。创联租赁根据马某的选择，购买了马某要求的车辆并交付给马某，虽然马某领取该车辆并进行了确认，但在使用过程中发现车辆有可能系假冒伪造的，马某在第一时间向创联租赁、开元公司说明情况，要求得到创联租赁、开元公司的协助，并通过新闻媒体及向公安机关报案的方式主张权利，此时创联租赁、开元公司作为合同一方，不但未积极配合马某主张权利，且在对该车辆的质量问题未作出结论之前，径行将车辆取回，并转卖他人，导致现在无法对车辆进行鉴定，创联租赁、开元公司对此存在过错。因创联租赁、开元公司的过错导致无法断定本案车辆是否系假冒伪劣产品，一审判决依据马某提交的新闻媒体的报道以及红岩牌自卸车生产商上汽依维柯红岩商用车有限公司出具给公安部门的证明认定创联租赁、开元公司交付给马某的车辆不是其选定的车辆，并无不当。开元公司在合同履行期内，以马某未按时交纳租赁费用为由径行开走车辆，开元公司取回车辆的行为，应认定为创联租赁、开元公司单方面解除了合同，故创联租赁、开元公司与马某之间的租赁合同实际已经解除，一审判决无须另行判决双方解除合同，创联租赁、开元公司上诉提出一审法院在未判决解除或撤销合同的前提下，直接判令其退还合同款项违反法律规定的理由不成立，不予支持。综上，二审判决驳回上诉，维持原判。

四、案件评析

本案涉及的主要法律问题是：租赁物有质量瑕疵，承租人行使索赔权时，出租人具有协助义务。关于出租人这一协助义务的理解，简析如下：

融资租赁交易中，通常出租人会与承租人约定由承租人向出卖人行使索赔权，这一约定符合《合同法》规定，同时《合同法》也规定承租人索赔时，出租人应当协助。《合同法》第240条规定："出租人、出卖人、承租人可以约定，出卖人不履行买卖合同义务的，由承租人行使索赔的权利。承租人行使索赔权利的，出租人应当协助。"《融资租赁司法解释》第

18条第（二）项规定：承租人行使索赔权时，出租人未及时提供必要协助，导致承租人对出卖人索赔逾期或者索赔失败，承租人要求出租人承担相应责任的，人民法院应予支持。根据上述规定，在出租人将索赔权转让给承租人，且承租人行使索赔权时，出租人负有协助义务。

但是，上述法律及司法解释规定不甚完整，易被承租人滥用，而置出租人于不利境地。笔者认为，出租人协助义务的履行应附有前提，即承租人需要出租人协助并且通知出租人要求提供协助的，出租人才应当协助，而且出租人应仅在力量所能及的范围内提供协助。这是因为，租赁物始终由承租人占有、使用，租赁物何时出现质量问题、何时索赔、如何索赔，均由承租人决定，如果承租人不通知出租人，出租人如何得知承租人需要其提供协助？又如何知道承租人需要出租人提供哪些协助？如此，出租人如何履行协助义务？如果承租人自行索赔即能完成，不需要出租人协助，那么出租人还要履行协助义务吗？再者，出租人的索赔义务不能没有限制，超出出租人能力范围的协助义务对出租人不公平。在融资租赁交易中，出租人系根据承租人的选定向出卖人购买租赁物，一般来说，出租人仅承担支付租赁物价款的义务，享有取得租赁物物权的权利，而接货、验货、收货等行为均由承租人进行，因此，出租人的协助义务应当仅限于提供书面文件或帮助承租人完善证据。

关于出租人协助义务的另一个问题是，如果出租人未及时提供或未提供协助，导致承租人对出卖人索赔逾期或者索赔失败，出租人是否应承担责任。《合同法》第240条对此没有规定，根据《融资租赁司法解释》第18条规定，若出租人没有履行必要的协助义务，导致承租人对出卖人索赔逾期或者索赔失败，则出租人应当向承租人承担相应责任。根据该规定，若出租人未履行协助义务与承租人索赔逾期或索赔失败有因果关系的，出租人需承担相应的责任，这里的具有“因果关系”应由承租人举证证明。

本案中，看起来租赁物是由创联租赁向出卖人东星公司购买，然后东星公司又委托他人代购，所有购买合同中均没有看出承租人与出卖人的合同相对性被打通，因此，承租人无法自行索赔，必须通过出租人创联租赁、出租人的受托人开元公司及介绍人鑫佳公司联系索赔，所以承租人是很无辜的。在马某发现开元公司所交车辆不是其选定的车辆，而有可能系假冒伪造产品时，即向鑫佳公司、创联租赁、开元公司说明情况，要求鑫佳公司、创联租赁、开元公司予以协助，而鑫佳公司、创联租赁、开元公司均未积极配合马某主张权利，此种情况下，马某拒付租金具有法律依据，而创联租赁、开元公司却以马某未付租金为由径行取回车辆，并转卖他人，导致马某等遭受经济损失，创联租赁、开元公司显然存在过错。由于本案二审判决中未显示马某等的一审诉讼请求，笔者无法获知马某是否主张要求创联租赁、开元公司赔偿其因此遭受的损失，笔者认为，若马某提起该项请求，理应获得支持。

本案的另一焦点是合同解除问题，上诉人主张一审法院未判决租赁合同解除即要求其返还马某已交租赁费用等不符合法律规定，法院未予支持，笔者赞同法院观点。本案中，创联租赁、开元公司直接取回车辆的行为，即在事实上行使了单方合同解除权，根据《合同法》第 96 条规定，本案租赁合同解除的时间应为车辆取回之日，在此情况下，法院无须判决合同解除，仅需对合同解除后的法律后果作出裁判即可①。

五、对租赁公司的启示

本案所涉及的出租人协助义务应引起租赁公司重视，在承租人向出卖人行使索赔权时，出租人应给予必要协助并保存证据，以免被认定承担承租人索赔逾期或索赔失败的法律责任。

需注意的是，实践中，承租人往往会滥用租赁公司的协助义务，如湖南省常德市中级人民法院（2014）常民二终字第 101 号中恒国际租赁有限

---

① 最高人民法院民事审判第二庭．最高人民法院关于融资租赁合同司法解释的理解和适用［M］．北京：人民法院出版社，2014：191－192.

公司、湖南路通机械设备有限公司与刘某融资租赁合同纠纷案，该案出租人被诉的事例，起到一个较好的警示作用，提醒租赁公司在行使合同赋予的相关权利过程中，注意履行协助义务并做好证据存留，以免利益受损。同时，建议租赁公司在融资租赁合同中明确约定履行协助义务的前提及协助范围。

案例2.3　动产附合到不动产之上是否会丧失其作为租赁物的资格①

附合为所有权取得的方式之一，附合于不动产之上的动产能否作为融资租赁交易的租赁物问题，一直备受业界关注。司法实践对此虽然仍存在争议，但是已有法院倾向于认为，在满足特定条件的前提下，附合于不动产之上的动产仍然可以作为融资租赁的租赁物。下述的判决即反映了此种倾向与态度，笔者对其作简要分析，以供业内人士参鉴。

浙江华越置业有限公司与融通融资租赁（上海）有限公司、杨某某等融资租赁合同纠纷案②

上诉人（原审被告）：浙江华越置业有限公司

上诉人（原审原告）：融通融资租赁（上海）有限公司

法定代表人：金某某

原审被告：杨某甲

原审被告：杨某乙

一、案件基本事实及一审判决

2012年8月29日，融通融资租赁（上海）有限公司（以下简称“融

① 本部分作者为北京市汇融律师事务所张福广。

② 参见上海市第二中级人民法院（2014）沪二中民六（商）终字第292号二审民事判决书，2015年6月12日作出。

通公司”）与浙江华越置业有限公司（以下简称“华越公司”）签订《回租租赁合同》，合同约定：融通公司根据华越公司的要求向华越公司购买其自有的高低压开关柜、电梯（垂直梯、扶梯）、变压器、电缆、配电箱、离心水冷机组及末端、无负压变频供水设备、水源热泵空调设备、板式换热机组、集水器、分水器、热交换器并出租给华越公司使用。起租日为2012年9月3日，租赁期限为自起租日起6个月（2012年9月3日—2013年3月2日）。租金每3个月支付1次，共付3次。在租赁期限内，华越公司无条件同意按本合同规定按时、足额支付租金和其他应付款项，如果迟延付款，则自租金日起，每迟延一日，按所欠租金额的日千分之二计算违约金。华越公司出售给融通公司的设备价款共计63000000元。杨某甲、杨某乙分别向融通公司出具了编号为RT－G－XXXXXXX－1和RT－G－XXXXXXX－2的保证函，同意对融通公司与华越公司签订的《回租租赁合同》中债务人的所有债务承担无限连带清偿和无限连带赔偿责任，保证期间为直至主债务完全履行完毕为止。因华越公司未按约支付租金，融通公司催讨未果，故起诉。

经审理，一审法院作出如下判决：华越公司向融通公司支付租金、逾期付款违约金以及律师费，杨某甲、杨某乙对上述付款义务承担连带清偿责任，在承担了保证责任后，有权向华越公司追偿。

华越公司不服一审判决，提出上诉。

二、上诉与答辩及法院的认定与判决

华越公司上诉称：本案中系争租赁合同项下的租赁物，即用于建造世贸中心的电气、电梯、变压器、电缆、空调设备等，在签订租赁合同之前，已经被安装、使用于固定的建筑物中，即被添附，成为不动产的一部分，丧失了物的独立性，本身的物权已经消灭了。上述物件已经不能成为融资租赁的租赁物，融通公司在明知上述情况下仍与华越公司签订租赁合同，可见实质为借款给华越公司，租赁合同应认定为无效。

被上诉人融通公司辩称：融通公司与华越公司签订租赁合同符合法律所规定的融资租赁合同关系，有明确的租赁物，有租赁物权属的转移以及租金的支付，并非企业之间单纯的借贷行为。在签订租赁合同之前，华越公司向融通公司交付了其所有的租赁物，即电气设备等的买卖合同、发票等，证明华越公司拥有权属，并以此作为租赁物，办理了权属转移，即使租赁物被使用、安装于建筑物中，不影响其作为独立物的权利，亦不影响融通公司享有的所有权。华越公司认为不动产不能成为租赁物缺乏相应法律依据。

二审法院认为：《回租租赁合同》中的租赁物是客观真实的，首先上诉人华越公司对此享有充分的物权，并作为租赁物出售给被上诉人融通公司，融通公司据此享有所有权。其次，根据融通公司提供的租赁物买卖合同、发票等，可以证明租赁物的对象和范围是明确的，华越公司将上述电气设备等全部作为租赁物出售给融通公司，且租赁物价值高于双方约定的租金，故附件中数量表述的差异不影响租赁性质。最后，根据华越公司提供的证人证言和相关书证，可以在一定程度上证明部分租赁物在签订《回租租赁合同》时已被使用、安装于金华世贸中心建筑物上，在融通公司不持异议情况下，上述动产添附于不动产上，租赁物不会因其附着于或者嵌入于不动产而不再是租赁物，仍有其动产本身属性和独立性。只是该类租赁物被添附后，相对于出租人而言，可能存在物权担保功能减弱的问题，在承租人违约情况下，出租人虽然仍能行使租赁物的取回权，但租赁物的价值或者功能会有所丧失，存有风险。该风险仅是相对于出租人可预见或者可预期的经营风险，但不属于融资租赁合同性质认定问题。

最终，二审法院判决驳回上诉，维持原判。

三、案件评析

本案的争议焦点涉及动产设备（电梯、电气）附合到不动产之上后的法律地位认定的问题，特别是动产附合到不动产之上后还能否保持其独立性、能否继续作为适格之租赁物、会否影响融资租赁法律关系的认定等问题，这些困扰人们多时的问题，司法机关通过本案判决给出了明确而肯定的答案，这对于指导融资租赁交易实践无疑具有积极意义。下面将对判决及其背后的法理进行简要分析。

（一）附合的法律效果

附合属于添附的一种，是添附的下位概念，依据一般的民法学原理，动产添附于不动产之上时，不动产所有人取得合成物的所有权。我国《物权法》并未规定添附制度，关于添附的相关规定散见于一些司法解释之中。

最高人民法院《关于贯彻执行〈中华人民共和国民法通则〉若干问题的意见》（以下简称《民通意见》）第 86 条规定："非产权人在使用他人的财产上增添附属物，财产所有人同意增添，并就财产返还时附属物如何处理有约定的，按约定办理；没有约定又协商不成，能够拆除的，可以责令拆除；不能拆除的，也可以折价归财产所有人，造成财产所有人损失的，应当负赔偿责任。"该规定有以下几层含义：第一，当事人约定优先；第二，无约定，首先考虑适用侵权规则；第三，添附物无法拆除的，适用添附规则，添附物折价归财产所有权人所有。

在添附物的处理问题上，《民通意见》采取了当事人意思自治优先的原则，赋予当事人在经济交往中充分的自主权，体现了市场经济的内在要求。在此意义上讲，第 86 条属于任意性规范，当事人可以事先或者事后对添附物的处理作出约定。具体到本案，尽管电气、电梯等设备在合同订立之前已经附合于建筑物之上，但并不妨碍当事人通过合同约定的方式确定其权利之归属，以达到盘活存量资产、物尽其用、实现收益之目的。

（二）不动产附合物是否仍属于独立物

本案中的电梯、电气等附合物是不动产的组成部分，还是独立物？《物权法》第 70 条规定："业主对建筑物内的住宅、经营性用房等专有部分享有所有权，对专有部分以外的共有部分享有共有和共同管理的权利"；

全国人大常委会法制工作委员会编撰的《中华人民共和国物权法释义》中也明确，《物权法》第70条中的“专有部分以外的共有部分”包括电梯、过道、楼梯、水箱、外墙面、水电气的主管线等。故依此规定，电梯、电气等附合物属于不动产的共有部分，即不动产的重要组成部分，不属于独立的物。但是这只针对当事人没有对附合物的权属作出约定的一般情形，一旦当事人达成合意，双方的约定便可以赋予附合物以拟制的“独立性”，从而使其可以作为交易的“客体”。而且，电梯、电气等设备可以与不动产相分离，且不会丧失其原有功能，一旦分离则是独立的物。

因此，在融资租赁售后回租交易中，基于上述当事人意思自治优先的原则，出租人与承租人仍然可以通过协议约定：承租人将已附合于不动产中的电梯等设备的所有权转让给出租人，租赁期限内租赁物的所有权属于出租人。

（三）法律是否禁止不动产添附物作为融资租赁交易的租赁物

1. 国内法依据

《合同法》对于融资租赁合同的相关规定并未对“租赁物”的范围作出限制；银监会制定的《金融租赁公司管理办法》将租赁物限定为固定资产；商务部颁布的《外商投资租赁业管理办法》第6条规定租赁物包含各种各样的动产设备。法律、法规层面并无禁止不动产添附物作为融资租赁交易的明确规定。《合同法司法解释（一）》第4条规定，合同法实施以后，人民法院确认合同无效，应当以全国人大及其常委会制定的法律和国务院制定的行政法规为依据，不得以地方性法规、行政规章为依据。

最高人民法院民事审判第二庭在《最高人民法院关于融资租赁合同司法解释理解与适用》中谈及“污水管网、电力架空线、机站、水泥、造纸、发电等设备”能否作为租赁物的问题时指出：“设备添附于不动产之上，与以房地产、商品房作为租赁物有显著区别，前者租赁的是设备，后者租赁的是房地产、商品房本身……以此类添附、建设在不动产之上的设备作为租赁物的融资租赁合同，仍然属于融资租赁合同。但要注意的是，此类租赁物对出租人而言，可能存在物权担保功能较弱的问题，在承租人违约的情况下，出租人虽然理论上可以行使取回权，但实际上并不可行，或者取回后租赁物价值基本丧失……但此属融资租赁公司的经营风险问题，不属于融资租赁合同的性质认定问题。”①

本案的判决与最高人民法院民事审判第二庭的观点如出一辙。

2. 国际规则参鉴

针对不动产添附物能否作为租赁物的问题，《国际融资租赁公约》第4条规定：“（1）本公约不得仅由于设备已成为土地的附着物或已并入土地之中而终止适用。（2）任何有关设备是否已成为土地的附着物或已并入土地之中的问题以及如果设备已成为土地的附着物或已并入土地之中其对出租人和对土地享有物权的人之间权利的影响，应由土地所在国法律确定。”《国际统一私法协会租赁示范法》第2条第1款规定：“动产不因附着于不动产或成为不动产的一部分而不再是租赁物。”可见，国际社会对于添附到不动产上的动产设备作为融资租赁交易的租赁物是持认可态度的。本案判决符合国际租赁界的惯行作法。

（四）融资租赁售后回租的本质

本案中的交易模式为设备售后回租。参照《财政部、国家税务总局关于全面推开营业税改征增值税试点的通知》（财税〔2016〕36号）的规定，融资性售后回租被归类为金融服务项下的贷款服务。出租人与承租人开展售后回租业务，本质上是为承租人提供一笔融资，出租人的真正目的并非为了取得租赁物所有权或者使用权，租赁物仍由承租人占有、使用、收益，租赁物的全部风险仍由承租人承担，出租人所提供的乃是一种贷款服务。在此意义上讲，租赁物是否添附到不动产之上，并不会对售后回租交易造成障碍。只要出租人与承租人对租赁物的归属作出明确约定即可展

① 最高人民法院民事审判第二庭．最高人民法院关于融资租赁合同司法解释理解与适用[M]．北京：人民法院出版社，2016：50.

开交易，至于租赁物取回问题属于风险承担问题，不影响融资租赁法律关系的成立。

四、对租赁公司的启示

融资租赁交易中，动产租赁物一旦安装到不动产之上，其所有权基于添附制度便被不动产所吸收，成为不动产的组成部分，出租人丧失租赁物的所有权，仅获得不当得利返还请求权，其对于租赁物的所有权转变为普通债权，融资租赁公司的权益将很难得到保障。因此，出租人与承租人应事先在融资租赁合同中约定：动产租赁物附合与不动产之上，出租人并不因此而丧失对租赁物的所有权。此外，为防止承租人转让不动产（如建筑物）时第三人善意取得“附合物”，最好能够在该不动产上设置抵押，作为实现融资租赁债权的担保。

司法实务中，由于不动产添附物属性方面的差异性以及对添附物能否作为独立物进行处分的认识的模糊性，仍可能会有法院将与本案类似的融资租赁合同认定为借贷合同。因此，建议在相关担保合同中明确约定，即使融资租赁合同解除、撤销、无效或者被法院认定为其他合同关系，担保人的担保责任并不因此而免除。

鉴于租赁物对于融资租赁公司具有物权担保的功能，附合到不动产上的租赁物能否取回、取回会对不动产以及租赁物本身的商业价值造成何种程度的减损、租赁物取回后处置变现的渠道等问题都应当纳入融资租赁公司的成本收益考量之中，全方位评估风险，并制定全面的风险规避及止损方案。

案例 2.4　承租人拒绝受领租赁物后出租人权利的保护①

在融资租赁（直接租赁）交易中，出卖人直接向承租人交付租赁物，

① 本部分作者为北京市汇融律师事务所律师李艳科。

在出卖人违反约定导致承租人拒绝受领租赁物时，可以向出卖人行使索赔权。但是如果承租人无正当理由拒绝受领租赁物且出卖人为守约方时，出卖人可通过提存的方式完成交付，也可以解除买卖合同并要求承租人赔偿损失。而对于出租人，有必要关注租赁物的交付情况并采取必要措施保障自身权益。

江苏华宏科技股份有限公司与长城国兴金融租赁有限公司、辽宁汇丰炉料有限公司买卖合同纠纷案[①]

上诉人（原审被告、反诉原告）：江苏华宏科技股份有限公司（以下简称“华宏公司”）

被上诉人（原审原告、反诉被告）：长城国兴金融租赁有限公司（以下简称“长城金租”）

原审被告：辽宁汇丰炉料有限公司（以下简称“汇丰公司”）

一、案件基本事实

2011 年 6 月 27 日，华宏公司（出卖人）与长城金租（买受人并出租人）、汇丰公司（承租人）签订《租赁物买卖合同》，载明：鉴于长城金租与汇丰公司已经签署《融资租赁合同》，长城金租根据汇丰公司对华宏公司和租赁物的选择，拟向华宏公司出资人民币 800 万元购买租赁物出租给汇丰公司使用，并由汇丰公司向长城金租支付租金；租赁物为 Q91Y－1250 型液压废钢剪切机一台、CBJ－345 型液压拆包机一台和出料链板式输送机一台；总价款的 10% 作为质量保证金，待租赁物最终检验合格，并经汇丰公司向长城金租出具《验收合格证明书》及《付款通知书》后，再由长城金租向华宏公司支付；租赁物交付时间为 2011 年 10 月 24 日；《租赁物买卖合同》的关联合同为《融资租赁合同》及相关补

① 参见新疆维吾尔自治区高级人民法院（2015）新民二终字第 260 号民事判决书，2015 年 12 月 30 日作出。

充协议。

同日，长城金租与汇丰公司签订《融资租赁合同》，依据该合同的约定，租赁物的交付方式为出卖人将租赁物直接运抵汇丰公司所指定的交货地点即汇丰公司厂区，汇丰公司享有与受领租赁物有关的买受人的权利；在租赁期内，租赁物的所有权属于长城金租，租赁期限为3年，即自2011年6月至2014年6月止。

合同签订后，长城金租于2011年6月28日付款240万元、2012年3月2日付款240万元、2012年8月22日付款240万元，共计支付货款720万元。2011年10月4日，华宏公司向汇丰公司发出交货通知，告知汇丰公司租赁物均已生产完毕，请汇丰公司提货，并明确是否需要华宏公司代办运输。2011年10月10日，汇丰公司向华宏公司传真回函：“你公司交货通知已收，因我公司安装基础尚未做好，暂延提货”。之后，汇丰公司再未通知华宏公司交货或提货。

长城金租向乌鲁木齐市中级人民法院提起诉讼，请求解除长城金租与华宏公司、汇丰公司签订的《租赁物买卖合同》，请求华宏公司返还长城金租已经支付的货款720万元。华宏公司提起反诉，请求长城金租继续履行《租赁物买卖合同》、提取租赁物并支付尾款80万元。庭审中，长城金租与华宏公司均认可汇丰公司现处于停产状况。

二、一审法院的认定与判决

法院认为：本案的争议焦点在于涉案《租赁物买卖合同》是应继续履行还是应当予以解除。

首先，涉案《租赁物买卖合同》系三方当事人签订，并约定了三方的权利义务，其与长城金租与汇丰公司签订的《融资租赁合同》相互牵连，现因汇丰公司未按约受领合同项下设备，且其已停产履行不能，导致买受人即长城金租的合同目的不能实现，依照《合同法》第94条第（四）项：“当事人一方迟延履行债务或者有其他违约行为致使不能实现合同目的的，当事人可以解除合同”之规定，长城金租主张解除合同有法律依据，但其关于系由于华宏公司违约而致使其合同目的不能实现的诉称理由与事实不符，故不予采信。

其次，华宏公司对其未交付合同项下标的物的原因，已举证证实系由于汇丰公司不受领标的物，而非华宏公司自身原因所致，则作为华宏公司虽有权请求继续履行合同，但是，依照《合同法》第110条规定：“当事人一方不履行非金钱债务或者履行非金钱债务不符合约定的，对方可以要求履行，但有下列情形之一的除外：（一）法律上或者事实上不能履行；（二）债务的标的不适于强制履行或者履行费用过高；（三）债权人在合理期限内未要求履行。”因此，当事人请求违约继续履行的前提是有继续履行的可能，若在法律上或者事实上不能履行的情况下，对当事人主张继续履行的请求不能给予支持。本案买卖合同约定的标的物受领及使用主体均系汇丰公司，而该公司已处于停产状态且已无继续履行合同的可能，对此事实长城金租及华宏公司均不否认，故对于华宏公司要求长城金租继续履行合同、提取设备并支付尾款80万元的反诉请求无法予以支持。但在华宏公司不能请求继续履行合同的情况下，作为守约方若有损失，其可以根据合同之约定及合同法的规定，另诉要求赔偿从而获得相应救济。

综上，涉案《租赁物买卖合同》因事实上已无法继续履行，故应予解除。依照《合同法》第97条之规定，长城金租诉请要求华宏公司返还其已付货款720万元的主张成立，予以支持，对其要求华宏公司承担违约金及保全申请费的诉讼请求因缺乏事实依据，不予支持。

法院判决：1. 解除长城金租与华宏公司和汇丰公司于2011年6月27日签订的《租赁物买卖合同》；2. 华宏公司于本判决生效后十日内返还长城金租货款720万元；3. 驳回长城金租的其他诉讼请求；4. 驳回华宏公司的反诉请求；5. 本诉案件受理费86816元，由华宏公司负担57685元，由长城金租负担29131元；反诉案件受理费5900元，由华宏公司自行负担。

三、上诉与答辩及法院的认定和判决

华宏公司不服一审判决，向新疆维吾尔自治区高级人民法院上诉。二审期间，长城金租及华宏公司均未提交新的证据。

法院审理认定：关于涉案《租赁物买卖合同》应当解除还是继续履行的问题。根据涉案《融资租赁合同》以及《租赁物买卖合同》的约定，原审法院认定上述两份合同相互牵连，并无不当。涉案《租赁物买卖合同》的买受人为长城金租，汇丰公司仅享有与受领租赁物有关的权利，作为出卖人的华宏公司在收到买受人长城金租总货款的90%之后，既未实际交付租赁物，亦未向长城金租告知汇丰公司未受领合同标的物的情况，租赁物的所有权仍属于华宏公司。同时，华宏公司自收到该720万元的货款后至今，一直实际占用该笔资金。涉案《融资租赁合同》约定的租赁期限自2011年6月至2014年6月止。但迄今为止，涉案租赁物并未实际交付，涉案《融资租赁合同》亦未实际得到履行且因租赁期限已经届满而终止。

汇丰公司是涉案《租赁物买卖合同》的合同主体，虽然涉案租赁物未交付的原因在于汇丰公司，但华宏公司及长城金租均未要求汇丰公司承担责任。华宏公司及长城金租对于汇丰公司目前处于停产状况的事实均不持异议。根据汇丰公司目前的经营状况，其亦已不具备履行合同的能力。原审法院根据上述客观事实，认定长城金租的合同目的无法实现，涉案《租赁物买卖合同》已无继续履行的基础和必要，并依据《合同法》第94条第1款第（四）项的规定，对长城金租要求解除涉案《租赁物买卖合同》的诉讼请求予以支持，同时，对华宏公司的反诉请求未予支持，并无不当。

法院判决驳回上诉，维持原判。

四、案件评析

本案的争议焦点在于汇丰公司（承租人）违反《租赁物买卖合同》约定无正当理由拒绝受领租赁物时，长城金租（出租人）能否主张解除《租赁物买卖合同》并要求华宏公司（出卖人）返还出租人已支付的租赁物购买价款。

在本案中，从出卖人的角度来看，虽然出卖人未交付租赁物系因承租人无正当理由拒绝受领租赁物所致，但是在承租人拒绝受领租赁物之后，出卖人未按照《合同法》第 101 条第 1 款的规定将租赁物提存，或及时与出租人和承租人协商租赁物交付事宜，以便实现租赁物交付的法律效果；同时出卖人亦未及时通知出租人和承租人解除《租赁物买卖合同》并向承租人主张损失赔偿责任，而后因承租人处于停产状态且《融资租赁合同》已租期届满，《租赁物买卖合同》在客观上已处于履行不能的状态，因此出卖人主张继续履行《租赁物买卖合同》的诉讼请求未得到法院的支持。

从出租人的角度来看，根据《融资租赁司法解释》第 5 条第 2 款的规定，出租人以承租人无正当理由拒绝受领租赁物为由向承租人主张损害赔偿的，自无异议。但在本案中，因承租人已处于停产状态，其承担损害赔偿责任的能力存疑，出租人向其主张损失赔偿责任较难充分保障出租人的合法权益。在出卖人未交付租赁物、已受领大部分租赁物对价且《融资租赁合同》已到期终止以及《租赁物买卖合同》在事实上已不能履行的情形下，出租人请求法院解除《租赁物买卖合同》并要求出卖人返还出租人已支付的租赁物购买价款，符合《合同法》第 110 条的规定。

五、对租赁公司的启示

本案判决出租人胜诉的根本原因在于出卖人有过错，如果出卖人没有过错，出租人还能否得到这样的判决是存疑的。在融资租赁（直接租赁）交易中，在出卖人为守约方且承租人无正当理由拒绝受领租赁物时，出租人可以依据《融资租赁合同》以及相关法律法规规定向承租人主张违约责任等，但是能否据此解除《租赁物买卖合同》并要求出卖人返还其已经支付的租赁物购买价款易引发争议。建议出租人在《租赁物买卖合同》中就承租人单方违约拒绝受领租赁物时的处理方式进行约定，并在《租赁物买卖合同》履行过程中，时刻关注租赁物的交付情况，在租赁物未交付时及时行使抗辩权拒绝相应租赁物购买价款的支付并采取相应的救济措施，以便最大限度地保障自身合法权益。

案例 2.5　租赁车辆登记在承租人名下是否影响出租人的所有权①

在汽车融资租赁业务中，考虑到承租人使用需要、属地化车辆挂牌和使用需要以及方便处理交通事故及年检等因素，机动车常见登记在承租人名下，而在融资租赁合同中约定出租人享有机动车的所有权。此约定是否能得到法院的支持，是否会进一步影响融资租赁法律关系的认定，是一个值得探讨的问题。

先锋太盟融资租赁有限公司与陈某某融资租赁合同纠纷案②

上诉人（原审原告）：先锋太盟融资租赁有限公司（以下简称“先锋太盟公司”）

被上诉人（原审被告）：陈某某

---

① 本部分作者为北京市汇融律师事务所崔晓晔。

② 参见云南省昆明市中级人民法院（2017）云 01 民终 3137 号民事判决书，2017 年 8 月 11 日作出。

一、案件基本事实

2015年12月16日，先锋太盟公司作为出租人与陈某某作为承租人签订《汽车租赁合同》，约定：双方以英致G3汽车一辆开展融资租赁交易，基于车辆运营之需要和降低交易成本等因素，租赁车辆登记在承租人名下；但该登记不表明车辆的登记人为车辆的实际所有权人；租赁期限届满后，承租人留购租赁车辆，所有权方转让给承租人；承租人违约时出租人可要求承租人赔偿出租人的全部损失，包括所有已到期租金、未到期租金、滞纳金、其他款项及实现债权的费用。同日，先锋太盟公司与陈某某签订《融资租赁抵押合同》，约定陈某某以租赁车辆为《汽车租赁合同》项下的全部债务提供抵押担保。

后先锋太盟公司向销售商直接支付了融资款项。2015年12月15日，陈某某接收了融资所购车辆，并在上牌照时登记至自己名下，先锋太盟公司亦就其抵押权办理了抵押登记手续。陈某某自2016年1月17日起未按合同约定向先锋太盟公司履行支付款项的义务。

二、起诉与答辩及法院的认定与判决

先锋太盟公司提起诉讼，请求：1. 陈某某向先锋太盟公司支付所欠租金；2. 陈某某向先锋太盟公司支付滞纳金；3. 确认先锋太盟公司对陈某某提供的抵押物享有处分及优先受偿权；4. 陈某某向先锋太盟公司支付律师费；5. 陈某某支付违约金；6. 本案诉讼费及其他实现债权的费用由陈某某承担。

一审法院认为：陈某某向先锋太盟公司融资所购买的车辆自购买之日起至今，车辆所有权均登记于陈某某名下，先锋太盟公司的合同义务仅为陈某某提供融资资金并因此享有收取相应资金占用费的权利，而无购买租赁物并在租赁期间享有租赁物所有权和管理租赁物的权利和义务，故本案中《汽车租赁合同》名为融资租赁合同，实为借款合同。现先锋太盟公司已履行向陈某某支付借款的义务，但陈某某却未按合同约定向先锋太盟公司履行支付借款本息的合同主要义务，故现先锋太盟公司主张陈某某提前归还借款期间内的所有借款本金于法有据。

一审法院判决：1. 陈某某于判决生效之日起十日内向先锋太盟公司偿还借款本金；2. 陈某某于判决生效之日起十日内向先锋太盟公司支付利息；3. 陈某某于判决生效之日起十日内向先锋太盟公司支付律师费；4. 如陈某某未按时足额履行上述付款义务，则先锋太盟公司对陈某某所有的英致 G3 汽车享有优先受偿权；5. 驳回先锋太盟公司的其他诉讼请求。

三、上诉与答辩及法院的认定与判决

先锋太盟公司提起上诉，请求：1. 依法撤销盘龙区人民法院（2016）云 0103 民初 4498 号《民事判决书》，并依法改判支持先锋太盟公司的一审全部诉讼请求，放弃请求对登记在陈某某名下的英致 G3 汽车享有优先受偿权。2. 本案一审、二审诉讼费由被上诉人承担。

其事实与理由为：出租车辆登记在陈某某名下不代表所有权人就是陈某某，租赁期内车辆的所有权人在陈某某回购车辆之前始终是先锋太盟公司。

1. 机动车的登记是准予或者不准予机动车上道路行驶的登记，并非所有权的登记。本案中，双方在合同中约定为了降低交易成本及运营需要不办理登记变更，租赁期内出租人为租赁车辆的唯一所有权人。机动车作为动产，物权变动适用《物权法》第 23 条之规定，交付并转移占有之后便取得物权。出租人购买租赁车辆后取得所有权，通过指示交付的方式交付给承租人。根据《物权法》第 24 条之规定，机动车登记仅仅是为了保护善意第三人，并非设立物权。

2. 先锋太盟公司购买了租赁物并在租赁期间享有租赁物的所有权以及

管理租赁物的权利义务。先锋太盟公司作为出租人已经将租赁物出租给承租人占有、使用，对于租赁物在租赁期内的维修、保养义务以及毁损、灭失风险在融资租赁合同中已经约定由承租人负担，该约定符合《合同法》《融资租赁司法解释》的相关规定，完全符合融资租赁的操作模式。

陈某某未到庭发表答辩意见，也未向法院提交书面的答辩状。

二审法院认为：先锋太盟公司作为出租人与陈某某作为承租人签订了《先锋太盟融资租赁有限公司汽车融资租赁合同》，先锋太盟公司向经销商购买英致 G3 汽车，支付融资款后，取得该车辆的所有权并将该融资车辆交付并出租给陈某某使用。陈某某应当支付租金，在付完全部款项之后，先锋太盟公司将该车辆的所有权转让给陈某某。根据《合同法》第 237 条以及《融资租赁司法解释》第 1 条的规定，本案融资租赁合同中关于陈某某及先锋太盟公司权利、义务的约定，与上述法律规定相符，故陈某某与先锋太盟公司之间是融资租赁关系。

至于一审法院认为双方之间是民间借贷关系，只看到双方之间的融资、还款的约定，未考虑到先锋太盟公司将车辆租给陈某某，保留车辆所有权的约定。至于先锋太盟公司将车辆登记在陈某某名下，但车辆登记不影响对车辆实际所有权的认定；至于陈某某将名下该车辆抵押给先锋太盟公司，根据《融资租赁司法解释》第 9 条第 1 款第（二）项的规定，即使陈某某作为名义上的车主将车辆抵押给先锋太盟公司，也不影响对于双方融资租赁关系的认定。

综上所述，先锋太盟公司的上诉理由成立，二审法院判决：1. 维持昆明市盘龙区人民法院（2016）云 0103 民初 4498 号民事判决第三项；2. 撤销昆明市盘龙区人民法院（2016）云 0103 民初 4498 号民事判决第一、第二、第四、第五项；3. 陈某某于本判决生效之日起十日内向先锋太盟公司支付所欠租金；4. 陈某某于本判决生效之日起十日内向先锋太盟公司支付违约金；5. 驳回先锋太盟融资租赁有限公司的其他诉讼请求。

四、案件评析

本案的争议焦点为，汽车融资租赁业务中，机动车登记在承租人名下，是否会影响出租人对租赁物的所有权，以及进一步影响融资租赁法律关系的认定。

（一）租赁物的所有权

根据《物权法》第23条及第24条规定，机动车所有权的设立和转让，自交付时发生效力，未经登记，不得对抗善意第三人。机动车属于特殊动产，我国对其所有权的取得方式采取交付生效、登记对抗的原则，即机动车登记不具有设权效力，其所有权的设立和转移，自交付时发生法律效力，但未经登记不能对抗善意第三人。

《道路交通安全法》第8条规定，国家对机动车实行登记制度。根据《公安部关于确定机动车所有权人问题的复函》（公交管〔2000〕98号）、《公安部关于机动车财产所有权转移时间问题的复函》（公交管〔2000〕110号），公安机关办理的机动车登记是准予或者不准予上路行驶的登记，不是机动车所有权登记。故公安机关作为登记机关，认可机动车登记并非所有权登记。

根据最高人民法院《关于执行案件中车辆登记单位与实际出资购买人不一致应如何处理问题的复函》（〔2000〕执他字第25号），“如果能够证明车辆实际购买人与登记名义人不一致，对本案的三辆机动车不应确定为登记名义人为车主，而应当依据公平、等价、有偿原则，确定归第三人所有”。最高人民法院公报案例（2016年5月19日第6版）北京市第二中级人民法院（2015）二中民（商）终字第08914号案，及北京市高级人民法院（2017）京民申3268号案、天津市高级人民法院（2017）津民申1145号案等，法院均认定机动车登记并非所有权登记。可见，司法机关亦认为机动车登记并非所有权登记。

在汽车融资租赁业务中，机动车常见登记在承租人名下，而在融资租赁合同中约定出租人享有机动车的所有权。直租模式下，出租人从经销商处购买租赁车辆，而后通过指示交付的方式给承租人，从而完成交付取得租赁物的所有权；回租模式下，出租人从承租人处购买租赁车辆，通过占有改定的方式交付给承租人，从而完成交付取得租赁物的所有权。出租人依据《物权法》的规定，通过上述交付方式取得租赁车辆的所有权，这在司法判例中得到认可。山东省高级人民法院（2014）鲁商终字第 287 号案、江苏省高级人民法院（2015）苏审三民申字第 01389 号案、辽宁省高级人民法院（2014）辽民三终字第 212 号案等，法院均支持融资租赁公司对登记在承租人名下的租赁车辆享有所有权。

因此，登记机关与司法机关均认可机动车登记并非所有权登记，司法机关支持汽车融资租赁业务中租赁公司对登记在承租人名下的租赁车辆享有所有权。

（二）法律关系的认定

根据《合同法》第 237 条及《融资租赁司法解释》第 1 条，法院综合各方面因素认定交易是否构成融资租赁法律关系。虽然汽车融资租赁业务中，常见机动车登记在承租人名下，但双方多通过合同对登记、所有权问题进行约定，并不会单因登记问题，影响法律关系的认定。本案中，二审法院综合合同约定纠正一审法院对法律关系的认定，是正确的。

关于承租人将租赁车辆抵押给出租人，系实践中常见的防范承租人擅自处分租赁物的风险防控措施，尤其是在租赁车辆登记在承租人名下时，其更有处分租赁物的便利。《融资租赁司法解释》第 9 条第 1 款第（二）项对该做法进行了确认，最高人民法院认为，基于普通动产作为融资租赁物没有登记这一公示制度的缺失，为保护出租人的权利，出租人授权承租人将租赁物抵押给出租人并在登记机关依法办理抵押权登记的做法，虽然与物权法的基本理论有所差别，但确实是在无法确定租赁物登记机关的前提下，出租人保障其对租赁物的所有权的一种有效实现方式，司法解释对此予以认可[①]。因而该抵押的做法也不应影响融资租赁法律关系的认定，本案中，二审法院亦认为抵押不影响融资租赁关系的认定，是正确的。

综上所述，登记机关与司法机关均认可机动车登记并非所有权登记，司法机关支持汽车融资租赁业务中租赁公司对登记在承租人名下的租赁车辆享有所有权。为保障对租赁物的所有权，建议租赁公司授权承租人将租赁物抵押给租赁公司，该抵押不影响融资租赁关系的认定；在法院对该抵押持有疑问时，租赁公司应积极与法院沟通，尤其强调司法解释的相关内容，以获得法院的支持。

案例 2.6　承租人因出卖人交付的车辆无法使用能否主张解除租赁合同[②]

当融资租赁交易中的租赁物为车辆时，当事人须充分重视为车辆办理牌照等事宜。因为车辆无法办理牌照可能会影响到车辆的正常运营，进而造成融资租赁合同目的不能实现，触发承租人行使融资租赁合同解除权。本案的争议焦点为：租赁车辆无法办理牌照的责任在哪方当事人，承租人能否以“因出卖人原因导致合同目的不能实现”为由，主张解除融资租赁合同。

江苏徐工工程机械租赁有限公司与李某、陆某某等融资租赁合同纠纷案[③]

上诉人（原审被告）：李某

被上诉人（原审原告）：江苏徐工工程机械租赁有限公司（以下简称“徐工租赁公司”）

原审被告：代某某

原审第三人：盐城市龙天汽车贸易有限公司（以下简称“龙天汽贸公司”）

---

① 最高人民法院民事审判第二庭．最高人民法院关于融资租赁合同司法解释理解与适用［M］．北京：人民法院出版社，2014：155.

② 本部分作者为北京市汇融律师事务所律师助理明文丰。

③ 参见江苏省高级人民法院（2016）苏民终 20 号民事判决书，2016 年 11 月 10 日作出。

一、案件基本事实

2012 年 9 月 13 日，出租人徐工租赁公司根据承租人李某对设备及出卖人的选定，与承租人李某、出卖人龙天汽贸公司签订融资租赁合同，该合同的融资租赁物为徐工牌 QY100K－1 汽车起重机。同日，李某在徐工租赁公司向其送达的“大吨位产品上牌提示书”上签字确认。代某某作为保证人签订保证担保合同。上述合同签订后，徐工租赁公司按约履行了购买及向李某交付车辆的义务。

2013 年 3 月 21 日，李某在为该车办理牌照手续时遭拒，当地车管所向李某出具《机动车业务退办凭证》（以下简称“退办凭证”），载明退办原因为“车辆外廓尺寸与公告不符”。

2013 年 8 月 2 日，李某将案涉车辆开至徐工租赁公司驻地大门外停放，要求退回租赁物。后出卖人龙天汽贸公司委托案外人徐州徐工物资供应有限公司物流中心（以下简称“物流中心”）代为存放案涉车辆。物流中心到货通知单载明，委托存放案涉车辆的系龙天汽贸公司，该公司经手人为“赵某某”，李某在委托方签章处签字确认。2013 年 12 月 27 日，龙天汽贸公司为该车办理了上牌手续，通知李某提车遭拒绝。李某自始未按照融资租赁合同的约定支付租金。

二、起诉与答辩及法院的认定与判决

因李某一直未付租金，徐工租赁公司诉至法院。诉称：徐工租赁公司交付车辆后，李某至今未付租金。根据融资租赁合同及保证合同的约定，徐工租赁公司有权要求李某支付租金并承担违约责任，保证人代某某对此承担连带保证责任。

李某辩称：徐工租赁公司交付的车辆外廓尺寸，与该车公告的外廓尺寸不符，致使李某无法办理上牌手续，无法运营。2013 年 8 月 2 日，李某将车辆退还徐工租赁公司，融资租赁合同从此解除。请求驳回徐工租赁公司的诉请。

出卖人龙天汽贸公司作为第三人依法到庭参加诉讼。陈述称：2013 年 8 月 2 日，李某用涉案车辆堵住徐工租赁公司大门，龙天汽贸公司根据徐工租赁公司的电话要求进行处理，由经理赵某某指引李某将车开至物流中心处停放并以本公司名义办理了委托停放手续；车辆无上牌的原因应是李某未将起重机长臂上的滑轮拆掉后再送车管所检测所致。

一审法院认为：李某主张其因徐工租赁公司违约而退回了车辆、融资租赁合同已解除，其事实及法律依据不足，本院不予采信。主要理由：1. 关于李某以其“为车辆办理牌照不成”为由主张徐工租赁公司违约进而提出的付款抗辩的问题，本院认为，“为车辆办理牌照不成”并非行使先履行抗辩权的有效事由。本案中，双方未约定“办理车牌后支付租金”，故“车牌办理完毕”并非支付租金的必要条件，且依合同约定，办理车牌的义务由李某负担，徐工租赁公司负有配合、协助的附随义务。徐工租赁公司在合同签订当日已向李某送达“大吨位产品上牌提示书”，告知了其办理车牌手续的必要准备事项。诉讼中，李某未举证证实其及时完成了办理牌照的准备工作、“办理车牌不成”系徐工租赁公司违约所致。综合考量龙天汽贸公司已为车辆办理了牌照的事实，李某的主张证据并不足，对该项抗辩不予采信。2. 李某主张其“已退还车辆”的证据不足。李某主张的退车之日尚在融资租赁期限内，至此时其未付任一期租金。徐工租赁公司述称，2013 年 8 月 2 日该公司工作人员与李某交涉目的系为解决“车辆堵门”的问题，并无接受退车或解除合同的意思表示。结合融资租赁合同关于“本合同在履行过程中发生的争议，由双方当事人友好协商解决，协商或解决不成依法向甲方所在地的人民法院起诉”的约定，本院认为，李某不享有单方合同解除权。李某无法提交证实双方已达成退车合意的有效证据；而李某提交的“到货通知单”与第三人陈述相印证，共同证实 2013 年 8 月 2 日后控制涉案车辆的并非徐工租赁公司而是龙天汽贸公司。

三、上诉与答辩及法院的认定与判决

李某不服一审判决，提出上诉。事实与理由：1. 李某在被车管所告知因车辆外廓尺寸与公告不符无法上牌时，把无法上牌的事实及原因分别告知了出租人和出卖人，始终无法解决上牌问题。李某把车辆开到徐工租赁公司门前后，徐工租赁公司授意龙天汽贸公司将车辆停放到其指定停车场，且龙天汽贸公司于 2013 年 12 月 27 日又将车辆登记在其经理“赵某某”名下，说明徐工租赁公司已作出了同意解除融资租赁合同的意思表示。2. 导致车辆无法上牌的原因是徐工租赁公司交付的车辆外廓尺寸与公告不符，李某无责任。

徐工租赁公司辩称：李某的上诉理由不能成立，因为龙天汽贸公司经理赵某某已协助李某办理了苏 F×××牌照。

二审法院认为：案涉融资租赁合同于 2013 年 8 月 2 日解除。

1.《融资租赁司法解释》第 11 条规定，因出卖人的原因致使融资租赁合同的目的不能实现的，出租人或承租人请求解除融资租赁合同的，人民法院应予解除。针对双方的主张，本院认为，根据合同约定，出卖人龙天汽贸公司提供的车辆应具备在承租人所在地区上牌的条件。承租人李某提供的退办凭证表明其已至当地车辆管理部门申请办理上牌业务，但被退办。据此，承租人李某针对其提出的无法上牌、合同目的不能实现的主张，举证证明案涉车辆因外廓尺寸与公告不符导致被车辆管理部门退办上牌业务，已完成了初步的举证责任。出卖人龙天汽贸公司称李某办理上牌手续不顺利的原因是李某未按上牌通知的要求将起重机长臂上的滑轮拆掉后再送车管所检测所致，应承担相应的举证责任。案涉“大吨位产品上牌提示书”虽包含“行驶状态不允许携带该车配备的中长臂吊钩、副起重钩、副起重臂、平衡重、副起升机构，如果接收到的产品是全装备，请在前往办理车辆登记前将相应部件拆除”的内容，但并不能直接证明退办凭证所载的“车辆外廓尺寸与公告不符”，系因李某未拆除上述部件导致。

此外，根据龙天汽贸公司的陈述，案涉车辆因排放标准问题于2013年8月2日事实已不再具备在承租人李某的住所地宿迁地区上牌的条件。因此，龙天汽贸公司于2013年12月27日为案涉车辆在南通地区上牌的行为，不应视为出卖人龙天汽贸公司提供的车辆符合融资租赁合同约定的以承租人名义上牌的条件。本院认为，李某签订融资租赁合同的目的不能实现，且原因在于出卖人龙天汽贸公司。根据法释〔2014〕3号的规定，李某有权解除融资租赁合同。

2. 2013年8月2日，案涉三方当事人均参与了纠纷的沟通处理，并将车辆存放在物流中心。虽然李某在到货通知单“委货方签字盖章”栏内签字，但“委托方”一栏内明确记载为龙天汽贸公司，而非李某。联系物流中心代为存放车辆的是龙天汽贸公司，且办理完上牌手续后车主为该公司经理“赵某某”。故案涉车辆实际于2013年8月2日已由出卖人龙天汽贸公司控制，应视为李某于当天已将车辆退还给出卖人，案涉合同的解除时间应认定为车辆退还日为2013年8月2日。

四、案件评析

本案是一起承租人主张融资租赁合同因合同目的不能实现已发生解除，不承担相应租金等支付义务的案件。

争议焦点是承租人能否解除以及是否已解除融资租赁合同。《融资租赁司法解释》规定了承租人享有融资租赁合同解除权的内容，其第11条规定，有下列情形之一，出租人或者承租人请求解除融资租赁合同的，人民法院应予支持：1. 出租人与出卖人订立的买卖合同解除、被确认无效或者被撤销，且双方未能重新订立买卖合同的；2. 租赁物因不可归责于双方的原因意外毁损、灭失，且不能修复或者确定替代物的；3. 因出卖人的原因致使融资租赁合同的目的不能实现的。第13条规定，因出租人的原因致使承租人无法占有、使用租赁物，承租人请求解除融资租赁合同的，人民法院应予支持。

但围绕争议焦点，两级法院有着不同的审判思路：一审法院着重指出出租人一方不存在违约，有权向承租人主张租金支付义务。针对承租人一方的抗辩，认为“车辆办理牌照不成”并非其行使先履行抗辩权的有效事由。为车辆办理牌照属于承租人的义务，承租人主张合同已解除的观点不成立。二审法院针对承租人的上诉主张，着重探讨导致本案合同目的不能实现的责任主体是哪一方。承租人一方主张已尽到自身义务，车辆无法上牌的责任在出租人和出卖人，而其他当事人对此不能认同。故二审法院主要是从质证的角度对此进行探讨，即比较各方证据证明力的大小。最终认为出租人、出卖人举证不能，依照《融资租赁司法解释》第 11 条第 3 项之规定，结合承租人一方提交的退办凭证，认定是供货人原因导致车辆无法办理牌照而使合同目的不能实现，承租人李某可以解除合同。可见，本案中承租人虽不能就出租人原因依据前述规定主张解除合同，但矛头直指出卖人过错导致的合同目的不能实现，从而实现了自己的合同解除权。

两级法院对案涉车辆是否已经退还从而发生合同解除的法律效果也存在不同观点。一审法院认为：一方面，无法证实出租人与承租人已经达成退车的合意；另一方面，控制案涉车辆的并非出租人而是出卖人。因此承租人主张其“已退还车辆”的证据不足。但二审法院认为案涉车辆实际已由出卖人控制，视为承租人已将车辆退还给了出卖人。该认定反映出法院的一种倾向性意见，需要融资租赁公司予以重视。

五、对租赁公司的启示

本案的最终结果是认定因出卖人原因致使融资租赁合同目的不能实现，承租人享有合同解除权且承租人已将租赁物返还给出卖人，确认融资租赁合同已经解除，支持了承租人的抗辩。表面上看，本案的症结似乎在于承租人与出卖人之间，但本案诉争的形成应当引起融资租赁合同项下出租人对因出卖人原因导致合同目的不能实现的问题的重视。因为其直接后果是融资租赁合同被承租人单方解除，导致合同各方当事人的前期投入付之东流，出租人非因己方责任无法实现收取租金、促成融资等合同目的。结合本案案情，提请融资租赁公司关注以下几点：

首先，融资租赁公司需要对本案中的租赁物即车辆办理牌照事宜加以重视。虽然融资租赁合同中约定车辆上牌的义务由承租人承担，但是作为租赁公司而言还应当履行协助承租人上牌的附随义务。承租人称自己将无法上牌的事实及原因分别告知了出租人和出卖人，并请求来人协助上牌，但两方均不予理睬，己方多次往返车管所，始终无法解决车辆上牌问题，无奈之下才决定退车。由此提示融资租赁公司：一方面，应积极地履行自身的附随义务，积极配合承租人办理上牌等事宜，以便租赁物尽快投入使用，减少不必要的讼累；另一方面，在融资租赁合同中进行更加明晰的责任划分，将责任明确化。

其次，由于案涉租赁物及出卖人均由承租人选定，除要求出租人尽到自身义务外，还应对承租人提出更高的要求。经查证案涉车辆排放标准属于“国三”，而南通地区“国三”车辆在2013年12月31日停止上牌，江苏其他地区在2013年7月31日停止上牌。故涉案车辆因排放标准问题于2013年8月2日事实已不再具备在承租人住所地宿迁地区上牌的条件。即便争议发生后，出卖人一方工作人员在南通为车辆办理了以自己为车主的上牌手续，但是此行为并没有补救承租人在住所地宿迁地区无法使用车辆的问题。故出租人应在购买该租赁物时对车辆的上牌条件向出卖人予以核实，并就核实情况向承租人进行说明；若因承租人过错导致的租赁物或出卖人环节出现问题，应由承租人自负其责。

再次，本案融资租赁合同解除的主要原因在于出卖人，故融资租赁公司应在合同履行过程中督促出卖人履行并尽到自身的义务，包括但不限于积极配合承租人办理上牌事宜、就上牌问题向承租人进行说明。同时，为了保障自身的权益，与出卖人约定，因出卖人原因导致的融资租赁合同履行障碍及因此遭受的损失，出租人有权向出卖人追偿。

最后，为进一步保障融资租赁公司的合法权益，合同中应当约定，在退还融资租赁物时，对出卖人退还不能视为对出租人的退还，亦不能产生租赁合同解除的法律效果。防止承租人以已将租赁物退还给出卖人或租赁物实际由出卖人控制为由，向出租人提出融资租赁合同已发生解除的抗辩。

案例 2.7 出租人是否为机动车交强险的投保义务人[①]

根据我国相关法律法规的规定，交强险的投保义务人应为机动车所有人与管理人，但并未明确界定所有人与管理人的范围。在融资租赁交易这种特殊的交易模式下，出租人是否应以所有人的身份承担交强险的投保义务，是一个值得探讨的问题。

赵某与维信融资租赁（苏州）有限公司、周某机动车交通事故责任纠纷案[②]

上诉人（原审被告）：维信融资租赁（苏州）有限公司（以下简称“维信公司”）

被上诉人（原审原告）：赵某

被上诉人（原审被告）：周某

一、案件基本事实

2014 年 9 月 11 日，周某驾驶苏 E××××× 小型越野客车与赵某驾驶的电动自行车发生碰撞，造成车辆损坏、赵某受伤。事故发生后，周某于当日 21 时 10 分向公安机关报案。2014 年 9 月 30 日，苏州市吴江区公安局交通巡逻警察大队出具《道路交通事故认定书》，认定周某负该起事故的全部责任，赵某不负该起事故的责任。交通事故发生后，赵某至医院治疗。

苏 E××××× 小型越野客车系周某通过融资租赁的方式从维信公司

① 本部分作者为北京市汇融律师事务所崔晓晔。

② 参见江苏省苏州市吴江区人民法院（2016）苏 0509 民初 1296 号民事判决书，2016 年 7 月 13 日作出；江苏省苏州市中级人民法院（2016）苏 05 民终 9747 号民事判决书，2016 年 12 月 26 日作出。

租赁而来，登记车主为维信公司，未投保任何保险。周某与维信公司于2012年7月12日签订了《融资租赁合同》，以苏E×××××小型越野客车为租赁物开展融资租赁交易，并约定维信公司系租赁车辆所有人，周某系租赁车辆的使用人，双方同意为租赁车辆购买相应保险，购买保险的全部费用均由甲方承担；双方还约定在本合同签署时，周某应向维信公司支付租赁车辆首期保险费用，后续保险费用由周某在每月支付日与当月租金一起向维信公司预缴。

二、起诉与答辩及法院的认定与判决

赵某向一审法院起诉请求：判令周某、维信公司赔偿医疗费、住院伙食补助费、营养费、护理费、交通费、残疾赔偿金、精神损害抚慰金共计192070.51元，并承担本案诉讼费用及鉴定费用。

维信公司辩称：维信公司非本案的适格被告，肇事车辆为融资租赁合同标的物，维信公司为出租人，周某为承租人，按照合同法规定，出租人不承担责任，故请求法院驳回原告对维信公司的起诉。

周某未到庭应诉，亦未提交答辩意见。

一审法院认为：公民的生命健康权受法律保护。赵某因交通事故受伤，依法有权获得赔偿。

第一，对于责任限额范围内的赔偿责任：涉案交通事故侵权人为周某，但周某驾驶的肇事车辆未投保交强险。根据《机动车交通事故责任强制保险条例》第2条规定，维信公司作为肇事车辆的所有人应对肇事车辆投保交强险，但其未履行投保义务。故对赵某主张维信公司、周某在交强险责任限额范围内承担连带责任的诉讼请求，符合法律规定，法院予以支持。周某和维信公司应在交强险限额内连带赔偿赵某医疗费用10000元、死亡伤残费用110000元，共计120000元。

第二，对于超过交强险限额的损失，因肇事车辆未投保商业三者险，故应由侵权人即周某承担赔偿责任。对赵某要求维信公司对前述赔偿承担连带责任的主张，缺乏依据，一审法院不予支持。

一审法院判决：1. 周某和维信融资租赁（苏州）有限公司在交强险限额内连带赔偿赵某医疗费等损失合计 120000 元，于判决生效之日起十日内履行；2. 周某在交强险限额外赔偿赵某医疗费等损失合计 52147. 41 元，于判决生效之日起十日内履行；3. 驳回赵某其他诉讼请求。

三、上诉与答辩及法院的认定与判决

一审判决后，维信公司提起上诉，上诉请求为：请求撤销原审判决第一项并依法改判维信公司无须在交强险限额内连带赔偿赵某损失 120000 元。事实和理由：本案肇事车辆是融资租赁物，这一事实已为生效法律文书确认。《合同法》第 246 条明确规定承租人占有租赁物期间，租赁物造成第三人的人身伤害或者财产损害的，出租人不承担责任。承租人周某造成赵某人身损害是在周某占有租赁物期间。机动车所有人并非法规规定的唯一投保义务人，机动车的管理人也是义务投保人，结合本案的肇事车辆是融资租赁物的实际情况，肇事者、租赁物的管理人周某才是投保机动车交通事故责任强制保险的义务人。

二审法院认为：未依法投保交强险的机动车发生交通事故造成损害，当事人请求投保义务人在交强险责任限额范围内予以赔偿，人民法院应予支持。涉案车辆所有权人系维信公司，且融资租赁合同中亦约定周某每期需支付维信公司预缴保险费用，一审法院据此认定涉案车辆交强险投保义务人为维信公司并无不当。维信公司未为涉案车辆投保交强险，应在交强险责任限额内赔偿赵某相应损失，一审法院据此判令维信公司与侵权人周某在交强险限额内连带赔偿赵某相关损失 120000 元合法有据，本院对此予以确认。一审判决有关赵某损失认定并无不当，本院对此予以确认。综上，维信公司的上诉请求依据不足，应予驳回，一审法院认定事实清楚，适用法律正确，应予维持。

二审法院判决：驳回上诉，维持原判。

四、案件评析

本案的争议焦点为机动车交强险的投保义务人问题，及未投保交强险时的赔偿责任承担问题。

（一）交强险的投保义务人

《道路交通安全法》第 17 条规定，国家实行机动车第三者责任强制保险制度，具体办法由国务院规定；第 98 条规定，机动车所有人、管理人未按照国家规定投保机动车第三者责任强制保险的，由公安机关交通管理部门予以处罚。《道路交通安全法》系法律，其将具体规划交强险制度的权利赋予了国务院，并指出交强险的投保义务人应为机动车所有人、管理人。这里的“所有人、管理人”应指所有人和管理人都是投保义务人，都要履行投保交强险的义务，实践中由谁投保不再过问，但如车辆未按规定投保交强险，所有人和管理人都要承担责任。

《机动车交通事故责任强制保险条例》（以下简称《交强险条例》）第 2 条规定：“在中华人民共和国境内道路上行驶的机动车的所有人或者管理人，应当依照《中华人民共和国道路交通安全法》的规定投保机动车交通事故责任强制保险。”《交强险条例》系行政法规，依《道路交通安全法》授权制定，亦强调交强险的投保义务人是机动车“所有人或管理人”。此处虽然表述为“所有人或管理人”，但仍意味着所有人和管理人都是投保义务人，与道路交通安全法的规定是一致的。

（二）机动车所有人与管理人

本案中，承租人周某虽占有租赁物，但维信公司系登记车主，融资租赁合同中亦有所有权的约定，法院认定维信公司系租赁物的所有人，是正确的。

机动车管理人泛指所有对机动车享有管理权利的人。但何为享有管理权利，并非依单一的标准即可划分，尤其是管理人与占有人、使用人、保管人、承租人、借用人等的区别与联系。机动车所有人自行占有、使用车辆时，所有人即管理人，两者是统一的，但如所有人与占有人、使用人分离时，情况则较为复杂。鉴于机动车登记系机动车上路行驶的管理措施，笔者认为之所以赋予交强险强制性，也应是源于机动车上路行驶容易造成侵权损害，所以机动车管理人的判断也应以行为人是否对机动车上路行驶享有管理权利与责任为准。

司法判例的处理思路也是如此，浙江省高级人民法院（2015）浙民申字第 1868 号案认定承租人对承租车辆负有管理职责；山东省高级人民法院（2014）鲁民申字第 67 号案认定借用人系借用车辆的实际管理人；北京市第三中级人民法院在（2014）三中民终字第 01086 号案认定车辆所有人实际使用车辆的，既是所有人又是管理人；北京市第一中级人民法院（2015）一中民终字第 02964 号案将实际使用人认定为实际管理人；江苏省盐城市中级人民法院在（2016）苏 09 民终 154 号案认定车辆的保管人为实际管理人。上述案件，法院认定的管理人，同时也认定为交强险的投保义务人，均为对机动车上路行驶享有管理权利与责任的人员。

因此，机动车管理人的判断应以行为人是否对机动车上路行驶享有管理权利与责任为准。本案中，周某作为承租人，长期实际占有、使用与控制车辆，即为对机动车上路行驶享有管理权利与责任，所以，周某是车辆的管理人，也是投保义务人。法院如能认定周某与维信公司一并承担投保交强险的义务，进而承担未投保交强险造成侵权后果形成的赔偿责任，与法律法规的规定更能相互对应。当然，单从侵权人的角度讲，周某也要承担侵权赔偿责任。

（三）未投保交强险的责任承担

1. 未投保交强险的行政责任

《道路交通安全法》第 98 条与《交强险条例》第 39 条均规定，机动车所有人、管理人未按照规定投保机动车交通事故责任强制保险的，由公安机关交通管理部门扣留机动车，通知机动车所有人、管理人依照规定投保，处依照规定投保最低责任限额应缴纳的保险费的 2 倍罚款。因此，机动车所有人、管理人未投保交强险的，会被交管部门扣留机动车，并承担相应的保险费 2 倍罚款。

2. 未投保交强险发生交通事故的民事责任

《最高人民法院关于审理道路交通事故损害赔偿案件适用法律若干问题的解释》（法释〔2012〕19 号）第 19 条规定："未依法投保交强险的机动车发生交通事故造成损害，当事人请求投保义务人在交强险责任限额范围内予以赔偿的，人民法院应予支持。投保义务人和侵权人不是同一人，当事人请求投保义务人和侵权人在交强险责任限额范围内承担连带责任的，人民法院应予支持。"因此，机动车所有人、管理人未投保交强险，如发生交通事故造成损害的，要与侵权人一并在交强险责任限额范围内承担连带责任。本案中，维信公司即是因此承担了赔偿责任，蒙受了损失，不失为一个惨痛的教训。

（四）投保义务人承担责任的合理性

本案中，维信公司以《合同法》第 246 条进行抗辩，即"承租人占有租赁物期间，租赁物造成第三人的人身伤害或者财产损害的，出租人不承担责任"，主张其不应承担赔偿责任。本条是关于出租人不负租赁物使用对第三人侵权责任的规定，而关于该内容，《侵权责任法》第 49 条亦规定："因租赁、借用等情形机动车所有人与使用人不是同一人时，发生交通事故后属于该机动车一方责任的，由保险公司在机动车强制保险责任限额范围内予以赔偿。不足部分，由机动车使用人承担赔偿责任；机动车所有人对损害的发生有过错的，承担相应的赔偿责任。"可见《侵权责任法》第 49 条对《合同法》第 246 条的内容做了一定的变更。鉴于《侵权责任法》与《合同法》的效力等级均属法律，应适用颁布时间更晚的《侵权责任法》的规定；且根据"特别法优于一般法"的原则，关于机动车侵权责任的承担，也应优先适用《侵权责任法》第 49 条的规定。

本案中，从《道路交通安全法》的规定与合同的约定角度讲，维信公司均应投保交强险，其未投保交强险的行为属于违法行为构成过错，造成被侵权人不能从交强险中得到赔偿构成损害，根据《侵权责任法》第49条，应承担赔偿责任。关于具体应如何承担责任，最高人民法院作出司法解释，《最高人民法院关于审理道路交通事故损害赔偿案件适用法律若干问题的解释》第19条规定，投保义务人与侵权人不一致时，应当在交强险责任限额范围之内由投保义务人和行为人承担连带责任。本案二审法院即如此判决，合法有据。

因此，笔者认为，租赁公司系机动车融资租赁交易下的投保义务人，未依法投保交强险的，将与侵权人在交强险责任限额范围之内承担连带责任，《合同法》第246条不能成为租赁公司的免责依据。

综上所述，建议租赁公司在机动车租赁业务中，应注意交强险投保事项的约定，如约定租赁公司为投保义务人，租赁公司应依法及时投保交强险；如约定承租人为投保义务人，租赁公司应注意承租人投保与续保状况，及时督促承租人按时足额地投保与续保，出现断保情况时，租赁公司应自行投保，以避免承担未投保交强险的行政责任与民事责任，同时，可追究承租人的违约责任。

案例2.8　投保义务人未投保时的责任承担①

融资租赁业务中，为防范租赁物毁损、灭失及对第三人侵权的风险，租赁公司与承租人往往约定投保保险，若投保义务人应投保而未投保的，发生事故由谁承担损失及承担何种损失，是值得探讨的问题。本书试从如下案例出发作简要分析。

① 本部分作者为北京市汇融律师事务所崔晓晔。

中国康富国际租赁股份有限公司与段某某等融资租赁合同纠纷案①

上诉人（原审被告）：中国康富国际租赁股份有限公司（以下简称“康富租赁”）

被上诉人（原审原告）：段某某

被上诉人（原审原告）：鹤壁聚源砼业有限公司（以下简称“聚源公司”）

原审被告：河南三湘机械设备有限公司（以下简称“三湘公司”）

一、案件基本事实

2013年3月5日，康富租赁作为出租人与聚源公司作为承租人签订《融资租赁合同》，约定双方开展融资租赁交易。承租人应在合同签订之日起五日内，向出租人支付手续费、保险费等款项；承租人应为租赁物购买保险，但决定委托出租人或出租人指定的第三方代为购买保险，出租人对此予以认可，并约定在收齐保险费及办理保险所必须的资料之日起5个工作日内代为投保指定的险种（包含车辆损失险、第三者责任险等）；租赁物发生事故，保险公司不予理赔的，一切后果均由承租人自行承担。

同日，出租人康富租赁委托承租人聚源公司自行签订买卖合同，购买租赁物。因此，聚源公司与供货人三湘公司签订了《产品买卖合同》，约定购买搅拌车4台，并将签署的《融资租赁合同》项下的手续费、保险费等款项支付给供货人。

2013年3月10日，承租人聚源公司向供货人三湘公司支付了包括5万元保险费在内的约定款项；2013年3月23日，供货人三湘公司将租赁物搅拌车4台交付给承租人聚源公司（车辆均登记在聚源公司名下，其临时号牌有效期为2013年3月8日—2013年3月22日，交付时已经过期）；

① 参见北京市昌平区人民法院（2015）昌民（商）初字第13325号民事判决书，2016年11月22日作出；北京市第一中级人民法院（2017）京01民终1005号民事判决书，2017年4月11日作出。

3 个星期后，康富租赁于起租日 2013 年 4 月 15 日为上述车辆投保了保险。

关于租赁物搅拌车 4 台，其中 1 台系实际使用人段某某委托承租人聚源公司以融资租赁的方式购买，但将搅拌车挂靠登记在聚源公司名下，实际使用人段某某与承租人聚源公司构成挂靠关系。在投保日前的 2013 年 4 月 13 日，实际使用人段某某的司机关某某驾驶搅拌车行驶时发生交通事故，致使案外人李某某受伤。事故发生后，案外人李某某将关某某、段某某、聚源公司起诉到河南省淇县人民法院，河南省淇县人民法院于 2014 年 9 月 29 日作出民事判决书，判决：段某某于判决生效后七日内赔偿李某某医疗费、护理费、误工费等损失，聚源公司承担连带赔偿责任。

二、起诉与答辩及法院的认定与判决

实际使用人段某某、承租人聚源公司以供货人三湘公司以出租人康富租赁收取保险费而未投保为由提起诉讼，请求：1. 三湘公司与康富租赁连带赔偿段某某、聚源公司经济损失；2. 三湘公司与康富租赁连带赔偿段某某、聚源公司车辆的停运损失及评估费。

供货人三湘公司辩称：根据《融资租赁合同》的约定，三湘公司只是接受康富租赁的委托，代为购买车辆保险，三湘公司与段某某、聚源公司在《融资租赁合同》法律关系范围内没有合同关系，根据“合同相对性原则”，三湘公司不应当承担赔偿责任。

出租人康富租赁辩称：段某某、聚源公司诉请的经济损失是其自身违法行为和违反《融资租赁合同》的约定所致，根据《合同法》第 246 条的规定，应由其自行承担违法后果和违约责任。《融资租赁合同》的合同履行期限为 2013 年 4 月 15 日—2017 年 4 月 15 日，康富租赁在 2013 年 4 月 15 日并不违约。段某某在明知车辆未经公安交警部门核发车牌和未投保不能上路行驶的情况下，仍驾驶车辆上路行驶，违反了《道路交通安全法》和《融资租赁合同》，应当自行承担全部责任。段某某驾驶无牌车辆，属于保险合同的免赔范围，即使事发时已经投保，也无法得到理赔，因此其诉请的事实基础不存在。

法院认为：康富租赁与聚源公司签订的《融资租赁合同》合法有效。根据《融资租赁合同》约定："出租人或出租人指定的第三方收齐保险费及办理保险所必须的资料之日起 5 个工作日内代为投保指定的险种"，聚源公司于 2013 年 3 月 10 日向三湘公司支付了 5 万元保险费，康富租赁却未按约定为该车辆投保保险，致使发生交通事故后不能向保险公司理赔，该损失应由康富租赁赔偿。

法院判决：1. 康富租赁于本判决生效后七日内赔偿段某某、聚源公司经济损失；2. 驳回段某某、聚源公司的其他诉讼请求。

三、上诉与答辩及法院的认定与判决

出租人康富租赁提起上诉，事实和理由为：段某某、聚源公司分别为涉案车辆的实际车主和挂靠人，在占有、使用涉案车辆期间因违法上路行驶而造成的交通事故责任应当由其自行承担；按照《融资租赁合同》约定，涉案车辆在未取得正式号牌或者临时号牌过期后是不能上路行驶的，违反约定产生的一切法律后果均应当由段某某、聚源公司承担。

实际使用人段某某辩称：段某某的司机驾驶涉案车辆是为了去车管所办理相关手续；康富租赁交付涉案车辆时康富租赁临时号牌已经过期；办理临时号牌只是一种行政管理行为，涉案车辆是新车不存在质量问题，不存在安全隐患，即使临时号牌过期也不影响保险公司理赔。

承租人聚源公司辩称：康富租赁未依据合同按时投保，导致事故损失无法通过保险获得赔偿，康富租赁存在严重违约；涉案车辆的临时号牌过期上路，违反的是车辆行政管理规定，并不能因此免除康富租赁的民事责任。

二审法院认为：根据《融资租赁合同》约定，康富租赁或康富租赁指定的第三方收齐保险费及办理保险所必须的资料之日起 5 个工作日内代为投保指定的险种。2013 年 3 月 10 日，聚源公司向三湘公司支付了代购保险的保费5万元，但康富租赁未按照《融资租赁合同》约定按时代购保险，康富租赁代购保险的时间系在涉案车辆发生交通事故之后，其行为已构成违约。虽然涉案车辆的临时号牌在2013年4月13日发生交通事故时已过有效期，但车辆是否取得正式号牌或临时号牌并不影响保险的购买，如果康富租赁按照合同约定如期代购保险，涉案车辆即使无牌上路，聚源公司也仍有可能获得保险赔偿。故康富租赁的违约行为是导致聚源公司无法获得保险赔偿的直接原因，其应对聚源公司的损失承担违约赔偿责任。

二审法院判决：驳回上诉，维持原判。

四、案件评析

本案的争议焦点为融资租赁中，租赁物的投保义务人应投保而未投保的，发生事故由谁承担损失及承担何种损失的问题。

（一）未投保的违约责任

根据《保险法》第2条、第11条，商业保险不具有强制性，投保人可以自由选择是否投保及投保的内容。融资租赁交易中，出租人可以与承租人在合同中对商业保险的投保义务人、投保险种等作出约定，该约定具有法律上的约束力。本案中，融资租赁合同约定，出租人代为承租人购买保险，并在指定的第三方三湘公司收齐保险费及资料之日起5个工作日内购买，而承租人支付保险费后出租人并未及时购买，属于不履行合同义务的违约行为，理应承担相应的违约责任。

《合同法》第246条规定："承租人占有租赁物期间，租赁物造成第三人的人身伤害或者财产损害的，出租人不承担责任。"康富租赁依此认为，租赁物造成第三人损害的，其不应该承担责任，也不应赔偿承租人的损失。但《合同法》第246条系对第三人的侵权责任的规定，即规范的是第三人与出租人、承租人之间的侵权责任关系。即本案的租赁物造成案外人李某某人身伤害的，康富租赁作为出租人不应承担对案外人李某某的赔偿责任。本案中，承租人起诉出租人，是追究出租人未依约投保的违约责任，是要求出租人赔偿因违约造成承租人无法获得理赔的损失，依据的是两者之间的合同关系，而并非要求出租人承担对第三人的侵权责任，故本案与《合同法》第 246 条无关，出租人也不能因该条的规定，免除对承租人的违约责任。法院的判决是正确的。

（二）违约责任的承担

关于违约责任的承担方式。《合同法》第 107 条规定："当事人一方不履行合同义务或者履行合同义务不符合约定的，应当承担继续履行、采取补救措施或者赔偿损失等违约责任。"本案中，出租人的违约行为已经造成承租人的损失，应承担赔偿损失的责任承担方式。《合同法》第 131 条第 1 款规定："当事人一方不履行合同义务或者履行合同义务不符合约定，给对方造成损失的，损失赔偿额应当相当于因违约所造成的损失，包括合同履行后可以获得的利益，但不得超过违反合同一方订立合同时预见到或者应当预见到的因违反合同可能造成的损失。"即赔偿损失包括合同履行后可以获得的利益，本案中假如出租人按约投保则承租人有可能获得理赔，故承租人的损失应为保险赔偿损失，所以法院判决出租人承担赔偿承租人的该损失。

康富租赁称车辆没有牌照依然上路行使，违反了道路交通安全法的规定，无法获得理赔，故承租人不存在该项损失。关于已投保车辆在没有牌照的情况下发生事故，保险公司是否应予以理赔商业险的问题，司法判例的观点存在争议，并与保险公司是否对投保人尽到提示与说明义务有紧密关联，因而，本案中，假如康富租赁投保，承租人确有获得理赔的可能。二审法院认为：康富租赁应对承租人有可能获得的保险理赔承担赔偿责任，可见法院认为这种可能也属于损失，对违约责任的把握较为严格。

五、对租赁公司的启示

本案中，租赁公司负有购买保险的义务，但未及时购买，恰逢此期间租赁物发生事故造成第三人损害，由此因违约行为承担了承租人的损失，这对租赁公司来讲，不失为一个惨痛的教训。建议租赁公司在与承租人约定保险购买事宜时，尤其注意投保义务人的约定，注意有无投保的可行性；如约定租赁公司投保的，租赁公司应及时按约投保，避免产生违约责任而承担损失；如约定承租人投保的，租赁公司应注意关注并督促承租人及时足额投保，在其拖延、拒绝投保时，要及时代为投保。

案例2.9　租赁物灭失的风险由谁承担[①]

融资租赁业务中，租赁物毁损、灭失的风险由谁承担，商业险的投保义务人为谁，如未投保发生事故由谁承担损失，是值得探讨的问题。本书试从如下案例出发作简要分析。

中联重科融资租赁（北京）有限公司诉乔某某等融资租赁合同纠纷案[②]

原告：中联重科融资租赁（北京）有限公司（以下简称“中联重科租赁”）

被告：乔某某

被告：房某某

---

① 本部分作者为北京市汇融律师事务所崔晓晔。

② 参见北京市怀柔区人民法院（2016）京0116民初3368号民事判决书，2016年6月24日作出。

一、案件基本事实

中联重科租赁与乔某某、房某某签订了融资租赁合同，约定：出租人为中联重科租赁，承租人为乔某某、房某某；出租人同意向承租人租出、承租人同意向出租人租入中联牌汽车起重机一台（以下统称租赁物件）；在承租人支付完所有应付款项并由出租人出具结清证明和所有权转移文件前，租赁物件的所有权属于出租人；租赁期间内承租人必须为租赁物件在出租人指定的保险公司投保指定险种……承租人同意将《租赁支付表》规定的保费（《租赁支付表》约定的保险项目为车损险、第三者责任险、不计免赔险与特种车车辆损失扩展条款）交付给出租人，由出租人代为投保，出租人在收到保险公司出具的保单后10个工作日内将保单正本复印件邮寄承租人。承租人承担依照本合同约定向出租人支付租赁期间所有的保险费用。后乔某某、房某某拖欠租金。

二、起诉与答辩及法院的认定与判决

中联重科租赁诉至法院，请求判令：1. 乔某某、房某某共同向中联重科租赁支付所有已到期租金、违约金；2. 乔某某、房某某承担本案的诉讼费用。

乔某某答辩称：不同意中联重科租赁的诉讼请求，涉案车辆在北京高速上发生自燃，承租人乔某某找了拖车公司将涉案车辆拖到了中联维修站，保险公司后来也去了维修站，但以未购买自燃险为由让承租人乔某某自付维修费。在承租人乔某某购买涉案车辆时，卖家代理商告知所购车辆是中联重科租赁购买全险，现在涉案车辆卖家代理商和中联重科租赁都让承租人乔某某自付车辆维修费，理由是经过勘验涉案车辆自燃事故是承租人乔某某人为造成的。乔某某认为，涉案车辆在使用过程中发生自燃，且该自燃不是人为造成，乔某某不应当继续给付中联重科租赁租金。

房某某既未做出答辩，亦未参加庭审。

法院认为：中联重科租赁与乔某某、房某某签订的《融资租赁合同》应属合法有效。中联重科租赁根据乔某某、房某某的选择购买了中联牌汽车起重机一台并完成交付，作为融资租赁合同中的出租方，其已经完成了合同约定的相应义务。乔某某、房某某作为承租方即应当根据合同约定按时履行支付租金的义务，其未按时支付租金的行为已经构成违约。乔某某辩称由于车辆自燃不再支付租金不符合法律规定和合同约定。

法院判决如下：乔某某、房某某于本判决生效后10日内给付中联重科租赁所有已到期未还租金及违约金。

三、案件评析

本案的争议焦点为融资租赁中，租赁物灭失的风险由谁承担，租赁公司是否有义务投保商业险，及未投保时发生事故由谁承担损失的问题。机动车融资租赁交易中，出租人享有租赁物的所有权，按常理来讲应将机动车登记于出租人名下，但考虑到承租人使用需要、属地化车辆挂牌和使用需要以及方便处理交通事故及年检等因素，实践中多将承租人作为登记车主，这就出现了机动车所有权人与登记车主分离的情况。此时，若未进行有效的投保，发生事故造成损失，往往出现租赁物风险承担的相关争议。

（一）租赁物的风险承担

关于租赁物毁损、灭失责任的承担，传统租赁中由物的所有权人承担风险。但在融资租赁交易中，出租人系根据承租人选择而购买租赁物并出租给承租人占有使用，承租人指定租赁物和出卖人，且占有、使用租赁物并从中受益，出租人虽享有租赁物法律上的所有权，但并不实际承担对租赁物的管控义务，租赁物的实质风险与报酬都转移给承租人。因此，要求出租人承担租赁物毁损、灭失的风险，既不公平，也不现实。《融资租赁司法解释》第7条规定："承租人占有租赁物期间，租赁物毁损、灭失的风险由承租人承担，出租人要求承租人继续支付租金的，人民法院应予支持，但当事人另有约定或者法律另有规定的除外。"因此，承租人在占有租赁物期间，承担租赁物毁损、灭失的风险，发生意外时，如法律没有其他规定、合同没有其他约定，应由承租人承担损失。

由于融资租赁在我国处于持续发展阶段，各方因了解不足经常受到传统租赁中风险负担分配原则的影响，在租赁物毁损、灭失时，承租人往往以租赁物的所有权归属于出租人为由，主张由出租人承担风险，要求出租人提供替代物、停止支付租金或者解除合同，以及赔偿其损失等。本案中，承租人便主张"涉案车辆在使用过程中发生自燃……不应当继续给付中联重科租赁租金"，而法院认为"乔某某辩称由于车辆自燃不再支付租金不符合法律规定和合同约定"，是正确的。

（二）商业险的投保

虽然承租人应承担租赁物毁损、灭失的风险，但假如在租赁物毁损、灭失又无法得到保险赔偿时，不但会造成出租人失去租赁物的物权保障，还会加重承租人的财务负担、影响其还款意愿与还款能力，因而商业险投保是融资租赁交易中不可忽视的环节，正如本案中，租赁车辆未投保自燃险，无法从保险公司处获得车辆自燃损失的赔偿，才引发了争议。《保险法》第2条规定，商业险是投保人投保的商业保险行为；第11条规定，商业险的投保系协商一致的自主投保。因此，商业险不具有强制性，投保人可以自由选择是否投保及投保的内容。融资租赁交易中，出租人可以与承租人在合同中对商业险的投保义务人、投保险种等作出约定，该约定具有法律上的约束力。但在未对商业险的投保作出约定或者约定不明的情况下，出租人与承租人均没有投保的义务，若租赁物出现毁损、灭失的，应由承租人承担风险。

本案中，根据融资租赁合同约定，承租人负有将保费交付出租人、由出租人代为投保的义务，但根据《租赁支付表》，双方只约定保险项目为车损险、第三者责任险、不计免赔险与特种车车辆损失扩展条款，并不包含自燃险，因而出租人并无投保自燃险的义务，也不因未投保自燃险而承担赔偿责任。法院的判决是正确的。

四、对租赁公司的启示

在融资租赁业务中，为避免租赁物毁损、灭失后对责任承担的争议，建议出租人在融资租赁合同中明确约定承租人承担租赁物毁损、灭失的风险。为避免租赁公司的损失，建议租赁公司投保商业险，如约定租赁公司为投保义务人，租赁公司应及时足额投保；如约定承租人为投保义务人，租赁公司应注意关注并督促承租人及时足额投保，在其拖延、拒绝投保时，要及时代为投保，并注意在合同中约定租赁公司代为投保后，可立即要求承租人偿还代为支付的保险费用，否则视为承租人违约，并约定具体的违约责任；同时，租赁公司应综合考虑租赁物使用状况、租赁物使用环境、承租人使用记录等因素，选择合适的商业险险种。

关于本案涉及的自燃险，系机动车重要的商业险种之一。常见的机动车商业险种包括车辆损失险、车上人员责任险、第三者责任险、盗抢险，此为大多车辆都投保的险种，均属于俗称的“全险”。还有一些商业险种如车身划痕损失险、自燃损失险、不计免赔险、车辆涉水险、玻璃单独破损险等，属于针对特定风险的投保，实践中也较为常见。建议租赁公司在约定商业险投保险种时，对车辆损失险、车上人员责任险、第三者责任险、盗抢险等主要商业险种都应予以投保，而车身划痕损失险、自燃损失险等其他险种，则应根据具体情况，因地制宜地确定是否投保。例如，在天气较为炎热易发生车辆自燃的地区，就建议投保自燃险，本案中如投保了自燃险，则可弥补车辆的损失，避免争议的发生。

案例 2. 10 保险金是否可以冲抵欠付租金[①]

在融资租赁交易中，为保障租赁物正常使用及租赁公司债权，租赁公司通常要求承租人对租赁物投保财产保险，并约定保险受益人为租赁公司，但租赁公司在领取保险金后，是否可以直接冲抵承租人欠付的租金？下述法院判决即涉及此问题。

江苏徐工工程机械租赁有限公司与陕西加藤工程机械有限公司等修理合同纠纷案[②]

上诉人（原审被告）：江苏徐工工程机械租赁有限公司（以下简称“出租人”）

被上诉人（原审原告）：陕西加藤工程机械有限公司（以下简称“修车公司”）

被上诉人（原审被告）：张某甲（以下简称“担保人”）

被上诉人（原审第三人）：张某乙（以下简称“承租人”）

原审第三人：中国太平洋财产保险股份有限公司陕西分公司（以下简称“保险公司”）

一、案件基本事实

2010 年 4 月 30 日，承租人与出租人签订《工程机械融资租赁合同》，约定：租赁设备为汽车起重机；租赁期内，设备归出租人所有，承租人享有使用权，但为方便使用，以承租人名义上牌照；承租人负责设备维修、保养，并承担相关费用；设备应至少购买保险，保险费由承租人承担，第一受益人为出租人。该合同由担保人为承租人提供担保。合同签订后，出

① 本部分作者为北京汇融（天津）律师事务所律师贺欣。

② 参见陕西省西安市中级人民法院（2014）西中民四终字第 00049 号民事判决书，2014 年 3 月作出。

租人依约向承租人出租汽车起重机一台。承租人以自己名义为该汽车起重机向保险公司投保，险种为工程机械设备综合保险，保险费由承租人、担保人缴纳，保险受益人为出租人。

2011 年 2 月 1 日，承租人与担保人签订《分车协议》，约定将该汽车起重机相关权利全部归担保人享有。2011 年 7 月初，该汽车起重机发生事故。2011 年 7 月 18 日，修车公司与担保人签订《协议书》（以下简称《修车协议》），约定：修车公司修理该汽车起重机和 QY25K 车（注：QY25K 车并非涉案租赁物）；修车公司负责保险公司理赔事务，担保人配合，用保险金付维修费；因担保人已支付 QY25K 吊车维修费 8 万元，故修车公司收到保险金后将此款返还给担保人。2011 年 9 月，修车公司依约维修完毕，维修费 55 万元，其中，担保人支付了 13 万元，仍欠付 42 万元。维修完毕后，修车公司提供了相关维修发票，承租人应担保人的要求持相关维修发票等前往保险公司办理了理赔手续。2012 年 3 月 12 日，保险公司将保险金 65 万元支付到合同约定的保险受益人出租人的指定账户上。之后，担保人找到出租人的业务经理岳某索要保险金被拒，称保险金已冲抵拖欠租金。

二、起诉与答辩及法院的认定与判决

修车公司向法院提起诉讼称：其与担保人签订协议，约定由其维修汽车起重机和 QY25K 吊车，维修费用由保险公司保险金支付。协议签订后，其履行了维修义务，但保险公司将保险金全部支付给出租人，而出租人拒绝向其支付。故请求判令：出租人向其支付车辆修理费 42 万元、赔偿损失 6 万元，并承担本案诉讼费。

庭审中，担保人和承租人均表示，其与修车公司签订的《修车协议》是真实的，而且保险费由其购买，本身就是用于解决设备事故等，保险金系专款专用，应首先支付事故产生的维修费，出租人不能直接用其冲抵拖欠租金，故欠付的维修费 42 万元应由收到保险金的出租人直接支付给修车公司。

一审法院认为：被修车辆的所有权人是出租人，其保险费由担保人、承租人按出租人要求购买，购买的保险险种为车辆损失险、第三者责任险、盗抢险等，从保险条款的约定可以看出该保险实际为防止出现车辆损失等问题，现车辆出险，担保人在承租人的认可下与修车公司签订《修车协议》,《修车协议》约定待理赔后用保险金支付维修费用，其委托修车的行为应视为给所有权人修理，该车辆修好后实际受益人也是出租人。修车公司已履行了维修义务，又配合办理了理赔手续，保险公司已经将修车保险金65万元转至出租人，出租人拒付维修费与法相悖，其提出不是适格被告，理由不能成立。保险金为专用款项，应首先用于支付出险后的相关费用，其理应支付欠付的维修费42万元，关于承租人、担保人拖欠租金，此为租赁合同纠纷，系其合同内部关系，不能以此对抗善意第三人修车公司。关于修车公司主张赔偿损失6万元，并未提供相关证据证明，于法无据，不予支持。

一审法院依据《合同法》第107条之规定，判决：1. 被告出租人于本判决生效后十日内向原告修车公司支付维修费42万元；2. 驳回原告其余诉讼请求。

三、上诉与答辩及法院的认定与判决

一审宣判后，出租人不服，上诉称：1. 原审判决认定事实不清。第一，出租人并非《修车协议》的当事人，不应由出租人承担维修费；第二，出租人并非设备维修后的受益人，实际使用人担保人和设备承租人因维修获益，应由担保人承担维修费；第三，保险合同与本案修理合同为两个独立的法律关系，保险金并非维修费，不应要求出租人支付维修费。2. 原审判决适用法律错误。第一，一审法院以《合同法》第107条为依据进行判决，以担保人在《修车协议》中“理赔后以保险金支付维修费用”的意思表示约束出租人；第二，出租人与承租人之间的债权债务关系应适用

“法定抵销权”，将保险金冲抵其逾期租金。请求二审法院撤销一审判决，依法改判，并由被出租人承担本案一审、二审的全部诉讼费用。

修车公司、担保人、承租人及第三人保险公司均认为原审判决认定事实清楚，适用法律正确，请求二审法院驳回上诉，维持原判。

二审审理中，出租人提交一份担保人与修车公司签订的《修车协议》，称其并非该协议的当事人，不应由其支付修理费。修车公司、担保人、承租人及保险公司对该协议的真实性均予以认可，但认为出租人依此不承担修理费的理由不能成立。

二审法院认为，双方争议的焦点问题是：出租人是否应将保险金作为修理费支付给修车公司。出租人与担保人、承租人之间签订了融资租赁合同，按照融资租赁合同的性质和双方当事人的约定，租赁物的所有权人仍是出租人。车辆的保险由担保人、承租人按出租人要求购买。购买的保险险种为车辆损失险、第三者责任险、盗抢险等，该保险实际是为防止出现车辆损失而购买，车辆出险后，担保人在承租人的认可下与修车公司签订《修车协议》，由于出租人作为车辆的所有权人，在车辆因事故毁损后，已通过维修使车辆得到保值，出租人为车辆维修后的实际受益人。修车公司已履行了维修义务，又配合办理了理赔手续，保险公司将修车保险金 65 万元转至出租人，一审法院据此判令出租人将保险金用于支付修车公司修理费，并无不当。出租人称承租人、担保人欠付其租金，其依法享有抵销权，但法律规定的抵销权是指当事人双方互负到期债务，才可以行使抵销权，故出租人称法定抵销的上诉理由不能成立。保险金为专用款项，应首先用于支付出险后的相关费用，其理应支付欠付的维修费 42 万元。至于承租人、担保人是否拖欠租金，此为租赁合同纠纷，出租人可另案解决。

判决：驳回上诉，维持原判。

四、案件评析

本案中，出租人作为保险受益人领取保险金后，修车公司起诉出租人要求用领取的保险金支付修理费，但出租人以保险金已冲抵承租人拖欠租金为由拒绝支付，而两审法院均认定保险金为专用款项，应首先用于支付出险后的相关费用，判决出租人应将保险金作为修理费支付给修车公司。笔者认为，该判决值得商榷，但本案作为生效判决很可能被更多的法院采纳。为避免租赁公司今后受到类似的损失，笔者尝试厘清本案涉及的法律关系，对本案分析如下：

（一）保险金并非专用款项

《保险法》并未规定财产保险的保险金必须用来支付出险后修复或更换保险标的的相关费用，根据法无禁止即自由原则，被保险人或受益人领取保险金后，即享有该保险金的自由处分权，任何人不应予以干涉。且《保险法》的基本原则是补偿被保险人因保险事故而遭受的财产损失，而本案修车公司仅系基于《修车合同》产生了债权请求权，不能以专款专用为由，对用以补偿被保险人财产损失的保险金产生代位求偿权。因此，本案二审法院关于保险金为专用款项，应首先用于支付出险后的相关费用的认定值得商榷。

（二）财产保险中的受益人

《保险法》第18条第3款规定："受益人是指人身保险合同中由被保险人或者投保人指定的享有保险金请求权的人。"可见，我国《保险法》规定的财产保险并无受益人的概念。然而实践中，财产保险合同中约定受益人的情形并不鲜见。本案即是如此，被保险人为承租人，保险受益人为出租人。在司法实践中，对于财产保险合同中约定受益人的法律效力，有两种不同的裁判观点：

第一种观点认为[①]：根据《保险法》的规定，受益人是人身保险的特有概念，不存在于财产保险中。财产保险合同通常是以补偿因保险事故的

① 参见江西省高级人民法院（2016）赣民申588号民事裁定书，2016年11月10日作出。

发生致使被保险人受到的财产实际损失为目的，根据保险补偿原则，只有受到实际损害的人才有可能在保险事故发生后享有保险利益，因此才有权获得保险金。若合同中约定受益人为第三人，那么第三人的利益并未受到损害却能取得保险金，与保险补偿原则相违背，第三人不能依据合同约定取得保险金请求权及处分权。

第二种观点认为①：《保险法》并未禁止财产保险合同中约定受益人，关于以被保险人以外的第三人为受益人的约定是否有效，需结合各方当事人的意思表示予以评判。保险金请求及处分权是被保险人享有的合同上的权利，被保险人可基于意思自治原则依法处分。

可见，对于在财产保险合同中约定“受益人”的效力，在司法实践中尚无定论，出租人要求在财产保险合同中约定出租人系“受益人”并约定相应的权利，有不被法院支持的风险。

（三）不当得利

结合本案法院的认定，尤其是法院关于专款专用，认为出租人没有损失不能取得保险金的观点，合理推测法院可能认为出租人取得保险金是取得了不当利益，那么本案法院应持有不认可在财产保险合同中约定受益人的观点。如果受益人的约定无效，出租人并非被保险人，也就无权取得保险金，由此出租人取得保险金没有法律依据。《民法总则》第 122 条规定：“因他人没有法律根据，取得不当利益，受损失的人有权请求其返还不当利益。”出租人没有法律根据领取保险金后，用保险金冲抵租金，致使担保人损失的行为应属于不当得利，应将保险金返还承租人。而本案事故发生后，鉴于承租人与担保人签订《分车协议》，约定将汽车起重机相关权利全部归担保人享有，担保人又与修车公司签订《修车协议》，约定修车事宜。担保人作为承租人权利的受让方，欠修车公司一笔债务，因此，本案法院直接作出判决，要求出租人将作为不当得利的保险金返还给修车公司。

---

① 参见上海市第一中级人民法院（2017）沪 01 民终 5369 号民事判决书，2017 年 6 月 30 日作出。

因此，我们由法院的相关认定推测法院的合理逻辑应为出租人无权取得保险金，其取得了保险金系不当得利，由此方有返还的义务，但笔者并非完全认同该观点。

（四）笔者观点

笔者认为，在《保险法》并未禁止财产保险合同中约定受益人的情况下，关于受益人的约定具有法律效力。保险金并非专用款项，被保险人在保险合同中表示愿意以第三人作为受益人，是处分自己的私权。《民法总则》第129条规定："民事权利可以依据民事法律行为、事实行为、法律规定的事件或者法律规定的其他方式取得。"第130条规定："民事主体按照自己的意愿依法行使民事权利，不受干涉。"即民事主体可以依据民事法律行为取得民事权利并按照自己的意愿依法行使。若出租人与承租人双方约定了保险金的领取及使用方式，尤其是约定保险金可以用来冲抵租金，则从性质而言，出租人对保险金的领取及使用系基于意思自治原则而产生的合同权利，只要不存在违反法律、行政法规的强制性规定，应合法有效，出租人可以行使该等权利。

放在本案中，假如涉案合同赋予了出租人以保险金冲抵租金的权利，出租人应可以行使该权利，将保险金用来冲抵租金。但从出租人的陈述与法院认定可以合理推测，涉案合同应没有上述约定，故出租人无法依据涉案合同约定提出抗辩。

五、对租赁公司的启示

综上所述，第一，由于我国《保险法》并未在财产保险中规定受益人的概念，为避免法院不支持出租人作为受益人取得保险金的约定，建议租赁公司在投保时可以考虑同时作为被保险人/共同被保险人及第一受益人。第二，为在出现涉案情形时，有理有据地抵扣租金，建议租赁公司完善租赁合同约定，包括但不限于明确出租人有权以保险金冲抵欠付租金、明确出险后修理费等相关费用的承担以及面临第三人向出租人提出索赔或其他权利主张时承租人应采取的措施与责任承担等事项。

案例 2.11　出租人能否按照约定从租赁物购买价款中扣除承租人应支付的租赁保证金和手续费①

出租人从应向承租人支付的租赁物购买价款中，直接扣除承租人应向出租人支付的租赁保证金和服务费，能否认定出租人已按约足额支付了租赁物购买价款。

华融金融租赁股份有限公司与闽东丛贸船舶实业有限公司、刘某等融资租赁合同纠纷案②

原告：华融金融租赁股份有限公司（以下简称“华融公司”）

被告：闽东丛贸船舶实业有限公司（以下简称“丛贸公司”）

被告：福安市甘坪建材有限公司（以下简称“甘坪公司”）

被告：福建丛榕船务有限公司（以下简称“丛榕公司”）

被告：刘某

被告：高某

一、案件基本事实

2009 年 4 月 16 日，华融公司（出租人）与丛贸公司（承租人）签订《回租物品转让协议》，约定“丛贸公司将龙门吊等物品以 3780 万元的价款转让给华融公司。”同日，华融公司与丛贸公司签订《融资租赁合同》，约定“合同项下的融资租赁方式为回租，由华融公司与丛贸公司双方签订《回租物品转让协议》，丛贸公司将其拥有完全所有权的物品转让给华融公

① 本部分作者为北京市汇融律师事务所王文佳。

② 参见杭州市中级人民法院（2014）浙杭商终字第 1658 号二审民事判决书，2014 年 6 月 23 日作出。

司，再由华融公司出租给丛贸公司使用；租赁物的所有权自出租人首次支付转让价款之时属于出租人；出租人向承租人支付回租物品转让价款之日为起租日；出租人支付回租物品转让价款前，承租人应按合同约定向出租人支付首付租金、服务费和保证金，首付租金、服务费和保证金也可以由出租人在支付转让价款时扣收……承租人若有一期租金拖欠达 15 日以上或出现第二次租金延付，出租人有权要求承租人立即支付全部到期租金、未到期租金及其他应付款项，出租人也可以解除本合同，收回全部租赁物，并要求承租人立即支付到期租金、违约金、经济损失赔偿金（包括但不限于未到期租金）。”合同的附件之《概算表》中载明“回租物品转让总价款（租赁本金）3780 万元，服务费为 189 万元，保证金为 869. 4 万元……”

同日，华融公司与丛贸公司签订《保证金协议书》，其中约定：“丛贸公司同意向华融公司交纳保证金 869. 4 万元，用于保证其履行合同项下全部义务及承担因该合同所有条款所产生的民事责任……”

同日，丛贸公司向华融公司出具扣款委托，称：“根据《融资租赁合同》《回租物品转让协议》的约定，华融公司应向丛贸公司支付租赁物转让价款计 3780 万元；同时，丛贸公司应向华融公司支付租赁服务费 189 万元和保证金 869. 4 万元。为了简便操作，丛贸公司特委托华融公司在向丛贸公司支付租赁物价款时，直接扣收丛贸公司上述应付的租赁保证金和服务费共计 1058. 4 万元。”同日，华融公司依约在扣收丛贸公司应向其支付的租赁保证金及手续费后，向丛贸公司指定账号支付了 2721. 6 万元。

同日，甘坪公司、丛榕公司、刘某、高某与华融公司签订《保证合同》为丛贸公司提供连带责任保证。

丛贸公司在合同履行过程中，自第 12 期租金开始逾期，未再支付任何款项。甘坪公司、丛榕公司、刘某、高某亦未按约承担保证责任。截至起诉日，丛贸公司未支付租金余额为 12348996. 98 元、违约金 124045. 36 元、名义货价 378000 元，扣除保证金后，丛贸公司尚欠华融公司 4157042. 34 元。

二、起诉与答辩及法院的认定与判决

出租人以承租人未按约支付租金为由向法院起诉，请求判令：1. 承租人支付租金 3654996. 98 元、名义货价 378000 元、违约金 124045. 36 元（截至 2014 年 2 月 19 日），合计 4157042. 34 元。2014 年 2 月 20 日起至本判决确定之日止的违约金（按租金 3654996. 98 元和日利率万分之五）另行计算；2. 保证人承担连带清偿责任；3. 承租人付清上述全部款项前，租赁物所有权属于出租人。

承租人及保证人均答辩称：1. 租金总额应当按扣除保证金后原告实际向被告丛贸公司发放的 27216000 元计算；2. 租金总额按 27216000 元计算后，每期租金计算金额算多了，有异议。

一审法院审理认为：出租人与承租人签订的《回租物品转让协议》《融资租赁合同》《保证金协议书》以及出租人与保证人签订的《保证合同》均系各方真实意思表示。从上述合同的内容看系出租人与承租人采用售后回租的方式订立，未违反我国合同法关于融资租赁合同的相关规定，也不存在融资租赁合同无效的情形，应认定为有效合同，各方当事人均应按约履行。

对于被告提出租金总额应当按扣除保证金、服务费后原告实际向被告丛贸公司发放的 27216000 元计算的答辩意见不符合合同约定，不予支持。

因此，一审法院作出如下判决：1. 承租人向出租人支付租金 3654996. 98 元、名义货价 378000 元，违约金 124045. 36 元（截至 2014 年 2 月 19 日），合计 4157042. 34 元；2014 年 2 月 20 日起的违约金按租金 3654996. 98 元为基数和日万分之五标准另计付至本判决确定的履行之日止；2. 保证人承担连带保证责任；3. 在承租人、保证人付清上述款项前，租赁物所有权属于出租人。

三、上诉与答辩及法院的认定与判决

承租人不服一审法院上述民事判决，向二审法院提起上诉称：实际融资租赁本金应为27216000元，并非37800000元。虽然《融资租赁合同》附件《概算表》载明的租赁本金是37800000元，但华融公司以丛贸公司缴纳保证金和服务费为由，直接从约定的租赁本金中预先扣除了8694000元保证金和1890000元服务费，实际发放的融资租赁本金为27216000元。华融公司将预先扣除的保证金和服务费计入租赁本金，缺乏事实和法律依据。原审法院以37800000元作为主张权利的基础，加重了丛贸公司偿还租金的责任，是不公平也是不正确的。请求以27216000元为租赁本金，并据此重新认定丛贸公司应当支付的租金。

华融公司答辩称：上诉理由并不成立，在融资租赁合同履行过程中双方的操作均符合合同的约定和法律的规定，是双方真实的意思表示，不存在任何无效的情形，应当根据合同约定进行操作。请求二审法院驳回上诉，维持原判。

二审法院认为：本案争议焦点在于，融资租赁本金总额应认定为多少。华融公司和丛贸公司之间存在合法有效的融资租赁合同关系。根据合同以及扣款委托书、付款凭证等证据，可以确认双方就融资租赁本金即租赁物转让价款的总额和支付方式进行了约定，华融公司在交付的融资租赁本金中直接扣除租赁服务费和保证金符合约定，且得到了丛贸公司的确认，亦无证据证明丛贸公司另行交付过服务费和保证金。因此，应认定华融公司已经按约足额交付了融资租赁本金。丛贸公司现以预先扣除保证金和服务费为由，抗辩称应以实际交付金额27216000元认定为融资租赁本金，既与合同约定不符，亦有违其当初的确认，对该抗辩不予采纳。综上，丛贸公司的上诉请求缺乏事实和法律依据，不予支持。依照《民事诉讼法》第170条第1款第（一）项之规定，判决驳回上诉，维持原判。

四、案件评析

本案争议的焦点在于租赁物购买价款的认定，即出租人从应向承租人支付的租赁物购买价款中，直接扣除承租人应向出租人支付的租赁保证金和服务费，能否认定出租人已按约足额支付了租赁物购买价款。笔者将从以下两个方面进行评析：

（一）租赁保证金、服务费的收取均具有合法依据

租赁保证金、服务费的问题在融资租赁项目中极为常见。租赁保证金、服务费到底是什么法律性质，在《合同法》《担保法》《物权法》以及《融资租赁司法解释》中都没有作出规定。笔者结合租赁保证金、服务费的功能及行业惯例予以分析：

1. 租赁保证金，指为保证承租人履行融资租赁合同项下的义务，而由承租人向出租人支付的金钱质物。根据《担保法司法解释》第 85 条规定："债务人或者第三人将其金钱以特户、封金、保证金等形式特定化后，移交债权人占有作为债权的担保，债务人不履行债务时，债权人可以该金钱优先受偿。"保证金本质上属于一种金钱质押，是担保债务人履行债务的一种担保方式。无论金融租赁公司还是融资租赁公司，收取租赁保证金都有合法的依据。《金融租赁公司管理办法》（银监会令 2014 年第 3 号）第 26 条规定，经银监会批准，金融租赁公司可以经营下列部分或全部本外币业务，接受承租人的租赁保证金。《融资租赁企业监督管理办法》（商流通发〔2013〕337 号）第 9 条规定，融资租赁企业应当以融资租赁等租赁业务为主营业务，接受租赁保证金及经审批部门批准的其他业务。

2. 租赁服务费，又称租赁手续费、咨询服务费等，指出租人向承租人提供融资租赁合同项下融资租赁服务所收取的服务费用。租赁手续费在融资租赁业务中广泛使用，其法律性质可以认定为行业交易习惯，即《合同法司法解释（二）》第 7 条规定的"在交易行为当地或某个领域、某一行

业通常采用并为交易双方订立合同时所知道或者应当知道的做法，不违反法律、行政法规强制性规定的，人民法院可以认定为合同法所称的‘交易习惯’”。

综合以上，在融资租赁业务中，出租人向承租人收取租赁保证金、服务费均具有合法依据。

（二）关于互负债务的抵销

抵销是指两人互负债务时，各以其债权充当债务之清偿，而使其债务与相对人的债务在对等额内相互消灭。抵销是债务常见的消灭方式，债务抵销的制度价值主要有：第一，便利当事人，互负债务的当事人通过行使抵销权，可以使债的关系消灭，节约双方履行债务的成本；第二，担保债权回收，对于互负债务的当事人，如果一方履行债务的能力下降或者违约不再履行所负债务，另一方行使抵销权可以使得己方债权得以清偿；第三，在某些情况下确保自己是在正当地行使权利，而非违约。基于上述债务抵销的价值所在，债的抵销在商业交易中极为常见。

《合同法》第 99 条规定：“当事人互负到期债务，该债务的标的物种类、品质相同的，任何一方可以将自己的债务与对方的债务抵销，但依据法律规定或者按照合同性质不得抵销的除外。当事人主张抵销的，应当通知对方。通知自到达对方时生效。抵销不得附条件或者附期限。”该条规定了法定抵销，法定抵销必须同时具备以下条件生效，（1）当事人须互负债务、互享债权。当事人双方存在的两个债权债务必须合法有效。（2）须债务的标的物种类、品质相同。抵销通常在金钱债务或者可替代物债务以及其他种类的债务中较多适用。另外，用于抵销的标的物的品质也必须相同。（3）须双方债务均届清偿期。（4）须双方债务均是可抵销之债，不属于依据法律规定或按照合同性质不得抵销的债务。另外，法定抵销由一方当事人单方意思表示即发生法律效力，但该意思表示应当通知对方，通知自到达时生效。

本案中，根据《融资租赁合同》约定，华融公司支付回租物品转让价款前，丛贸公司应按本合同约定向华融公司支付首付租金、服务费和保证金，首付租金、服务费和保证金也可以由华融公司在支付转让价款时扣收。丛贸公司向华融公司出具的《扣款委托书》，称“根据《融资租赁合同约定》《回租物品转让协议》的约定，华融公司应向丛贸公司支付租赁物转让价款计 3780 万元；同时，丛贸公司应向华融公司支付租赁服务费 189 万元和保证金 869. 4 万元。为了简便操作，丛贸公司特委托华融公司在向丛贸公司支付租赁物价款时，直接扣收丛贸公司上述应付的租赁保证金和服务费共计 1058. 4 万元”。华融公司依约在扣收丛贸公司应向其支付的租赁保证金及手续费后，向丛贸公司指定账号支付了 2721. 6 万元。

根据《合同法》互负债务法定抵销的规定并结合本案，丛贸公司负有向华融公司支付租赁物购买价款的债务，华融公司负有向丛贸公司支付租赁保证金、服务费的义务，而且上述双方所负债务均已到期，均属于金钱债务，故丛贸公司及华融公司均可主张债务抵销。针对上述债务的抵销，丛贸公司向华融公司出具了《扣款委托书》，丛贸公司委托华融公司在向其支付租赁物购买价款时直接扣收丛贸公司应付的租赁保证金、服务费，该抵销于法有据。华融公司向丛贸公司支付租赁物购买价款中扣除租赁保证金、服务费后的全部剩余价款，即视为华融公司已向丛贸公司按约全额支付了租赁物购买价款。

五、对租赁公司的启示

租赁保证金、服务费的问题在融资租赁项目中极为常见。租赁保证金、服务费的支付通常有两种方式：一是承租人通过现金、汇款等方式直接向出租人支付；二是为节约双方履行债务的成本，出租人和承租人采取债务抵销的方式，出租人从其向承租人支付的租赁物购买价款中，直接扣除承租人应向出租人支付的租赁保证金、服务费。如果采取债务抵销的方式，为避免承租人主张出租人不应将预先扣除的融资租赁保证金、服务费计入租赁物购买价款，建议出租人与承租人以书面形式就债务抵销的债务范围、程序、方式方法等作出明确约定，由承租人向出租人出具《扣款委托书》，从而避免纠纷的产生。另外，需要提醒出租人注意的是，采取债务抵销方式的，一旦融资租赁合同被认定为名为融资租赁实为借贷，则实际借款本金会被认定为租赁物购买价款减去抵扣的租赁保证金和服务费，对出租人不利。

案例 2.12　租赁物未交付，融资租赁合同是否可以起租[1]

融资租赁交易中，租赁公司及承租人经常会有这样的疑问，是否必须在租赁物交付承租人之后才能起租？能否以出租人支付租赁物价款之日作为起租日？以下案例涉及这一问题。

拉赫兰顿融资租赁（中国）有限公司与信阳锦坛医院、胡某融资租赁合同纠纷案[2]

原告：拉赫兰顿融资租赁（中国）有限公司（以下简称“郑州康越”）

被告：信阳锦坛医院（以下简称“承租人”）

被告：胡某

一、案件基本事实

2015 年 1 月 16 日，承租人与案外人郑州康越（出租人）签订了《购销合同》，约定承租人向郑州康越购买安健 DT570 动态 DR 一套、飞利浦 ClearVue650 彩色多普勒超声诊断系统一台（以下统称“租赁物”），设备总价 290 万元。出于融资需要，承租人与出租人于 2015 年 2 月 13 日签订

① 本部分作者为北京市汇融律师事务所合伙人李雪梅。

② 参见上海市浦东新区人民法院（2016）沪 0115 民初 22160 号一审民事判决书，2016 年 7 月 20 日作出。

《转让合同》，将租赁物转让给出租人同时租回使用；出租人分3期向承租人或其指定的第三方支付租赁物价款；出租人支付第一笔租赁物价款时，租赁物的所有权及其他所有权益转移给出租人；承租人确认，出租人向承租人指定账户支付租赁物价款视同出租人向承租人履行租赁物价款的支付义务。

2015年2月13日，出租人与承租人签订《融资租赁协议》，约定：租赁期限60个月，每期租金61500元，期初支付，第一期租金于起租日当日到期，之后每期租金于之后每月的相对应之日支付；起租日为出租人支付第一笔租赁物价款之日；如承租人逾期还租，须就迟付款项按月利率2%支付迟延罚金；承租人未支付任何一期租金或其他任何到期款项的，构成违约，出租人可宣布所有剩余未付租金全部立即到期应付，并要求承租人支付到期应付和加速到期应付的全部租金和其他任何应付款项，要求承租人支付迟延罚金并承担出租人因行使本协议项下任何权利和救济而产生的全部费用，包括合理的律师费等。

2015年2月13日，出租人、承租人与郑州康越签订《备忘录》，约定：出租人根据承租人的委托将设备价款直接支付给郑州康越，设备所有权自郑州康越直接转移给承租人同时自承租人处毫不迟延地转移至出租人，且出租人在支付完毕第一笔设备价款后即获得设备完整的所有权。

之后，承租人和郑州康越分别向出租人出具《付款通知》，通知出租人将设备价款支付至郑州康越账户，并确认出租人向上述指定账号付款视为出租人向承租人支付《转让合同》项下全部租赁物价款。

2015年2月12日，胡某向出租人出具《保证函》，承诺对《融资租赁协议》项下承租人对出租人的所有支付义务承担连带保证责任。

上述合同签订后，出租人分三笔向郑州康越支付了全部设备价款。承租人于2015年3月17日向出租人出具《接收证书》，确认收到租赁物并经完全检查，租赁物符合协议约定及承租人的要求。承租人在分笔支付9期租金之后，未再支付剩余租金，经出租人多次交涉后仍未支付。

二、起诉与答辩及法院的认定与判决

出租人向法院提起诉讼，请求判令承租人支付全部租金（包括已到期未付租金和未到期租金）、到期未付租金自应付之日起至全部付清之日止按月利率2%计算的迟延罚金、律师费；承租人承担诉讼费、保全费等全部诉讼费用；被告胡某承担连带责任。

被告承租人、胡某共同辩称：承租人签订合同及履行过程中存在重大误解，没有正确区分一般租赁和融资租赁的起租日期，误认为起租日从租赁设备安装完毕且投入使用当月开始计算，出租人作为融资租赁公司和格式合同提供方，没有诚实信用地对承租人进行合理提示说明。合同签订后至本案起诉前，承租人共支付9笔租金，持续时间近1年，付款迟延的情况出租人没有告知过承租人，直至收到起诉材料才知道每一笔都发生迟延支付。出租人作为格式合同的提供方没有尽到合理提示说明义务，因此起租日期应从设备实际安装完毕之日开始计算，因此承租人支付的9笔租金绝大部分不存在逾期。承租人还对律师费、保证金的冲抵等提出了答辩意见。

法院经审理认为：《转让合同》《融资租赁协议》《备忘录》，均系当事人真实意思表示，不存在合同无效的法定情形，故合法有效，各方均应按照约定全面履行自己的义务。

根据《融资租赁协议》第16条和第17条约定，承租人未支付任何一期租金或其他任何到期款项的，出租人有权宣布所有剩余未付租金全部立即到期应付，并要求承租人支付到期应付和加速到期应付的全部租金和其他任何应付款项，以及要求承租人支付迟延罚金。出租人已按照《转让合同》《备忘录》以及承租人和郑州康越分别出具的《付款通知》，向郑州康越支付了相应设备价款，依约取得了设备所有权，承租人亦收到了租赁物，而承租人未按约支付相应的租金，显然已构成违约，出租人主张承租人立即付清全部到期和未到期租金及迟延罚金，具有合同及事实依据，予以支持。

关于加速到期日，应确定为出租人关于合同加速到期的声明实际到达承租人之日，现出租人确认其主张的加速到期日为 2016 年 5 月 17 日且承租人亦确认该日收到本案诉状副本，法院予以确认。

关于迟延罚金的金额，首先，计算期间方面，根据《融资租赁协议》，起租日为出租人支付第一期租赁物价款之日，第一期租金于起租日当日到期，之后每期租金于之后每月的相对应之日到期。出租人据此主张起租日为 2015 年 2 月 16 日（即第一笔租赁物价款支付日），之后的每期租金日为每月 16 日。承租人认为出租人未向其告知起租日期，故应以承租人收到租赁物之日为起租日。对此，法院认为，虽然《融资租赁协议》对起租日进行了约定，但由于约定的起租日为出租人向郑州康越支付租赁物价款之日，在合同的实际履行过程中，承租人获悉此日期的方式基本依赖于出租人的通知，如出租人不进行起租日的相应通知，承租人难以获知出租人实际支付租赁物价款的确切日期，而出租人无证据证明其在向郑州康越支付第一期租赁物价款后就起租日对承租人进行过通知，承租人亦否认知晓出租人支付租赁物价款的日期，因此，法院采纳了承租人关于起租日应为其收到租赁物之日的意见。承租人向出租人出具《接收证书》的日期为 2015 年 3 月 17 日，庭审中承租人亦确认租赁物交付日期为该日，因此，法院确认起租日为 2015 年 3 月 17 日，第一期租金应于该日支付，其后各期租金支付日为之后每月 17 日。结合承租人实际支付租金的日期，其已支付的租金及未到期租金的迟延罚金的计算期间相应顺延。

关于保证金的冲抵、律师费及胡某承担保证责任等事宜，法院亦作出了分析。

法院判决：承租人应向出租人支付租金 2929330. 01 元及以 2929330. 01 元为基数自 2016 年 7 月 16 日起按月利率 2% 计算至实际清偿日的迟延罚金、律师费 42400 元；被告胡某承担连带清偿责任，其履行保证责任后有权向承租人追偿。

三、案件评析

本案涉及的主要问题是：融资租赁交易中，租赁物交付与否是否影响起租日的起算。融资租赁合同中，租金计算的起始日一般应是承租人收到租赁物之日。实践中，尤其在直接融资租赁业务中，因租赁物的购买、安装、建设等事项需要一定时间，出租人支付租赁物价款的时间与租赁物的交付时间存在不一致情形。此时，租金应从承租人实际收到租赁物之时起算还是应从合同约定的租赁物价款支付之日起算？本案中，法院认定：由于约定的起租日为出租人向案外人支付租赁物价款之日，承租人获悉此日期的方式基本依赖于出租人的通知，如出租人不进行相应通知，承租人难以获知出租人实际支付租赁物价款的确切日期，而出租人无证据证明其在向案外人支付第一期租赁物价款后就起租日对承租人进行过通知，承租人亦否认知晓出租人支付租赁物价款的日期，因此，法院支持承租人关于起租日应为其收到租赁物之日的主张。结合法院认定理由，笔者从以下几个角度进行评析：

起租日是指租赁期限的起始日，也是出租人向承租人计收租金的起始日。关于融资租赁交易中何时起租、出租人能否在租赁物交付前开始计算并收取租金，我国法律法规及司法解释未明确规定。唯《企业会计准则第21号—租赁》规定了“租赁开始日”和“租赁期开始日”，其中，租赁开始日是指租赁协议日与租赁各方就主要租赁条款作成承诺日中的较早者，租赁期开始日是指承租人有权行使其使用租赁资产权利的开始日，这两个概念一个着眼于租赁合同成立的时间，另一个着眼于承租人实际占有和使用租赁物的时间，从“租赁期开始日”这一概念本身推断，会计准则意将起租日界定为承租人有权使用租赁物的开始日，但前述两个“开始日”均没有明确出租人何时可以开始计收租金，且会计准则是规范会计信息的确认、计量与列报，不调整民事权利义务，不是也不应作为当事人能否开始计算和收取租金的法律依据。

根据我国法律规定，融资租赁合同内容包括租赁期限、租金构成及其支付期限等条款。租金的构成、支付期限等内容可以由当事人协商确定，承租人应当按照约定支付租金。从中国裁判文书网公布的近几年司法判例来看，相关判决多尊重当事人的意思自治。总结近几年的司法判例，可以看出，法院倾向于认为：融资租赁合同具有融资、融物的双重属性，租金的确定、支付主要针对融资而言，且实践中租赁物的交付与出租人支付租赁物价款时间通常不一致，因此不能单以租赁物的交付时间认定租金的起算。在根据相关证据能够查明约定的起租日、租金计算方法等内容后，法院一般会按照合同约定认定事实，一般不会直接调整当事人约定的起租日。例如，“信达金融租赁有限公司与温州市长江能源海运有限公司、浙江长江能源发展有限公司、杨某船舶融资租赁合同纠纷，（2015）津高民四终字第 13 号”[①] 中，租赁物自始至终未由供应商交付给承租人实际占有，但出租人主张承租人支付到期租前息、到期租金（承租人尚未占有租赁物即起租时的到期应付租金）的请求得到了法院支持。

融资租赁行业实践中，将起租日约定为租赁物交付日或出租人支付租赁物价款（或第一笔租赁物价款）之日的方式均大量存在，两种方法各有利弊：

1. 以租赁物的实际交付日为起租日，这一做法与会计准则规定的租赁期开始日相一致，容易被承租人接受。对于出租人来说，其弊端是：由于供货人和租赁物均由承租人选择，出租人亦不实际控制租赁物的交付和验收，因此出租人无法掌握租赁物的实际交付情况。出租人会因租赁物延迟交付而无法开始收取租金，甚至会因承租人虚构租赁物尚未交付的事实导致迟迟无法起租等。

2. 以出租人支付租赁物价款（或第一笔租赁物价款）之日为起租日，这一做法符合融资租赁兼具融资和融物双重属性的特性，从融资的角度来看，出租人承担支付租赁物价款的义务并享有收取租金的权利，融资租赁合同中与收取租金相关的规定（包括租金构成、租金支付期限、租期等）

---

① 见案例 3. 2。

均应归类于这一融资属性，与该属性相关的事项不应因融物属性未实现或何时实现受到影响。这一方法可以有效避免租赁物交付不能时，出租人同时承担租赁物所有权丧失、租金迟迟无法开始计收的双重风险；而且，融资租赁交易在融物的同时，承租人也实现了融资，出租人有权从资金占用以及收取资金收益的角度来约定收取租金的起算日、租期、支付方式等。

尽管不能排除极端情况下个别法院认为租赁物不交付不能开始计算租金，但以出租人支付租赁物价款（或第一笔租赁物价款）之日为起租日的约定并不违反我国法律法规的强制性或禁止性规定。只不过在具体合同条款的谈判中，有多元化付租资金来源的承租人通常可以接受这种安排，而完全依靠租赁物才有付租能力的承租人通常较难接受这种安排。

四、对租赁公司的启示

从本案法院的认定理由来看，法院并未否定以出租人付款日作为起租日的做法，只不过因为出租人的履约瑕疵（即出租人未将具体起租日期及时通知承租人）及证据事实而支持了承租人关于以租赁物交付日为起租日的答辩意见，因此，提示租赁公司应关注合同的履行过程并及时履行相关附随义务（包括通知义务），在约定起租日为出租人向承租人以外的供货人或其他第三方付款之日时，租赁公司应及时向承租人送达出租人已经付款、融资租赁合同于某日起租的书面通知，并要求承租人签署确认回执。

案例 2. 13　租赁物未交付，承租人有权以合同目的无法实现为由解除融资租赁合同[①]

《融资租赁司法解释》第 11 条规定，因出卖人未交付全部或部分租赁物，导致承租人不能实现融资租赁合同目的，承租人有权单方解除融资

① 本部分作者为北京市汇融律师事务所合伙人李雪梅。

租赁合同。但解除合同后出租人、承租人、供货人三方的权利义务如何清理值得思考。

武安市运丰冶金工业有限公司、北京东标电气股份有限公司与中水电融通租赁有限公司等融资租赁纠纷案①

上诉人：武安市运丰冶金工业有限公司（原审被告、反诉原告，以下简称“承租人”）

上诉人：北京东标电气股份有限公司（原审被告，以下简称“供货人”）

被上诉人：中水电融通租赁有限公司（原审原告、反诉被告，以下简称“出租人”）

一审被告：崔某等人

一、案件基本事实

出租人与承租人开展直接融资租赁交易，即出租人根据承租人对租赁物及供货人的选定及要求，向供货人购买租赁物，并出租给承租人使用，为此，2013 年 9 月 2 日，出租人与承租人签订《租赁合同》，出租人、承租人与供货人签订《购买合同》，对融资租赁交易细节及租赁物购买事宜等作出约定，设备价款 1.2 亿元，保证金 3000 万元，租期 24 个月。承租人违约时，出租人有权要求承租人立即支付全部到期和未到期租金及其他应付款项，也可以直接解除合同，收回全部租赁物，并要求承租人立即支付全部到期和未到期租金、违约金、经济损失赔偿金及其他应付款项。为担保承租人债务的履行，承租人提供电厂设备抵押担保；供货人、崔某等人提供连带责任保证。

同时，出租人与承租人签订《服务合同》，约定承租人向出租人支付

① 参见天津市高级人民法院（2015）津高民二终字第 0077 号民事判决书，2015 年 8 月 17 日作出。

服务费480万元。

后因供货人未按时供货，经出租人要求，供货人开具6000万元银行履约保函。供货人与承租人达成协议，约定由供货人代替承租人支付保证金及服务费共计3480万元。若全部设备不到达承租人项目现场，租金由供货人承担。随后，供货人致函出租人，同意代承租人支付保证金及服务费，并由出租人从设备款中直接扣除，即出租人支付8520万元即视为履行了设备价款支付义务。出租人与承租人签订《租金偿还计划表》，将首次租金偿还时间定为2014年5月15日。

出租人按约定向供货人支付了7500万元设备款。此后，供货人再次致函出租人，表示代承租人支付第一期租金，由出租人从设备款中扣除。此后，出租人在扣除上述第一期租金后向供货人支付余款，履行完毕付款义务。

此后，供货人又代承租人支付第二期部分租金60万元，因供货人继续违约，出租人取得供货人保函项下资金。

二、起诉与答辩及法院的认定与判决

因合同履行中产生问题，出租人诉至法院，主要诉求：1. 承租人支付租金34927984元及违约金；2. 供货人、崔某等人承担连带责任。承租人对出租人提起反诉，请求法院判令解除《租赁合同》与《服务合同》，出租人返还保证金、服务费、第一、二期租金。

承租人辩称：租赁物至今未交付，故尚未起租，出租人无权请求支付租金。

供货人辩称：不同意出租人的租金计算方式，且承租人提供了设备抵押担保，故保证人应在该抵押范围外承担保证责任。

崔某等保证人辩称：主合同未实际履行，承租人不存在债务问题，保证人不应承担保证责任。

法院认为：《租赁合同》与《服务合同》系双方真实意思表示，内容不违反法律、法规禁止性规定，合法有效。应以融资租赁合同关系为基础确定三方权利、义务。

（一）关于合同是否继续履行以及后续处理问题

出租人主张继续履行合同，承租人则主张解除《租赁合同》与《服务合同》。

第一，根据双方合同中关于在承租人违约时，出租人有权要求承租人立即支付全部租金及其他应付款项的约定，以及《合同法》第248条规定，出租人可以请求全部租金加速到期，但在租赁物工程未实际完工，承租人未实际获得租赁物使用利益的情况下，要求承租人提前支付全部租金，双方权利义务失衡，承租人违约责任过重，从公平角度应作平衡调整。

第二，租赁物工程至今未建成且处于停滞状态，供货人与承租人均表示未建成原因为资金问题，现出租人又诉请全部租金加速到期，无疑等同于抽回全部融资款项，在无后续资金投入的情况下，《租赁合同》《服务合同》实际已无法履行，合同目的已不能实现。

第三，租赁物工程为根据承租人厂房设置与生产需求，依据承租人指示专门定制的生产线，与以其他种类物为租赁物形成的融资租赁关系不同。该租赁物回收后，再行租赁的可能性较小，对出租人价值不大，且从双方合同中有关留购价格的约定看，租赁物也仅是在出租人与承租人间交易的合意，出租人无意以该租赁物在租赁市场牟利。

综上所述，对合同是否继续履行以及后续处理问题，应从案件实际出发，结合融资租赁合同性质、目的、承租人违约情形，以及双方权利义务的平衡、对等，进行公平处理。承租人请求解除合同的反诉请求应予支持，案涉《租赁合同》《服务合同》于承租人提起反诉之日解除，合同解除前的到期租金与违约金依约由承租人向出租人支付，到期租金未包含的租赁物购置成本由出租人收回，承租人按中国人民银行同期同类贷款利率支付利息，承租人的上述给付义务履行完毕后，租赁物所有权转移给承租人。

（二）关于到期租金及违约金

本案中，出租人已依约支付货款，履行了其应尽的义务，承租人应依约支付租金，租赁物未全部交付不影响到期租金的支付。按照变更后的租金偿还计划，合同解除前，已有7期租金到期，出租人有权以保证金先行扣付（扣付第2期租金未付部分及第3~6期租金的全部，第7期部分租金），经扣减，承租人尚欠租金4603596元（第7期部分租金及计至合同解除日的第8期部分租金），并应支付相应违约金（计至实际清偿日）。承租人以租赁物项目未建成，起租日未到，抗辩拒付租金，理由不成立。

（三）关于未到期租金的处理

合同解除后，承租人应将到期租金未包含的购置成本给付出租人，并计算相应成本利息。出租人表示24期租金数额系在购置成本的基础上加上商定利润作出，无具体计算公式，承租人对《租金偿还计划表》签字认可。为此，法院核算24期租金整体的利润率为9.21%，核算公式为：（24期租金总额131046850元－购置成本120000000元）/购置成本120000000元，并以此推算到期租金中含本金36971923元（到期租金总额40722462元－到期租金总额×整体利润率）。另出租人提前收回保函项下资金6000万元，收取服务费480万元，在《租赁合同》解除以及租赁物工程未实际建设完工的情况下，上述费用应从购置成本中扣减，承租人应赔偿出租人剩余购置成本18228077元（购置成本总额－到期租金所含成本－收回的保函金额－服务费）及相应利息。

（四）反诉部分

承租人关于解除《租赁合同》《服务合同》的诉请应予支持，理由见上文。关于返还已付款项的诉请，本案中，保证金、服务费、租金等费用本应由承租人根据《租赁合同》的约定向出租人给付，承租人在与供货人协商后同意由供货人代付，供货人的代付行为应视为承租人的履约行为，在承租人延付租金、合同解除的情况下，上述费用已进行抵扣，其要求出租人返还上述已付款项没有事实和法律依据，法院不予支持。

法院判决：1.《租赁合同》《服务合同》于承租人提起反诉之日解除；2. 承租人给付出租人已到期欠付租金；3. 承租人支付出租人延付到期租金的违约金；4. 承租人返还出租人购置成本 18228077 元及相应利息（自合同解除日次日起计至实际给付之日，按中国人民银行同期同类贷款利率计算）；5. 供货人、崔某等人承担连带责任；6. 承租人上述债务履行完毕后，《租赁合同》项下设备归其所有；7. 驳回出租人的其他诉请；8. 驳回承租人的其他诉请。

三、上诉与答辩及法院的认定与判决

承租人提起上诉，认为：1. 一审判决对购置成本及标的物权属问题的判项超出当事人主张范围，违背民事诉讼中的“诉审相一致”的原则；2. 一审判决关于起租日的认定错误；3. 一审判决合同解除后，应判决出租人返还已收取的保证金、服务费、第 1 期租金及第 2 期部分租金。

供货人同样提起上诉，认为：其作为设备的提供方兼建设方，为推进项目进展，先后替承租人垫付了保证金、服务费及第 1 期租金等，实际供货人从出租人设备款中仅获得 19081134 元可用资金，一审判决向出租人支付租金 4603596 元、购置成本 18228077 元及相应利息与事实不符。一审判决解除《租赁合同》及《服务合同》无任何事实及法律依据，且有违我国合同法公平、公正原则，从根本上损害了供货人的利益。一审判决确定租赁物所有权的归属超出了诉讼请求。

二审法院未支持承租人与供货人的上诉请求，判决驳回上诉，维持原判。

四、案件评析

本案中，法院基于公平原则作出判决，判决的思路是解除合同、恢复原状、赔偿损失，出租人本金得以保障并获得适当利息补偿，收取的服务费返还，虽有瑕疵，但瑕不掩瑜，仍不失为一份非常好的判决。本案涉及的主要问题是出租人支付租赁物购买价款后，供货人未依约交付租赁物，承租人可否解除融资租赁合同?

根据《融资租赁司法解释》第 11 条的规定，因出卖人的原因致使融资租赁合同的目的不能实现的，承租人有权解除融资租赁合同。直租交易中，承租人订立融资租赁合同的目的系取得租赁物的使用权，若出卖人未交货或仅交付了部分货物，将导致承租人无法利用该租赁物进行正常的经营和收益，从而使得其合同目的不能实现。本案中，因供货人未按约定交货，构成根本违约，导致承租人订立融资租赁合同的目的不能实现，因此，承租人有权主张解除租赁合同。

需要注意的是，本案并不是以“出卖人原因致使合同目的不能实现为由”准予承租人解除租赁合同，而是以“出租人诉请全部租金加速到期，无疑等同于抽回全部融资款项，在无后续资金投入的情况下，双方的《租赁合同》《服务合同》实际已无法履行，合同目的已不能实现”为由，似将过错归于出租人。笔者认为，此种理由有失恰当，出租人已按约定支付全部设备价款，不存在“抽回全部融资款项”的情形，更不存在因此导致合同目的不能实现的情况，虽然判决合同解除的理由都是“合同目的不能实现”，但是在法律适用上，以《融资租赁司法解释》第 11 条第（三）项为依据，更为妥当。

关于买卖合同，出租人及承租人（反诉原告）均未诉请解除，也未提及如何处理买卖合同，本案判决亦未提及买卖合同是否解除，综合各判项分析，本案判决实际上对买卖合同做出了安排，即由承租人履行买卖合同项下买方义务，理由是：设备价款系由出租人支付给供货人，但本案判决承租人向出租人返还，且承租人履行债务后即取得租赁物所有权，该等判决的内在逻辑是承租人取代出租人的买卖合同地位，鉴于出租人已付款，故由承租人予以返还，承租人履行返还义务后，作为买方取得租赁物。此种判决结果并无不对，若能在“本院认为”部分加以说理则更清晰。融资租赁交易中，租赁物及其出卖方系由承租人选定，出租人根据承租人的选择而购买，出租人签署买卖合同的目的是为了开展融资租赁业务，若租赁合同解除，则出租人再无履行买卖合同的必要；而对承租人来说，其最终目的是为了获得租赁物，即使没有出租人参与，承租人也将自行向供货人购买租赁物，因此，租赁合同解除后，出租人退出买卖交易，由承租人自行履行买卖合同，并不损害承租人利益，且本案中租赁物系为承租人所定制，由其取得租赁物的所有权较为合适。

五、实践指导意见

本案判决生效后，供货人与出租人达成执行和解协议，约定由供货人向出租人履行本案判决确定的承租人债务，出租人收到款项后，向供货人出具租赁物所有权转移证明，后供货人要求出租人将其已交付给承租人的租赁物交付给供货人，出租人从未占有租赁物，故无法履行该项义务，供货人为此起诉了出租人，虽然最终法院以本案判决已对租赁物做出处理、一事不再理为由驳回起诉，但出租人为此付出了人力、物力，也造成司法资源的浪费。本案判决略有遗憾之处在于未对承租人和供货人之间、出租人和供货人之间的权利义务做出妥善安排，对买卖合同处理不甚妥当，若法院能主动向当事人进行提示并处理，则更完美。

虽然本案判决对出租人并无不利，但是，本案诉争的形成足以引起租赁公司对因出卖人原因导致合同目的不能实现的问题的重视。因为其直接后果是融资租赁合同被承租人单方解除，导致合同各方当事人的前期投入付之东流，租赁公司非因己方责任无法实现收取租金等合同目的。

本案虽未提及买卖合同和融资租赁合同的关系问题，但这是直租交易中无法避免的，为保护租赁公司合法权益，建议租赁公司关注两个合同的连动性，事先在合同中作出约定，如买卖合同解除时租赁合同如何处理，租赁合同解除时买卖合同如何处理等。就租赁物买卖环节，应明确融资租赁交易目的，打破合同相对性，让承租人参与到买卖环节中来；而且应在三方买卖合同中明确约定出卖人未依约交付租赁物时的责任承担主体及方式，为纠纷发生时主张权利提供明确的合同依据。

案例 2.14　出卖人未交付租赁物，出租人可否要求承租人承担赔偿责任①

融资租赁（直租）交易项下，出租人支付完毕租赁物购买价款后，出卖人未依约交付租赁物，而承租人无履约过错的情况下，出租人可否要求承租人就出租人已支付的租赁物购买价款本息与出卖人承担共同还款责任的问题，是实践中租赁公司广泛关注的问题。笔者认为，合同约定和各方的过错程度是判断责任承担的重要依据，结合本案判决，笔者将对此问题进行分析，以期提供有益借鉴。

台新融资租赁（中国）有限公司与上海益震机床设备有限公司、昆山钧统精密模架有限公司买卖合同纠纷案②

上诉人：台新融资租赁（中国）有限公司（原审原告，以下简称“出租人”）

被上诉人：上海益震机床设备有限公司（原审被告，以下简称“出卖人”）

被上诉人：昆山钧统精密模架有限公司（原审被告，以下简称“承租人”）

---

① 本部分作者为北京汇融（天津）律师事务所律师孟俐君。

② 参见江苏省南京市中级人民法院（2016）苏 01 民终 10629 号民事判决书，2017 年 3 月 8 日作出。

一、案件基本事实

出租人与承租人签署《融资租赁合同》（以下简称“租赁合同”）开展融资租赁交易。出租人、承租人与出卖人签订《买卖合同》（以下简称“买卖合同”），约定购买品牌为厦门大金、型号为 TMC－2016 龙门加工中心设备 1 台；标的物运至承租方指定场所后视为交付，承租方应立即验货，如无问题，承租方应立即将《起租通知书》交付于出租方，《起租通知书》所载起租日即为交付日，收到《起租通知书》之日起，租赁物的所有权自卖方转移至出租方；出租方收到《起租通知书》后 15 个工作日内向卖方付款。《买卖合同》第 6 条约定：“1. 因不可归责于出租方的事由所导致的租赁合同未能签署（包括无效、撤销等）或者在租赁物交接完毕前租赁合同被解除时，出租方可以无条件解除本合同（包括撤回要约）；2. 本条第 1 款的情形下，承租方应及时返还出租方已支付的全部款项，并承担相应的违约金（出租方实际支付日起至实际收到承租方返还全部支付款项日，以日息万分之五计算）。同时承租方应立即代替出租方与卖方进行协商，处理此事件。”

租赁合同、买卖合同签订当日，三方签订《设备价款支付协议》约定：部分价款人民币 40 万元，由承租人支付出卖人；剩余价款人民币 60 万元，由出租人支付出卖人。出卖人向出租人提交了《供应商确认函》及承租人的《付款指示书》《起租通知书》。出租人于次日支付租赁物购买价款后，出卖人未依约交付租赁物，出租人向出卖人发函催货一直未果，遂提起诉讼。

二、诉讼与答辩及法院的认定与判决

（一）一审诉讼请求及法院的认定和判决

出租人诉请：1. 确认买卖合同解除；2. 出卖人、承租人共同返还出租人货款60万元并支付以该款为基数、自支付之日起至实际返还之日止、按日万分之五计算的利息；3. 出卖人、承租人承担案件受理费、保全费、公告费。

法院认为：案涉合同均系各方真实意思表示，内容不违反法律、行政法规的强制性规定，合法有效。出租人按买卖合同约定向出卖人支付了设备购买款，但出卖人未按约交付设备，致使买卖合同目的不能实现，故出租人要求确认买卖合同解除理由充分，应予支持。根据《合同法》第240条的规定："出租人、出卖人、承租人可以约定，出卖人不履行买卖合同义务的，由承租人行使索赔的权利。承租人行使索赔权利的，出租人应当协助。"本案中，承租人并未向出卖人行使索赔，故出租人作为购买人要求出卖人返还货款60万元，并支付以该款为基数、自支付之日起至实际返还之日止、按日万分之五计算的利息，可予采纳。承租人依照买卖合同及《设备价款支付协议》约定履行了付款义务，因出卖人的原因致使合同不能继续履行，故出租人依据买卖合同第6条要求承租人共同承担付款责任及利息损失，不予支持。出卖人经法院合法传唤，无正当理由拒不到庭参加诉讼，应承担相应法律后果。

法院判决：1. 买卖合同解除；2. 出卖人自判决生效之日起10日内偿付出租人货款60万元，并以该款为基数，给付自支付之日起至实际返还之日止、按日万分之五计算的利息；3. 驳回出租人其他诉讼请求。

（二）二审起诉与答辩及法院的认定与判决

出租人不服一审判决，上诉请求：1. 撤销一审判决；2. 确认买卖合同、租赁合同已解除；3. 判令出卖人、承租人共同返还出租人货款60万元并支付以该款为基数、自支付之日起至实际返还之日止、按日万分之五计算的利息；4. 判令出卖人、承租人承担本案一、二审诉讼费、保全费及公告费。出租人围绕上诉请求依法提交了租赁合同复印件及《付款指示书》。

出租人认为：1. 买卖合同约定租赁物由承租方负责验收，承租方验收合格后向出租方出具《起租通知书》，出租方收到《起租通知书》后15个工作日内付款。买卖合同签订当日，出卖人向出租人提交了《供应商确认函》及承租人的《付款指示书》《起租通知书》，出租人收到上述文件后，才向出卖人支付货款，上述文件证明租赁合同约定的标的物已完成交货并验收满意。2. 买卖合同约定因不可归责于出租方的原因导致合同解除，承租方应及时返还出租方已支付的全部款项，并承担相应违约金，具体依据买卖合同第6条，一审法院未予认定，极不公正。

出卖人未提交答辩意见。

承租人辩称：一审判决认定事实清楚、适用法律正确，判决合法公正，应予维持。1. 案涉相关合同及文件均是出租人格式文本，在租赁物尚未交付情况下要求承租人在空白文本上签字。承租人是一家从未办过融资租赁业务的小型生产企业，不熟悉该业务，出租人是专门从事融资租赁业务的公司，整个操作流程承租人均听从出租人安排。《起租通知书》中承租人法定代表人签名的笔迹与文件内容里的时间笔迹明显不同，可证明时间系后补，承租人迄今没有收到租赁物，显然是签署案涉合同当日提前签的，不能作为出租人付款的依据。2. 买卖合同及相关文件签订时，出租人明知租赁标的物未交付，却在签署第二天向出卖人付款，没有尽到应有的谨慎注意义务，存在重大过错，应自行承担损失。3. 买卖合同是出租人提供的格式合同，其中第6条是免除或者限制其责任的条款，出租人在该条款中免除其责任、加重承租人责任、排除承租人主要权利，该条款应为无效。4. 承租人已支付了部分租金，机器一直未交付，租赁合同事实上不能履行，出租人理应退还承租人支付的租金，承租人将另行解决。承租人已支付卖方40万元货款，承租人才是受害方，若出租人支付的货款还要承租人承担，严重违背公平正义。

法院认定《起租通知书》《付款指示书》系出租人格式文本，落款时间处加盖的时间章可以证明该两份文件系承租人在签署租赁合同、买卖合同当天所签，签署时出卖人尚未供货，承租人既未收到货物，亦无机会进行验收。

法院认为本案争议焦点为：承租人应否就出租人已付货款本息与出卖人承担共同还款责任。二审法院认为，买卖合同依法成立生效，各方应依约履行各自义务。但买卖合同约定付款的条件是承租人收到货物并验货无误后将《起租通知书》交付出租人，出租人收到通知后15个工作日内付款。虽然出租人持有承租人盖章的《起租通知书》，但该通知书系签订租赁合同时承租人应出租人要求事先出具的，出租人在明知出卖人尚未实际交付货物，也未得到承租人收货确认的情况下，即于次日向出卖人付款，现案涉合同因出卖人违约导致无法履行，承租人在合同履行中并无过错，出租人要求承租人与出卖人共同承担退还货款的责任，无事实和法律依据，一审法院未予支持，并无不当。出租人二审中方提交其与承租人之间的租赁合同并要求解除该合同，超出其一审诉讼请求，本院不予理涉。一审法院将本案案由定为融资租赁合同有误，应予纠正。

综上所述，二审法院判决：驳回上诉，维持原判。

三、案件评析

本案涉及主要争议焦点是融资租赁（直租）交易项下，出租人支付租赁物购买价款后，出卖人未依约交付租赁物，而承租人无履约过错的情况下，出租人可否要求承租人就出租人已支付的租赁物购买价款本息与出卖人承担共同还款责任。对此，笔者认为，该问题涉及直租交易项下租赁合同与买卖合同的联动性问题，合同约定和各方的过错程度是判断责任承担的重要依据：

一般情况下，买卖合同签署生效后，出租人支付了租赁物购买价款，但出卖人未依约交付租赁物，出卖人违约，出租人有权解除买卖合同。而买卖合同的签署及履行系为融资租赁之目的，买卖合同解除必然导致租赁合同目的无法实现，根据《融资租赁司法解释》第1条的规定："有下列情形之一，出租人或者承租人请求解除融资租赁合同的，人民法院应予支持：（一）出租人与出卖人订立的买卖合同解除、被确认无效或者被撤销，且双方未能重新订立买卖合同的；……（三）因出卖人的原因致使融资租赁合同的目的不能实现的。”据此，买卖合同解除的，出租人和承租人均有权解除租赁合同。而对合同解除情况下的责任承担问题，若合同有明确约定的，在该等约定不违反法律、行政法规强制性、效力性规定的情况下，应从其约定；若未明确约定的，则根据各方是否存在过错以及过错程度判定责任承担。

本案中，笔者认为出租人未获支持最主要的原因即在于出租人在合同履行过程中存在重大过错，对于损失的发生具有直接因果关系：

第一，案涉三方买卖合同虽有相关约定（即第 6 条），但该条款约定的是租赁物交付前租赁合同解除，出租人有权解除买卖合同并要求承租人返还已付价款及违约金的情形，而非本案情形，出租人依据的合同条款无法作为法院裁判直接适用的合同依据，应属合同未明确约定。

第二，虽然融资租赁交易项下租赁物接受及验收的责任应由承租人承担，出租人不对租赁物是否交付负有实质审查义务，但因支付租赁物购买价款系出租人的主要义务，出租人履行该义务时应负审慎的注意义务。本案中，《起租通知书》《付款指示书》等系签订租赁合同时承租人应出租人要求事先出具的，出租人在明知租赁物尚未实际交付的情况下，即于次日向出卖人付款，违反了买卖合同约定，亦有违审慎注意义务。试想，若出租人在租赁物实际交付后再支付购买价款，则不会产生案涉损失，因此，出租人对于租赁物购买价款的损失存在重大过错，而承租人对出租人付款以及出卖人未交付租赁物均无过错，故承租人不应就出租人已支付的租赁物购买价款本息与出卖人承担共同还款责任，出租人应自行承担不利后果。

四、实践指导意见

融资租赁（直租）交易中，出租人支付租赁物购买价款后，出卖人未依约交付租赁物，而承租人无履约过错情况下，出租人要求承租人就出租人已支付的租赁物购买价款本息与出卖人承担共同还款责任并无法律依据，因此，若未在合同中作明确约定，出租人则无权向承租人主张。为此，笔者建议：

第一，租赁物买卖环节，出租人、承租人及出卖人应签署三方买卖合同或三方协议，明确融资租赁交易目的，打破合同相对性，让承租人参与到买卖环节中来；而且应在三方买卖合同或三方协议中明确约定出卖人未依约交付租赁物时的责任承担主体及方式，为纠纷发生时主张权利提供明确的合同依据。

第二，过错情况亦是判断责任承担的重要因素，因此，出租人履行合同应严格依照约定，尤其是履行作为合同主要义务的租赁物购买价款支付义务时，应当严格遵循合同约定的付款条件，尽到审慎的注意义务，否则，出租人可能因履行义务存在过错而承担相应不利后果。

案例 2.15　融资租赁合同中格式条款的相关问题[①]

在融资租赁交易中，出租人基于其融资融物提供方的主导地位，在合同条款安排方面拥有较大的话语权，经常是合同文本的提供方。承租人在合同订立之初往往鲜有异议，一旦出现问题，又经常以相关合同条款属于“格式条款”且内涵不清晰或者加重其责任为由要求法院作出有利于其利益的解释或者判决格式条款无效，以达到规避合同责任的目的。融资租赁合同条款是否属于“格式条款”，依据理论应判断合同相对人是否获得了充分的协商机会，这涉及当事人举证与法院认定问题，而不能仅以合同文本乃是缔约主导方（出租人）提供为由简单加以认定。如果相关条款不属于“格式条款”，则不能适用《合同法》关于格式条款的相对严格规定，而应尊重当事人之间的意思自治。

① 本部分作者为北京市汇融律师事务所张福广。

杨某甲与中国康富国际租赁有限公司等融资租赁合同纠纷案①

上诉人（原审被告）：杨某甲

被上诉人（原审原告）：中国康富国际租赁股份有限公司（以下简称“康富租赁”）

法定代表人：杨某乙

原审被告：吴某甲

原审被告：吴某乙

原审被告：徐某某

一、案件基本事实及一审判决

2011 年 5 月 8 日，康富租赁（出租人）与杨某甲（承租人）签订编号为××号《融资租赁合同》，合同中存在如下条款：承租人自主选择租赁物及租赁物的制造商和出卖人，出租人对交易条件的选定不承担任何责任；出租人可委托承租人以其自己的名义与出卖人签订《产品买卖合同》，货款由出租人向出卖人支付，所购租赁物的所有权在本合同履行完毕并转移所有权之前属于出租人；出租人对租赁物的任何瑕疵均不承担责任，承租人不得以租赁物瑕疵、维修或更换、保养等为由拒付、迟延或不足额支付租金……等等。《融资租赁合同》第 23 条（用加粗字体）约定，在签署本合同时，出租人已就本合同的全部条款向承租人进行详细的说明和解释，双方对本合同的全部条款均无异议，并对双方权利义务和免责条款的相关法律有准确无误的理解。

同日，杨某甲与三一汽车起重机械有限公司签订《产品买卖合同》，购买汽车起重机一台，康富租赁支付了购买价款，后杨某甲接收了该车辆，并且支付了首期租金与保证金。吴某甲、吴某乙与徐某某为杨某甲

① 参见北京市第一中级人民法院（2016）京一民终字第 1682 号二审民事判决书，2016 年 3 月 31 日作出。

在《融资租赁合同》项下的债务提供连带责任保证。在合同履行过程中，杨某甲出现逾期支付租金的情况，康富租赁多次催款未果，租赁期限已满，杨某甲拖欠租金与逾期利息共计××元，康富租赁向法院提起诉讼。

经审理，法院作出如下判决：杨某甲向康富租赁支付租金及逾期利息；吴某甲、吴某乙及徐某某对杨某甲上述债务承担连带清偿责任，并有权在承担保证责任后向杨某甲追偿；驳回康富租赁的其他诉讼请求。

杨某甲不服一审判决，提出上诉。

二、上诉与答辩及法院的认定与判决

杨某甲提起上诉称：《融资租赁合同》系格式合同，其中的免责条款与违约条款减轻出租人义务，加重承租人责任，应属无效；杨某甲停止支付租金是因涉案汽车起重机出现质量问题无法使用，康富租赁锁机后未及时行使权利，故意扩大损失，故锁机后的租金和逾期利息不应由杨某甲承担。

被上诉人康富租赁辩称：《融资租赁合同》是否格式合同由法院裁定；涉案汽车起重机出现质量问题与出租人无关，而且杨某甲也没有证据证明涉案起重机出现质量问题；锁机是杨某甲未付租金的情况下出租人采取的措施，涉案起重机上的GPS已经没有数据，现无法认定涉案起重机未在使用；杨某甲无证据证明锁机造成其损失过大。

关于合同格式条款的效力，二审法院认为：并非所有的格式条款中的免责条款均无效，若免责条款是提供格式条款方合理化经营所必需，或者其免除的是一般过失责任抑或轻微违约责任，且其又履行了对免责条款的提示说明义务，则该类免责条款应为有效。本案中杨某甲是自主选择的租赁物及其制造商和出卖人，其不依赖出租人康富租赁的技能确定租赁物，故合同约定康富租赁"对租赁物的任何瑕疵均不承担责任"以及杨某甲"不得以租赁物瑕疵、维修或更换、保养等为由拒付租金"的条款不违反公平原则；康富租赁已履行对免责条款的提示说明义务；故杨某甲主张免责条款无效缺乏事实与法律依据。

最终，二审法院判决驳回杨某甲的上诉请求。

三、案件评析

本案的争议焦点之一为出租人作为合同文本的提供方在《融资租赁合同》中免除或者减轻其自身责任、排除对方权利的合同条款的效力问题。法院的观点为，首先，并非格式合同中所有的免责条款均为无效；其次，格式条款免除或者减轻自身责任的，在具备下述情形或者标准时，该类免责条款应为有效：1. 提供格式条款一方未违反公平原则；2. 免责条款乃提供格式条款一方合理化经营所必需，或仅免除一般过失责任、轻微违约责任；3. 格式条款提供方以合理方式履行了提示义务，或者按照对方的要求对该免责条款进行了解释说明。

（一）格式条款的认定

遗憾的是，本案中法院在没有论证系争合同条款是否属于“格式条款”的情况下，便先入为主地援引《合同法》及有关司法解释中的有关“格式条款”的相关规定作为判决的依据，没有对双方当事人是否对相关条款进行过充分协商进行法庭调查，从而使得其整个判决在逻辑上显得有欠周延，也削弱了其说服力。

所谓格式条款系指，当事人为了重复使用而预先拟定，并在订立合同时未与对方协商的条款，其特征为：1. 预先拟定，将意思表示格式化、固定化；2. 可重复使用；3. 由于缔约地位不平等而协商性不足。由此可见，充分的协商性是认定格式条款的关键标准。融资租赁合同并非“天生”便是格式合同，只有在出租人不给予/几乎不给予承租人协商机会的情况下，即承租人被剥夺了“讨价还价”空间的情况下，按照通说的理论才能够被认定为“格式合同”或者“格式条款”。换言之，虽然《融资租赁合同》往往是由出租人提供，但是只要当事人双方对合同条款进行了充分协商，相关条款就不能认定为“格式条款”，不能适用有关格式条款的相关规定，只要相关约定不违反法律、法规与社会善良风俗，应按照普通约定条款对待，法院应当尊重当事人之间的“意思自治”。本案例判决可能正是基于这样的认识，而未对格式条款问题展开论述。

事实上，对于专业性强、操作复杂、金额巨大的融资租赁交易，融资租赁公司是不会提供“格式合同”的，而是需要根据交易的自身特点，“量身定做”符合特定需要的合同，并且提供非常“个性化”的服务，这往往需要和承租人反复磋商才行。只有针对那些重复性强、金额小、批量化的交易，基于交易成本的考量，才会采用格式合同，此时承租人没有/几乎没有“讨价还价”的空间。即便如此，在相对于日常生活中的格式合同来说，融资租赁应属于相对大额的交易，承租人应充分了解合同的内容。

在融资租赁交易中，为防控经营风险的需要，出租人往往在合同中安排免责、限责或排权性格式条款，只要出租人与承租人就相关条款进行了充分协商，最终承租人接受了相关约定，签署了合同，上述条款便不能被认定为“格式条款”。

当然，对于真正的“格式条款”，我们有必要结合《合同法》的相关规定进行分析，揭示格式条款设计所暗藏的风险，并提供对应之策。

（二）《合同法》对格式条款的有关规定。

《合同法》第 39 条第 1 款规定：“采用格式条款订立合同的，提供格式条款的一方应当遵循公平原则确定当事人之间的权利和义务，并采取合理的方式提请对方注意免除或者限制其责任的条款，按照对方的要求，对该条款予以说明。”《合同法司法解释（二）》第 9 条规定：“提供格式条款的一方当事人违反合同法第 39 条第 1 款关于提示和说明义务的规定，导致对方没有注意免除或者限制其责任的条款，对方当事人申请撤销该格式条款的，人民法院应当支持。”

依据上述规定，格式条款的设计应避免严重损害对方当事人正当利益的情形，“免责”“限权”“排权”等条款安排应为合理经营所必需，同时尽到合理的提示与说明义务，否则，对方有权申请撤销该格式条款，损及格式条款提供方利益。

例如，融资租赁公司作为格式条款的提供方，若规定租赁物在租赁期间发生保险事故的情况下，免除其作为租赁物的被保险人和受益人向保险公司行使保险金请求权的义务，约定无论保险公司赔偿与否均不影响承租人偿付租金的义务，则法院会认为上述约定排除了承租人就垫付保险费而获得救济的权利，加重了其责任，属于无效条款，对合同当事人不产生约束效力。①

与此相反，本案系争的如下合同条款：“对租赁物的任何瑕疵均不承担责任”“不得以租赁物瑕疵、维修或更换、保养等为由拒付租金”等，属于《合同法》第244、第247、第248条明确赋予出租人的法定权利，即使加重了承租人的责任，并且未与其就此进行协商，该等条款也不应被认定为“格式条款”。

另外，《合同法》第40条规定：“格式条款具有本法第52条和第53条规定情形的，或者提供格式条款一方免除其责任、加重对方责任、排除对方主要权利的，该条款无效。”《合同法司法解释（二）》第10条规定：“提供格式条款的一方当事人违反合同法第39条第1款的规定，并具有合同法第40条规定的情形之一的，人民法院应当认定该格式条款无效。”

依据《合同法》以及相关司法解释的规定，可将格式条款无效的情形归结如下：1.《合同法》第52条规定的合同无效情形；2.《合同法》第53条规定的免责条款无效情形（造成对方人身伤害的、因故意或者重大过失造成对方财产损失的）；3. 格式条款提供方免除其责任、加重对方责任、排除对方主要权利的，该格式条款无效。

需要注意的是，一般认为，针对上述第1、第2种情形，即便格式条

① 参见武汉市中级人民法院（2013）鄂民商终字第01548号二审民事判决书，2014年3月3日作出。

款提供方尽到了提示义务，相关格式条款也是无效的，故格式条款提供方应避免合同中的格式条款存在上述无效之情形。但是第 2 种情形（《合同法》第 53 条第 1 项："造成对方人身伤害的"）不应适用于融资租赁交易。此时出租人虽然是租赁物的所有人，但是租赁物的选择、购买、验收一般由承租人进行，且承租人占有使用租赁物，若租赁物造成对方人身伤害的，应由承租人承担责任。《合同法》第 246 条明确规定："承租人占有租赁物期间，租赁物造成第三人的人身伤害或者财产损害的，出租人不承担责任。"

关于上述第 3 种情形，各地司法机关的处理尚不统一，主要涉及对"对方主要权利"的解释问题，需要结合具体情形认定条款效力。

（三）《合同法》对格式条款解释的规制

《合同法》第 41 条规定了解释格式条款应遵循的原则：首先按照通常理解进行解释；若格式条款存在歧义的，作出不利于格式条款提供方的解释；格式条款与非格式条款不一致的，应当采用非格式条款。

该解释原则对于格式条款提供方是不利的，倘若格式条款内容或者条款中的概念约定不明确、有歧义，一旦发生争议，不利后果将归于格式条款提供方。另外，事先拟定纠纷解决方式格式条款（"管辖条款"）而签约时未提示，是否属于"加重对方责任、排除对方主要权利"的情形，各地法院把握尺度宽严不一。尽管《民事诉讼法解释》第 31 条规定"经营者使用格式条款与消费者订立管辖协议，未采取合理方式提请消费者注意，消费者主张管辖协议无效的，人民法院应予支持"，但在融资租赁合同中，承租人并非"消费者"，从而不适用该条的规定，但为谨慎起见，租赁公司还是尽到提示义务为好，以防节外生枝。

四、对租赁公司的启示

综合前面的论述，针对格式条款问题向融资租赁公司提出如下参考建议：

1. 在合同条款设计上遵循精准、周延、审慎原则，提高条款的公允性、风险覆盖性，注意在签约过程中搜集、保存当事人双方磋商合同条款的声明、备忘录、谈话录音、电子数据等信息，作为合同经过充分协商的证据，以回应承租人等的“格式条款”抗辩，进而阻断《合同法》有关格式条款规定的适用；以《合同法》、相关司法解释法定化了的免责性规定为依据拟定的合同条款不应属于“格式条款”，而属于出租人的“正当权利”。

2. 对融资租赁合同中的关键性条款（违约条款、风险转移/责任免除条款、纠纷解决条款）采用足以引起对方注意的文字、符号、字体等方式予以标记，并按照对方的要求对该格式条款予以说明；或者单独拟定特定条款，说明订立合同时出租人已经尽到充分的提示说明义务，承租人对相关内容已经完全知悉、理解，对相关条款并无异议，要求承租人、担保人在文件上签字或出具单独声明，证明出租人已经以合理方式尽到相关义务。

3. 融资租赁公司在设计融资租赁合同条款时，应当注意避免出现《合同法》第40条规定的格式条款无效的情形。免责条款、限责条款、排权条款的设计与安排一般应以融资租赁经营的需要为前提，以避免因严重损害承租人利益或违反公平原则而被认定无效。

4. 在融资租赁合同中对一些概念（“服务费”“首付金”“租赁物折旧”“保证金”“税费”等）进行集中定义，明确其性质、用途、交付、违约或合同解除后的处置等内容，例如，在合同中充实“服务费”相关的服务内容，确定“租赁物折旧”的残值计算方式，规定保证金的扣留与返还等，防止法院以约定不明为由作出不利于出租人的解释。

虽然并非所有的融资租赁合同文本均属于“格式文本”，合同中的免责、排权条款也并非都是“格式条款”，但不容否认的是，格式条款已经广泛存在于融资租赁合同之中，它是出租人固化己方利益、防控风险、消减缔约成本、明确权利义务责任的重要工具。格式条款虽看起来咄咄逼人，但却是租赁公司利益的“守护者”，一方面是出租人作为资金提供方的优势地位使然，另一方面也是出租人在融资租赁交易中的角色的定位所决定，它提供资金又让渡租赁物的占有使用权，面临“鸟已入林，空余鸟笼”的局面，必须要牢牢把控“话语权”。同时，承租人的资信状况良莠不齐，经常出现拒付租金、“跑路”或者擅自处分租赁物的情况，迫使出租人不得不穿上“软猬甲”，手持“矛与盾”，不断巩固与强化由格式条款所构筑的“合同堡垒”。特别是在融资租赁法律法规尚不健全的背景下，这一阵地不容弃守。

案例 2.16　提前清偿协议约定不当的风险①

融资租赁合同并非总能因圆满履行完毕而“寿终正寝”，也会因意外安排而“半路夭折”，此时如何做好善后工作，稳妥处理遗留问题并重新布局谋篇，关乎出租人租赁资金的成功退出以及其他相关利益的实现。融资租赁期间如果当事人双方意欲提前终止融资租赁合同，签订提前清偿协议，必须通盘考虑出租人、承租人、供货人、担保人等主体权利义务的承接问题，防止出现责任义务真空，否则极易引发纠纷并损及出租人的商业利益。

仲利国际租赁有限公司诉南通安贝瑞纱业有限公司等融资租赁合同纠纷案②

上诉人（原审原告）：仲利国际租赁有限公司（以下简称“仲利租赁”）

被上诉人（原审被告）：南通安贝瑞纱业有限公司（以下简称“安贝瑞公司”）

被上诉人（原审被告）：黄某甲

被上诉人（原审被告）：黄某乙

---

① 本部分作者为北京市汇融律师事务所律师助理张福广。

② 参见上海市第一中级人民法院（2014）沪一中民六（商）终字第 39 号二审民事判决书，2014 年 4 月 18 日作出。

被上诉人（原审被告）：黄某丙

案外人：晋中开发区贝斯特机械制造有限公司（以下简称“贝斯特公司”）

一、案件基本事实

2011 年 4 月 14 日，仲利租赁、安贝瑞公司及案外人贝斯特公司签订《委托购买合同》，约定仲利租赁委托安贝瑞公司向贝斯特公司购买机器设备细纱机长车 20 台并出租给安贝瑞公司，标的物总价人民币 × ×元。合同约定鉴于安贝瑞公司与贝斯特公司已先行签订买卖合同并支付头款 × ×元，各方同意该款项视作仲利租赁支付之价款，该款的一部分作为 × ×号《租赁合同》（以下简称《租赁合同》）的首付租金，余下的部分安贝瑞公司同意作为支付给仲利租赁的保证金。

2011 年 4 月 14 日，仲利租赁与安贝瑞公司签订《租赁合同》，约定仲利租赁作为出租人向安贝瑞公司出租上述机器设备，租赁期限自 2011 年 4 月 25 日起至 2014 年 4 月 25 日止。首付租金应于 2011 年 4 月 25 日支付，余下租金分 36 期支付。合同约定承租人违约时，出租人得终止租赁合同、请求返还租赁物，承租人应付清全部租金（包括未届期）、损害赔偿、逾期利息及其他费用。

2011 年 4 月 14 日，黄某甲、黄某乙、黄某丙在向仲利租赁出具的《保证书》上签字，保证就租赁合同及其所有附件项下安贝瑞公司对仲利租赁所负债务提供不可撤销的连带责任保证。后安贝瑞公司向仲利租赁确认租赁物交付并经验收合格，仲利租赁向贝斯特公司支付全部尾款。《租赁合同》履行期间，安贝瑞公司如约支付了租金。

鉴于安贝瑞公司之申请，经仲利租赁与安贝瑞公司协商一致，双方签订《提前清偿协议》，其中约定《租赁合同》于 2011 年 8 月 26 日终止，该协议自双方签字盖章之日起生效。同时约定，安贝瑞公司应于协议签订后 30 日内支付解约款 × ×元，双方一致同意将安贝瑞公司所交付仲利租赁的履约保证金抵充解约款的一部分，安贝瑞公司付清上述解约款后，《租赁合同》项下标的物所有权即移转给安贝瑞公司；本协议签署后，视同标的物已交付安贝瑞公司验收完毕。

《提前清偿协议》签订后，安贝瑞公司并未完全按照约定支付解约款，而是分别于2011年9月6日至9月22日、2012年3月16日至2013年1月25日两个时间段向仲利租赁支付部分解约款，仲利租赁仍按照《租赁合同》中约定的每期租金的金额及日期开具租赁费发票，安贝瑞公司对此表示异议，认为应按“解约费”开具。

自2012年1月25日起，安贝瑞公司即出现违约延滞支付租金情形，仲利租赁多次催收未果，故诉至法院。

二、起诉及法院的认定与判决

仲利租赁诉请法院判令：1. 解除其与安贝瑞公司签订的《租赁合同》；安贝瑞公司立即返还《租赁合同》项下租赁物，或者折价赔偿仲利租赁；2. 安贝瑞公司支付租赁合同项下已到期租金；3. 安贝瑞公司支付按租金总余额自应偿还日起计算至清偿日止的违约金，按年利率20%计算；4. 黄某甲、黄某乙、黄某丙对上述债务承担连带保证责任；5. 诉讼费用由安贝瑞公司、黄某甲、黄某乙及黄某丙承担。

法院认为：仲利租赁与安贝瑞公司签订的《租赁合同》合法有效，在该合同履行过程中，双方经协商签订了《提前清偿协议》,《租赁合同》已因双方协商一致而终止，双方应按照《提前清偿协议》的约定履行各自义务，该协议并不因未履行而失效。虽经法院多次释明，仲利租赁仍要求按照《租赁合同》提出诉讼请求，缺乏事实和法律依据，法院不予支持。

因此，法院判决驳回仲利租赁的诉讼请求。

三、上诉与答辩及法院的认定与判决

仲利租赁不服一审法院判决，提出上诉。

仲利租赁上诉称：1. 即使《提前清偿协议》真实有效，在安贝瑞公司严重违反该协议的情况下，仲利租赁仍享有《租赁合同》项下租赁物的所有权，其有权要求返还。2.《提前清偿协议》并未实际履行，基于安贝瑞公司的行为，其已与仲利租赁形成了新的事实融资租赁关系，双方应比照之前的《租赁合同》履行各自义务。3.《提前清偿协议》是为了提前终止《租赁合同》，故原《租赁合同》保证人仍应对《提前清偿协议》项下的款项和责任承担连带保证责任。

被上诉人安贝瑞公司、黄某甲、黄某乙及黄某丙辩称：《租赁合同》及《提前清偿协议》是当事人的真实意思表示，内容合法。安贝瑞公司签约后按约履行，但仲利租赁开具给安贝瑞公司的发票仍以租金名义开具，为此安贝瑞公司提出异议并中止付款。《租赁合同》提前终止后，作为从合同的保证合同自然也提前终止。

法院认为：1. 仲利租赁与安贝瑞公司签订的《租赁合同》《提前清偿协议》均系双方真实意思表示，均合法有效。根据《提前清偿协议》的约定，《租赁合同》于2011年8月26日终止，仲利租赁应按照新协议提出诉讼请求。2. 仲利租赁上诉认为《提前清偿协议》的达成过程及签订背景存疑，但其并未举证证明该协议非仲利租赁的真实意思表示，故本院对仲利租赁上述上诉理由不予采纳。3. 在双方已明确约定终止《租赁合同》的情况下，即使安贝瑞公司未按约履行《提前清偿协议》，亦不能直接导致双方之间重新建立融资租赁合同关系的法律后果，仲利租赁该项理由缺乏事实及法律依据。4.《租赁合同》终止后，仲利租赁无权再依据《租赁合同》请求保证人承担保证责任。

综上，二审法院判决驳回上诉，维持原判。

四、案件评析

本案的争议焦点为：《租赁合同》提前终止，但后签订的《提前清偿协议》并未实际履行，出租人能否依据已终止的《租赁合同》要求承租人返还租赁物、要求保证人承担保证责任。经审判，二审法院认定《租赁合同》已经终止，双方已通过签订《提前清偿协议》对原《租赁合同》项下债权债务作出约定，出租人无权依据原《租赁合同》要求承租人返还租赁物，要求保证人承担保证责任。

本案看似简单，但是反映出融资租赁实务操作过程中经常会遇到的提前解约问题，如果处理不当，出租人很难做到全身而退。故而有必要将其中的风险揭示出来，以警示融资租赁公司加以重视。

通过法院认定的案件事实，我们不难发现如下几个问题：

第一，《租赁合同》的风险防御机制较为完备，拥有诸如保证金、保证人、首付租金预先扣除、请求返还租赁物、逾期违约金、损害赔偿等保障机制；而《提前清偿协议》除了保证金冲抵解约款外，再无其他具有可操作性的有效防范措施。

第二，在承租人主动提出终止《租赁合同》后，出租人未能敏锐嗅出其中可能暗藏的风险，如承租人可能已经出现经营困难，而未能及时对承租人的还款能力重新进行充分调查，做好应对预案。

第三，过早终止《租赁合同》，且未建构起新的、完备的风险防范机制，以致丧失转圜空间而回天乏术。

基于民事领域的意思自治原则，在不违反法律，也不损害国家、社会及第三人利益的前提下，融资租赁合同的当事人经协商一致同意，有权协议解除合同。但是关于融资租赁合同的解除，理论与实务界普遍存在这样的观点，即为了保护出租人的利益，融资租赁合同一般应当遵循“禁止中途解约”的原则，该原则已获得司法界的广泛承认。尽管该原则并非绝对，也并非总是有利于出租人，但是该原则传达了对中途解除融资租赁合同的慎重态度。

面对承租人可能中途解约的问题，笔者提出如下几个初步解决方案与业界诸位共同探讨：

1. 预先在《融资租赁合同》中安排提前清偿条款（或加速到期条款）

该条款应当明确下列内容：提前清偿的条件、还款数额、偿还方式、时间、租赁物的权属状况、租赁物损毁灭失的风险承担、担保措施、已付手续费的处理、已付保证金的处理、违约责任、赔偿金等。如此，当出现中途解约情形时，可直接依托融资租赁合同构筑的风险防御体系进行操作，成本与风险都相对较小。

2. 签订《提前清偿协议》，约定若该协议未获完全履行则未执行部分继续按原《融资租赁合同》履行

一般而言，《融资租赁合同》会针对交易中的风险设计系统化的条款加以应对，尤其是反复斟酌完善后的《融资租赁合同》文本，防范措施较为严密，而合同终止后，很难通过新协议迅速搭建起同等防范严密的制度"堡垒"，难免出现衔接不畅或者挂一漏万的情况，这就可能为日后的纠纷埋下隐患。

故而，签订《提前清偿协议》，同时约定若新协议未完全履行则继续按照原《融资租赁合同》执行，保留利用原合同制度框架的可能性，同时敦促承租人如约履行新协议，可最大限度保护出租人的利益。但是需要注意的是，新协议不能加重担保人的责任。

3. 签订能够覆盖全部主要风险的《提前清偿协议》

倘若出租人认为终止原《融资租赁合同》、签订新的《提前清偿协议》更符合自己的利益，应当尽量使新协议能够覆盖全部主要风险点，特别是在担保的问题上，必要时需要原担保人参与签署新协议，或者要求承租人提供新的担保措施，因为融资租赁合同为主合同，担保合同为从合同，从合同的存在是以主合同的存在为前提的，主合同终止，从合同也会丧失效力。因此，担保机制需要重新建构。

实际上，融资租赁交易从"生"到"死"都离不开担保的"加持"。

因为出租人向供货人给付租赁物价款，向承租人让渡租赁物使用权，可谓“钱物双失”，若无担保物作为屏障，将直接暴露于商业风险之下。因此，在担保问题上，出租人应当保持足够的谨慎。

五、对租赁公司的启示

“一千个人眼中有一千个哈姆雷特”，对于本案，法官关注的是合同效力问题。笔者认为，融资租赁公司关注的侧重点，在于合同终止方式的策略选择问题，以及合同条款的设计问题，最终可归结为合同终止的风险的预防问题。

如果出租人选择在原融资租赁合同框架下处理合同解除问题，则最好在融资租赁合同中事先作出如下约定：“除增加担保人担保负担外，出租人与承租人经协商可变更、解除或终止本合同，均无须取得担保人同意，担保人仍在原担保范围内承担担保责任。”该协议也需担保人签署。出租人与承租人可以对合同的履行签订补充协议，约定未尽事宜仍以原融资租赁合同为准，以保证原合同的风险防控体系继续发挥作用。

倘若出租人决定终止原《融资租赁合同》，签订新的《提前清偿协议》，意味着原已建构的风险防控体系将部分甚至全部消失，届时出租人可能会面对一个“不设防”的险境，需要在新协议中对权利义务、风险承担重新做出安排，对未决问题做出规划，同时需要构建新的利益保障系统，确保新协议中商定的目标能够落到实处。当然，搭建全新的保障系统可能会面临一系列现实困难，如原担保人是否愿意继续承担担保责任，原合同中的保险利益能否顺利承接，新的担保措施能否及时到位，新担保物价值是否需要评估，新保证人是否具备还款能力等。这些都应纳入出租人的成本收益、风险防控考量之中。

概言之，融资租赁公司在做决策时切忌片面强调速度与效率而忽视了法律风险的存在，或者仅把希望放在事后补救上，应该构建好自己的风险预防体系，细化风险防控的环节与流程，梳理风险“节点”，明确责任主体与监管主体，制定严密、有效的风险管理措施，做到“见微以知萌，见端以知末”，及时发现风险，有效化解风险。

案例 2.17　承租人经营船舶产生债务，海事请求人能否从船舶拍卖款项中受偿[①]

最高人民法院于 2015 年发布《关于扣押与拍卖船舶适用法律若干问题的规定》（以下简称《扣船规定》），明确海事请求人能够就光船租赁的承租人因经营船舶而产生的债务在船舶拍卖款项中受偿。那么船舶融资租赁交易中是否同样适用这一规定？笔者在此对本案进行分享和评析，以期提供有益借鉴。

中海工业（上海长兴）有限公司与华融金融租赁股份有限公司、平潭县恒泰船舶服务有限公司船舶修理合同纠纷案[②]

原告：中海工业（上海长兴）有限公司（以下简称“原告”）

被告：华融金融租赁股份有限公司（以下简称“出租人”）、平潭县恒泰船舶服务有限公司（以下简称“承租人”）

一、案件基本事实

2014 年 10 月 4 日，承租人原告签订修船合同，约定由原告修理涉案“泰和达”轮（以下简称“船舶”）。2014 年 10 月 7 日，双方签订结算协议，确认原告已完成修理工作，并确认了产生的修理费数额，但承租人并未向原告结清修理费。

涉案船舶系由承租人从出租人融资租赁而来，船舶登记所有权人为出租人，登记光船租赁人为承租人。船舶于 2014 年 12 月 13 日被法院扣押，

① 本部分作者为北京市汇融律师事务所律师任立。

② 参见宁波海事法院（2015）甬海法商初字第 570 号民事判决书，2015 年 8 月 20 日作出。

2015 年 5 月 13 日依法拍卖，2015 年 6 月 16 日注销光租登记。拍卖涉案船舶公告期间，原告向法院申请债权登记，产生登记申请费 1000 元。

二、起诉与答辩及法院的认定与判决

因承租人欠付修理费，原告向法院起诉，请求判令出租人和承租人向原告支付涉案船舶修理费及利息以及债权登记费，并请求上述债务在船舶拍卖款中受偿。

出租人答辩称：1. 出租人并非涉案合同的当事人，不承担付款义务；2. 原告主张的修理费是承租人的债务，无权在出租人所有的涉案船舶拍卖款项中分配。

承租人未向法院提交答辩意见和证据。

法院认为：原告根据合同约定为承租人经营的船舶进行修理，承租人未付修理款属于违约，故法院对原告要求承租人支付拖欠修理款及利息以及债权登记费的主张予以支持。出租人未参与船舶经营，并非修理合同的相对人，故原告要求出租人支付修理费的主张于法无据，法院不予支持。

船舶融资租赁本质上是出租人为承租人提供的融资服务，融资船舶虽由出租人登记为所有权人，承租人登记为光租人，但与海商法规定的光船租赁合同的法律性质不同，不适用《扣船规定》第 3 条，故原告要求上述修理费用在涉案船舶拍卖款中参与分配的主张于法无据，法院不予支持。

综上所述，法院判决由承租人支付原告船舶修理费及利息以及债权登记费，驳回原告其余诉讼请求。

三、案件评析

本案涉及的主要问题是，在船舶融资租赁中，承租人因经营船舶产生债务，海事请求人能否在船舶拍卖款项中受偿。

《扣船规定》第 3 条规定："船舶因光船承租人对海事请求负有责任而被扣押的，海事请求人依据海事诉讼特别程序法第 29 条的规定[①]，申请拍卖船舶用于清偿光船承租人经营该船舶产生的相关债务的，海事法院应予准许。"法院驳回原告请求的依据是，船舶融资租赁与光船租赁合同的法律性质不同，不适用这一条款。笔者认为，法院虽作出有利于融资租赁公司的判决，但是没有对判决理由进行充分论述。本案涉及的核心问题是《扣船规定》第 3 条是否适用于融资租赁，对此，笔者结合海事相关法律、行政法规、司法解释及国际公约，对这一问题简要评析如下：

（一）《扣船规定》第 3 条的立法目的和解读

1.《扣船规定》第 3 条的立法目的

根据我国《海事诉讼特别程序法》（以下简称《海诉法》）第 23 条第 1 款第（二）项的规定，海事法院可以因光船承租人的债务，扣押光船租赁中的当事船舶。但是由于债务人并非船舶所有人，司法实践中对能否拍卖被扣押的光租船舶产生了不同意见。最高人民法院在制定《扣船规定》时参考我国外贸及航运发展实际情况，明确了"能扣就能卖"的观点，进而在第 3 条中规定，海事法院应准许海事请求人就光船租赁的承租人因经营船舶而产生的债务在船舶拍卖款项中受偿。

立法上之所以允许扣押并拍卖光租船舶，就是为了实现对海事请求人合法债权的有效清偿[②]。船舶具有移动性，且营运中可能发生错综复杂的海事纠纷，海事请求人往往无法轻易确定船东身份，难以及时向其主张责任，因此立法者需要重视如何保障海事请求人的合法权益。在最高人民法

① 《海诉法》第 29 条规定："船舶扣押期间届满，被请求人不提供担保，而且船舶不宜继续扣押的，海事请求人可以在提起诉讼或者申请仲裁后，向扣押船舶的海事法院申请拍卖船舶。"

② 李伟．光租船舶扣押与拍卖的法律问题研究——兼评 2015 年《最高人民法院关于扣押与拍卖船舶适用法律若干问题的规定》第三条［J］．社会科学辑刊，2015（6）：92.

院召开的新闻发布会上[①]，发言人表示起草《扣船规定》时考虑了英美法系海事诉讼中特有的对物诉讼制度，即权利人可针对船舶本身提起诉讼，无论船舶所有人是谁、是否应承担责任。《扣船规定》第3条允许海事请求人申请拍卖船舶并在拍卖款中受偿就体现了这一内涵。

2. 对第3条中“海事请求”的理解

《海诉法》第21条共列举了22项可以申请扣押船舶的海事请求，事由包括船舶营运造成的财产灭失或人身伤亡，海难救助，共同海损，船舶建造、管理和维修，等等，和《1999年国际船舶扣押公约》第1条中定义的海事请求种类基本完全一致。笔者认为，只有当事人的请求符合《海诉法》第21条列举的范围，其请求才成为海事请求，当事人成为海事请求人，《扣船规定》第3条得以适用。

同时，《扣船规定》第3条规定光船承租人需对海事请求“负有责任”，这里的“负有责任”从外延上理解，既可以包括光船承租人经营期间对第三人产生的债务责任，也可以包括光船承租人对其在船上配备的船长和船员的债务责任等。这些债务中既有一般性债务，也有具有船舶优先权的特殊债务[②]。有学者认为，在最高人民法院未对该条做出进一步明确解释时，应将该条解释为，凡是符合要求的海事请求人，均可适用该条规定。

（二）《扣船规定》第3条在船舶融资租赁中的适用

1. 《扣船规定》第3条是否应当适用于船舶融资租赁

字面意义上，《扣船规定》第3条仅适用于光船租赁，但是船舶融资租赁和光船租赁存在很多相似之处，笔者认为不排除船舶融资租赁交易中适用该条款的可能。

---

① 参见2015年2月28日10：00最高人民法院“关于扣押与拍卖船舶适用法律若干问题的规定新闻发布会”全文实录，http：//www. live. chinacourt. org/chat/fulltext/listId/39723/template/courtfbh20150228. shtml.

② 李伟．光租船舶扣押与拍卖的法律问题研究——兼评2015年《最高人民法院关于扣押与拍卖船舶适用法律若干问题的规定》第三条［J］．社会科学辑刊，2015（6）：93.

首先，就定义而言，船舶融资租赁是指出租人根据承租人的要求和选择购买船舶，并将购买的船舶出租给承租人使用，承租人向出租人支付租金的行为。《海商法》第 144 条规定："光船租赁合同，是指船舶出租人向承租人提供不配备船员的船舶，在约定的期间内由承租人占有、使用和营运，并向出租人支付租金的合同。"二者不但定义类似，实践中也经常发生混同，特别是《海商法》第 154 条规定："订有租购条款的光船租赁合同，承租人按照合同约定向出租人付清租购费时，船舶所有权即归于承租人。"有学者认为，光船租赁在这种情况下一定意义上已变为船舶融资租赁。①

即使光船租赁合同中不存在留购条款，无论在船舶融资租赁还是光船租赁中，承租人均需自行配备船员并占有、使用和营运船舶，承担维修、保养义务，对船舶承担的权利义务基本一致，因此船舶融资租赁和光船租赁承租人都应对其海事请求人承担责任。

其次，虽然我国于 1992 年颁布的《海商法》中并无调整融资租赁交易项下船舶关系的规定，但在海事实践中，船舶融资租赁交易自动适用《海商法》的相关规定，如船舶融资租赁的登记适用《海商法》中船舶的国籍登记、所有权登记、光船租赁登记等，在承租人运营船舶时则适用运输单证、船舶碰撞、共同海损、海事赔偿等规定。

《海商法》第 22 条规定了具有船舶优先权的五类海事请求，虽然《合同法》第 246 条规定："承租人占有租赁物期间，租赁物造成第三人的人身伤害或者财产损害的，出租人不承担责任。"但根据特别法优于一般法的原则，《海商法》中关于船舶优先权的规定在船舶融资租赁中仍有优先适用的效力。

再次，交通运输部办公厅 2008 年颁布的《关于规范国内船舶融资租赁管理的通知》第 4 条规定，以融资租赁方式新建或购置的船舶，其出租人与承租人之间按光船租赁关系办理登记手续；海事局 2015 年印发的

① 郑雷．船舶融资租赁法律问题研究［M］．北京：法律出版社，2012：74.

《船舶登记工作规程》第 74 条规定，融资租赁船舶应办理船舶所有权登记和光船租赁登记，并在光船租赁登记证书上附注“融资租赁”。即在现行登记制度下，船舶融资租赁的承租人租赁权登记比照适用光船租赁登记的规定，公示出租人的租赁权并取得对抗第三人的效力，侧面肯定了船舶融资租赁和光船租赁承租人具有相同的法律地位。

另外，在光船租赁中，出租人与承租人是一种传统的财产租赁关系，出租人让渡船舶的使用权以收取租金，租金只是让渡使用权的对价①；而船舶融资租赁的出租人对船舶享有所有权，一方面将船舶所有权作为获取租金的基础，另一方面将其作为合同履行中实现对承租人应付租金债权的保障②，出租人免除了作为所有权人本应承担的义务和责任，可以说其对租赁物享有的所有权是一种弱化的所有权。根据“举重以明轻”的类推原则，既然光船租赁出租人需要根据《扣船规定》承担海事请求人在船舶拍卖款项中受偿的风险，那么船舶融资租赁出租人的所有权弱于光船租赁出租人，更应承担这一风险。

另有反对观点称：既然《合同法》第 242 条规定融资租赁出租人享有租赁物的所有权，租赁物不属于承租人的破产财产，那么船舶融资租赁交易中承租人只能以自己所有的财产对外承担责任，海事请求人无权在船舶拍卖价款中受偿，因此《扣船规定》第 3 条与《合同法》第 242 条互相矛盾。对于这一争议，笔者参考了国际统一私法协会制定的《国际融资租赁公约》，其中第 7 条第 1 款明确规定“出租人对设备的物权应可有效地对抗承租人的破产受托人和债权人，包括已经取得扣押或执行令状的债权人”；然而该条第 5 款规定了第 1 款的例外情况，明确：“本条不得影响享有以下权利的任何债权人的优先权：……b. 根据国际私法规则确定的适用法律对特别是船舶或飞机拥有的任何扣留、扣押或处置的权利。”即《国际融资租赁公约》主张海事请求权的效力优于出租人对船舶享有的物权。

---

① 薛正纲，船舶融资租赁合同与船舶光租合同的比较［EB/OL］. 中国海事审判网，2002. http：//old. ccmt. org. cn/showexplore. php？ id = 238.

② 方团益. 船舶融资租赁下的所有权制度研究［J］. 知识经济，2010（02）：11.

有学者认为：船舶融资租赁出租人仅保留名义上的所有权作为收回其投资的最终保障，这种名义上的船舶所有权不足以对抗海事请求权，可见《海商法》等海事法律对于船舶扣押拍卖的规定应优先于《合同法》适用。因此，扣押融资租赁船舶与出租人享有取回权并不矛盾，它们是不同法律制度适用的不同结果①。笔者对这种看法表示赞同。

综上所述，虽然《扣船规定》第3条仅规定了拍卖船舶所清偿的债务为光船承租人承担的债务，但笔者认为在船舶融资租赁中，不排除海事请求人依据该条规定，向海事法院主张从拍卖船舶的价款中受偿。

具体到本案中，原告为涉案船舶进行修理，属于《海诉法》第21条第（十二）项“为船舶营运、管理、维护、维修提供物资或者服务”。结合前文分析，原告是适格的海事请求人，判决本案不适用《扣船规定》第3条值得商榷。

2. 融资租赁公司面临的风险和防范措施

船舶不同于普通动产，其上往往负担海事请求，受到《海商法》《海诉法》及《扣船规定》中海事请求人优先受偿条款的约束。即便出租人在融资租赁项下只承担支付船舶购买价款的义务，不参与任何船舶经营活动，但如果承租人在船舶运营中产生债务，那么相关的海事请求人都可能依法申请扣押和拍卖船舶并从拍卖款中受偿，导致出租人作为船舶所有人承担了巨大的风险。尽管本案判决有利于融资租赁公司，但不能排除其他法院今后审理类似案件时援引《扣船规定》第3条，支持海事请求人的主张，作出和本案相反的裁判。

因此，融资租赁公司在进行船舶融资租赁业务时需要预估到存在船舶被扣押和拍卖的风险，采取谨慎设计交易结构、在船舶融资租赁合同中明确各方责任、要求承租人提供担保等风险控制措施，保障融资租赁公司的利益。

---

① 冯玖聚．融资租赁船舶可扣性分析［J］．法治与社会，2013，4（上）：264.

案例 2.18　船员对租赁船舶的优先权[①]

船舶融资租赁是一种常用的船舶融资模式，在船舶融资租赁交易中，船舶应当进行船舶所有权登记和光船租赁登记，承租人应当依法取得水路运输经营资格等，这些事项作为硬性指标往往会受到出租人足够的重视，而船舶优先权作为一种具有隐秘特质的潜在风险经常被出租人忽视或者无法及时察觉。作为一种法定权利，出租人无法通过合同约定的方式规避该风险，需要寻找到切实有效的风险预防措施，才能够应对表现形式各异的船舶优先权所带来的风险。下述法院判决可谓是对融资租赁企业在船舶融资租赁领域开展业务的一个警示。

乔某某与大连航运集团有限公司、国银金融租赁股份有限公司船员劳务合同纠纷案[②]

原告：乔某某

被告一：国银金融租赁股份有限公司（以下简称“国银公司”）

被告二：大连航运集团有限公司（以下简称“航运集团”）

一、案件基本事实

2002 年 11 月 24 日，乔某某与航运集团签订劳动合同书，约定航运集团根据工作需要安排乔某某在船舶岗位工作，工作期限为 2002 年 11 月 24 日—2017 年 11 月 23 日，航运集团以货币的形式于每月 19 日前按月工资形式支付乔某某报酬。2014 年 12 月 24 日，航运集团调派乔某某到“连航浚 1”轮任轮机员。航运集团按月汇总出具乔某某工资单，每月发放其上一个月的工资。据查，国银公司是“连航浚 1”轮的登记所有人与实际所

① 本部分作者为北京市汇融律师事务所张福广。

② 参见大连海事法院（2016）辽 72 民初 742 号民事判决书，2016 年 10 月 28 日作出。

有人，航运集团是该船舶承租人与经营人。实际上，航运集团未按月向乔某某足额给付工资，自2014年12月—2016年7月，航运集团拖欠乔某某工资及伙食津贴共计××元。乔某某于2016年9月8日向法院申请扣押“连航浚1”轮，法院于2016年9月12日裁定在辽宁省大连市香炉礁大连新海航运有限责任公司码头扣押“连航浚1”轮。

二、起诉与答辩及法院的认定与判决

原告请求法院判令：1. 请求判决航运集团向其给付自2014年12月24日起至2016年7月31日止的工资、伙食津贴共计××元；2. 国银公司就上述款项承担连带责任；3. 确认其就第一项诉讼请求的款项对“连航浚1”轮具有船舶优先权；4. 本案案件受理费由国银公司、航运集团共同承担。

航运集团同意乔某某的全部诉讼请求。

国银公司辩称：1. 国银公司虽是“连航浚1”轮的船舶所有人，但与乔某某之间不存在劳动合同关系，且无法核实航运集团欠付乔某某工资等相关事实；2. 对乔某某依法在其起诉日前一年的真实工资数额具有船舶优先权没有异议①，但欠付的其他工资应为普通债权，不具有船舶优先权；3. 船舶优先权与连带责任系两个法律问题，国银公司对航运集团欠付乔某某的工资不应承担连带清偿责任。

法院认为：本案系船员劳务合同纠纷。乔某某与航运集团签订劳动合同是双方当事人的真实意思表示，依法成立、生效，乔某某、航运集团均应按照合同的约定全面履行各自的权利、义务。现航运集团欠付乔某某工资、伙食津贴等，应承担给付责任。另外，依据海商法关于船舶优先权的规定，船员工资及其他劳动报酬的海事请求，在权利产生之日起一年内行

---

① 具有船舶优先权的海事请求，自优先权产生之日起满1年不行使则消灭（这1年期间不以任何理由中断或中止）。

使的，对产生该海事请求的船舶具有优先受偿的权利。故而，乔某某自2015年8月1日至2016年7月31日在“连航浚1”轮工作期间的工资、伙食津贴共计××元对“连航浚1”轮具有船舶优先权；乔某某自2014年12月24日至2015年7月31日的工资、伙食津贴共计××元属扣押船舶之日一年前产生的债权，对“连航浚1”轮不具有船舶优先权。乔某某主张航运集团与国银公司就涉案债权承担连带责任没有法律依据，法院不予支持。

综上，法院判决如下：1. 航运集团给付原告乔某某自2014年12月24日起至2015年7月31日止的工资、伙食津贴共计××元；2. 航运集团给付原告乔某某自2015年8月1日起至2016年7月31日止的工资、伙食津贴共计××元；3. 确认原告乔某某就判决第二项的债权对“连航浚1”轮具有船舶优先权；4. 驳回原告乔某某的其他诉讼请求。

三、案件评析

本案对于从事船舶融资租赁的租赁公司具有警示性意义。因为在船舶融资租赁中，船舶所有人的船舶所有权除了受到传统留置权、抵押权等显性担保物权的挑战外，还受到船舶优先权的潜在威胁，而这一点往往被忽视。即便承租人没有违反融资租赁合同，由于船舶优先权的存在，出租人对船舶的所有权也有可能受到损害，出租人因此所面临的风险远远超出了融资租赁合同的范畴。

本案中，从劳动合同关系的角度来看，船员乔某某与航运集团签订了劳动合同，合同约定由航运集团向其支付工资与伙食津贴，故而海事法院依据合同的相对性原则否认乔某某与国银公司之间存在劳动合同关系，航运集团作为用人单位应当依约履行支付船员工资及伙食津贴的义务。但是法院确认了乔某某部分工资和伙食津贴的诉讼请求对“连航浚1”轮具有船舶优先权，这意味着，即便船员与船舶所有人之间不存在劳动合同关系，也可向船舶所有人主张船舶优先权。

那么，何谓“船舶优先权”，它属于什么性质，具有何种功能？下面将作出进一步阐释：

（一）船舶优先权

基于融资租赁交易中租赁物所有权与使用权分离的特点，在一般性融资租赁交易中，出租人将船舶交付承租人占有、使用、收益，承租人在经营过程中发生的债务出租人不承担责任。但是基于船舶融资租赁的特殊性以及船舶优先权旳法定性，在租赁期间内，即便是源于承租人自身过错而造成的欠付船员工资、港口规费、造成人身伤害、海上环境污染等情形，都会使出租人的自物权受到威胁，暴露于多重危险之下。

《中华人民共和国海商法》（以下简称《海商法》）第 21 条规定，相关海事请求人可以向船舶所有人、光船承租人、船舶经营人提出海事请求，并对产生该海事请求的船舶具有优先受偿的权利。《海商法》第 22 条规定了下列各项海事请求具有船舶优先权：“（一）船长、船员和在船上工作的其他在编人员根据劳动法律、行政法规或者劳动合同所产生的工资、其他劳动报酬、船员遣返费用和社会保险费用的给付请求；（二）在船舶营运中发生的人身伤亡的赔偿请求；（三）船舶吨税、引航费、港务费和其他港口规费的缴付请求； （四）海难救助的救助款项的给付请求；（五）船舶在营运中因侵权行为产生的财产赔偿请求。”

本案中，乔某某关于工资和伙食津贴的请求属于《海商法》第 22 条第 1 项规定的内容，法院确认其对该项债权的实现享有船舶优先权。乔某某虽然无法依据劳动合同要求国银公司承担给付义务，但是可以申请法院扣押相关船舶，并以拍卖、变卖所得价款优先受偿，出租人面临丧失船舶所有权的危险。

（二）船舶优先权的性质和特点

1. 船舶优先权的性质

船舶优先权以船舶为标的，以担保特定债权的实现为目的，以司法程序中扣留、拍卖、变卖船舶并以其所得价款优先受偿为手段，性质上类似于一种法定的担保物权。事实上对于船舶优先权的性质始终充满争议，理论界存在着“债权说”“物权说”“担保物权说”以及“程序权利说”等几种学说，《海商法》回避了对船舶优先权做出直接定义，而是以列举的方式明确了产生船舶优先权的几种情形，也是为了避免介入这一领域的争议。但是，船舶优先权基于其优先保护性、对世性、追及性、附随性等特点，更符合担保物权的一般特征。

2. 船舶优先权的特点

首先，船舶优先权具有法定性。《海商法》在其第二章中单列一节（第三节）对船舶优先权作了较为系统的规定，它不可能通过合同约定而排除。其次，船舶优先权具有秘密性。船舶优先权不以登记或者占有作为成立要件，也无须公示，“它悄然降临，而你可能对此一无所知”，这一点尤其值得融资租赁公司警惕。再次，船舶优先权具有优先性，它所担保的债权优先于留置权、抵押权担保的债权以及其他普通债权受偿。然后，船舶优先权具有追及性，它不因船舶所有权的转让而消灭，而是一旦产生便随船舶转移而转移。最后，行使方式的司法强制性与行权的时效性。依法扣押、拍卖、变卖船舶是船舶优先权实现的必经程序。由于船舶优先权无须公示但却拥有最优受偿顺位，为了平衡船舶优先权人与其他船舶担保物权权利人之间的利益，海商法对船舶优先权规定了较短的保护期间（1 年除斥期间），以督促船舶优先权人尽快行使优先权，也同时快速消除船舶上所存在的未经公示的权利负担，避免风险累积过大。

综上所述，船舶优先权具有极强的排他性，可排斥任何人独享船舶的处分权，不论船舶在何处归属何人，也不论取得人是否善意，均可追及并行使，其所担保的债权在所有债权中享有最高受偿权。如此安排受偿顺序，乃是法律公平公正原则的体现和利益衡量的结果：一方面，船长、船员、被侵权人属于弱势一方，法律应当予以倾斜性保护；另一方面，对船舶安全做出贡献的人也要给予优先保护，鼓励船舶间的相互救助行为。

（三）结论

本案在船员与出租人不存在劳动合同关系的情况下，法院仍然判决船员的工资与伙食津贴诉请对相关船舶拥有船舶优先权，表面看来似乎有些不合法理。但是，本案事实符合了《海商法》第 21 条、第 22 条的规定：a. 船员的给付请求有劳动合同作为请求权基础；b. 船员的给付请求产生于在船上的工作，船员的海事请求便具有船舶优先权，体现了对船员的倾斜性保护。因此，笔者认为，本案判决是合理、合法的。

四、对租赁公司的启示

对于船舶融资租赁公司而言，船舶优先权是一种看不见的威胁，是一柄“时刻悬在头顶上的达摩克利斯之剑”，对于船舶融资具有一定的负面影响。一旦出现船舶优先权情形，出租人很可能面临船舶被扣押、船舶价值降低，甚至丧失船舶所有权的风险，继而可能影响到船舶融资租赁目的的实现，承租人可能要求解约或者拒付租金，产生多米诺骨牌效应。因此，以本案判决为警示，建议出租人采取以下措施防范船舶优先权风险：

1. 检验。出租人购买船舶前委托专业的验船机构对船舶进行检验，并要求验船师通过与船员交流等多种途径了解船舶是否发生过海事事故、有无拖欠船员工资等可能产生船舶优先权的情况。另外，依据《海事诉讼特别程序法》的规定，船舶转让时，受让人可以向海事法院申请船舶优先权催告，催促船舶优先权人及时主张权利，催告期间为 60 日。船舶优先权催告期限届满，无人主张船舶优先权的，海事法院应当根据当事人的申请作出判决，宣告该转让船舶不附有船舶优先权。

2. 追偿权。在融资租赁合同中事先约定，出租人在承担船舶优先权产生的相应责任后，享有向承租人追偿的权利。

3. 向船东互保协会投保。该协会承保某些涉及船舶优先权担保的债权项目，如船员遣返费用的给付请求、海难救助款项的给付请求、船舶营运过程中因侵权产生的财产赔偿请求权等，还可承保船舶在扣押期间的日常费用损失。

4. 为避免承租人因出现船舶优先权情形中途解约从而给出租人带来租金落空的损失，双方可事先在融资租赁合同中约定出现船舶优先权情形时的解决办法。

5. 要求承租人提供保证金担保或者保证人担保，由于承租人过错而引发的船舶优先权情形导致船舶被扣押的，承租人须负责处理相关问题以促成船舶解除扣押，否则出租人有权不返还承租人的保证金，或者要求保证人承担相应的责任。

6. 依据《海商法》第29条的规定，船舶优先权的行使具有时效性，对其适用一年期的除斥期间，期间不发生中止、中断，如果船舶优先权人自该优先权产生之日起满一年没有行权，则优先权消灭，融资租赁公司将无须承担相关责任。

案例2.19　光船出租人并非承运人或实际承运人，对托运人的损失不承担责任[①]

在海上货物运输纠纷中，托运人有可能将船东视为承运人或实际承运人，而将船东列为共同被告，但在识别承运人的过程中，若船舶为光船租赁而来，船东则无须承担承运人的责任。鉴于船舶融资租赁交易与光船租赁交易存在很多相似性，在船舶融资租赁实务中，船舶融资租赁应按光船租赁交易规则办理光船租赁登记，以达到公示作用。

阿迪卡提科普拉塔玛有限公司与工银金融租赁有限公司、上海瑞宁航运有限公司海上货物运输合同纠纷案[②]

原告：阿迪卡提科普拉塔玛有限公司（以下简称“阿迪公司”）

① 本部分作者为北京市汇融律师事务所合伙人邹颖。

② 参见天津海事法院（2014）津海法商初字第525号民事判决书，2014年11月6日作出。

被告：工银金融租赁有限公司（以下简称“工银租赁”）
被告：上海瑞宁航运有限公司（以下简称“上海瑞宁”）
案外人宝鑫国际（香港）有限公司（以下简称“宝鑫公司”）

一、案件基本事实

2013 年 4 月 15 日，阿迪公司作为卖方与宝鑫公司作为买方签订镍矿买卖合同。2013 年 5 月 15 日，上海瑞宁经营的“瑞宁 3”轮将该等镍矿自印度尼西亚某港口运往中国连云港。“瑞宁 3”轮船长崔某某委托的代表签发了已装船清洁提单。2013 年 5 月 25 日，“瑞宁 3”轮到达连云港锚地，5 月 26 日开始卸货，5 月 30 日卸货完毕。后阿迪公司持正本提单拟行使提货权时，发现涉案货物被无单放货，已被提空。根据镍矿买卖合同约定，阿迪公司应收货款约为 193 万美元，现阿迪公司未收到货款且无法提到货物，阿迪公司认为工银租赁作为“瑞宁 3”轮的船舶所有权人，上海瑞宁作为“瑞宁 3”轮的船舶经营人，两方对于无单放货给阿迪公司造成的损失，均负有赔偿义务。

另外，工银租赁已于 2010 年与上海瑞宁就该“瑞宁 3”轮开展融资租赁交易，租期为 15 年，且双方已就该船舶于 2010 年 3 月 24 日在天津海事局办理了光船租赁登记。

二、起诉与答辩及法院的认定与判决

阿迪公司主要诉请：上海瑞宁无单放货给原告造成了货物损失，对此损失，工银租赁和上海瑞宁对于无单放货给阿迪公司造成的损失，负有连带赔偿义务。

工银租赁辩称：1. 工银租赁与上海瑞宁之间是融资租赁合同关系，工银租赁并非涉案提单项下货物运输关系中的承运人；2. 工银租赁和上海瑞宁已经依法向天津海事局办理了光船租赁登记。工银租赁为证明其主张提供了船舶所有权登记证书、光船租赁登记证明书、融资租赁合同以及船舶已交付给上海瑞宁使用等证据。

上海瑞宁辩称：不存在无单放货的情况，涉案货物仍在“瑞宁 3”轮指定的堆场。

法院归纳本案争议焦点如下：1. 是否存在无单放货行为；2. 两被告是否应当对原告的货损承担赔偿责任；3. 原告诉请的货损金额有无事实依据和法律依据。

法院认为：阿迪公司是托运人，上海瑞宁作为“瑞宁 3”轮的光船租赁人是承运人。阿迪公司持有全套正本提单，上海瑞宁作为承运人无法向阿迪公司交付货物，亦不能提供货物的准确存放场所，宝鑫公司曾向上海瑞宁出具过无单放货保函，上述情况可以推定上海瑞宁已经于卸货港在无正本提单的情况下交付了货物。《最高人民法院关于审理无正本提单交付货物案件适用法律若干问题的规定》第 2 条规定：“承运人违反法律规定，无正本提单交付货物，损害正本提单持有人提单权利的，正本提单持有人可以要求承运人承担由此造成损失的民事责任。”上海瑞宁在未收回正本提单的情况下已在卸货港交付货物，阿迪公司作为本案全套正本提单的持有人，有权请求上海瑞宁承担赔偿损失的责任。工银租赁作为“瑞宁 3”轮的船舶所有权人，已将“瑞宁 3”轮光船租赁给上海瑞宁，且上述光船租赁已办理登记手续，与涉案运输无关，关于阿迪公司对工银租赁的诉讼请求，不予支持。

法院判决：1. 上海瑞宁赔偿货物损失并支付相应利息；2. 驳回阿迪公司对工银租赁的诉讼请求。

三、案件评析

本案属于海上货物运输合同纠纷，根据《海商法》第 48 条、第 60 条、第 63 的规定，承运人应当妥善地、谨慎地装载、搬移、积载、运输、保管、照料和卸载所运货物。承运人将货物运输或者部分运输委托给实际承运人履行的，承运人仍然应当对全部运输负责。承运人与实际承运人都负有赔偿责任的，应当在此项责任范围内承担连带责任。

另外，《海商法》第42条对于“承运人”和“实际承租人”作出了明确规定：“承运人”是指本人或者委托他人以本人名义与托运人订立海上货物运输合同的人。“实际承运人”是指接受承运人委托，从事货物运输或者部分运输的人，包括接受转委托从事此项运输的其他人。

因货物运输合同发生纠纷，在划分当事人责任时，关键需要识别承运人和实际承运人。在航次租船或定期租船模式下，船舶所有人一般被认为是承运人，在承租人与托运人签订运输合同时，往往认为承租人是承运人，船舶所有人是实际承运人。在签发提单的情况下，提单签发人往往作为识别承运人的线索，若提单为船长签发，船东则有可能被认定为承运人。由于以船舶所有权人为被告，原告有机会通过申请扣船获得清偿，因此，大多数情况下，即使提单持有人知悉船舶为承租船舶，提单持有人一般仍以船舶所有权人和承租人为共同被告。

但在融资租赁交易和光船租赁模式下则与上述定期租船或航次租船中承运人的认定不同，鉴于融资租赁交易和光船租赁模式具有很强的相似性，笔者以融资租赁交易为例予以论述：第一，融资租赁交易具有典型的所有权与使用权相分离的特征。船舶所有权虽登记在出租人名下，但船舶占有、使有和收益的权利在租赁期限内已让渡给承租人，承租人在租赁期限内自行配备船长、船员以及船舶航行所用物料，负责维护和维修船舶，确保船舶处于良好状态为承租人使用，并自行决定船舶管理和经营方式，出租人既不参与船舶的管理和经营，也无法掌控船舶。第二，融资租赁交易“融资”的特征决定了出租人和承租人权责利的分配。出租人和承租人开展融资租赁交易的主要目的是解决承租人的融资需求，出租人作为资金提供方，交易的主要目的是收取租金，除非当事人另有约定，船舶运营过程中的收益由承租人享有。相应地，船舶使用、管理和运营的风险，包括船舶未在审批的航行区域内航行、运载违禁货物、船舶造成第三人损失、承租人因自己的原因或不当行为导致的经营风险由承租人自行承担。

由此，承租人自行与托运人建立运输合同关系，或由承租人委派的船长签发提单，则承租人属于运输关系项下的承运人或实际承运人，而融资租赁交易或光船租赁模式下出租人未参与运输交易，非运输合同的相对方，对托运人的损失当然不承担责任。

四、对租赁公司的启示

近年来，为解决船舶融资租赁登记的空白，自2008年起，国家海事局、交通运输部分别公布了《关于规范国内船舶融资租赁管理的通知》（厅水字〔2008〕1号）、《关于融资租赁船舶登记有关事项的通知》（海船舶〔2010〕524号）、《船舶登记工作规程》（2015年1月4日实施）、《船舶登记办法》（交通运输部令2016年第85号）等规定。根据上述规定，融资租赁船舶应办理船舶所有权登记和光船租赁登记，并在光船租赁登记证书上附注“融资租赁”，由此，随着船舶登记制度的完善，船舶融资租赁登记有法可依。

需要注意的是，即使出租人办理光船登记，并附注了“融资租赁”，作为船舶所有权人，仍有可能被牵扯至诉讼之中。因此，建议出租人在融资租赁合同中约定非出租人原因导致出租人被动参与诉讼的成本和费用由承租人承担。

第三章

融资租赁合同的违约责任

案例3.1　出租人在加速到期诉请中是否有权主张未到期租金部分的违约金①

实践中，因承租人欠付租金，出租人诉请融资租赁合同加速到期的融资租赁案件占相当高的比例。此类诉请对于出租人而言，可以一次性要求承租人支付在融资租赁合同项下的全部到期及未到期租金、违约金及其他应付款项，如果承租人具备支付能力的，该诉请方案当属最佳方案。本文针对出租人在加速到期诉请项下加速到期日的确定以及出租人是否有权主张未到期租金部分的违约金等问题予以探讨，以期提供有益借鉴。

长春市双阳区中医院与平安国际融资租赁公司融资租赁合同纠纷案②

上诉人（原审被告）：长春市双阳区中医院（下称“承租人”）

被上诉人（原审原告）：平安国际融资租赁有限公司（下称“出租人”）

一、案件基本事实

2014年11月20日，出租人与承租人签订《融资租赁合同》，约定出租人根据承租人的要求以及承租人对出卖人和租赁物的完全自主选定，向出卖人购买租赁物，租赁给承租人使用，承租人按约向出租人按时、足额支付租金；租赁期限60个月，租金支付期次共20期，租金总额5857550

① 本部分作者为北京市汇融律师事务所王文佳。

② 参见上海市第一中级人民法院（2017）沪01民终6186号民事判决书，2017年6月22日作出。

元；如果在合同签署后任何时间，承租人未按时、足额支付出租人任一期租金和/或合同项下其他应付款项，出租人有权加速到期，要求承租人付清全部租金及其他应付款项，逾期未付清的，承租人和/或保证人还应就逾期支付加速到期款另行偿付相应的违约金；当承租人未按约支付到期应付租金、加速到期款及其他款项，延迟期间就迟付部分承租人向出租人支付延迟付款的违约金，违约金按每超过一天为延迟付款金额的万分之五计算。

承租人在《融资租赁合同》签订后，向出租人支付了保证金、服务费及部分租金，2015 年 10 月 30 日后未再向出租人支付任何款项。出租人向承租人寄送《逾期租金催收函》《律师函》，对逾期租金进行催收，未果。出租人向承租人送达《加速到期通知书》，宣布涉案《融资租赁合同》于 2016 年 1 月 15 日到期。

二、起诉与答辩及法院的认定与判决

出租人诉至法院请求：1. 判令承租人支付出租人全部未付租金及留购价款（扣除保证金）；2. 判令承租人支付加速到期日前产生的逾期违约金（以到期未付租金为基数，延付一天按日万分之五，以实际欠款天数计算，实际逾期天数自每期租金日次日起算至加速到期日止）；3. 判令承租人支付自加速到期日的次日起至款项实际清偿日止的违约金（以全部未付租金并扣除保证金为基数，延付一天按日万分之五，以欠款天数计算）；4. 判令承租人承担本案诉讼费、财产保全费。

法院认定：根据《合同法》第 248 条的规定，承租人应当按照约定支付租金，承租人经催告后在合理期限内仍不支付租金的，出租人可以要求支付全部租金；根据涉案《融资租赁合同》约定，承租人未按时足额支付出租人任一期租金或其他应付款项的，出租人有权宣布加速到期，要求承租人付清全部租金及其他应付款项，并偿付相应的违约金，违约金按合同约定计算。本案出租人已按约履行了涉案《融资租赁合同》项下的相应义务，而承租人未能按约支付相应的租金，显已构成违约，出租人主张《融资租赁合同》加速到期并要求承租人立即付清全部到期和未到期租金及其他款项、违约金，具有合同及法律依据，予以支持。

关于加速到期日，承租人收到出租人寄送的《加速到期通知书》中载明加速到期日为 2016 年 1 月 15 日，该日即为加速到期日。关于违约金，承租人未按照合同约定向出租人支付租金，必然给出租人造成资金被占用的损失，涉案《融资租赁合同》约定违约金计算方式为延迟付款金额的每日万分之五，于法不悖，予以支持。其中，出租人主张的加速到期日之前的违约金金额、加速到期日之后违约金以全部未付租金扣除保证金后数额为基数计算，法院均予以确认。

法院判决：1. 承租人向出租人全部未付租金及留购价款（扣除保证金）；2. 承租人向出租人偿付截至加速到期日的迟延付款违约金以及自加速到期日次日起至款项实际清偿之日止的迟延付款违约金（以全部未付租金及留购价款扣除保证金为基数，按每日万分之五，以实际欠款天数计算）；3. 案件受理费及财产保全费由承租人负担。

三、上诉与答辩及法院的认定与判决

承租人上诉称：1. 按照《融资租赁合同》，承租人应在 60 个月的期限内支付全部租金，但原审判决合同加速到期，使得承租人在不满 14 个月期限内支付全部未付租金，造成承租人现在应付的租金及利息与 51 个月后应负的租金和利息相同，据此计算的利息、违约金和服务费相加超过了年率 24%。2. 违约金应以守约方产生的实际损失为前提，但出租人无证据证明存在损失，故原判决支持违约金无事实和法律依据。

出租人辩称：原审判决认定的违约金符合《融资租赁合同》约定。

法院认定：1.《融资租赁合同》约定在承租人违约的情况下，出租人有权宣布加速到期，并按每日万分之五计收违约金，原审据此判决符合合同约定，且违约金每日万分之五的标准折合年利率也并未超过 24%。2. 承租人上诉称利息、违约金和服务费之和超过年利率 24%，对此法院认为，首先，原审判决承租人支付的款项性质为租金、留购款和违约金，并未判决承租人支付利息，故不存在所谓利息过高的基础；其次，服务费是承租人基于出租人提供的服务而支付的对价，与违约金或利息性质迥异，不能共同作为计算年利率是否超过24%的计算基础。3. 所谓违约造成的损失，不仅包括所受损失，即财产的积极减少，也包括所失利益，即本可增加的财产未能增加。承租人迟延支付租金，造成出租人支出的融资租赁成本不能按时收回，因此丧失了利用收回的资金再行经营的可能性，简言之，出租人因其资金被逾期占用而遭受损失。故承租人称其违约未造成出租人损失的上诉理由，本院不予采纳。

法院驳回上诉，维持原判。

四、案件评析

本案是典型的因承租人欠付租金，出租人诉请合同加速到期，要求承租人支付全部未付租金、违约金及其他应付款项的案件。在司法实践中，出租人主张加速到期时，经常面临着融资租赁合同加速到期依据为何、加速到前期日如何确定，能否主张加速到期的未到期租金部分的违约金等一系列问题。针对上述问题，笔者简要评析如下：

（一）出租人主张融资租赁合同加速到期的依据

《合同法》第248条规定："承租人应当按照约定支付租金。承租人经催告后在合理期限内仍不支付租金的，出租人可以要求支付全部租金"。该条款为主张融资租赁合同加速到期提供了法律依据，加速到期条款实质上是剥夺违约方的期限利益，通过剥夺违约方的期限利益而对其加以惩戒。具体到本案，涉案《融资租赁合同》亦约定"承租人未按时足额支付出租人任一期租金或其他应付款项的，出租人有权宣布加速到期，要求承租人付清全部租金及其他应付款项，并偿付相应的违约金。"据此，本案出租人主张加速到期，要求承租人付清全部到期和未到期租金，具有法律及合同依据。

（二）关于加速到期日的确定

融资租赁合同加速到期日的日期直接关系到违约金数额的计算，该日期的确定极其重要。现有的法律、法规，未对加速到期日日期的确定予以规定。实务中法院对加速到期日的认定存在多种可能，常见的有《催收函》中写明的还款最晚期限、《合同加速到期通知书》载明的加速到期日、《合同加速到期通知书》送达日、起诉日、起诉状副本送达日、一审开庭日等。

笔者认为，主张合同加速到期是融资租赁合同项下，因承租人违约而赋予出租人的一项权利，该权利的行使依赖于出租人向承租人的主张。因此，加速到期日的确定应结合融资租赁合同约定及出租人的主张而综合认定。若出租人在承租人违约后，向承租人发出《合同加速到期通知书》，如果通知书中载明加速到期日的，即以该载明的加速到期日为准；通知书中未载明具体加速到期日的，以该通知书送达之日为加速到期日。出租人未发送《合同加速到期通知书》的情形下，加速到期日有认定为起诉日与起诉状副本送达之日两种意见，笔者认同起诉状副本送达之日为加速到期日。根据合同的法理，我国采取到达主义，所以以起诉状副本送达之日作为加速到期日，既公平合理又有法律依据。综合以上分析，为避免因加速到期日日期的确定而产生争议，最好的方式即出租人在承租人违约后，向承租人发出《合同加速到期通知书》，该通知书中载明加速到期日。本案即是出租人在向承租人寄送的《加速到期通知书》中载明了加速到期日，并以此为据向法院主张，得到了法院的认可。

（三）关于出租人能否主张加速到期的未到期租金部分的违约金

《融资租赁司法解释》第 20 条规定："承租人逾期履行支付租金义务或者迟延履行其他付款义务，出租人按照融资租赁合同的约定要求承租人支付逾期利息、相应违约金的，人民法院应予支持"。据此，出租人主张合同加速到期有权要求承租人按照融资租赁合同的约定支付相应违约金。

司法实践中，出租人对到期未付租金主张违约金通常没有争议。而对加速到期的未到期租金能否主张违约金存在不同观点。一种观点认为因合同加速到期，承租人已经提前支付了未到期租金，足以弥补出租人因承租人违约而遭受的损失，再要求承租人支付未到期租金部分的违约金有失公平。另有观点认为违约金的主张与《民事诉讼法》第 253 条规定的“逾期偿付租金罚息”的主张存在重复，不应再对加速到期的租金主张违约金。对于上述两种观点，笔者不予赞同。理由如下：第一，从合同加速到期的性质来看，到期的意思意味着已届清偿期、应当按期支付。加速到期的未到期租金在加速到期日后即转变成为已届清偿期之债。承租人对已届清偿而不予清偿之债承担违约责任符合法律规定。故出租人有权主张加速到期的未到期租金部分的违约金。第二，作为商事主体，承租人拥有缔约选择权，在签订合同对于应承担的法律后果有着充分的考量。司法实践中，应当充分尊重当事人合同缔约自由，谨慎适用显失公平条款对当事人之间的合同加以干预。结合本案，《融资租赁合同》中约定：“当承租人未按约支付到期应付租金、加速到期款及其他款项，延迟期间就迟付部分承租人向出租人支付延迟付款的违约金，违约金按每超过一天为延迟付款金额的万分之五计算。”该约定系双方当事人真实意思表示，不违反法律、行政法规的强制性规定。另外，《融资租赁司法解释》规定，出租人主张合同加速到期有权要求承租人按照融资租赁合同的约定支付相应违约金。也就是说，对于加速到期的未到期租金部分的违约金，只要融资租赁合同中当事人双方有约定，出租人即有权主张。第三，《民事诉讼法》第 253 条规定的“被执行人未按判决、裁定和其他法律文书指定的期间履行给付金钱义务的，应当加倍支付迟延履行期间的债务利息”，是针对不履行生效判决行为的惩罚和对权利人的补偿。而违约金从本质上讲是补偿性的，是为了弥补守约方因违约方的违约行为所遭受的损失，其依据的是合同法关于合同违约的救济。基于融资租赁合同，承租人迟延支付租金，造成出租人支出的融资租赁成本不能按时收回，资金被占用，丧失了利用收回的资金再行经营的可能性等损失，承租人应当承当违约责任。该违约金与《民事诉讼法》规定的“逾期不履行罚息”性质不同，不存在重复之说。综合以上分析，笔者认为出租人主张合同加速到期，有权要求承租人按照融资租赁合同支付违约金，该违约金既包含到期未付租金主张违约金，亦包含加速到期的未到期租金违约金。

五、实践指导意见

融资租赁公司的欠租救济案例中，很大部分是主张融资租赁合同加速到期，而法律法规的规定原则性过强，这就要求融资租赁公司重视合同的条款设置及实务操作中的严谨、细致。承租人欠付租金，出租人主张融资租赁合同加速到期时，为最大程度保护出租人的利益，建议融资租赁公司在实务中，承租人一旦出现欠付租金等违约行为，及时以《催告通知书》或《律师函》的形式对承租人进行催告，催告后承租人仍不支付的，建议及时向承租人发出《合同加速到期通知书》，通知书中明确载明加速到期日，从而避免诉讼时对加速到期日认定产生争议。另外，在签订融资租赁合同中，明确设置“承租人怠于支付到期应付租金、加速到期的未到期租金及其他应付款项的，承租人应就怠于支付的前述款项向出租人支付违约金，直至全部付清之日止”的相关条款，从而确保涉诉时主张“加速到期的未到期租金部分违约金”获得法院支持。

案例3.2　出租人请求解除租赁合同时可要求承租人赔偿损失的范围①

承租人违约时，出租人既可以加速到期要求承租人支付全部租金，也可以解除租赁合同、收回租赁物并要求承租人赔偿损失，但承租人应在何

① 本部分作者为北京市汇融律师事务所合伙人李雪梅。

种范围内赔偿出租人损失在司法实践中存在争议，本文以下述判决为例，对这一问题试作分析。

信达金融租赁有限公司与温州市长江能源海运有限公司、浙江长江能源发展有限公司、杨某船舶融资租赁合同纠纷案①

上诉人（一审原告）：信达金融租赁有限公司（以下称“信达金租”）

被上诉人（一审被告）：温州市长江能源海运有限公司（以下称“温州长江”）

一审被告：浙江长江能源发展有限公司（以下称“浙江长江”）

一审被告：杨某

一、案件基本事实

2010年7月23日，温州长江与湖北江润造船有限公司（以下简称“造船公司”）签订船舶建造买卖合同（下称“建造合同”）。2011年7月31日，信达金租与温州长江签订融资租赁合同，约定信达金租根据温州长江对船舶及建造方的选定购买船舶并出租给温州长江，信达金租全面受让建造合同；船舶购买价款9000万元；保证金2700万元，如温州长江逾期支付任一期租金，信达金租有权以保证金予以折抵；租赁期满，温州长江可以90万元留购船舶。同日，信达金租和温州长江签订船舶委托购买合同，约定信达金租委托温州长江办理租赁船舶的建造和购买事宜，信达金租将购船款付至温州长江指定账户后，即全部履行付款义务。之后，信达金租向温州长江支付全额购船款。

2012年8月13日，信达金租和温州长江签订租赁合同的补充协议（与上文融资租赁合同合称“租赁合同”），约定信达金租对租赁船舶拥有完整所有权，租前期15个月，起租日为2012年11月15日，租期四年半，

① 参见天津市高级人民法院（2015）津高民四终字第13号二审民事判决书，2015年4月8日作出。

租金每三个月支付一次，共18期。若温州长江未按约定支付应付款项，应按日0.05%支付违约金。

浙江长江、杨某为温州长江的全部债务提供连带责任保证。

二、起诉与答辩及法院的认定与判决

温州长江未按约付租，信达金租催讨未果，诉至法院，主要诉求：1. 解除租赁合同，收回租赁船舶；2. 温州长江支付违约金并赔偿损失80198837.36元；3. 浙江长江、杨某承担连带责任。

法院认为：租赁合同合法有效，温州长江未支付租金，构成根本违约，故支持信达金租关于解除租赁合同的诉求。信达金租起诉前未通知温州长江解除合同，故将解除日确定为开庭日。信达金租未向温州长江实际交付过船舶，且在建船舶仍处于造船公司实际控制中，不支持信达金租关于从温州长江收回船舶的诉求。截至法庭辩论终结日，温州长江已有7期租金未付，保证金可折抵4期，违约金应从第5期租金起算，计至合同解除日。关于解除合同后的损失赔偿金额：法院认为应从全部未付租金及其他费用中扣减保证金，扣减后金额为80298837.36元；收回租赁物的价值，按评估机构评估的船舶现值29120000元确定；以租赁合同约定的租赁物留购价作为租赁期满的租赁物残值。故损失赔偿范围应为80298837.36元－29120000元＋900000元＝52078837.36元。浙江长江和杨某作为连带保证人，对温州长江的债务承担连带责任保证。

一审判决：1. 租赁合同于开庭日解除；2. 温州长江支付损失赔偿金52078837.36元；3. 温州长江支付违约金，以第5、第6、第7期租金为基数，计至合同解除日；4. 浙江长江和杨某承担连带赔偿责任；5. 驳回信达金租其他诉求。

三、上诉与答辩及法院的认定与判决

信达金租不服一审判决，上诉请求：1. 将与船舶建造有关的一切既有债务和可能发生的后续建造费用纳入赔偿范围，由温州长江承担；2. 温州长江支付的违约金以前7期租金为本金，并计算至实际还款之日；3. 改判温州长江向信达金租交付租赁船舶。

温州长江、浙江长江、杨某未到庭参加诉讼，亦未提交书面意见。

法院认为：租赁合同及保证合同均系当事人的真实意思表示，合法有效，应受法律保护。本案审查重点为信达金租收回租赁船舶的主张能否成立，以及温州长江应支付的损失赔偿数额及违约金的计算方式。

1. 关于信达金租收回租赁船舶的主张

（1）信达金租向温州长江支付购船款后，即已履行租赁合同约定的义务，温州长江未按约付租，构成根本违约，故信达金租有权解除合同。

关于合同解除的时点。信达金租在未通知温州长江解除合同的情形下，直接向法院起诉，请求判令解除合同，属于放弃行使解除权的自力救济方式，而选择通过起诉的公力救济方式解除合同。在此情形下，法院向温州长江送达载有信达金租主张解除合同意思的起诉状，抑或信达金租在一审法院庭审中作出解除合同的意思表示，均仅能视为信达金租向法院表达解除合同的诉求，而不能视为其通知温州长江解除合同。进而，法院作出的解除合同判决，并非是对信达金租的行为能够发生合同解除的法律效力予以确认，而是通过判决消灭既存的融资租赁法律关系。故而，一审法院将开庭日认定为解除日，系属不当，租赁合同应自本判决生效时解除。

（2）关于信达金租收回租赁物的主张。《融资租赁司法解释》第22条第1款规定的法理基础在于融资租赁法律关系中，承租人通过租赁关系取得租赁物的占有、使用权。当承租人违约导致租赁合同解除时，其丧失了继续占有租赁物的合法基础，出租人可以主张返还租赁物。故而，出租人行使取回权的前提是承租人无合法基础而实际占有租赁物。本案中，租赁船舶尚处建造中，在信达金租和造船公司签订《租赁船舶交船协议》前，由造船公司建造和实际控制。此后，造船公司将在建船舶直接交付信达金租，信达金租予以接收，而温州长江未曾实际占有过。且，信达金租已取得《船舶所有权登记证书》。故信达金租收回船舶的主张，缺乏事实基础，不能成立。

2. 关于损失赔偿数额及违约金计算方式

（1）关于损失赔偿数额。根据《融资租赁司法解释》第 22 条第 2 款，损失赔偿范围为承租人全部未付租金及其他费用与收回租赁物价值的差额。合同约定租赁期间届满后租赁物归出租人所有的，损失赔偿范围还应包括融资租赁合同到期后租赁物的残值。就本案而言：

①温州长江的全部未付租金及其他费用为 107298837. 36 元，减除保证金后，共计 80298837. 36 元。

②收回租赁物的价值。因租赁合同未约定租赁船舶的价值，且租赁船舶尚属在建，其在合同解除时的价值亦无法参照合同中约定的承租人留购价格予以确定，故一审法院选取由评估机构对租赁船舶现值进行评估的方式确定其价值，符合《融资租赁司法解释》第 23 条规定。《评估报告》关于租赁船舶现值为 2912 万元的结论，可以作为认定船舶现值的依据。但《评估报告》同时记载，评估人员在评估时未考虑设备的应付未付款及其他任何费用，信达金租因此提出异议，主张收回租赁物价值应为上述船舶现值减除其需为船舶支付费用后的船舶净值。对此，本院认为，信达金租主张与船舶建造有关的一切既有债务和可能发生的后续建造费用应由温州长江承担，而其系为取回船舶才支付上述费用。因信达金租主张的上述债权债务关系与租赁合同并非同一法律关系，且信达金租系陆续支付上述费用，至本院庭审时仍未支付完毕，故不在收回租赁物价值中对相关费用予以扣减。况且，倘若信达金租系基于建造合同而承担上述费用，则根据租赁合同“若实际成本超过约定的船舶购买价款，出租人有权根据本合同约定的租赁利率及租金支付方式相应调整租金”的约定，信达金租应当相应地调整租金以保障其合法权利，而非从船舶现值中扣除。综上所述，信达

金租关于从收回租赁物价值中扣除上述费用的主张不成立。

③租赁物残值。租赁合同未约定合同到期后租赁物的归属，仅约定承租人有权选择留购船舶。对此，本院认为，该项约定系将取得租赁物所有权的选择权赋予承租人，且行使选择权利的时间点为租赁期间届满之时，即租赁合同订立以及合同履行期间均无法确定租赁期间届满后租赁物的归属，属于对租赁物归属约定不明确。根据《合同法》第250条，应认定租赁期间届满后租赁物归信达金租所有。一审法院根据租赁合同中留购价款确定合同到期后租赁物的残值，并无不当。

（2）关于违约金。其一，根据租赁合同约定，保证金的用途之一即为折抵承租人到期未付租金，同时，参照《合同法》第119条第1款确立的减损规则，一审法院主动将保证金用于折抵到期未付的前4期租金，以降低计算违约金的本金，并无不当。其二，在合同因违约而解除时，温州长江承担的违约金仅应计算至合同解除日，合同解除后，其承担违约金的合同基础已不存在，故不再负有支付违约金的义务。

二审判决：1. 维持一审判决关于损失赔偿金的判项；2. 将租赁合同解除日变更为本判决生效日；3. 变更一审判决关于违约金数额的判项，本金自第5期起计算至本判决生效日；4. 驳回信达金租其他上诉请求。

四、案件评析

本案涉及的主要问题是：承租人违约且出租人诉请解除合同、收回租赁物时，如何确定合同解除的时点？承租人应在何种范围内赔偿出租人损失？

（一）关于合同解除时间

根据《合同法》第96条，当事人根据约定解除权和法定解除权主张解除合同的，应当通知对方，合同自通知到达对方时解除。据此，约定解除和法定解除情形下的解除权系形成权，享有解除权的一方单方即可行使，解除合同的意思表示到达相对方之时，解除即发生法律效力。因此，一般应以解除合同的意思表示到达合同相对方之日为合同解除日。但在当事人未发送解除通知，而是通过诉讼请求法院判决解除合同时，解除的时间应如何确定？对此，实践中存在争议。对此问题，目前融资租赁司法实践中存在以下几种情况：

1. 以起诉状副本送达承租人之日为租赁合同解除日。如湖北省高级人民法院（2015）鄂民四终字第00129号重庆市交通设备融资租赁有限公司与重庆坤源船务有限公司船舶融资租赁合同纠纷案。

2. 以一审开庭之日为合同解除日，如本案一审判决、广州市中级人民法院（2016）粤01民终19178号卡特彼勒（中国）融资租赁有限公司与漆某某、深圳市宏颖建筑工程有限公司融资租赁合同纠纷案。

3. 以判决生效日为合同解除日，如本案二审判决。

4. 以出租人自力取回租赁物之日为合同解除日。如云南省昆明市中级人民法院（2015）昆民四终字第588号马某等与现代融资租赁有限公司融资租赁合同纠纷案。

5. 以法院保全扣押租赁物之日为合同解除日。如上海市黄浦区人民法院（2014）黄浦民五（商）初字第10577号海通恒信国际租赁有限公司与重庆富灿机械有限公司、重庆威吾机械有限公司等融资租赁合同纠纷案。

实践中，以判决之日作为合同解除日的情况较多，但问题是，“判决之日”是指一审判决还是二审判决？是判决作出日，还是判决生效日？最高人民法院民事审判第二庭认为，该种方法使得合同解除日具有不确定性，因此，倾向于以起诉状副本送达对方的日期作为合同解除日①。

（二）关于损失赔偿范围

根据《融资租赁司法解释》第22条第2款规定，出租人请求解除租赁合同、收回租赁物的同时，可以请求承租人赔偿损失，损失赔偿范围为

① 杜万华．合同案件审判指导［M］．北京：法律出版社，2014：729.

承租人全部未付租金及其他费用与收回租赁物价值的差额，合同约定租赁期满后租赁物归出租人所有的，损失赔偿范围还应包括租赁合同到期后租赁物的残值。据此，租赁合同解除后，出租人要求承租人赔偿损失的请求能够得到支持，有疑问的是，该损失范围有多大？未到期租金是否属于出租人的损失？融资租赁具有融资和融物双重属性，以融物达到融资的目的，《合同法》第243条规定融资租赁合同的租金包括出租人的合理利润即是基于其“融资”属性，即承租人支付的租金不仅是使用租赁物的代价，还是融资的代价即资金占用成本，这一点不同于传统租赁中租金的确定标准。认为未到期租金不属于出租人损失的观点的不周之处即在于未对融资租赁和传统租赁进行区分，在计算融资租赁的未到期租金时仅考虑了租赁物的使用对价。

理论上，关于损失的观点主要有信赖利益说、履行利益说、可得利益说等。我国《合同法》第113条第1款规定采纳了可得利益说，即合同履行后可以获得的利益，《融资租赁司法解释》第22条也采此说。对融资租赁合同来说，未到期租金属于融资租赁合同正常履行后出租人可获得的利益。因此，在特定情形下，租赁公司可以要求承租人赔偿未到期租金损失。具体到个案中，认定出租人的损失范围应结合案件具体事实、双方过错等，作出判断。在因承租人违约而导致出租人解除合同时，出租人的损失应为可得利益损失，即融资租赁合同正常履行时出租人所能获得的合同利益，包括未到期租金，最高人民法院也如此认为①。若合同约定租赁期满租赁物归出租人的，租赁物的残值也属于出租人可得利益损失，自然可要求承租人赔偿。本案中，两审法院均支持了信达金租关于要求承租人支付未到期租金和租赁物残值的诉求，符合《合同法》《融资租赁司法解释》的规定。

---

① 最高人民法院民事审判第二庭．最高人民法院关于融资租赁合同司法解释的理解和适用［M］．北京：人民法院出版社，2014：338．认为：《融资租赁司法解释》第22条中的“全部未付租金”是指融资租赁合同约定承租人应向出租人支付而尚未支付的全部租金，包括到期未付的租金，也包括尚未到期的预期应付租金。

关于租赁物的价值。解除合同的同时，出租人通常会要求取回租赁物，但若既支持出租人要求支付未到期租金又支持出租人取回租赁物，出租人难免有双重获利之嫌，因此要从损失范围中扣除收回的租赁物价值。至于租赁物价值的确定方法，则应依《融资租赁司法解释》第 23 条的规定，租赁合同有约定的从约定，没有约定或约定不明的，通过其他方法也无法确定的，可参照其评估价值。本案在一审过程中，信达金租委托评估机构对在建船舶的现值进行评估，并出具了评估报告，两审法院对该评估价值均予以认可，但两审法院均未支持信达金租关于从租赁物价值中扣除其因取得船舶而支出的相关费用，笔者不赞同这一判项，理由是：其一，若租赁合同正常履行，则接船的义务在承租人，为此而支出的接船费用等成本应由承租人实际承担，这一点从本案租赁合同“若实际成本超过约定的船舶购买价款 9000 万元，出租人有权根据本合同约定的租赁利率及租金支付方式相应调整租金”的约定也可以看出；其二，解除合同、取回租赁物只有在承租人严重违约时，出租人才会提出，并为此额外支出相关费用，该费用也属于出租人因承租人违约而遭受的损失范围。虽然法院未支持信达金租，但二审法院在“本院认为”部分的分析也给租赁公司提供了另一思路，即信达金租可以“相应调整租金以保障其合法权利”，据此，租赁公司可在起诉或上诉时将该部分成本计入租赁本金重新计算承租人未付租金。本案中，信达金租在起诉和上诉时均未提出重新计算租金，笔者认为，在取回船舶的费用全部支付完毕后，信达金租可按租赁合同约定重新计算租金，然后再起诉请求承租人支付与本案生效判决确定的赔偿金额的差额部分。

（三）关于取回租赁物

本案中，由于在一审过程中，信达金租即与造船公司达成了交船协议，造船公司将船舶按其现状直接交付信达金租，且信达金租予以接收，因此，信达金租要求从承租人温州长江取回租赁船舶的诉求因缺乏事实基础而未获得法院支持。法院仅在“本院认为”部分对此进行了阐述，未在判项中列明，易让读者误以为出租人不能取回租赁物，若能将此列在判项中更好。

五、对租赁公司的启示

鉴于司法实践对出租人损失范围的认定不统一，且《合同法》及《融资租赁司法解释》的基本原则是尊重当事人意思自治，因此，建议租赁公司重视合同约定，在融资租赁合同中明确约定：出租人解除合同的同时有权要求承租人赔偿损失，损失范围包括到期未付租金及违约金、未到期租金以及出租人因承租人违约而支出的诉讼费、差旅费、律师费等相关费用。

另外，由于损失范围需扣除租赁物的价值，建议租赁公司在融资租赁合同中明确约定租赁物价值的计算方法，在任一时点，都能依据约定的方法计算出租赁物的价值，尽量避免适用评估程序。一方面，在纠纷发生时，便于法院快速确定损失范围；另一方面，在其他需要确定租赁物价值的情形（如出租人要求承租人提供替换租赁物时，用于替换的资产不能低于原租赁物价值）时，也能尽快确定租赁物在相应时点的价值，提高效率。

案例 3.3　承租人违约时，出租人能否基于合同约定自力取回租赁物①

实践中，在承租人实际丧失履约能力的情况下，租赁物的取回和变现成为出租人实现债权的希望。笔者以本案为切入点，对承租人违约时，出租人能否基于合同约定取回租赁物进行分析并提出相关建议，以期给租赁公司一些有益的借鉴。

---

① 本部分作者为北京汇融（天津）律师事务所律师贺欣。

潘某与利星行融资租赁（中国）有限公司融资租赁合同纠纷案[①]

上诉人（原审原告）：潘某（以下简称“承租人”）

被上诉人（原审被告）：利星行融资租赁（中国）有限公司（以下简称“出租人”）

一、案件基本事实

2011年5月26日，承租人与出租人签订融资租赁合同，约定承租人以融资租赁方式向出租人租赁323DL挖掘机一台。2011年7月1日，承租人与出租人又签订融资租赁合同，约定承租人以融资租赁方式再向出租人租赁315DL挖掘机一台。两份合同约定：承租人应按期足额支付租金和其他应付款。承租人逾期支付租金和其他应付款的，出租人有权解除本合同，收回租赁物，要求承租人立即支付全部租金等款项；出租人行使上述权利时，出租人有权不事先通知承租人而亲自或委托他人进入使用、停放、存放租赁物的场所收回租赁物。出租人因行使合同权利而收回租赁物的，出租人有权利选择以下任何一项处置租赁物（本约定仅适用于租赁期限届满承租人留购租赁物的情形）：1. 变卖或拍卖租赁物；2. 租赁物归出租人所有。出租人行使本合同约定的任何一项权利支出的全部费用由承租人承担。

在两份合同履行中，承租人均发生逾期违约。2013年7月11日，出租人向承租人发出律师函，要求承租人按时足额支付租金及其他应付款项，但承租人均未支付。2014年6月27日，出租人将两台涉案机械拖回。

① 参见徐州市中级人民法院（2017）苏03民终1319号二审民事判决书，2017年03月31日作出。

二、起诉及法院的认定与判决

承租人向法院提起诉讼，请求：1. 确认出租人强行拖走及变卖挖掘机的行为违法；2. 判令出租人向承租人部分返还两台挖掘机的价值及延期返还利息；3. 诉讼费用由出租人承担。

一审法院认为：承租人与出租人签订的融资租赁合同系双方当事人的真实意思表示，合法有效，双方均应依约履行。

关于承租人要求确认出租人强行拖走及变卖挖掘机的行为违法的诉请。承租人诉请确认出租人行为违法，只是对有关事实发生的确认及相应法律评价，并非是对双方之间法律关系权利义务是否存在的确认，不能构成诉讼请求。故承租人要求确认出租人强行拖走及变卖挖掘机的行为违法的诉请，一审法院不予支持。

综上所述，一审法院判决：1. 出租人于判决生效后十日内一次性返还承租人两台挖掘机的余款，并赔偿利息损失；2. 驳回承租人的其他诉讼请求。

三、上诉与答辩及法院的认定与判决

承租人持原审起诉意见提起上诉，二审法院经审理查明的事实与一审认定的事实一致。

本案二审期间的争议焦点为：出租人是否有权拖走挖掘机。二审法院认为，涉案融资租赁合同是承租人与出租人之间的真实意思表示，且不存在违反法律、行政法规的强制性规定，合法有效，双方当事人均应依约履责。本案中承租人就两台挖掘机均存在严重拖欠租金情况，出租人收回设备进行评估，实现自身债权，符合合同约定。

最终，二审法院判决：驳回上诉，维持原判。

四、案件评析

本案的争议焦点在于承租人违约时，出租人是否有权基于合同约定拖走挖掘机（即租赁物）。两审法院均判决出租人有权根据租赁合同约定取回租赁物，充分尊重了当事人的合同约定，使合同自由原则在本案中得到贯彻。合同自由，是指当事人在法律允许的范围内，就与合同有关的事项享有选择和决定的自由①。《合同法》第 4 条规定："当事人依法享有自愿订立合同的权利，任何单位和个人不得非法干预。"因此，只要不违反法律的强制性规范，当事人就对合同内容有选择和决定的自由，即出租人可以在合同中约定租赁物的取回事宜。

《民法总则》第 129 条规定："民事权利可以依据民事法律行为、事实行为、法律规定的事件或者法律规定的其他方式取得。"第 130 条规定："民事主体按照自己的意愿依法行使民事权利，不受干涉。"当事人之间可以通过民事法律行为创设并按照自己的意愿依法行使民事权利，本案合同约定了自行取回租赁物的内容，可以理解为合同赋予出租人一项民事权利，出租人有权按照自己的意愿行使，承租人不得干涉。

《物权法》第 241 条规定："基于合同关系等产生的占有，有关不动产或者动产的使用、收益、违约责任等，按照合同约定；合同没有约定或者约定不明确的，依照有关法律规定。"本案中，合同约定承租人违约时，出租人有权取回租赁物，此约定即是对承租人基于合同关系占有租赁物的约定，按照该约定，承租人违约时出租人具备了取回租赁物的权利，因此，出租人根据合同约定，拖走租赁物的行为并未侵犯承租人的合法占有，符合《物权法》的规定。

综上所述，取回权是出租人在融资租赁合同中的一项权利，出租人有

---

① 崔建远，戴孟勇．合同自由与法治（上）［M］//高鸿钧，等．法治：理念与制度．北京：中国政法大学出版社，2002：278.

权基于合同约定取回租赁物。

五、对租赁公司的启示

虽然，出租人有权基于合同约定取回租赁物，但鉴于各地司法机关审判思路的不同，出租人在行使此项权利时，仍可能由于合同约定不全面、未经催告、行权不当等原因受到法院的负面评价。因此，本案的风险点在于：出租人如何正确行使租赁物的取回权，建议租赁公司：

（一）注意完善合同的约定

在合同中对取回租赁物进行全面、详细而准确的约定，包括但不限于将出租人取回租赁物条款放置在追究承租人违约责任的条款之中、明确出租人行使取回权的具体情形、明确出租人可无须经司法程序即可自行或委托第三方取回租赁物、明确出租人行使取回权无须经催收及通知或征得承租人与任何第三人的同意、明确承租人应无条件配合出租人行使取回权且不得做出任何阻拦、明确出租人有权在受到任何阻拦时采取强制措施而不承担任何赔偿责任等，以避免争议。

（二）注意解除合同前的催告义务

司法实践中存在出租人未经催告解除合同，取回租赁物未得到法院支持的案例①，若租赁公司拟解除合同取回租赁物的，提醒租赁公司在解除合同前，注意履行《合同法》第 94 条、第 248 条及《融资租赁司法解释》第 12 条规定的催告义务并做好证据存留，以免利益受损。

（三）注意取回租赁物的方法

首先，应注意取回租赁物的合法性。本案承租人关于出租人强行拖走

① 参见湖南省常德市中级人民法院（2014）常民二终字第 101 号二审民事判决书，2014 年 10 月 15 日作出。

租赁物的行为违法的主张，由于承租人未向法院提供关于“强行拖走”的证据，法院结合合同约定，未支持承租人的主张。但若承租人提供了充分证据（包括但不限于暴力、胁迫等非法手段），尤其是给对方造成明显的财产损失、人身损害的情况下，则法院从维护社会公共秩序的价值出发，可能作出对租赁公司不利的判决①，甚至可能会触犯刑法，造成相关人员被追究刑事责任②。故租赁公司在行使取回权时，不应超出正常行使民事权利的限度。若能得到法院的支持，如在诉讼阶段提出保全，与法院沟通后自行控制租赁物并请法院前来主导，则可避免取回租赁物合法性的风险。

其次，应注意如果租赁物已经被法院查封、扣押，则不能取回，否则有可能构成妨碍民事诉讼，甚至被追究刑事责任（涉嫌非法处置查封、扣押财产罪），此时应通过法律程序向查封法院提出异议。

再次，租赁物被第三人占有时，出租人应注意第三人是否善意取得或者合法占有租赁物，避免侵犯第三人合法权利而面临赔偿风险；如果租赁物与承租人或第三人的财产构成添附，造成恢复原状在事实上不可能或者在经济上不合理，那么也不宜取回设备。

最后，在委托第三方取回租赁物时，应完善委托合同约定，明确取回租赁物的确切范围、责任划分等；在第三方取回时，应明示委托关系，使对方知晓第三方系受出租人委托取回租赁物。

（四）防患于未然，注重租后管理

建议出租人建立完备的租赁物管理体系，建设完整的租赁物管理团队，或者委托专业的第三方公司，对租赁物进行全面、及时、有效的管理。

---

① 参见鹤壁市中级人民法院（2016）豫06民终字第1493号民事判决书，2016年12月29日作出。

② 参见内蒙古自治区乌兰察布市集宁区人民法院（2014）集刑初字第115号刑事判决书，2014年6月20日作出。

案例 3.4 出租人取回租赁物后是否有权自行处置[①]

融资租赁业务中，承租人拒不履约或者已经丧失履约能力时，租赁公司为尽快实现债权，可以不经诉讼而直接取回租赁物并予以处置，但该方式经常引发与承租人的争议，甚至会导致相应的法律责任。笔者从本案出发，对租赁公司取回租赁物后予以处置的相关问题进行分析，以期给租赁公司一些有益的借鉴。

崔某某与上海同岳租赁有限公司、乐陵市长安物流有限责任公司买卖合同纠纷案[②]

上诉人（原审被告）：上海同岳租赁有限公司（以下简称“出租人”）

被上诉人（原审原告）：崔某某（以下简称“买受人”）

原审被告：乐陵市长安物流有限责任公司（以下简称“被挂靠人”）

原审第三人：殷某某（以下简称“承租人”）

一、案件基本事实

出租人与承租人签订融资租赁合同一份，出租人购买案外人山东省兴盛商贸有限公司主车及挂车一辆，将之出租给承租人使用，并将车辆挂靠在被挂靠人名下运营。融资租赁合同第 18.2 条第（2）款约定：若构成违约事件，出租人有权解除合同，并要求收回租赁物……出租人或者出租人委托的第三方有权进入任何租赁物可能所处的场所并取回该租赁物……。第 18.4 条约定：若违约事件发生并且出租人收回租赁物的，出租人可承担商业合理的努力以销售或者再租赁租赁物，承租人同意并确认出租人有权决定租赁物的销售或者再租赁的方式和数额。

---

① 本部分作者为北京市汇融律师事务所崔晓晔。

② 参见山东省德州市中级人民法院（2016）鲁 14 民终 124 号民事判决书，2016 年 6 月 16 日作出；山东省乐陵市人民法院（2014）乐商初字第 1062 号民事判决书，2015 年 9 月 17 日作出。

融资租赁合同履行过程中，承租人拖欠租金，出租人从承租人处自行收回车辆，后承租人向昌乐县公安局报案，公安局以属于经济纠纷为由不予立案。后出租人向承租人发出车辆处置通知书，要求其支付拖欠租金，否则将处置租赁物，承租人未予理会。故出租人自行处置车辆，与买受人签订买卖协议一份，将车辆出卖给买受人，买受人支付购买款，出租人将车辆交付给买受人，买受人提取车辆并开始运营。后承租人以对涉案车辆享有使用权为由，从买受人处强行开走车辆，买受人向天津市公安局滨海新区大港分局报案，公安机关以经济纠纷为由未予立案。

二、起诉与答辩及法院的认定与判决

买受人诉至法院，要求解除买卖协议，出租人返还购车款，出租人与被挂靠人赔偿其车辆停运损失。

出租人辩称：买卖协议已履行完毕，出租人并未隐瞒车辆情况，签订合同时出租人是所有权人，且买卖协议第五条第二款约定买受人不能以车辆权利瑕疵向出租人主张权利，买受人应以侵权之诉向承租人主张权利。

一审法院认为：出租人未与承租人解除融资租赁合同，尚在纠纷之中，承租人主张权利开走车辆，致使买卖协议中车辆无法经营使用。合同一方当事人的违约行为致使不能实现合同目的，合同当事人有权解除合同。为此，买受人有权解除合同并要求返还购车款。出租人依据买卖协议第 5 条第（二）项主张并未隐瞒车辆情况，因买卖协议系格式合同，该项约定表述不明确，不能证明出租人已将涉案车辆的权利瑕疵告知买受人，且该条约定已违反法律强制性规定，为此，出租人的主张不予支持。出租人主张与承租人的融资租赁合同已经解除，但根据买受人申请调取的承租人向昌乐县公安局报案记录材料、（2014）乐商初字第 454 号案件开庭笔录，出租人与承租人尚处于融资租赁的纠纷之中。

一审法院判决：1. 解除买卖协议；2. 出租人返还买受人购车款；3. 出租人赔偿买受人车辆停运损失；4. 被挂靠人、承租人不承担责任。

三、上诉与答辩及法院的认定与判决

出租人提起上诉称：买卖协议已经履行完毕，一审判决解除合同是错误的，请求二审法院撤销原判，驳回被上诉人的诉讼请求。

买受人答辩称：一审判决正确，要求驳回上诉，维持原判。

二审法院认为：关于融资租赁合同是否已解除的问题，出租人虽然将车辆收回了，但是承租人向公安机关报案，且主张合同并未解除，出租人未提交合同依法解除的证据。为此，出租人所述合同已经解除的主张，不予采信。关于买卖协议是否解除的问题，买卖协议是当事人的真实意思表示，合法有效。上诉人主张的第5条第（二）项，并未对融资租赁合同已经依法解除作出声明，也没有将融资租赁合同尚未依法解除的事实告知买受人，出租人的卖车行为违反了诚实信用原则，已构成违约。现车辆被承租人强行开走，致使买卖协议的合同目的不能实现。《合同法》第94条规定，当事人一方迟延履行债务或者有其他违约行为致使不能实现合同目的，可以解除合同。买受人有权解除合同。

二审法院判决：驳回上诉，维持原判。

四、案件评析

本案的争议焦点在于租赁公司从承租人处直接取回租赁物并予以处置，该处置行为是否会受到融资租赁合同纠纷的影响。

（一）融资租赁合同项下纠纷

本案中，出租人与承租人的纠纷，源于承租人拖欠租金、出租人行使取回权而引发。租赁公司从承租人处直接取回车辆，系自力取回的方式。虽然《合同法》《融资租赁司法解释》未就自力取回问题作出特别规定，但依自力救济的法理，出租人自然可以自力行使取回权，这也得到了最高人民法院的认可[①]。况且，案涉融资租赁合同第 18.2 条第（2）款，双方也约定“出租人有权解除合同，并要求收回租赁物”，因此，租赁公司有权从承租人处自行取回租赁物。

同时，租赁公司自行取回租赁物，即意味着不再继续履行租赁合同，系用行为明确了解除融资租赁合同的意思表示，最高人民法院法官也撰文认为，根据《合同法》的规定，出租人因承租人严重违约行使取回权的，必须伴随有合同解除的法律后果[②]。即租赁公司从承租人处自行取回租赁物后，融资租赁合同即已解除。本案中法院认为“出租人未与承租人解除融资租赁合同，尚在纠纷之中”，不符合《合同法》的规定和事实情况。

关于租赁公司自力取回租赁物后是否可以处置的问题，笔者认为，根据《合同法》第 248 条、《融资租赁司法解释》第 22 条及融资租赁合同的约定，租赁公司有权解除合同、取回租赁物，既然合同已经解除、租赁物已经取回，租赁公司又一直系租赁物的所有权人，当然有权处置租赁物，也不必征得承租人的同意。本案中，出租人在取回租赁物后，还向承租人发出车辆处置通知书，在其未予理会后才将租赁物出卖给买受人，是更为完善的处置措施，其处置行为合法有效。

（二）买卖合同项下纠纷

根据上文所述，租赁公司有权处分租赁物，并将之出卖给买受人。根据《合同法》，买受人履行了支付价款的义务，出租人履行了交付租赁物的义务，买卖协议已经履行完毕，买受人合法取得了租赁物的所有权。承租人无权从买受人处径行取走租赁物，况且承租人强行取走租赁物，也不符合自力救济的要求，是严重侵犯买受人物权的行为，根据《物权法》第

① 最高人民法院民事审判第二庭．最高人民法院关于融资租赁合同司法解释理解与适用［M］．北京：人民法院出版社，2014：321.

② 最高人民法院民事审判第二庭．最高人民法院关于融资租赁合同司法解释理解与适用［M］．北京：人民法院出版社，2014：322.

37 条，买受人有权要求其承担赔偿责任，包括本案中主张的车辆停运损失。但买受人并未如此，反而起诉了出租人，是没有法律依据的。本案中，法院依据《合同法》第 94 条，认为出租人的违约行为致使不能实现合同目的而解除买卖协议，但致使不能实现合同目的系承租人的行为，出租人有权处分租赁物且并未违约，即使出租人无权处分，也并非无权处分行为致使不能实现合同目的，法院并未审理出租人与承租人之间的纠纷，也并未认定出租人是否有处分权而径行判决，依据不足。

笔者认为：本案应适用《合同法》第 150 条的规定，出卖人就交付的标的物，负有保证第三人不得向买受人主张任何权利的义务。即出卖人应当保证标的物上不存在他人可以主张的权利，假如合同订立后标的物上的权利缺陷没有去除，出卖人应系违约，买受人可以请求其承担违约责任或者单方解除合同。但是本案中，第一，应由买受人承担标的物上存在权利缺陷的举证责任，目前出租人是租赁物的所有权人、有权处分租赁物，法院并未审理租赁物上是否有权利缺陷，未认定出租人是否有处分权，仅凭承租人提出主张就认定出租人构成违约，从而解除买卖协议，没有法律和事实依据。第二，买受人的停运损失并非是出租人造成，且根据《合同法》第 113 条，损失赔偿额不得超过违反合同一方订立合同时预见到或者应当预见到的因违反合同可能造成的损失，买受人主张的停运损失远远超出预见，法院不应判决出租人承担该损失。本案中，租赁公司有权自力取回并处置租赁物，且买卖合同已经履行完毕，买受人的损失由承租人造成，在未追加承租人弄清事实真相的情况下，贸然做出结论，有欠妥当。

目前，二审法院维持原判，租赁公司可以考虑从两个途径维护自身的合法权益：第一，租赁公司可以申请再审，从租赁公司有权自力取回租赁物、融资租赁合同已经解除的角度出发，主张租赁公司并无违约行为、买卖协议不应解除；第二，鉴于判决坚持融资租赁合同并未解除的观点，租赁公司可以考虑提起融资租赁合同之诉，要求法院确认融资租赁合同已经于取回租赁物之日解除。

五、对租赁公司的启示

本案中，承租人强行从买受人处取走租赁物，属于严重侵犯买受人物权的行为，应当被追究相应的法律责任，但买受人起诉出租人并得到法院的胜诉判决，反而鼓励了承租人的非法行为，不失为一个遗憾。而且，出租人作为债权人，采取自力救济措施，不但维护了自身合法权益，还节省了司法资源，应得到司法机关的认可，这对法制环境的改善也大有益处。

鉴于实践中面临的风险，建议租赁公司在采取自力取回的方式取回租赁物时：第一，注意完善合同的约定，尤其是明确出租人可以自力取回租赁物，且无须经催收及通知或征得承租人与任何第三人的同意，也无须先行解除融资租赁合同；第二，注意解除合同的形式，租赁公司在自力取回租赁物的同时，要注意及时向承租人发出解除融资租赁合同的通知，并注意提前履行《合同法》第 94 条、第 248 条规定的催告义务；第三，租赁公司在取回租赁物后处置的时候，要注意严格依据合同约定处理，没有约定的要做到价值公允，必要时采取评估措施，并通知承租人，否则承租人将来有可能依据《合同法》第 249 条向租赁公司追偿。

案例 3.5　出租人在解除融资租赁合同、取回租赁物之诉下能否主张租赁物占有使用费①

租赁物所有权在租赁期间归出租人享有，在承租人迟延支付租金等出租人有权解除融资租赁合同并取回租赁物之际，出租人是否有权向承租人主张迟延返还期间的租赁物占有使用费，实践中存在不同的理解与判决，笔者试图以本案例为麻雀、对本案中所涉租赁物占有使用费是否应予支持的争议焦点予以剖析，以期为融资租赁交易提供参考。

① 本部分作者为北京市汇融律师事务所合伙人张立国。

卡特彼勒（中国）融资租赁有限公司与漆某某、深圳市宏颖建筑工程有限公司融资租赁合同纠纷案①

上诉人：深圳市宏颖建筑工程有限公司（原审被告，以下简称“宏颖建筑”或“承租人”）

上诉人：漆某某（原审被告，以下简称“漆某某”或“保证人”）

被上诉人：卡特彼勒（中国）融资租赁有限公司（原审原告，以下简称“卡特彼勒”或“出租人”）

一、案件基本事实

2011 年 12 月 1 日，卡特彼勒作为出租人，宏颖建筑作为承租人，漆某某作为连带责任保证人，签订《融资租赁协议》（以下简称“融资租赁合同”）。约定，卡特彼勒依宏颖建筑选择购买设备并租予宏颖建筑，宏颖建筑向卡特彼勒租赁设备并支付租金。租赁物为型号 329D、序列号 BYS01805 的挖掘机。租赁期限自起租日（即设备交付日）至所有租金及其他应付款项支付完毕时，如协议提前解除，则租赁期限应于提前解除时终止。租金支付日为 2012 年 1 月至 2015 年 3 月，每月 1 期，每月 1 号付款，前 3 期租金均为 10000 元，此后每月租金均为 45924 元。若宏颖建筑迟延支付租金或其他款项，其应就其应付未付金额按月利率 2% 向卡特彼勒支付违约金。宏颖建筑未支付任何到期租金或其他应付款项构成重大违约，卡特彼勒有权要求返还设备、收回设备、解除协议，并向宏颖建筑追索已到期租金、违约金以及其他应付款项；如宏颖建筑于协议解除后仍占有设备，则其应赔偿因继续占有设备给卡特彼勒造成的损失，该等损失赔偿额以协议约定的平均租金为标准计付，计算损失的起止时间为协议解除之日起至设备实际归还之日止。租赁期限届满，若宏颖建筑存在违约事

① 参见广东省广州市中级人民法院（2016）粤 01 民终 19178 号二审民事判决书，2017 年 6 月 20 日作出。

件，其无权选择购买设备。漆某某确认为宏颖建筑向卡特彼勒提供不可撤销的连带责任保证。

2011年12月1日，卡特彼勒向供货人发出订单，由卡特彼勒向供货人购买了融资租赁合同约定的设备。

2012年9月28日，卡特彼勒与宏颖建筑、漆某某签订《融资租赁协议变更协议》，对租金还款计划做出变更。变更后的《还款计划表》约定自2012年1月1日至2015年12月1日，每月支付1期租金，每月1号支付，其中：2012年1月至2012年3月，每月租金10000元；2012年4月至2012年5月，每月租金45924元；2012年6月至2012年9月，每月租金0元；2012年10月至2012年11月，每月租金10000元；自2012年12月至2015年11月，每月租金44260.58元；2015年12月1日，租金44270.58元。《融资租赁协议变更协议》并对宏颖建筑违约情形下卡特彼勒有权取回设备并追索已到期租金、违约金及其他应付款项的权利再行确定。

自2012年1月1日开始至2014年6月1日，宏颖建筑每期租金均有逾期，自2014年7月起宏颖建筑未再足额支付租金。截至2015年7月1日，出租人、承租人确认宏颖建筑尚欠已到期未付租金575387.54元、违约金为149343.11元、未到期租金221312.9元。

二、起诉与答辩及法院的认定与判决

原审中出租人诉请：1. 解除融资租赁合同、承租人立即返还租赁物；2. 承租人支付直至融资租赁合同解除日的到期未付租金（截至2014年12月1日的租金为354084.64元）及其违约金；3. 承租人赔偿融资租赁合同解除后因其继续占有、使用租赁物给出租人造成的损失（以约定租金按迟延交付期计付）；4. 漆某某对上述债务承担连带清偿责任。

原审法院经审理认为：融资租赁合同是当事人真实意思表示，合法有效，应恪守履行。出租人已依约交付租赁物，承租人应依约支付租金。承租人逾期支付行为已构成违约，应承担违约责任。融资租赁合同约定“承租人未支付任何到期租金或其他应付款项，构成重大违约，出租人有权要求返还设备、收回设备、解除本协议，并向承租人追索已到期租金、违约金以及其他应付款项”。出租人主张解除合同、返还租赁物、支付租金及违约金有理有据，法院予以支持。自一审开庭之日即2015年7月15日，融资租赁合同解除。综合承租人履约情况、违约程度以及金融机构的贷款利率水平，确定违约金按人民银行同期贷款利率四倍的标准计算，并以年息24%为限。融资租赁合同解除后，出租人尚未收回租赁物，因承租人在事实上仍占用、掌控租赁物，对出租人要求支付租赁物使用费的诉请予以照准。

原审法院判决：1. 融资租赁合同自一审开庭日解除；2. 承租人向出租人返还租赁物；3. 承租人向出租人清偿租金及违约金；4. 承租人支付占用租赁物的使用费（自解除日起按约定的租赁期间的租金标准每月44260.58元计收至租赁物回收之日止）；5. 漆某某承担连带清偿责任，其承责后有权向承租人追偿。

三、上诉与答辩及法院的认定与判决

承租人、保证人上诉请求及理由：不同意解除合同和返还设备，不同意支付违约金；请求撤销一审判决，改判并驳回部分诉请。理由如下：1. 承租人既支付到期租金、违约金又返还租赁物、支付使用费违反公平公正原则，融资租赁合同的融资租赁费含有购买款及利息等，不是租赁使用费和租金；2. 一审法院应告知但未告知出租人做出加速到期与解除合同诉请的选择；3. 解除融资租赁合同、赔偿损失诉请下损失赔偿应为全部未付租金及其他费用与收回租赁物价值的差额，而非承租人返还租赁物并支付全部到期租金及违约金；4. 一审法院判决解除合同返还租赁物，不考虑租赁物价值已经远超欠付租金，显失公平；5. 违约金应以造成损失为依据，出租人未证明损失。

出租人答辩：一审判决认定事实清楚，适法正确。1. 出租人有权要求解除合同，承租人返还租赁物、支付已到期租金及违约金。承租人诉称出租人既请求支付全部租金又请求解除合同系认识错误。2. 使用费是因租赁物应返还而未返还给出租人造成的损失，依法依约应予支持。3. 融资租赁合同明确约定承租人存在违约就无权选择购买租赁物。

二审法院经审理认为及判决：承租人持续逾期支付租金行为已构成违约，理应承担违约责任。出租人诉请解除合同，承租人返还租赁物并清付已到期租金及违约金，合法有据，应予支持。但一审期间原合同约定期限已届满，出租人同时请求支付已到期未付租金，以及合同解除后按租金标准计付使用费，实质上已涵盖合同约定履行期限的全部未付租金，一审均予支持，不符合《融资租赁司法解释》第 21 条、第 22 条规定，应予纠正。鉴于二审期间，出租人明确放弃占用租赁物导致损失主张，仅要求返还租赁物及支付已到期未付租金、违约金，合法合约，本院予以采纳。二审法院判决，撤销承租人支付融资租赁合同解除后承租人未返还租赁物期间使用费的判项。

四、案件评析

本案涉及主要问题是：在解除融资租赁合同、取回租赁物之诉中，出租人是否有权主张承租人迟延交付租赁物期间的租赁物占有使用费。二审法院撤销支持占有使用费判项的做法值得商榷。

市场经济中，物基于使用价值与价值而被生产、交易、消费。《物权法》开宗明义将明确物的归属、发挥物的效用、保护权利人的物权列为立法目的，据其规定，物权是指权利人依法对特定的物享有直接支配和排他的权利，侵害物权、造成权利人损害的，权利人可以请求损害赔偿。正是基于物之使用价值以及物之权利保护，从债权的角度，《合同法》及相关法律规范规定了三类有名合同的物之使用费的支付义务。首先，根据《合同法》第 167 条规定，分期付款买受人未支付到期价款金额达到全部价款的1/5的，出卖人有权解除合同，并有权向买受人要求支付该标的物的使用费。其次，根据《合同法》第235条、第107条规定，租赁期间届满，承租人应及时返还租赁物，承租人逾期未返还租赁物的，其占有已处于无权状态，应负违约责任，出租人既可基于租赁关系、也可基于所有权要求承租人返还。承租人不仅应当支付逾期返还租赁物的租金，还应偿还违约金或赔偿损失[①]。最后，根据《买卖合同司法解释》第43条规定，试用买卖的当事人没有约定使用费或者约定不明确，出卖人主张买受人支付使用费的，人民法院不予支持；换句话说，试用买卖的当事人明确约定了使用费的，人民法院应予依法支持。从《物权法》《合同法》等法律及其他法律规范规定来看，物权是权利人依法对特定物享有直接支配和排他的权利，侵害物权、侵害占有的，权利人有权请求损害赔偿；与物之所有权、使用价值利用密切相关的保留所有权买卖合同、租赁合同、试用买卖合同中都依法或者允许当事人依约规定无权占有方向所有权人承担支付使用费的责任。另外，参照《关于审理城镇房屋租赁合同纠纷案件具体应用法律若干问题的解释》（法释〔2009〕11号）第5条规定，房屋租赁合同无效，当事人请求参照合同约定的租金标准支付房屋占有使用费的，法院一般应予支持。合同无效后，承租人支付占有房屋期间的使用费，其性质是返还依无效合同取得的财产的一种方式，并不是按照合同履行支付的租金。这与融资租赁合同解除后，出租人主张的占有使用费是同理，可参照适用。因此，基于有直接支配和排他权能的所有权，出租人对侵害其租赁物所有权、占有使用权的承租人主张占有使用费，有足够的法律依据及经济缘由。

本案中，一审判决以第一次开庭日为融资租赁合同解除日，解除日之后尚有数期未到期租金，出租人未主张损害赔偿责任，因此一审判决仅支持到期未付租金及其违约金并由出租人收回租赁物，符合《合同法》第248条及《融资租赁司法解释》第21条、第22条的规定，不存在既主张

---

① 参见全国人民代表大会法制工作委员会编《中华人民共和国合同法释义》第235条释义。

加速到期又主张解除合同赔偿损失的双重利益，租赁物使用费是对出租人收回租赁物后预期收益的保护，与损害赔偿的诉请无涉。至于二审法院提到的，一审诉讼期间因融资租赁期限届满造成“已到期未付租金以及解除后占用设备使用费”实质上已涵盖全部未付租金一事，是承租人逾期交付产生的新义务与责任，不应将数额上的暗合认定为实质上的涵盖，从而认定支持出租人占有使用费的一审判决违反《融资租赁司法解释》。假设合同解除后更长期间内出租人仍未能收回租赁物，租赁物占有使用费、承租人利用租赁物获得利益、出租人收回租赁物后的预期收益或均远高于租赁物价值本身，如以“实质上的涵盖”作为判定标准实有不妥之处。

有观点及判例认为：针对承租人迟延交付租赁物的占有使用费诉请，应根据《民事诉讼法》第253条“被执行人未按判决指定期间履行其他义务的，应支付迟延履行金”的规定，由出租人通过执行程序主张权利[①]。从本质上讲是当事人对占有使用费的约定系有具体的诉讼请求和事实、理由的实体权益，应在诉讼中予以裁判。迟延履行金系被执行人因迟延履行生效法律文书确定的非金钱给付的其他义务而应向权利人支付的款项，具有弥补损失和对义务人惩罚的双重功能，系法院根据案件的不同依职权加以确定的，适用普遍案件。执行保障措施依法不应成为阻却出租人实体权益诉请的障碍，而应依法进行实体裁判。有观点及判例认为，因承租人迟延交付租赁物的期间难以确定，出租人应于实际费用发生后再另寻法律途径解决[②]；笔者认为：裁判文书中对按期计算违约金的计收，以及对未履行裁判文书确定的金钱给付义务而判处的加倍支付迟延履行期间的债务利息，均是对将来发生事件的预判，返还期间的不确定，不构成要求出租人另寻法律途径的理由，否则也会给当事人带来讼累、给司法资源带来浪费。

---

① 参见天津市滨海新区人民法院（2015）滨民初字第0109号民事判决书，2015年5月26日作出。

② 参见深圳市罗湖区人民法院（2015）深罗法民二初字第448号民事判决书，2015年7月27日作出。

五、实践指导意见

出租人解除融资租赁合同、收回租赁物同时主张承租人给付迟延交付租赁物期间的占有使用费，《物权法》《合同法》等法律规范有依据，实践中也有大量判例支持占有使用费诉请，因此，为增强融资租赁权益保护、防范风险，建议租赁公司在融资租赁合同中明确约定，若出租人解除融资租赁合同、收回租赁物，则承租人应就其迟延交付租赁物期间向出租人支付占有使用费，并明确计算方法与标准，为争议解决提供援引便利。当前未见裁判机关对融资租赁合同未明确约定占有使用费情形下仍支持出租人该诉求的判例。一般认为融资租赁中的租金不是承租人占有、使用、经营租赁物的对价，而是出租人取得租赁物成本以及合理利润确定的对价，侧重于融资性，该等融资性在合同相对人之间具有合理性、合意性，对其他市场主体而言（包括融资租赁合同解除后继续占有使用租赁物的原承租人），占有、使用租赁物给出租人造成的损失应以实际发生为依据，如租赁物折旧、市场上租赁的平均价格等，若融资租赁合同中以明确的租金计量明示合同解除后的租赁物占有使用费，则一般应构成双方的合意，以尽量达到避免举证、便于援引、利于争取裁判支持的目的。

案例 3.6　出租人可否仅主张解除合同、收回租赁物[①]

根据《合同法》第 248 条和《融资租赁司法解释》第 21 条的规定，出租人在融资租赁合同纠纷案件中的诉请基本分成加速到期与解除合同、收回租赁物两大类，在解除合同、收回租赁物之诉中，出租人往往同时主张到期未付租金以及损失赔偿等，立足于本案例，我们一起分析下解除合同、仅主张收回租赁物之诉的适用。

① 本部分作者为北京市汇融律师事务所合伙人张立国。

仲利国际租赁有限公司诉杭州思德服饰有限公司融资租赁合同纠纷案①

原告：仲利国际租赁有限公司（以下称“仲利租赁”或“出租人”）

被告：杭州思德服饰有限公司（以下称“思德服饰”或“承租人”）

案外人：东莞市航星针织机械有限公司（以下简称“航星针织”）

一、案件基本事实

2013年8月19日，仲利租赁、思德服饰与案外人航星针织签订《买卖合同》，约定仲利租赁应思德服饰请求向案外人航星针织购买：单面四色调线机34寸72路24针1台、双面四色调线机34寸60路24针3台、双面六色调线机34寸48路24针2台并出租给思德服饰，标的物总价为2506000元。合同约定，鉴于承租人就本合同标的物已先与出卖人签订买卖合同，在前述买卖合同项下已经支付756000元予出卖人，各方同意该部分款项应视为出租人在本合同项下已支付之价款，并由出租人自出租人给付出卖人之价款中相应地扣除，但承租人同意出租人径行将前述款项的全部或一部分作为租赁合同的首付租金，无须归还承租人。

2013年8月27日，仲利租赁、思德服饰签订了《租赁合同》，约定仲利租赁作为出租人以融资租赁方式向思德服饰出租上述机器设备，租赁期限自2013年8月27日起至2016年8月27日止。首付租金487355.17元应于2013年8月27日支付，余下租金共计36期：第1~12期每期租金为87690元，第13~24期每期租金为71，890元，第25~36期每期租金为55300元，自2013年8月28日起每隔1个月同一日支付。合同约定，承租人若发生未依约清偿等对本合同之任何约定未遵守或履行时，出租人得终止租赁合同、请求返还租赁物，承租人应无条件立即付清全部租金（包括

① 参见上海市长宁区人民法院（2014）长民二（商）初字第2052号民事判决书，2014年4月17日作出。

未届期）、损害赔偿及其他费用；承租人未依本合同之约定缴纳租金时，按租金总余额自应偿还日起，照年利率20%加付违约金。同日，思德服饰向仲利租赁出具《租赁物交付与验收证明书》，确认已收到租赁物并经验收合格。

合同签订后，思德服饰向仲利租赁出具《同意书》，载明就《租赁合同》的履行，同意另提供350000元给仲利租赁作为履约保证金；并约定该笔费用由仲利租赁自应付思德服饰之买卖价金中扣除并充抵；思德服饰若违反合同约定事项或义务时，同意仲利租赁没收履约保证金，思德服饰无异议；思德服饰承诺不得主张以履约保证金抵付应付租金或其他款项，违者视同违约；思德服饰如按期清偿约定的全部36期租金后，仲利租赁应将全部保证金无息返还思德服饰。

合同履行期间，仲利租赁于2013年8月28日向思德服饰付款1750000元。仲利租赁向思德服饰实际支付价款与买卖合同价款之间的差额756000元作为思德服饰向仲利租赁交付的履约保证金350000元和首付租金487355.17元中的部分406000元，对于首付租金的剩余部分已由思德服饰另行支付。截至2014年1月28日，思德服饰向仲利租赁支付了6期租金，共计526140元。自2014年2月28日起，思德服饰未再支付租金。

二、起诉与答辩及法院的认定与判决

出租人诉请：1. 解除原告与被告签订的《租赁合同》；2. 被告立即向原告返还租赁标的物：单面四色调线机34寸72路24针1台、双面四色调线机34寸60路24针3台、双面六色调线机34寸48路24针2台，若不能返还，应折价赔偿2052420元；3. 本案诉讼费由被告承担。庭审中，原告变更第2项诉讼请求为：被告立即向原告返还租赁标的物：单面四色调线机34寸72路24针1台、双面四色调线机34寸60路24针3台、双面六色调线机34寸48路24针2台。

承租人未到庭应诉，无书面答辩意见，也未向法院提供证据。

法院经审理认为：仲利租赁、思德服饰签订的《租赁合同》系双方真实意思表示，应为合法有效，当事人均应恪守。仲利租赁根据约定向思德服饰提供租赁设备，思德服饰应当按约给付相应租金。现思德服饰不按约支付租金，显属违约，应承担相应的违约责任。故仲利租赁要求解除合同收回租赁物，具有事实和法律依据，应予以支持。关于涉案履约保证金，鉴于仲利租赁在审理中表示，不同意将其向承租人收取的履约保证金予以返还，要求另案处理。因承租人未到庭应诉，对于该履约保证金本案不作处理，双方可另行解决。

法院判决：1. 仲利租赁与思德服饰签订的《租赁合同》于 2014 年 9 月 14 日解除；2. 思德服饰于本判决生效之日起十日内返还仲利租赁《租赁合同》项下租赁标的物；3. 本案受理费由思德服饰负担。

三、案件评析

《融资租赁司法解释》施行之后，融资租赁合同纠纷的诉讼请求基本上分为两大类，一类是加速到期，另一类是解除合同、收回租赁物。在解除合同收回租赁物之诉下，一般出租人会诉请支付到期未付租金或主张损失赔偿或者同时主张二者。只主张解除合同、收回租赁物的诉请较少。从合法性上讲，根据前述几种诉请组合依法均系应得到支持的。《融资租赁司法解释》第 22 条规定，出租人依照本解释第 12 条的规定请求解除融资租赁合同，同时请求收回租赁物并赔偿损失的，人民法院应予支持。前款规定的损失赔偿范围为承租人全部未付租金及其他费用与收回租赁物价值的差额。合同约定租赁期间届满后租赁物归出租人所有的，损失赔偿范围还应包括融资租赁合同到期后租赁物的残值。因此，在解除合同、收回租赁物之诉讼下，主张损失赔偿有足够的法律依据以及实践中大量的判决支持。关于到期未付租金，是融资租赁合同的继续履行，履行过程中产生的已到期应付的租金，发生在解除合同之前，亦应依法得到支持。综上所述，主张承租人支付到期应付租金、损失赔偿均系出租人权利，那出租人为什么仅选择解除合同、主张收回租赁物的诉请呢？

首先，仅主张解除合同、收回租赁物，在一定程度上更好地避免了租赁物价值的认定。若出租人主张承租人赔偿损失，根据《融资租赁司法解释》规定，损失赔偿的范围为承租人全部未付租金及其他费用与收回租赁物价值的差额。合同约定租赁期间届满后租赁物归出租人所有的，损失赔偿范围还应包括融资租赁合同到期后租赁物的残值。关于租赁物价值的认定，根据《融资租赁司法解释》第 23 条规定，在约定优先的基础上设置了法院依职权评估。根据最高法的观点①，本条解释设定的规则是约定优先，鼓励双方当事人提前就租赁物的价值确定方式作出约定；约定不明的，采取参照折旧及残值确定的方式，以此分流大量租赁物价值确定的评估拍卖问题。为避免一方当事人滥用合同订立时的优势地位，对租赁物的价值确定方式作出显失公平的约定，该条第 2 款规定了人民法院可通过委托评估、拍卖的方式来作为租赁物价值确定方式的补充。因此，只在有证据证明涉及“租赁物价值确定方式显失公平”的情况下，才触发评估、拍卖的规定。但实践亦存在一经承租人提起评估就被予以支持的情况，大大拖延了诉讼期间给出租人带来租赁物价值减损、时间成本增加的讼累。因此，若出租人诉请赔偿损失，则必然涉及租赁物价值的确定；若出租人仅诉请解除合同、收回租赁物，则一般不涉及租赁物价值的认定。除非承租人依据《合同法》第 249 条的规定，反诉租赁物价值的部分返还权，实践中，有一些承租人甚至在已收回的租赁物的价值已远超过承租人欠付的租金以及其他费用之时，依然没有反诉租赁物价值的部分返还权。②

其次，一些天生优良的适合融资租赁的租赁物，能够在整个租赁期限覆盖全部租金债权、有优良的二手市场、出租人具备专业处理能力等，出租人选择解除合同、收回租赁物的诉请，不但不会造成其利益减损，反而

---

① 最高人民法院民事审判第二庭．最高人民法院关于融资租赁合同司法解释理解与适用［M］．北京：人民法院出版社，2014：343.

② 参见广东省广州市中级人民法院（2016）粤 01 民终 19178 号二审民事判决书，2017 年 6 月 20 日作出。

会增速诉讼进程、获得比融资租赁合同实际履行预期可得利益更多的超额利益。例如，本案例中，出租人支付租赁物购买价款购买了租赁物，并已收取六期租金共计526140元，另收取了履约保证金350000元，自承租人逾期未付租金之日2014年2月28日起至判决作出之日2014年10月17日，共有6期到期未付租金计526140元，出租人取得胜诉判决后有权取回仅仅折旧一年的市场原价格在2506000元的租赁物。出租人的风险敞口已被足额弥补，并获得了超额利益。因此，在租赁物价值足以弥补全部债权仍有剩余情况下，出租人仅诉请解除合同、收回租赁物，也是一个不错的选择。

四、实践指导意见

故兵无常势，水无常形，能因敌变化而取胜者，谓之神。出租人在融资租赁合同纠纷中的诉请选择，应综合考量租赁物的价值、风险敞口的覆盖、租赁物的取回是否顺畅、二手市场是否完备、出租人的处置能力、承租人的资产状况、能否保全优良资产、承租人陷入破产重组的可能性等因素综合考量，在租赁物价值能够覆盖风险敞口甚至出租人可能获得超额利益的情况下，仅诉请解除合同、收回租赁物，不失为一个更好的权利实现途径。

案例3.7　租赁物取回后的价值确定[①]

在融资租赁交易中，租赁物是出租人实现租赁债权的物权保障。取回租赁物，是出租人保障债权的最后一道防线，只有在承租人严重违约或者丧失履约能力的情况下，经综合考量租赁物的变现能力以及变现价值之后方可采用。如何把握与处理租赁物的取回时点，是每个融资租赁公司都可

① 本部分作者为北京市汇融律师事务所张福广。

能会面对的问题。一旦取回租赁物，在涉及未付租金、逾期违约金、赔偿损失等数额计算方面，确认租赁物价值的问题几乎是绕不过去的，采用何种方式才能避免争议，同时又能够降低出租人的交易成本？本文将对上述问题进行探讨，为融资租赁公司提供参鉴。

厦门海翼融资租赁有限公司与陈某某、李某某融资租赁合同纠纷案①

上诉人（原审原告）：厦门海翼融资租赁有限公司（以下简称“海翼租赁”）

被上诉人（原审被告）：陈某某

被上诉人（原审被告）：李某某

案外人：西安市荣辉工贸有限公司（以下简称“荣辉公司”）

一、案件基本事实及一审判决

2009 年 6 月 3 日，陈某某与厦门厦工融资租赁有限公司（2010 年 8 月 4 日更名为厦门海翼融资租赁有限公司）签订《融资租赁合同》，约定后者荣辉公司购买装载机一台，租赁给陈某某使用，租期为 18 个月（2010 年 12 月 2 日租赁期满），并对起租日期、每期租金、租赁期限、首付款、保证金、逾期违约金等内容作出了约定。另外，合同还约定：因承租人违约而导致出租人收回租赁物件时，则出租人无须提前通知承租人；承租人未能支付任何到期款项，经催告仍不支付，出租人有权采取下列救济措施：1. 立即通知承租人解除租赁合同，并要求承租人支付本合同项下的所有到期和未到期租金及其他应付款项；……3. 收回和处置租赁物件，承租人应无条件予以配合。

后海翼租赁依约购买了装载机，李某某持由陈某某签字的融资租赁合同等文件在交付首付款、保证金等费用后接收租赁物并实际使用。李某某

① 参见陕西省西安市中级人民法院（2014）西中民三终字第 00227 号二审民事判决书，2014 年 7 月 3 日作出。

向陈某某出具说明称：关于装载机一切法律责任由其承担，与陈某某无关。李某某在支付了两期租金后再未缴纳租金。海翼租赁以承租人拖欠租金为由，委托荣辉公司于 2010 年 10 月 17 日对涉案机械进行了扣收，并于 2011 年 4 月委托评估公司对租赁物残值进行了评估。评估有效期为一年，自 2011 年 4 月 1 日至 2012 年 3 月 31 日止，超过一年，需重新进行资产评估。

关于海翼租赁单方取回租赁物并对其残值进行评估的事实，法院认为：1. 承租人拖欠租金构成违约，出租人依约有权取回并处置租赁物，承租人应当配合；2. 关于租赁物扣收取回的实际日期，因海翼租赁只提交了《荣辉企业扣收租赁物件实施单》和《荣辉企业扣收租赁物件移交单》，且此扣收单未有陈某某、李某某的确认签字，不足以认定扣收日期。由此导致无法查清拖欠租金、逾期违约金的具体数额，海翼租赁的诉讼请求证据不足，不予支持。

经审理，法院判决驳回海翼租赁要求陈某某、李某某支付拖欠租金、逾期违约金的诉讼请求，诉讼费用由海翼租赁承担。

海翼租赁不服一审判决，提出上诉。

二、上诉与答辩及法院的认定与判决

海翼租赁提起上诉称：《融资租赁合同》合法有效；对于评估报告陈某某、李某某未提出时效抗辩，也未要求重新评估，原审对此不予认定的作法不当；海翼租赁在原审中提交了实际扣车的证据，原审法院因扣车单没有李某某等的签字而不予认定的作法不妥等等；要求法院判决李某某、陈某某支付已到期租金以及逾期违约金。

二审法院经审理查明并确认了租赁物扣收取回的日期、租赁物残值评估等事实，其认为：海翼租赁在扣收取回租赁物后，拖延评估时间 6 个月，造成评估损失 × × 元，该损失应由海翼租赁承担，即在计算逾期违约金数额时，该评估损失也应当从拖欠总额中扣除，以余额作为计算基数。

二审法院判决：1. 撤销一审民事判决；李某某、陈某某向海翼租赁支付已到期租金以及逾期违约金（自出租人扣收租赁物次日起算）；2. 当事人双方分担一、二审诉讼费用。

三、案件评析

本案涉及融资租赁合同履行过程中承租人违约，出租人依约自力取回租赁物以及租赁物残值的确定问题。租赁物是否能够顺利取回及有效处置通常关系到融资租赁公司参与整个融资租赁交易的预期利益实现情况，实践中出租人在相关方面的操作并不十分理想。关于自力取回租赁物，如果方法不当容易被承租人以侵权为由被诉至公堂，甚至要赔偿损失；关于租赁物的残值确定，当事人也经常发生争议。本案中，关于租赁物的取回日期，一审法院以扣收单上无承租人签字为由未予认定，事实上，实践中出租人在取回租赁物时，承租人是很少予以配合的，经常会制造各种取回障碍，要求承租人在取回单上签字，基本上不具有可操作性。因此，法院应当充分认识并理解融资租赁交易中的上述问题，尊重当事人关于租赁物自力取回的约定，并在出租人通知承租人、取回证据收集等方面采取更为灵活、更加贴近商业交易实际的作法和态度。

（一）关于租赁物的取回

1. 自力救济

本案法院对于出租人以“自力救济”方式取回租赁物的作法并没有采取拒斥的态度，在制度供给不足、公力救济缺乏效率的情况下，应当为企业保留实现债权的另外一种可能性。对于租赁物，出租人的所有权与承租人的占有之间原本便存在一种紧张关系。但是，承租人对租赁物的“平静占有”是以履行了合同义务为前提的。倘若承租人存在违约情形，经催告后仍然不履行合同义务的，便丧失了占有租赁物的正当性，此时出租人作为租赁物的所有人，有权依约自力取回租赁物。但是，自力取回往往涉及到维稳或者说社会安定问题，必须采用合法、平和的手段，并且尽量取得承租人的同意，必须避免采用暴力、胁迫以及其他非法手段。

2. 把控好取回租赁物的时间节点

一般说来，取回租赁物意味着融资租赁合同的解除，合同的目的未完全实现，因而不到万不得已，出租人也不会以取回租赁物的方式来防控风险。租赁公司在策略选择上，通常是优先考虑债权实现，即优先判断承租人的偿债能力、履约意愿以及担保措施能否完全覆盖全部债权，如果承租人、保证人偿债能力没有问题，或者担保措施非常到位，完全可以采用诉讼方式实现/基本实现预设的目标，无须考虑租赁物的取回与变现问题。

但是，出租人也不能仅依赖承租人的信用而怠于行使取回权，因为一方面，租赁物会面临折旧问题，时间拖得越长，租赁物的余值变越小；另一方面，也可能面临被承租人藏匿、擅自处分等风险。在承租人丧失偿债能力、担保亦无力的情况下，需要优先考虑取回租赁物的问题。但此时要考虑租赁物的价值、租赁物的取回成本、保管养护成本以及变现成本，如果上述成本与费用与剩余租金、违约金相当甚至超出，取回租赁物也不是明智的选择。

3. 二手设备变现渠道

融资租赁公司应当具备良好的二手设备处置能力，及时追踪二手设备市场的发展状况，通过有效率地取回与处置租赁物有效弥补租金收益损失。如果能够打通融资租赁物二手产业链，无疑会为融资租赁交易提供更多一重的保障。此外，为确保承租人违约时租赁物可控，可在融资租赁合同中将租赁物的取回与回购条款进行绑定，以实现出租人风险的最小化。

（二）租赁物价值的确定

《融资租赁司法解释》第 23 条规定：“诉讼期间承租人与出租人对租赁物的价值有争议的，人民法院可以按照融资租赁合同的约定确定租赁物价值；融资租赁合同未约定或者约定不明的，可以参照融资租赁合同约定的租赁物折旧以及合同到期后租赁物的残值确定租赁物价值。承租人或者出租人认为依前款确定的价值严重偏离租赁物实际价值的，可以请求人民法院委托有资质的机构评估或者拍卖确定。”可见，在租赁物价值确定方面，法院优先尊重当事人之间的约定，只有在未约定、约定不明或者可能严重偏离租赁物实际价值时，才会按照租赁物折旧或采用评估方式确认租赁物价值。

本案中，当事人双方并未对租赁物价值的确定约定解决方法，以致出租人需要通过委托评估公司进行价值评估的方式来确定租赁物的价值，增加了维权成本。实务中，在约定租赁物的价值，应当能够体现租赁物的实际价值，结合租赁物的折旧情况、市场价值、变现难度等综合认定，不能严重偏离其实际价值，否则承租人仍有权请求法院委托评估机构确认租赁物价值。

四、对租赁公司的启示

融资租赁出租人开展交易的最终目的不是获取租赁物的所有权，出租人取回租赁物往往意味着融资租赁的根本目的并没有实现，取回是最后的止损措施，即“最后一道防线”，因此，须综合考虑债务人的偿债能力、租赁物对风险的覆盖程度、租赁物取回、保管、变现费用等因素，以此为依据判断选择优先实现债权还是优先保障物权。

出租人可在融资租赁合同中设定“自力取回条款”，约定什么情况下出租人可以取回，在公力救济之外，增加额外的债权实现的可能性。租赁公司在自力取回租赁物时，应当注意保存相关证据，包括取回时间、参与人员、取回过程、成本、见证人、承租人一方接待人员、出具的证明文件等，必要时可对全过程进行录像。

为避免日后产生争议，当事人可在融资租赁合同中直接约定租赁物价值的计算方法，或者租赁物的折旧方法，以便能够迅速计算出租赁物价值，又能减少双方争议，提高债权实现的效率。确定租赁物价值的方法应当尽量反映租赁物的实际价值，避免严重偏离公允价值的情况，否则，承租人有权要求进行价值评估或者进行拍卖，这会增加出租人实现债权的经济与时间成本。

租赁公司须尽力打通与二手设备市场的沟通渠道，掌握二手设备的市场价值、变现渠道，保障债权实现的效率，并使二手设备的变现价值变得可控，进一步减少出租人所可能面临的风险。

案例 3.8　租金诉请和处置租赁物的诉请能否在一个诉讼中解决[①]

根据《融资租赁司法解释》第 21 条，出租人在诉讼时须对“要求支付全部租金”抑或“解除合同，收回租赁物”做出选择，即出租人只能择一诉请。那么，出租人请求承租人履行融资租赁合同项下支付租金等给付义务的同时，是否可以诉请在承租人未按期支付时，出租人可就租赁物变价受偿？

创佳融资租赁（浙江）有限公司与浙江龙腾科技发展有限公司、严某甲等融资租赁合同纠纷案[②]

原告：创佳融资租赁（浙江）有限公司（以下简称“创佳租赁”）

被告：浙江龙腾科技发展有限公司（以下简称“龙腾科技”）

被告：严某甲

被告：洪某甲

被告：嘉兴飞腾仿真化纤织造有限公司（以下简称“飞腾公司”）

被告：嘉兴市龙腾差别化纤维有限公司（以下简称“龙腾化纤公司”）

被告：洪某乙（原告当庭撤回了对洪某乙的起诉）

被告：杨某

被告：严某乙

被告：廖某

---

① 本部分作者为北京市汇融律师事务所合伙人李雪梅。

② 参见浙江省海宁市人民法院（2015）嘉海商初字第 1620 号民事判决书，2015 年 11 月 3 日作出。

一、案件基本事实

2014年11月6日，创佳租赁与龙腾科技订立创佳融资（2014）回字033号《融资租赁合同》（以下称“033号融资租赁合同”）及《回租物品转让协议》，约定：创佳租赁以售后回租赁方式购买龙腾科技所有的一批设备（即租赁物）再出租给龙腾科技，租赁期限自2014年11月7日起至2015年11月6日止，龙腾科技应按约定支付租金，否则视为违约，应按日千分之一计付违约金，任何一期租金拖欠15日以上，创佳租赁可要求龙腾科技提前支付全部到期和未到期租金及其他费用，同时承担创佳租赁为实现债权而支出的诉讼费、律师代理费和其他费用。2014年11月6日，创佳租赁与飞腾公司、龙腾化纤公司、严某甲、洪某甲、杨某分别订立了《保证合同》，保证人均承诺为龙腾科技在033号融资租赁合同项下的所有债务承担连带责任保证。

2015年2月12日，创佳租赁又与龙腾科技订立了创佳融资（2015）回字012号《融资租赁合同》（以下称“012号融资租赁合同”）及《回租物品转让协议》，约定：创佳租赁以售后回租赁方式购买龙腾科技所有的一批设备（即租赁物）再出租给龙腾科技，租赁期限自2015年2月13日起至2016年2月12日止，龙腾科技应按约定支付租金，否则视为违约，应按日千分之一计付违约金，任何一期租金拖欠15日以上，创佳租赁可要求龙腾科技提前支付全部到期和未到期租金及其他费用，同时承担创佳租赁为实现债权而支出的诉讼费、律师代理费和其他费用。2015年2月12日，飞腾公司、龙腾化纤公司、严某甲、洪某甲、杨某分别向创佳租赁出具《担保书》，保证人均承诺为龙腾科技在012号融资租赁合同项下的所有债务承担连带责任保证。

2015年2月12日，严某乙、廖某分别向创佳租赁出具《个人担保书》，承诺为龙腾科技在033号和012号融资租赁合同（以下称“融资租赁合同”）项下的所有债务承担连带责任保证。

上述合同订立后，创佳租赁依约履行了租赁物购买和交付义务，但龙腾科技应付的033号融资租赁合同项下第八期租金和012号融资租赁合同项下第五期租金均已逾期15日以上。经催讨无果，创佳租赁为此诉至法院。

二、起诉与答辩及法院的认定与判决

原告创佳租赁请求法院判令：1. 龙腾科技立即支付原告租金19287333元（已扣除保证金19000000元）、名义货价200元、逾期利息120737.08元（暂计算至2015年8月6日，此后以19287333元为基数，计算至判决确定履行之日止按每日千分之一计算）；2. 龙腾科技支付原告实现债权费用360000元；3. 飞腾公司、龙腾化纤公司、严某甲、洪某甲、杨某、严某乙、廖某对上述债务承担连带担保责任；4. 确认被告在未清偿所欠租金及其他应付款项之前，融资租赁合同项下租赁物所有权属于原告所有；如被告未按期付款的，原告可对租赁物进行拍卖、变卖等方式变价，若变价款不足以清偿上述债务的，原告可向被告追偿，若变价款有剩余的，则剩余部分归被告所有。

被告龙腾科技答辩称：原告租金计算有误，保证金应为19000000元，逾期利息请求过高，请求法院依法调整，原告主张的实现债权费用没有事实和法律依据，请求法院对原告诉讼请求中不合理部分予以驳回。

被告严某甲、洪某甲答辩称：愿意在约定的范围内承担保证责任。

被告龙腾化纤公司答辩称：公司对外担保须经股东会决议，本案担保未经股东会决议，故被告龙腾化纤公司的担保没有法律效力。

被告飞腾公司、杨某、严某乙、廖某未作答辩，也未向法院提出证据。

法院经审理认为：

（一）关于融资租赁合同效力

原告与被告龙腾科技间的融资租赁合同关系是双方当事人真实意思表示，内容不违反法律规定，应为合法有效。

（二）关于原告的债权请求权

承租人租赁后，应当按照约定的数额和期限支付租金，经催告后在合理期限内仍不支付租金的，构成违约，原告有权要求承租人按约承担立即支付全部到期、未到期租金及其他应付款项的违约责任。原告据此要求被告支付剩余的全部租金19287333元（已扣除保证金19000000元），于法有据，应予支持。双方在合同中约定了逾期利息的计算标准，原告要求按约定的日千分之一计算，明显过高，应予调整，法院酌情调整为月利率2%，截至原告计算之日即2015年8月6日，已到期租金的逾期利息共计80491.38元，此后逾期利息应以19287333元为基数，按月利率2%计算至判决确定的履行之日止。关于原告要求被告龙腾科技公司支付名义货价200元的诉讼请求，由于双方合同中有此约定，是转移租赁设备的标志，现原告未主张取回租赁物，故对该项诉讼请求，予以支持。双方在合同中明确约定实现债权费用由违约方承担，且费用计算标准未超出合理范围，故对原告的该项诉请，予以支持。

（三）关于租赁物所有权确认及变价受偿

原告要求确认在付清前述款项前，本案所涉租赁物所有权属于其所有的诉讼请求，符合合同约定，也不违反法律规定，予以支持，但在被告清偿全部款项后，其应有权从原告处取得讼争租赁设备的所有权。若被告未能按期付款，原告可就租赁物以拍卖、变卖等方式变价受偿，变价后所得款项不足以清偿上述债务的，原告可向被告追偿，有剩余的，则剩余部分归被告所有，符合双方融资租赁合同约定，于法不悖，且对被告有利，予以支持。

（四）关于连带保证责任

被告飞腾公司、龙腾化纤公司、严某甲、洪某甲、杨某、严某乙、廖某均以订立保证合同和出具担保书的形式向原告承诺为被告龙腾科技提供连带责任担保，系当事人真实意思之表示，合法有效，且原告的请求未超出承诺的担保范围，该请求于法有据，予以支持。

关于被告龙腾化纤公司辩称据其公司章程规定对外出具担保承诺应经股东会决议，未经股东会决议的担保，应认定担保无效的答辩意见，法院认为公司章程是公司内部的约束规范，且本案中被告龙腾化纤公司的二次担保承诺均出具了股东会决议，故法院对被告龙腾化纤公司的辩称不予采纳。

综上所述，法院判决如下：

1. 龙腾科技给付创佳租赁租金19287333元、名义货价200元，支付逾期利息80491.38元（暂计至2015年8月6日，此后以未付租金19287333元为基数按月息2%计算至判决确定履行之日止）和实现债权费用360000元。

2. 飞腾公司、龙腾化纤公司、严某甲、杨某、洪某甲、严某乙、廖某对上述付款义务承担连带责任。各被告履行保证义务后，可向龙腾科技行使追偿权。

3. 龙腾科技、飞腾公司、龙腾化纤公司、严某甲、杨某、洪某甲、严某乙、廖某在未履行第一项付款义务前，融资租赁合同项下租赁物所有权属于原告所有；如八被告未能按期付款，原告可就租赁物进行拍卖、变卖等方式变价受偿，变价款不足以清偿上述债务的，原告可向八被告追偿，变价款有剩余的，则剩余部分归龙腾科技所有。

4. 驳回原告其余诉讼请求。

三、案件评析

本案涉及的主要法律问题是：出租人可否在诉请承租人支付租金的同时，一并诉请确认出租人拥有租赁物的所有权，及在承租人未按期偿付债务时，出租人可否就租赁物变价受偿？

本案中，创佳租赁诉请法院确认被告在未清偿所欠租金及其他应付款项前，融资租赁合同项下租赁物所有权属于创佳租赁所有，如被告未按期付款的，创佳租赁可对租赁物进行拍卖、变卖等方式变价，若变价款不足以清偿上述债务的，创佳租赁可向被告追偿，若变价款有剩余的，则剩余部分归被告所有。且法院判决支持了该项诉讼请求。该项判决无疑是本案的最大亮点，有效避免了出租人的诉累。

这一问题源于《融资租赁司法解释》第 21 条的规定，该条规定的目的在于避免“出租人双重受偿、承租人双重损失”导致的司法不公正，该条虽然在第 2 款明确了出租人在无法实现租金债权时，可以再另行起诉“解除合同，收回租赁物”，且“出租人可以根据承租人的履行能力和诚信情况，在第一次诉讼中做出选择”①。但目前在我国征信体系尚不完善的背景下，出租人作为普通法人，往往很难对承租人的实际“履行能力和诚信情况”做出准确的调查、判断与正确的评估；融资租赁交易的特殊性，决定了大部分出租人一般都会在诉讼中优先选择“要求支付全部租金”，在承租人无法偿还债权时，出租人再行起诉要求解除合同、收回租赁物，给出租人造成了诉累。

这种就同一案件多次诉讼，随着时间的推移，不仅浪费出租人的人力、物力、财力，承租人经营状况、偿债能力进一步恶化，租赁物贬值严重，使出租人错过最佳的受偿时机，从而难以保障出租人合法权益。由出

① 最高人民法院民事审判第二庭．最高人民法院关于融资租赁合同司法解释理解与适用［M］．北京：人民法院出版社，2014：307.

租人自由选择“租金”抑或“租赁物”的制度安排表面上保障了出租人的完整诉权，但在实际操作上更多损害了出租人的合法权益，导致了司法的不公正，也与租赁合同约定不符，违背合同法上的意思自治原则。

退一步讲，即使出租人必须根据《融资租赁司法解释》第 21 条对“要求支付全部租金”抑或“解除合同，收回租赁物”作出选择，笔者认为，本案原告的诉请亦不违背该条规定。本案中，原告并未在诉请承租人支付租金的同时要求解除合同、收回租赁物，而是请求法院确认在承租人偿清全部租金等债权之前出租人拥有租赁物的所有权，根据《合同法》第 242 条、第 250 条，租赁期间出租人享有租赁物的所有权，因此，原告的此项诉求符合《合同法》规定；同时，原告还诉请“如被告未按期付款的，原告可对租赁物进行拍卖、变卖等方式变价，若变价款不足以清偿上述债务的，原告可向被告追偿，若变价款有剩余的，则剩余部分归被告所有”，该项诉求与《融资租赁司法解释》第 21 条要求的出租人必须“物债择一”的规定并不矛盾。本案中，创佳租赁已经选择了请求承租人支付租金等债权，该项请求适用的前提是“被告未按期付款”，且创佳租赁诉请对租赁物变价的目的是清偿其第一项诉讼请求中的债权，如有剩余，则剩余部分归被告所有，因此该项诉请并未造成“出租人双重受偿”，符合司法解释之精神，于法无悖，同时减轻了出租人诉累，提高了司法效率。

通过查询已公布融资租赁合同纠纷案件判决书，上海市徐汇区人民法院 2016 年初审结的中华开发国际租赁有限公司与承租人、担保人融资租赁合同纠纷案件①，本案法院 2015 年审结的其他融资租赁合同纠纷案件②，原告的诉讼请求中也有与本案相同的内容，且法院均支持了该项诉讼请求。希冀更多的判决能够权衡当事人的合法权益，在不违反法律、行政法规规定的前提下，灵活、变通地运用融资租赁相关法律法规及司法解释，

---

① 参见上海市徐汇区人民法院（2015）徐民二（商）初字第 10034 号民事判决书，2016 年 2 月 1 日作出。

② 参见浙江省海宁市人民法院（2015）嘉海商外初字第 15 号民事判决书，2015 年 4 月 30 日作出；浙江省海宁市人民法院（2015）嘉海商初字第 911 号民事判决书，2015 年 11 月 6 日作出。

更多地支持如本案原告提出的这种权利诉请，以维护司法的公平正义。该项判决也得到了最高人民法院的认可，该院民二庭法官李志刚认为：在租赁期限届满之前，出租人选择租金加速到期，租赁物所有权没有发生变化，仍在出租人名下。确认租赁物所有权的诉讼请求和取回租赁物的取回权不同；取回租赁物和租金加速到期冲突，而租金加速到期与确认所有权不冲突，故对确认所有权的主张应予支持[①]。

本案判决略显不足之处在于：对名义货价（留购价款）未作出合理的安排。若出租人以租赁物变价受偿的，则承租人实际上并未取得租赁物，故不应再要求承租人支付名义货价（留购价款），所以，在判决出租人可对租赁物进行变价的同时，应判决若出租人以租赁物变价的，需从其债权额中扣除名义货价（留购价款）。

案例3.9　出租人因承租人违约而限制其使用租赁物期间，承租人是否负有租金支付义务[②]

融资租赁交易项下，出租人负有保证承租人对租赁物平静占有、使用的义务，但该等义务应以承租人未发生违约情形为前提，本案中承租人违约后出租人通过自力救济实施了锁机行为，导致承租人无法占有使用租赁物，那么该种情形下，承租人是否在锁机期间负有租金支付义务、出租人在自力救济过程中应注意哪些问题，笔者将结合本案予以讨论。

卡特彼勒（中国）融资租赁有限公司与张某某、闻某融资租赁合同纠纷案[③]

上诉人：卡特彼勒（中国）融资租赁有限公司（原审原告，以下简称“出租人”）

---

① 参见最高人民法院民二庭李志刚法官在《法与思》微信公众号上发布的《融资租赁若干法律实务问题》2017年10月16日。

② 本部分作者为北京汇融（天津）律师事务所律师孟俐君。

③ 参见云南省昆明市中级人民法院（2014）昆民四中字第140号民事判决书，2014年8月28日作出。

被上诉人：张某某（原审被告，以下简称“承租人”）

被上诉人：闻某（原审被告，以下简称“保证人”）

一、案件基本事实

2012年12月12日，出租人与承租人签署《融资租赁协议书》（以下简称“租赁合同”），出租人根据承租人的选择购买型号为320D、设备序列号为MZD00396的挖掘机（以下简称“租赁物”）以融资租赁的方式出租给承租人使用，首付租金为180577.21元，每月租金31971.26元，租赁期限36个月，并约定了违约情形及救济措施。保证人为承租人在租赁合同项下所有债务承担连带责任保证。签署租赁合同当日出租人向承租人交付租赁物。后承租人于2013年6月开始逾期，出租人于2013年7月中旬对租赁物实施锁机，并于锁机1个月后向法院提起诉讼。

二、起诉与答辩及法院的认定与判决

出租人诉请：1. 确认租赁合同于2013年11月5日解除，承租人立即向出租人返还租赁物；2. 承租人支付出租人2013年6月至10月到期未付的5期租金及未付租金应付日至实际付清之日止的违约金；3. 承租人赔偿租赁合同解除后继续占用、使用设备至设备实际归还之日止的损失；4. 承租人支付出租人律师代理费14700元；5. 保证人对上述债务承担连带责任。

承租人辩称：对于2013年6月至10月的5期租金，因出租人于2013年7月中旬已对租赁物锁机，故只认可欠出租人2013年6月、7月两期租金；此外，承租人认为违约金过高，申请对违约金进行调整。

法院认为：1. 案涉租赁合同未违反法律规定，系有效合同，合同各方当事人均应按合同约定履行义务。出租人已依约将租赁物交付承租人使用，承租人应当依约按时足额向出租人支付到期租金。根据租赁合同约定，承租人未能支付任何到期租金即可构成重大违约，出租人有权要求解除合同并收回租赁物。承租人认可欠租事实，即承租人已经构成违约，且承租人当庭同意解除合同，故出租人要求判令租赁合同于2013年11月5日解除并收回租赁物的诉讼请求予以支持。2. 出租人认可2013年7月中旬对租赁物进行锁机，承租人自锁机后无法使用租赁物，而双方签订的租赁合同是建立在承租人对租赁物占有使用的前提上，锁机后承租人实际已无法继续使用租赁物，且合同中并未约定出租人有主张锁机后租金的权利，故出租人要求承租人支付锁机后租金的诉讼请求不符合合同约定，不予支持。3. 租赁合同约定，违约金应按应付未付款项每月（30天）2%计算，年利率为24%。承租人申请对违约金进行调整，故法院依法调整为承租人还应承担所欠租金每月按中国人民银行同期贷款利率上浮30%计算的违约金。4. 租赁合同约定，如承租人于合同解除后仍旧占有租赁物，则承租人应赔偿因占有租赁物给出租人造成的损失，该等损失额以本协议约定的平均租金为标准计付。计算损失的起止时间为本协议解除之日起至设备实际归还之日止。由于承租人认可租赁物仍在其占有中，故承租人应支付出租人自判决生效之日起至实际归还之日止由于继续占有租赁物造成的损失，出租人的该诉讼请求符合合同约定，予以支持。5. 租赁合同约定，出租人有权向承租人追索因实现债权产生的合理费用，故承租人应当支付出租人律师费，法院酌情判决承租人支付出租人律师费3406.40元，超出部分不予支持。6. 保证人对承担连带责任并无异议，故出租人要求保证人为承租人承担连带保证责任的诉讼请求予以支持。

法院判决：1. 确认租赁合同于2013年11月5日解除；2. 承租人于判决生效后十日内将租赁物归还出租人；3. 承租人于判决生效后十日内支付出租人所欠2013年6月及7月两期融资租赁费及该款项至实际支付之日止按每月中国人民银行同期贷款利率上浮30%计算的违约金；4. 承租人支付出租人自判决生效之日起至设备实际归还之日止因继续占用租赁物造成的损失，每月按月租金计算；5. 承租人支付出租人律师代理费3406.40元；

6. 保证人对上述债务承担连带责任；7. 驳回出租人的其他诉讼请求。

三、上诉与答辩及法院的认定与判决

出租人不服一审判决，提起上诉请求：1. 撤销原审判决第3项，改判由承租人、保证人支付出租人截至2013年10月12日（该日为出租人请求租赁合同解除之日前的最后一个租金支付日）全部到期未付租金（即6月至10月到期未付的5期租金）；2. 撤销原审判决第四项，改判占用租赁物损失计算期间自2013年10月12日起至租赁设备实际返还之日为止；3. 撤销原审判决第五项，改判由承租人、保证人承担律师费14700元。

出租人上诉理由：1. 出租人确实向租赁物发送过锁机指令，但因承租人违反合同约定，擅自将租赁物移出境外使用，导致出租人锁机的行为实际上并未成功。即使租赁物被远程锁死，承租人也应按期支付租金。在承租人违约的情况下，出租人是可以使用锁机的手段主动进行私力救济，该权利是法律赋予出租人的权利，原审判决不支持锁机时段租金没有法律及事实依据。2. 合同约定按月利率2%支付违约金是合法合理的。承租人未按期支付租金给出租人带来大约购机价格9%的直接营业收益损失，大约购机价格9%的逾期收益以及管理人员的成本，以此计算，出租人主张按月利率2%计算并未超过损失的30%。双方约定违约金未超过中国人民银行同期贷款利率的4倍，应予支持。3. 合同约定承租人违约应支付出租人律师费、诉讼费。按照诉讼标的金额计算的律师费远高于实际发生的律师费14700元，出租人按实际发生律师费主张应予支持。

承租人、保证人共同答辩称：原审认定事实清楚、适用法律正确，请驳回上诉，维持原判。

法院认为本案争议焦点是：承租人应支付出租人的到期未付租金、违约金及律师费的计算标准应如何确定。认定意见如下：

1. 根据《融资租赁司法解释》第12条第2款规定："有下列情形之一，出租人请求解除融资租赁合同的，人民法院应予支持：……；承租人未按照合同约定的期限和数额支付租金，符合合同约定的解除条件，经出租人催告后在合理期限内仍不支付的；……。”本案中，承租人欠付租金，且经出租人催告后至今未予支付，故出租人诉请解除租赁合同于法有据。同时，承租人及保证人当庭表示同意出租人解除租赁合同之诉请。据此，本院依法确认租赁合同于2013年11月5日解除。根据《融资租赁司法解释》第22条，“出租人依照本解释第12条的规定请求解除融资租赁合同，同时请求收回租赁物并赔偿损失的，人民法院应予支持。前款规定的损失赔偿范围为承租人全部未付租金及其他费用与收回租赁物价值的差额。合同约定租赁期间届满后租赁物归出租人所有的，损失赔偿范围还应包括融资租赁合同到期后租赁物的残值。”承租人欠付租金导致租赁合同解除，出租人诉请返还租赁物有事实及法律依据，原审判令承租人返还租赁物正确，本院予以维持。承租人自租赁合同解除之日起至租赁期限届满之日止因未返还租赁物给出租人造成的损失应依据月租金进行赔偿，如承租人在租赁期限届满之前返还租赁物，则损失赔偿截止时间以实际返还之日为准。

2. 本院依法确认出租人在承租人欠付租金的情况下实施了锁机行为，出租人在实施锁机之后1个月即向法院提起了本案诉讼，出租人的锁机系针对承租人欠付租金的违约行为所采取的自力救济措施，其行为具有合法性及合理性，故承租人仍应支付锁机期间的租金。

3. 对原审法院调整违约金事项，本院认为，出租人主张承租人逾期支付租金造成购机价格约9%的营业损失，但其未提交证据证实损失存在的客观性及合理性。同时，承租人逾期支付到期租金部分给出租人造成的损失应为资金占用费，原审法院按中国人民银行同期贷款利率上浮30%计算逾期违约金足以弥补出租人的损失，对出租人的该项上诉主张，本院不予支持。另外，出租人诉讼金额既包括到期未付租金，也包括损失和违约金等相应费用，故出租人主张律师费14700元不高于相关律师费收费标准，本院予以支持。

综上所述，法院判决：

1. 维持原审判决第1项、第2项、第6项、第7项。

2. 将原审判决第三项变更为“承租人于判决生效后十日内支付出租人所欠2013年6月至10月期间到期未付融资租赁费，并承担该款项自应付之日起至本判决确定的履行期间届满（即租赁合同履行期限届满，下同）之日止按每月中国人民银行同期贷款利率上浮30%计算的违约金”。

3. 将原审判决第四项变更为“承租人应赔偿出租人自合同解除之日起至履行期限届满止按月租金计算的损失（如承租人提前返还设备，则损失赔偿计算截止时间以实际返还设备之日为准）”。

4. 将原审判决第五项变更为“承租人支付出租人律师代理费14700元”。

如未按本判决指定的期限履行给付金钱义务，应当依照《民事诉讼法》第229条的规定，加倍支付迟延履行期间的债务利息。

四、案件评析

本案涉及承租人违约后，出租人实施锁机行为导致承租人无法占有使用租赁物的情形，对此，笔者认为：融资租赁交易项下，出租人虽负有保证承租人对租赁物平静占有、使用的义务，但该等义务应以承租人未发生违约情形为前提，承租人违约的，出租人都有权解除合同取回租赁物，更何况是实施限制承租人使用租赁物的行为。锁机行为实质上是对承租人违约行为的警示和惩罚，承租人应尽快支付租金或与出租人协商返还租赁物，承租人未及时采取补救措施的，应承担相应不利后果。本案中，出租人实施锁机行为在承租人违约之后，且锁机后一个月即提起诉讼，出租人在本案中所采取的自力救济措施合理适当；锁机期间承租人虽无法使用租赁物，但造成该结果的原因是承租人违约，承租人不应当因其违约行为获利，因此，锁机期间承租人支付租金的义务不应受影响。故二审判决合法合理。

此外，对于本案二审判决认定的违约金及损失的计算截止日期，笔者认为：第一，我国《民事诉讼法》明确规定了迟延履行期间加倍支付债务利息，因此，二审判决确认一个判决的履行期间有利于促使义务人尽快履行义务，但本案中距离判决作出之日租赁期限届满还有一年多的时间，期限过长，因此，以租赁合同履行期限作为本案判决的履行期间存在不妥。第二，判决履行期间是指法院确定的义务人应当履行义务的期限，而非计算违约金及损失的截止日期，违约金及损失计算的截止日期与判决规定的履行期间无关，而与义务人实际履行义务的时间有关，因此，违约金及损失计算的截止日期应为承租人或保证人实际支付之日。故笔者认为二审判决认定违约金及损失计算的截止日期为租赁合同履行期限届满之日存在错误。

五、对租赁公司的启示

出租人实施锁机或其他禁止承租人使用租赁物的行为（取回租赁物除外）是对承租人违约的自力救济，在出租人无其他过错的情况下，承租人支付租金的义务不应受到影响。但鉴于法律并无明确规定，建议出租人在租赁合同中对此种情形进行明确约定，同时，出租人采取自力救济措施后应尽快与承租人就纠纷解决达成合意，或尽快提起诉讼，否则，亦存在不被支持的风险。

案例 3. 10　因租赁物被保全致使承租人无法使用，承租人是否有支付租金的义务①

《合同法》第 245 条规定出租人应当保证承租人对租赁物的占有和使用。对这一条的理解和适用宜结合《融资租赁司法解释》第 17 条的规定，解释为不得无正当理由收回、妨碍、干扰或影响承租人对租赁物的平静占有。不应扩大解释包括承租人违约时出租人取回租赁物或保全租赁物等可能导致承租人在租期内无法占有和使用租赁物的情形。

---

① 本部分作者为北京市汇融律师事务所律师李艳科。

鹏彤公司与卡特彼勒租赁、刘某某融资租赁合同纠纷案①

上诉人（原审被告）：青海鹏彤机械化施工有限公司（以下简称“鹏彤公司”）

被上诉人（原审原告）：卡特彼勒（中国）融资租赁有限公司（以下简称“卡特彼勒”租赁）

原审被告：刘某某

一、案件基本事实

2007 年 12 月 24 日，卡特彼勒租赁与鹏彤公司签订融资租赁协议，该协议约定租期为 36 期，承租人应就到期应付未付的任何租金或其他款项，按月利率 2% 支付违约金，同时融资租赁协议对设备、租约、设备购买、索赔权、设备所有权、设备交付、占有和使用、设备维护和费用、担保、违约等作出明确约定。同日，刘某某提供连带责任保证担保。

2007 年 12 月 25 日，卡特彼勒租赁与易初明通贸易（上海）有限公司（简称“出卖人”）签订订单，依据设备租赁附表中鹏彤公司的选择，购买了型号为 330D、系列号为 EAH00788 的挖掘机 1 台，出租给鹏彤公司。鹏彤公司已支付首付款、手续费和保证金。

之后，鹏彤公司欠付卡特彼勒租金，经卡特彼勒租赁发律师函催要未果，双方发生纠纷。卡特彼勒租赁诉至西宁市中级人民法院，请求被告支付欠付租金、违约金、解除融资租赁协议并赔偿损失。

二、起诉与答辩及法院的认定与判决

在一审过程中，经卡特彼勒租赁申请，法院于 2009 年 8 月 5 日对案涉

① 参见青海省高级人民法院（2013）青民三终字第 9 号民事判决书，2014 年 3 月 13 日作出。

挖掘机予以查封；并将案涉挖掘机就地（果洛州德尼尔铜矿）封存，存放于鹏彤公司的生活区厂房旁，由卡特彼勒租赁看管；在一审庭审时，卡特彼勒租赁明确放弃解除融资租赁协议的诉求。

鹏彤公司辩称，租赁物因存在质量问题因此其有理由拒付租金，卡特彼勒租赁在租赁物被保全期间的租金损失不应由鹏彤公司赔偿。

法院认为：卡特彼勒租赁、鹏彤公司对融资租赁协议不持异议，鹏彤公司未按期履行租金支付义务，其行为已构成违约。对卡特彼勒租赁主张的2009年4月24日之前欠付的租金和违约金，在核减保证金后的剩余未付款项，鹏彤公司应当支付。

本案中，卡特彼勒租赁的融资义务已履行，且租赁物已交付鹏彤公司使用，根据融资租赁协议关于租金的约定，在租赁期限内，鹏彤公司应无条件按附表规定按时、足额支付租金。卡特彼勒租赁与鹏彤公司在融资租赁协议中明确约定承租人在使用租赁物过程中，租赁物出现质量问题，应由承租人向出卖人行使索赔权，出租人不承担民事责任。鹏彤公司应依照该约定并结合买卖合同确立的权利义务关系，如对租赁设备权利瑕疵或质量问题有异议向出卖人行使索赔权。所以鹏彤公司不能以租赁物存在质量问题为由拒付租金。融资租赁协议中，承租人支付的租金，其实质是分期对购买租赁物的价金的本息和其应获取的利润等费用的偿还，与诉讼保全及租赁物是否实际使用无必然联系，故卡特彼勒租赁要求鹏彤公司赔偿自2009年4月25日起至租赁期限届满的租金损失的请求，合法有据，应予支持。鹏彤公司辩解因保全后的租金损失不予赔偿的理由不予采纳。

法院判决：1. 鹏彤公司于本判决生效后十日内给付卡特彼勒租赁租金及违约金共计75523.74元；赔偿损失971419.05元，并承担律师代理费10000元；2. 刘某某对上述款项承担连带清偿责任；3. 案件受理费21041元，保全费5000元，由鹏彤公司负担。

三、上诉与答辩及法院的认定与判决

一审判决后，鹏彤公司向青海省高级人民法院提起上诉称，1. 卡特彼勒租赁所提供租赁物质量不符合国家标准，鹏彤公司依法不应支付租金；2. 原审法院一方面裁定对租赁物进行保全（冻结涉案挖掘机，并明确该挖掘机由卡特彼勒租赁保管），另一方面仍然判令鹏彤公司赔偿租赁物保全期间损失明显错误；……鹏彤公司请求撤销原审判决，依法驳回卡特彼勒租赁全部诉讼请求，一、二审诉讼费用由卡特彼勒租赁承担。

法院审理认定：

1. 关于鹏彤公司应否向卡特彼勒租赁支付 2009 年 4 月 24 日之前所欠租金、违约金的问题。

法院认为：依据《合同法》第 248 条“承租人应当按照约定支付租金。承租人经催告后在合理期限内仍不支付租金的，出租人可以要求支付全部租金；也可以解除合同，收回租赁物”之规定，卡特彼勒租赁有权依该法律规定行使权利，并作出相应选择。本案一审庭审时，卡特彼勒租赁明确放弃解除双方合同的诉求，做出要求鹏彤公司支付租金的选择，符合法律规定。同时依据《融资租赁司法解释》第 20 条“承租人逾期履行支付租金义务或者延迟履行其他付款义务，出租人按照融资租赁合同的约定要求承租人支付逾期利息、相应违约金的，人民法院应予支持”之规定，本案中，卡特彼勒租赁的融资义务已履行，在租赁期限内，鹏彤公司应当按时、足额支付租金并承担相应违约金。因鹏彤公司对欠付数额不持异议，对卡特彼勒租赁主张的欠付的租金、违约金，应予认定。

鹏彤公司未提交其依赖卡特彼勒租赁技能确定租赁物或者卡特彼勒租赁干预选择租赁物的相应证据。且卡特彼勒租赁与鹏彤公司在融资租赁协议中明确约定承租人在使用租赁物过程中，租赁物出现质量问题，应由承租人向出卖人行使索赔权，出租人不承担民事责任。鹏彤公司以租赁物质量问题提出不应支付租金的上诉主张，不符合法律规定及双方合同约定，不予支持。

2. 关于鹏彤公司应否向卡特彼勒租赁支付自2009年4月25日起至租期届满以租金、违约金计算的损失问题。

法院认为：卡特彼勒租赁分别主张2009年4月24日前欠付租金、违约金与自2009年4月25日起至租期届满日止以租金、违约金计算的损失，实质均为主张鹏彤公司支付融资租赁协议约定期间欠付的租金、违约金。

由于双方融资租赁协议中，承租人鹏彤公司支付的租金、违约金实质是分期对出租人卡特彼勒租赁购买租赁物价金的本息和其应获取的利润等费用的偿还，且依据法律规定，应当是对欠付租金、违约金的全部偿还，但卡特彼勒租赁享有此项权利的同时，也负有相应义务，依照《合同法》第245条“出租人应当保证承租人对租赁物的占用和使用”之规定，卡特彼勒租赁在主张鹏彤公司对欠付租金、违约金的全部偿还的同时，还应当保证鹏彤公司对租赁物的占用和使用。在双方融资租赁协议约定租期内，卡特彼勒租赁向一审法院提交诉讼保全申请书，申请法院将案涉挖掘机就地封存，交由卡特彼勒租赁看管。上述事实表明，自租赁物被查封之日起，鹏彤公司依法已丧失对租赁物的占用和使用，卡特彼勒租赁通过自己申请诉讼保全的行为，不再保证鹏彤公司对租赁物的占用和使用，在此前提下，卡特彼勒租赁依法丧失要求鹏彤公司返还全部租金、违约金的权利。但在诉讼保全之前，案涉挖掘机处于鹏彤公司的实际占有和使用中，故对自2009年4月25日起至租赁物被查封之日止产生的租金、违约金，依法应予支持。

综上所述，二审法院未支持卡特彼勒租赁主张的租赁物被查封期间的租金损失。

四、案件评析

本案争议的焦点在于承租人在租赁物被查封期间的租金支付义务是否因租赁物被查封而免除。

根据本案案情，案涉融资租赁交易为一项直接租赁交易，在一审中卡特彼勒租赁放弃了解除融资租赁协议的诉讼请求，仅保留要求承租人按照约定支付全部租金的诉讼请求。对于该诉讼请求，一审法院认为“承租人支付的租金，其实质是分期对购买租赁物的价金的本息和其应获取的利润等费用的偿还，与诉讼保全及租赁物是否实际使用无必然联系”，并因此要求承租人承担租赁物被查封期间的租金（损失）支付义务。但是，二审法院以“卡特彼勒租赁通过自己申请诉讼保全的行为，不再保证鹏彤公司对租赁物的占用和使用”为由，判决免除承租人支付租赁物保全期间的租金支付义务。

笔者认为二审法院的认定有待商榷。首先，根据《融资租赁司法解释》第17条的规定，宜将出租人在《合同法》第245条项下的义务解释为出租人不得有以下行为：1. 无正当理由收回租赁物；2. 无正当理由妨碍、干扰承租人对租赁物的占有和使用；3. 因出租人的原因导致第三人对租赁物主张权利；4. 不当影响承租人对租赁物占有、使用的其他情形。也即出租人在影响承租人对租赁物占有、使用问题上存在过错。其次，出租人采取保全措施系因承租人违约行为，即便假设有证据证明卡特彼勒租赁在申请法院采取诉讼保全措施时存有过错，一概因此免除承租人在保全期间的全部租金支付义务亦缺少相应的事实和法律依据。最后，根据《合同法》第248条和《融资租赁司法》解释第22条的规定来看，在承租人违约时，出租人有权解除合同、收回租赁物并要求承租人赔偿损失，损失赔偿范围也包括了承租人全部未付租金及其他费用等（考虑到取回的租赁物价值）。从这一规定来看，在租赁期限内承租人违约时，承租人尚能取回租赁物、不再保证承租人对租赁物的占有和使用，并取得相当于全部租金及其他费用的补偿。本案中出租人根据《合同法》第248条选择加速到期时，理应保障出租人享有的按照该第248条的规定要求承租人支付全部租金的权利，因出租人依法申请法院采取保全措施，二审法院便直接认定承租人因此不再承担保全期间内租金支付义务的做法，缺少合同依据和法律依据，加重了作为守约方的出租人的义务，扭曲了融资租赁的本质。

五、对租赁公司的启示

如何准确理解和适用《合同法》第245条的规定，对于保障出租人的利益至关重要。在融资租赁法律关系中，出租人并不承担租赁物的现实交付义务，在直接租赁交易中租赁物的交付义务由出卖人承担，在售后回租交易中租赁物的交付亦实为一种观念上的交付，因此《合同法》第245条的规定并不意味着出租人承担向承租人现实交付租赁物并时刻确保承租人实际占有租赁物的积极义务，而是根据《融资租赁司法解释》第17条的规定仅承担不得不当妨碍、干扰或影响承租人占有和使用租赁物的消极义务。建议租赁公司在合同中明确赋予出租人享有的在承租人违约等情形下限制承租人占有和使用租赁物的权利，明确承租人的租金支付义务是绝对的，不因任何事由而减免，并在合同履行过程中避免采取不当措施妨碍承租人平静占有使用租赁物。

案例3.11　当事人签订与融资租赁合同独立的咨询服务合同是否有效？融资租赁合同被解除，出租人是否应当向承租人返还服务费用？[①]

融资租赁交易当事人在融资租赁合同之外，签订独立的咨询服务合同，符合合同自由原则，当事人应当按照咨询服务合同约定履行。融资租赁合同解除，并不必然解除咨询服务合同，除当事人另有约定，出租人不负有返还服务费用的责任。出租人按照当事人在咨询服务合同中的约定履行咨询服务，承租人出具服务确认书构成出租人履行完毕咨询服务的证明文件。

---

① 本部分作者为北京市汇融律师事务所合伙人马长春。

南通安贝瑞纱业有限公司诉仲利国际租赁有限公司服务合同纠纷案①

上诉人：南通安贝瑞纱业有限公司（以下简称“承租人”，一审原告，二审上诉人）

被上诉人：仲利国际租赁有限公司（以下简称“出租人”，一审被告，二审被上诉人）

一、案件基本事实

2011年4月，被上诉人与上诉人签订租赁合同的同时，还签订了《咨询服务合同》。《咨询服务合同》约定，出租人根据承租人的需要提供专业性咨询服务，服务内容包括但不限于租赁业务咨询等，咨询服务期间自2011年4月15日至12月31日止。双方还约定服务费不因《咨询服务合同》解除或失效而退还，该《咨询服务合同》独立于双方所签其他合同，不因其他合同的失效、撤销、变更或签订而影响《咨询服务合同》的效力。承租人按约向出租人支付了人民币25.2万元咨询服务费。

2011年8月，出租人与承租人签订《提前清偿协议》提前终止租赁合同。由于承租人未按约定期限支付解约款，出租人另案②起诉要求在全额收到解约款之前仍按照原租赁合同约定履行。

二、起诉与答辩及法院的认定与判决

承租人作为原告以出租人为被告向法院起诉要求：1. 解除《咨询服务合同》；2. 要求出租人返还承租人服务费25.2万元。一审中，承租人撤回第1项诉讼请求。

---

① 参见（2014）沪一中民四（商）终字第1055号二审民事判决书，上海市第一中级人民法院2014年7月21日作出。

② 参见（2013）长民二（商）初字第1239号一审民事判决，上海市第一中级人民法院（2014）沪一中民六（商）终字第39号二审民事判决书。该案分析收录入本书中。

承租人起诉理由为：1. 出租人未曾向承租人提供过任何咨询服务，该笔费用系出租人利用其强势地位向承租人收取；2. 出租人没有理由收取手续费。

出租人辩称：1. 根据《咨询服务合同》约定，出租人根据承租人的需求提供财务诊断与资产评估，实际操作中，承租人从未在咨询服务期间内提出任何咨询需求；2. 根据《咨询服务合同》约定，咨询服务费一经收取，不予退还。

一审法院认为如下：

首先，针对咨询服务费的性质问题。尽管出租人出具的费用发票列明为“手续费”，但双方均确认为“咨询服务费”，认定该费用性质的咨询服务类收费，重心在咨询上，且应与双方签订的《租赁合同》的签订及履行相牵连。

此外，关于咨询服务费一经收取可否退还一事。法院支持了出租人不予退还的答辩意见。四个理由：1. 双方在《咨询服务合同》中约定了不予退还的条款。鉴于《咨询服务合同》与《租赁合同》之间的牵连性，法院综合计算了咨询服务费与租金总额所实现的年度总收益率约为17%，该利率水平低于央行同期贷款基准利率的2.6倍，属现行法律法规所允许的范围内收益。故双方对咨询服务费不予退还的约定有其合理性，应为有效，双方当事人应当遵守。2. 双方就提前解除《租赁合同》而签订的《提前清偿协议》中，并未提及咨询服务合同解除以及服务费退还等事项，故承租人对于不退还咨询服务费的前提下解除《租赁合同》的交易安排是认可的，现起诉要求退还缺乏充分依据。3. 对于出租人是否已经依约提供咨询服务的问题，法院认为：尽管出租人提供证据不完全，但双方签订融资租赁合同的事实，就证明出租人已经提供了相应的融资租赁咨询，承租人支付咨询服务费也完全出于自愿。4. 在承租人提出申请的情况下，出租人同意提前解除《租赁合同》，出租人为维护合同预期利益而事先预置不退还等防范条款，不违反法律规定。

根据上述理由，一审法院判决驳回承租人要求出租人返还咨询服务费的诉讼请求。

三、上诉与答辩及法院的认定与判决

承租人不服一审法院的判决，向二审法院提起上诉，请求撤销原审判决，发回重审，或者改判支持安贝瑞公司的原审诉讼请求。理由包括：1. 一审法院认定事实错误。在双方当事人均明确表示《咨询服务合同》与《租赁合同》完全独立的情况下，不应当违背当事人意志，强行合并计算收益率。2. 出租人收取服务费后，并未提供任何服务，收取咨询费构成不当得利，应当予以返还。

被上诉人出租人答辩理由包括：1.《咨询服务合同》为当事人自愿签订，合法有效；2. 承租人并未向出租人提出咨询需求，应当视为其怠于行使合同权利；3.《咨询服务合同》与《租赁合同》无关；4. 承租人起诉应经超过诉讼时效。服务协议

本案的争议焦点为：1. 承租人起诉是否超过诉讼时效；2.《咨询服务合同》与《租赁合同》是否相互独立；3.《咨询服务合同》的签订是否违背承租人的真实意愿；4. 出租人是否提供了相应的咨询服务，是否应当返还服务费。

二审法院认定如下：二审法院认定，《咨询服务合同》签订后，出租人并未向承租人提供任何咨询服务，对一审法院的事实认证予以纠正。

针对争议焦点 1，法院认为法律规定的诉讼时效应当从知道或应当知道权利被侵害时起计算。由于承租人收到咨询服务费时，约定的咨询服务期限尚未届满，本案认定《咨询服务合同》项下承租人起诉的诉讼时效的起算点应当为协议约定的出租人提供咨询服务的期限届满日的次日，而非出租人主张的咨询费支付日。故法院对出租人的时效抗辩未予采纳。

针对争议焦点 2，法院认为：1. 双方当事人均认为《咨询服务合同》与《租赁合同》二者相互独立，且合同中也做了明确约定。2. 双方分歧在于承租人认为《咨询服务合同》的签订就是为了《租赁合同》项下的融资租赁交易，而出租人认为，《咨询服务合同》项下的服务为专业性咨询服

务，不仅限于《租赁合同》。法院以《租赁合同》签订时间早于《咨询服务合同》为由，认定双方“基于不特定的融资租赁事宜而签订该《咨询服务合同》更具合理性”。

针对争议焦点3，法院认为，作为从事相关行业生产经营的商事主体，承租人应当具备相应的商业协商、谈判能力，也应当在理解合同内容的前提下签订合同。如果承租人认为出租人利用强势地位使其签订合同，则承租人有权行使法律规定的请求变更或撤销的权利，故认定《咨询服务合同》系双方当事人真实意思表示，合法有效，对双方均有约束力。

针对争议焦点4，法院从不当得利认定的四个法律要件对本案进行分析，认定：1. 出租人根据双方约定收取服务费，有合法依据；2. 承租人未根据《咨询服务合同》的约定向出租人提出咨询请求，系对其合同权利的自行处分行为；3.《咨询服务合同》约定的服务期限已经届满，根据协议约定已经收取的费用不予退还。故法院未采纳承租人要求返还服务费的上诉理由。

四、案件评析

咨询服务合同属于《合同法》第124条规定的法律没有明文规定的无名合同，是以服务为合同标的的合同，为非要式合同。无论当事人采取哪一种合同约定形式，当事人之间的权利义务关系，应当根据当事人之间的具体约定内容来确定。

本文关注本案以下两个争议焦点：1. 出租人与承租人之间签署的《咨询服务合同》与《融资租赁合同》是否相互独立？与此相关联，《咨询服务合同》中约定的咨询服务费是否应当与《融资租赁合同》中约定的租金合并计算确定出租人的收益率？2. 出租人是否提供了《咨询服务合同》项下的咨询服务？

尽管本案一、二审均未支持承租人要求返还服务费用的主张，但在案件争议焦点的认定上，两个法院的论证过程有很大差别。

（一）关于合同独立性

根据一审法院查明的事实，涉案《咨询服务合同》明确约定，合同独立于双方所签其他合同，不因其他合同的失效、撤销、变更或签订上的问题，而影响该合同的效力。法院审理中，出租人与承租人都承认《融资租赁合同》与《咨询服务合同》相互独立。

一审法院尽管查明了涉案合同中关于合同独立性约定的事实，但并未就此做出认定，而是将当事人约定置之一边，直接认定两个合同具有牵连性。从牵连性出发，一审法院将《咨询服务合同》项下的服务费用与《融资租赁合同》项下的租金合并计算出租人的收益，认定出租人收益并未超出现行法律法规所允许的最高上限，在此基础上，法院认定双方约定不予退还的约定有其合理性。另一方面，值得注意的是，一审法院以契约自由精神为由，否定了承租人主张《咨询服务合同》第 3 条服务费用不予退还约定无效的主张，认定承租人签订《咨询服务合同》系其真实意思表示，合同内容无违法之处。至此，不难看出，一审法院对于合同自由原则在《咨询服务合同》中关于独立性约定和服务费用不予返还约定的两个条款上的适用采取了双重标准，前后论证存在着矛盾之处。

二审法院从合同自由原则出发，充分尊重当事人意思自治，认为尽管两个合同存在一定的关联性（即如果没有《融资租赁合同》，也就不可能有《咨询服务合同》），但不影响两个合同相互独立。基于此，二审法院否定了一审法院将服务费用与租金合并计算出租人收益的做法。

（二）关于是否提供了咨询服务

关于出租人是否提供了咨询服务的问题，一审法院与二审法院的论证过程也有大差别。

出租人在一审中陈述：《咨询服务合同》的约定，出租人根据承租人的咨询需求提供咨询。合同履行过程中，承租人支付了服务费用，但在合同约定的咨询期限内承租人并未提出任何咨询需求。

一审法院就此问题再次将出租人的陈述置之一边，认定鉴于当事人之间签订了融资租赁合同且承租人支付了服务费用，故尽管出租人证据不足，也可以认为出租人已提供相应的咨询。二审法院就此问题再次回归当事人意思自治原则，认定承租人未提出咨询需求故出租人未提供咨询服务的事实，且《咨询服务合同》的约定构成了出租人收取服务费用的合法依据，故而否定了承租人提出的服务费用为不当得利的主张。

本案是服务合同纠纷案件，当事人在符合法律规定的范围内，有权自由约定双方的权利义务关系，订立合同条款，只要其内容不违背法律、法规和社会公共利益，就应当认定其有效。相反，如果合同的内容违背了法律、法规的强制性规定和社会公共利益的要求，该约定应当认定为无效。本案中，当事人在《咨询服务合同》中关于合同独立性的约定以及提供服务方式的约定，均不违反法律规定且为当事人真实意思表示，案件审理应当回归当事人之间的约定内容。在这一点，二审法院的判决是值得肯定和借鉴的。

1. 公开判例就本文关注点的审判倾向

首先，针对当事人采取独立的《咨询服务合同》形式约定服务费用的处理方式。

现行融资租赁公司的经营范围中均包括咨询业务，融资租赁公司对外签署咨询服务合同，开展咨询服务业务，并没有超出其工商登记的经营范围①。

根据合同自由原则，当事人应当有权自由决定将服务费用约定在《融资租赁合同》中或者在《融资租赁合同》之外签订独立的合同加以约定。有关服务费用的多数案例支持当事人关于两个合同独立性的约定，除本案之外，笔者查到的案例还有天津市高级人民法院（2017）津民终62号二审民事判决书以及上海市长宁区人民法院（2016）沪0105民初15675号一审民事判决书。根据当事人在《咨询服务合同》中的约定，上述案例均作

① 现行《金融租赁公司管理办法》规定金融租赁公司可以开展经济咨询业务。现行《外商投资租赁业管理办法》规定外商投资融资租赁公司可以开展租赁交易咨询。

为服务合同纠纷与融资租赁合同纠纷分开审理。

其次，既然双方之间建立了咨询服务法律关系，法院的另一个关注点自然是出租人收取服务费用是否向承租人提供了相应的咨询服务。关于这一点，公开判例的观点不尽相同。同样是本案出租人为原告起诉要求承租人支付咨询服务费的上海市长宁区人民法院（2016）沪0105民初15675号一审民事判决书中，法院认定出租人并未提供约定的专业性咨询服务，判决驳回出租人要求支付服务费用的请求。天津市高级人民法院（2017）津民终62号二审民事判决书中，除双方签订的融资租赁合同之外，出租人并未就所提供的咨询服务成果提供相关证据，而是出具了承租人签署的出租人已提供完毕符合约定服务的确认书，且已经向出租人支付了服务费用，法院据此认定出租人已经履行完毕咨询服务。

最后，关于本案中一审法院将服务费用与租金合并计算的问题，法院认定咨询服务合同的独立性的前提下，就不存在将服务费用与租金合并计算出租人收益的问题。

2. 融资租赁交易中咨询服务费用的实务处理

咨询服务费的纠纷，并非融资租赁纠纷案件中的核心问题，争议案件不多，但并非这个问题不重要。作为融资租赁交易环节之一，出租人往往在租金之外，还向承租人一次性收取一笔服务费用，服务费用的名称不尽相同，常见的有“租赁手续费”“租赁服务费”“咨询服务费”等（简称“服务费用”），作为出租人向承租人提供融资租赁交易结构、模式、财务税务处理、租赁物的管理等相关内容的咨询服务的对价。

在服务费用的合同处理上，存在几种不同的约定方式，但约定内容基本相近。从公开发布的各级法院判决来看，司法审判上对服务费用的认定不尽相同。

（1）融资租赁交易中服务费用收取的常见约定方式

融资租赁交易实践中，常见的服务费用约定方式有：①在《融资租赁合同》中直接约定该笔服务费用的计算方式和支付方式；②出租人与承租人另行签署《咨询服务合同》，约定出租人就特定《融资租赁合同》项下融资租赁交易的实现向承租人提供咨询服务并收取服务费用。《融资租赁合同》中可能提及该笔服务费用，也可能不专门提及；③《咨询服务合同》明确服务费用的收取是针对特定《融资租赁合同》所提供的咨询服务的对价。第三种处理方式在合同外在形式上与第二种处理方式是一样的，同样存在《融资租赁合同》和《咨询服务合同》两个合同，但在具体合同约定上有很大的区别。首先，《融资租赁合同》中没有服务费用的相关约定；其次，在《咨询服务合同》中不表述系为特定《融资租赁合同》的签订等提供咨询服务，而是将服务内容约定为租赁业务的专业性咨询服务。

前两种约定方式有其共同点，即当事人确定服务费用与特定的融资租赁合同相关联。本案采取了第三种相互独立的约定方式。

（2）融资租赁交易中服务费用的常见约定内容

从公开发布的融资租赁案例的判决内容来看，服务费用的约定条款一般包括以下几个方面内容：①服务费用是出租人提供租赁服务所收取的服务费；②服务费用一经收取，不予退还；③服务费用的收取不影响租赁成本的计算，不构成租赁成本的减少；④关于服务费的支付方式，部分涉案合同中约定与出租人支付租赁物购买价款相互抵销的方式支付。这些约定方式并不存在违反法律法规强制性规定的情形，是合法有效的，应当按照当事人的约定履行①。

五、实践指导意见

经监管部门批准设立的从事融资租赁业务的公司经营范围中均包括咨询服务一项，融资租赁公司对外签署咨询服务合同提供咨询服务并收取服务费用，并不违反法律规定。融资租赁交易结构复杂，出租人在与承租人进行项目协商过程中，需要就交易所涉及的法律、财务、税务等相关问题

① 根据《融资租赁司法解释》，法院认定当事人之间的交易不构成融资租赁法律关系，而是借款合同关系的话，法院并不支持服务费用不从租赁成本扣除的约定，而是按照实际出借金额计计算借款本金。

提供一定的咨询建议。当事人之间就该咨询建议签订咨询服务合同，完全取决于当事人之间的合意，符合合同自由原则。作为从事生产经营的商事主体，承租人根据自己意愿签署独立的咨询服务合同，就应该根据合同约定支付服务费用。而对于出租人，为保证自身利益，应当及时从承租人处取得关于已经履行完毕咨询服务的书面确认。

第四章

融资租赁合同纠纷中的程序性问题

案例4.1　租赁物是否可以因承租人另案涉诉被采取保全措施[①]

《最高人民法院关于人民法院民事执行中查封、扣押、冻结财产的规定》（法释〔2004〕15号）（以下简称《规定》）第2条第1款规定，人民法院可以查封、扣押、冻结被执行人占有的动产、登记在被执行人名下的不动产、特定动产及其他财产权。根据上述《规定》，在租赁物为动产的情况下，法院是否可以因承租人涉诉而将租赁物视为承租人的财产予以查封、扣押，这样做是否会损害出租人权益，是出租人普遍关心的问题。

苏商融资租赁有限公司与张某某、张家港市盛业建筑安全玻璃有限公司案外人执行异议之诉案[②]

原告：苏商融资租赁有限公司（以下简称“租赁公司”或“出租人”）

被告：张某某

第三人：张家港市盛业建筑安全玻璃有限公司（以下简称“盛业公司”或“承租人”）

---

① 本部分作者为北京市汇融律师事务所合伙人张立国、王爽。

② 参见江苏省张家港市人民法院（2015）张民初字第01872号民事判决书，于2015年11月3日作出。

一、案件基本事实

2014年5月26日，租赁公司与盛业公司签订《回租物品转让协议书》及《融资租赁合同》，约定盛业公司将自有的设备转让给租赁公司并租回使用，租赁物为《回租物品转让协议书》项下的设备，包括一台双边直线磨边机与一台半自动双桥玻璃切割机（即案涉标的，以下称案涉租赁物）；租赁物的所有权属于租赁公司；租赁物受让价款及租赁本金均为3655673.44元，同时约定盛业公司应于2014年5月29日一次性支付首期租金1455673.44元；租赁期间3年，租金按36期支付，双方另外对期满后租赁物的处理、违约处理等均作了约定。2014年5月29日，租赁公司依约履行了付款义务，盛业公司向租赁公司出具《融资物交付与验资证明书》，确认收到租赁物。因盛业公司从2014年9月起未如期支付租金，租赁公司于2015年2月向苏州工业园区人民法院提起诉讼。2015年8月17日，租赁公司与盛业公司签订协议，约定盛业公司向租赁公司返还《融资租赁合同》项下全部租赁物。

在此之前，2014年11月12日，被告张某某因与承租人发生民间借贷纠纷向江苏省张家港市人民法院（以下简称“张家港法院”）提起诉讼，张家港法院经审理作出了（2014）张锦民初字第00822号民事判决书，判决生效后，因承租人未履行判决书所确定的义务，张某某向张家港法院申请执行。张家港法院拟定对在诉讼中保全查封的承租人车间内的案涉租赁物作评估拍卖处理。租赁公司以案涉租赁物属其所有为由向张家港法院提出执行异议，要求中止执行和解除查封。张家港法院于2015年8月7日作出（2015）张执异字第00015号执行裁定书，驳回了租赁公司的异议主张。租赁公司不服该裁定，向张家港法院提起了案外人执行异议之诉。

二、起诉与答辩及法院的认定与判决

出租人诉讼请求：1. 出租人与承租人签订了《融资租赁合同》及《回租物品转让协议书》，出租人将《回租物品转让协议书》项下设备以融资租赁方式出租给承租人。2. 承租人仅支付了三期租金后就未再履行任何款项。出租人已向苏州市工业园区人民法院提起诉讼，要求承租人支付租金。2015 年 8 月 17 日，出租人与承租人达成协议，承租人（应）将租赁物返还给出租人。3. 张家港法院在执行（2014）张锦民初字第 0822 号民事判决书时，查封了案涉租赁物。出租人即向法院提出执行异议，法院驳回了出租人的异议主张。出租人认为，出租人将案涉租赁物融资租赁给承租人时，已在中登网进行了登记公示，且承租人与出卖人系同一人不违反法律规定。故起诉请求确认被法院查封的存放于承租人处的案涉租赁物为出租人所有，应停止对该财产的执行并解除对上述设备的查封、扣押等强制措施。4. 诉讼费用由被告承担。

被告张某某未作答辩。

承租人盛业公司未作陈述。

法院审理认为：出租人与承租人签订的《回租物品转让协议书》《融资租赁合同》系双方的真实意思表示，不违反有关法律规定且已实际履行，均属有效。根据《回租物品转让协议书》的约定，案涉租赁物所有权属出租人所有。本院在审理张某某诉盛业公司民间借贷纠纷一案中，查封了涉案设备，出租人提出异议后，应停止继续对该设备的执行并解除查封。

法院判决：法院查封的涉案设备的所有权属租赁公司所有。法院在执行张某某与盛业公司民间借贷纠纷一案中应停止对上述设备的执行并予以解除查封。

三、案件评析

本案中，在法院对承租人占有的出租人享有所有权的租赁物采取查封、保全措施、执行措施后，出租人对此提出执行异议的，法院在执行程序的将近最后环节最终做出了对该租赁物停止执行、解除查封措施的判决，保护了出租人对于租赁物的所有权。同时，也启示了对出租人所有权保护的不足。

融资租赁合同是出租人根据承租人对出卖人、租赁物的选择，向出卖人购买租赁物，提供给承租人使用，承租人支付租金的合同。基于融资又融物的特性，融资租赁法律关系产生了租赁物所有与占有的分离。出租人基于向出卖人的购买取得了租赁物所有权，在租赁期间届满承租人依约留购租赁物之前，出租人始终享有租赁物的所有权，即使承租人破产的，租赁物也不属于破产财产。承租人在租赁期间对租赁物享有占有、使用、收益的权利。在融资租赁交易中，所有权的四项权能不同时集中于一主体之上，存在着分离。融资租赁合同中出租人向承租人转移的是租赁物的占有权、使用权和收益权，而不是所有权，这种分离是融资租赁的特性、不影响出租人对租赁物享有所有权。

民事执行程序是实现生效法律文书确定的民事权利义务关系的程序，其迫使拒绝履行义务的当事人履行生效法律文书确定的义务、实现债权人权利并解决因此而产生的争议。因此，民事执行程序中采取的强制性执行措施，针对的应是被执行人的财产，但《规定》中列明的是“被执行人占有的动产、登记在被执行人名下的不动产、特定动产及其他财产权”，没有将市场中大量存在的融资租赁交易租赁物的占有与所有的分离纳入充分考量的范围。实践中，中国人民银行征信中心融资租赁登记系统的登记，已经被融资租赁业界普遍认同、普遍登记、普遍查询。在2014年3月《融资租赁司法解释》《中国人民银行关于使用融资租赁登记公示系统进行融资租赁交易查询的》（银发〔2014〕93号）施行之后，这一登记系统的融资租赁登记更是成为对抗“未按照行业或者地区主管部门的规定在相应机构进行融资租赁交易查询的”第三人之善意取得的利器，其公示效力被最高人民法院在完善善意取得制度、维护市场交易安全方面予以认同，其公示效用被金融主管机构、最高人民法院认可。因此，从立法、释法层面而言，《规定》应同特定动产登记一样认可融资租赁登记系统的公示作用，在做出保全决定之前查询融资租赁登记系统，尽量排除错误保全由承租人占有但所有权归属于出租人的租赁物的情形，保护市场主体的权利，从而节约审判资源、更大程度地实现程序正义。回到现行有效的法律规范的现状下，若案外人就被执行标的享有足以排除强制执行的民事权益的，则不应对该标的执行。融资租赁出租人对租赁物享有的所有权，即足以排除强制执行的民事权益。从民事执行立法上讲，民事执行的标的应为被执行人的财产，但根据《物权法》规定的物权公示原则，占有或交付是动产物权的公示方法，是动产权利存在的外衣。由于融资租赁法律关系所有与占有的分离，承租人的责任财产和占有的财产不完全吻合，实践中因此而发生众多租赁物因承租人涉诉被采取强制性执行措施的案例。从本案判决来看，法院在审理张某某诉盛业公司民间借贷纠纷一案中即查封了案涉租赁物，即采取了财产保全措施。财产保全旨在保证将来生效判决的有效执行，是我国《民事诉讼法》为防范“可能因当事人一方的行为或者其他原因，使判决难以执行或者造成当事人其他损害”而设的“对其财产进行保全”的诉讼保障措施；根据《民事诉讼法》第 102 条及《最高人民法院关于在经济审判工作中严格执行〈中华人民共和国民事诉讼法〉的若干规定》第 14 条规定，保全应限于请求的范围或者与本案有关的财物，应限于当事人争议的财产，或者被告的财产，对案外人的财产不得采取保全措施。租赁物的所有权属于出租人，其并非承租人涉诉而同第三人争议的财产，并非承租人的财产，而是案外人的财产，显然对之不能采取保全措施。该案原告是否对财产保全裁定提出复议，由于信息有限而无考，但查封一直存在是判决书明示的，也就是说，即使原告提出了对财产保全裁定的复议，也没有获得支持。由于“动产占有推定所有”的物权规则，实践中存在大量的出租人之租赁物因承租人涉诉被保全的案例，出租人往往会在第一时间提出异议，并提供融资租赁合同作为所有权的证据，尤其往往会提供已进行融资租赁登记的证据，但多数案例中都没有得到法院的认可和支持。

财产保全裁定复议、案外人书面执行异议本为调整由于被保全人、被执行人表面占有被法院推定所有而设的保护实际享有所有权的案外人利益的调整纠正机制。但本案融资租赁公司在案外人书面异议环节提交了中国人民银行征信中心融资租赁登记的证明（或许在有的财产保全裁定复议环节，本案融资租赁公司也提交了该登记证明），法院却没有认可融资租赁登记的公示效力。如果每一具体案件，出租人的所有权仅能通过案外人执行异议之诉来解决，对社会资源，以及对本已十分紧张、十分珍贵的司法资源来说都是巨大的浪费；对出租人来说，是巨大讼累；对保全裁定复议制度、案外人执行异议书面申请制度来说，是因实践消极、机械而生的巨大落空。

四、实践指导意见

为克服“占有”这一动产公示在融资租赁交易的存在的短板与不足，普遍融资租赁登记制度的建立和法律认同就显得极为必要，虽中国人民银行征信中心融资租赁登记系统已被业内普遍认可，但从全社会来讲，普遍融资租赁登记制度尚需建立和被法律认同。回到保全裁定复议制度、案外人执行异议书面申请制度，希望司法机关认可融资租赁登记的公示效力，希望有关部门延续《融资租赁司法解释》中建立在“维护市场交易安全、完善善意取得制度”之上而为的对融资租赁登记、查询的支持，作出明确认可中国人民银行征信中心融资租赁登记系统的融资租赁登记作为在保全裁定复议制度、案外人执行异议书面申请制度中证明融资租赁法律关系存在、租赁物所有权归出租人享有的证据和依据，以节约社会成本、完善法律制度。

案例 4.2　融资租赁合同是否属于赋予强制执行效力的债权文书[①]

融资租赁合同在被赋予强制执行效力后，一旦承租人违约，出租人即可不经诉讼审判程序，直接申请强制执行。由此，赋予融资租赁合同以强制执行效力对于提高合同履约率、方便快捷实现债权、节约争议解决成本、疏减讼源具有积极的意义。

强制执行公证在融资租赁领域的运用并不普及，但近年来司法实践中的观念有所改变，且各地区陆续出台了支持融资租赁合同办理强制执行公证的政策，不仅消除了实践中办理融资租赁合同强制执行公证的顾虑，还进一步拓展了办理思路。赋予强制执行效力公证作为融资租赁交易一项新的增信措施，将会在融资租赁领域发挥极大的作用。

一、案例一：河北融投租赁有限公司与河北创发无纺布有限公司、北京北创无纺布股份有限公司融资租赁合同纠纷案[②]

复议申请人（申请执行人）：河北融投租赁有限公司（以下简称河北融资）

被执行人：河北创发无纺布有限公司（以下简称“河北创发”）、北京北创无纺布股份有限公司（以下简称“北京北创”）、赵某某

（一）案件基本事实

河北融投于 2014 年 8 月 27 日分别与河北创发签订《购买合同》《融资租赁合同》《抵押合同》，与北京北创、赵某某签订《保证合同》。《融

① 本部分作者为北京市汇融律师事务所合伙人邹颖。

② 参见邢台市中级人民法院（2016）冀 05 执复 2 号执行裁定书，2016 年 2 月 24 日作出。

资租赁合同》约定：河北融投购买河北创发的机器设备，并出租给河北创发使用，收取租金。河北创发以其所有的设备向河北融投提供抵押担保，北京北创、赵某某为河北创发上述债务承担连带保证责任。上述合同经公证处公证，并赋予强制执行效力。

因河北创发公司逾期未支付租金，经河北融投申请，公证处出具《执行证书》。后河北融投申请河北省威县人民法院（以下简称“执行法院”）立案执行。被执行人以公证债权文书、执行证书程序等存在错误，提出执行异议。执行法院经审查作出执行异议成立，不予执行债权文书的裁定。河北融投不服，向河北省邢台市中级人民法院（以下称“复议法院”）申请复议。

（二）执行法院不予执行的理由及复议裁定

执行法院裁定不予执行《执行证书》的主要理由：依照最高人民法院、司法部《关于公证机关赋予强制执行效力的债权文书执行有关问题的联合通知》（以下称《联合通知》）规定，公证机关赋予强制执行效力的债权文书应是“追偿债务、物品的文书”，包括借款合同、借用合同、无财产担保的租赁合同等，公证处赋予融资租赁合同以强制执行效力，超出了法律和司法解释的范围，故裁定不予执行相应债权文书。

河北融投称，融资租赁合同属于特殊的业务形式，被执行人做出了在其不履行或不完全履行义务时，愿意接受依法强制执行的承诺，具备公证机关赋予强制执行效力的债权文书的条件。执行法院忽视了《联合通知》第（六）项“符合赋予强制执行效力条件的其他债权文书”，且该通知出台于2000年，融资租赁业务是近几年兴起和发展的行业，在实践中，大量的融资租赁业务均由公证机构办理了赋予强制执行效力的公证。执行法院认为《执行证书》“超出了法律和司法解释的范围”，属于适用法律错误。

复议法院归纳本案的主要焦点问题为：公证处赋予强制执行效力的《融资租赁合同》《抵押合同》《保证合同》是否超越了法律规定的范围。

复议法院认为，对于执行法院认定公证处赋予强制执行效力的合同超出了法律和司法解释的范围，是对上述规定的曲解，理由如下：

首先，《合同法》分则部分将合同归为 15 类 19 种。其中，租赁合同与融资租赁合同并行分属第十三、第十四章，其内涵、特征各自独立，互不包含。显然，融资租赁合同并不属租赁合同的一种。

其次，依照该《联合通知》第 1 条公证机关赋予强制执行效力的债权文书应当具备以下条件：（一）债权文书具有给付货币、物品、有价证券的内容；（二）债权债务关系明确，债权人和债务人对债权文书有关给付内容无疑义；（三）债权文书中载明债务人不履行义务或不完全履行义务时，债务人愿意接受依法强制执行的承诺。第 2 条：公证机关赋予强制执行效力的债权文书的范围：……（六）符合赋予强制执行效力条件的其他债权文书。《融资租赁合同》中债权债务关系明确；有给付内容，且数额明确无疑义；债权文书中载明债务人不履行义务或不完全履行义务时，有债务人愿意接受依法强制执行的承诺。担保人均承诺：当债务人违反合同约定时，自愿放弃所有相关的实体和程序抗辩权利，并自愿接受有管辖权的人民法院的强制执行。

因此，虽然融资租赁合同、担保合同未在《联合通知》第 2 条列举范围之内，但均具备了以上规定的所有特征和条件，应属于《联合通知》规定第 2 条第（六）项的规定范围。公证机关赋予上述债权文书以强制执行效力，并未超出法律和司法解释的范围，故执行法院认定公证处赋予涉案合同强制执行效力“超出了法律和司法解释的范围”，法律依据不足，且依照《最高人民法院关于人民法院办理执行异议和复议案件若干问题的规定》（以下称《执行异议和复议规定》）第 22 条第 1 款规定：公证债权文书对主债务和担保债务同时赋予强制执行效力的，人民法院应予执行。

综上所述，复议法院认为河北融投的复议理由成立，裁定撤销执行法院做出的不予执行债权文书的裁定。

二、案例二：银川宝塔精细化工有限公司、宝塔石化集团有限公司与申请执行人上海国金租赁有限公司及被执行人孙某公证债权纠纷案①

复议申请人（被执行人）：银川宝塔精细化工有限公司（以下简称“宝塔精细化工”）

复议申请人（被执行人）：宝塔石化集团有限公司（以下简称“宝塔石化集团”）

申请执行人：上海国金租赁有限公司（以下简称“上海国金”）

被执行人：孙某

（一）案件基本事实

宝塔精细化工与上海国金于2013年6月6日签订《转让协议》《融资租赁合同》，开展售后回租融资租赁业务。同时，宝塔石化集团有限公司（以下称简称“宝塔石化集团”）和孙某分别与上海国金签订了《保证合同》，为宝塔精细化工的债务提供连带责任担保。上述合同经公证处公证，分别签发了《公证书》《具有强制执行效力的债权文书公证书》。

另外，宝塔精细化工将该融资租赁交易项下的租赁物抵押给上海国金，双方签订了《抵押合同》，从裁判文书所载，该《抵押合同》有可能未被纳入经公证的债权文书范围。

因宝塔精细化工未按《融资租赁合同》约定支付租金，宝塔石化集团、孙某亦未履行保证责任，上海国金向公证处申请出具《执行证书》，宝塔石化集团、孙某提出公证异议，公证处审查后作出《执行证书》，并确定执行标的：宝塔精细化工支付逾期租金及全部未付租金、迟延履行

---

① 参见宁夏回族自治区高级人民法院（2016）宁执复34号执行裁定书，2016年11月16日作出。

金、租赁物期末留购价款以及上海国金为实现债权产生的律师费、评估费、拍卖费；宝塔石化集团、孙某对上述款项承担连带保证责任。

上海国金向宁夏回族自治区高级人民法院申请强制执行该《执行证书》，宁夏高院作出由银川市中级人民法院（以下简称“执行法院”）执行的裁定。在执行过程中，宝塔精细化工、宝塔石化集团、孙某向执行法院提出不予执行该执行证书申请。执行法院裁定驳回上述被执行人的申请后，宝塔精细化工、宝塔石化集团又向宁夏回族自治区高级人民法院（以下简称“复议法院”）申请复议。

（二）复议理由及法院的裁定

宝塔精细化工、宝塔石化集团、孙某（以下合称“复议申请人”）的主要复议理由：1. 根据《联合通知》第 2 条规定：“公证机关赋予强制执行效力的债权文书范围：（一）借款合同、借用合同、无财产担保的租赁合同”。本案《融资租赁合同》既有抵押又有质押，公证处为有财产担保的租赁合同出具赋予强制执行效力的债权文书超越了法律规定的公证权限，该公证书无效。2. 涉案《转让合同》《抵押合同》《融资租赁合同》中的抵押物实为一物，该物实际并不存在，签署上述三份合同是借款合同，因此《执行证书》中执行标的违约金违反了法律强制性规定。

复议法院认为：宝塔精细化与上海国金签订《转让合同》《融资租赁合同》，采用的是售后回租的融资租赁方式，并未违反法律强制性规定，公证处赋予涉案《融资租赁合同》强制执行效力并未违反《联合通知》第 2 条的规定，复议申请人提出涉案公证书无效的理由不能成立。《执行证书》中执行标的的主债务金额明确，实现债权产生的律师费、评估费、拍卖费虽未实际发生，但不影响主债务的执行，同时上述费用在实际发生后的金额是明确的。《执行证书》是按照涉案《融资租赁合同》约定的违约责任计算的迟延履行金，不违反法律强制性规定，复议申请人仅以违约金过高为由不构成公证债权文书整体不予执行的理由。裁定：驳回复议申请人的复议申请。

三、案件评析

最高人民法院、司法部于2000年9月发布的《联合通知》中列举的债权文书的类型是公证处确认强制执行公证债权文书范围的重要依据，但融资租赁合同并未在该《联合通知》以列名的方式体现。因此，融资租赁合同是否属于被赋予强制执行效力的债权文书，曾在司法实践中有不同认识，现笔者选择时间较近的两份案例意在说明：融资租赁合同属于强制执行债权文书的范畴，这一观点在司法实践中已趋同。

另外，2017年7月13日最高人民法院、司法部、银监会出台的《关于充分发挥公证书的强制执行效力服务银行金融债权风险防控的通知》（司发通〔2017〕76号）（以下称《风险防控通知》）也明确将融资租赁合同列入可被赋予强制执行效力债权文书的范围。

结合两案例，两份复议裁定均未拘泥于《联合通知》的列举性规定，而是从债权文书所应符合的实质条件予以判断，对于实践中涌现的新型交易形式，并非机械适用条文，充分尊重当事人意思自治，值得借鉴。

第一，《联合通知》第1条和第2条分别以原则定性和具体列举的方式规定了可被赋予强制执行力的债权文书的范畴。实践中对于融资租赁合同是否可以办理强制执行公证，往往纠结于其不属于《联合通知》第2条所明示的文书范围，特别是“有财产担保的融资租赁合同”似乎明显区别于该通知中所列属于可办理强制执行公证的“无财产担保的租赁合同”。

笔者认为：首先，《联合通知》第1条规定了可被赋予强制执行效力债权文书应满足的条件，归纳其核心为债权文书具有金钱或物品给付内容、债权债务关系明确、债务人有接受强制执行的意愿。《联合通知》第2条虽然规定了债权文书的范围，但显然是根据当时的市场业态作出的列举，面对经济形态的新变化，笔者认为究其立法本意，不应受列举性规定的限制。

其次，对于实务中“债权债务关系明确”也有必要在此厘清，参考2008年4月23日中国公证协会公布的《办理具有强制执行效力债权文书公证及出具执行证书的指导意见》第5条规定，当事人互付给付、债权文书附条件或者期限，以及债权债务数额、期限不固定的情形并不属于债权债务关系不明确。

再次，对于无财产担保的租赁合同是否属于对融资租赁合同作出的限定条件，笔者认同案例一中复议法院所持观点：融资租赁合同是《合同法》第14章专章设定的、独立的有名合同，与第13章规定的租赁合同是并列地位，两类交易没有包含或交叉适用的关系。

此外，随着担保合同的强制执行公证被认可，租赁合同是否仍受无财产担保的限制也值得探讨。一些地方规范性文件已对此①进行了细化或些微突破，对于财产租赁合同并未增加无财产担保的限制，而且兜底规定了：基于其他合法合同关系所产生的债权债务而形成的给付标的、履行期限明确的还款（物）协议。

最后，《风险防控通知》进一步明确了公证机构可以对银行业金融机构运营中所签订的以下债权文书赋予强制执行效力：各类融资合同，包括……融资租赁合同，保理合同……等。虽然该文件仅列举了金融系融资租赁公司，但并不能据此得出非金融系融资租赁公司签订的融资租赁合同不能办理的结论。同时，司法部于2017年8月16日公布的《公证执业“五不准”》也规定：在有关管理办法出台之前，公证机构不得办理融资合同赋予强制执行效力公证，但经人民银行、银监会、证监会、保监会、商务部主管部门、地方人民政府金融管理部门批准设立的从事资金融通业务的机构及分支机构除外。

第二，两案例中认可担保合同可办理强制执行公证，其依据均为《执行异议和复议规定》第22条的规定，公证债权文书对主债务和担保债务

① 《关于赋予强制执行效力债权文书的公证和执行若干问题的指导意见》（陕西省高级人民法院、陕西省司法厅于2017年1月5日公布）。

同时赋予强制执行效力的，人民法院应予执行；人民法院受理担保债务的执行申请后，被执行人仅以担保合同不属于赋予强制执行效力的公证债权文书范围为由不予执行的，不予支持。《风险防控的通知》中也明确将“各类担保合同、保函”列入可赋予强制执行效力债权文书的范围。另外，北京、浙江、陕西等地方规范性文件中也明确了担保合同可以办理赋予强制执行效力公证。据此，担保合同属于办理强制执行公证的债权文书已形成共识。

第三，在案例二中，复议法院认定债务人提出融资租赁合同中约定的违约金过高不构成不执行债权文书的依据，具有实践指导意义。融资租赁合同与借贷合同性质不同，鉴于两者均有融资性质，裁判者经常以借贷法律关系项下所适用的利息、违约金的标准评判融资租赁合同的相应内容。根据《民间借贷司法解释》第 31 条规定，出借人与借款人既约定了逾期利率，又约定了违约金或其他费用，出借人可一并主张，但总计超过年利率 24% 的部分，人民法院不予支持。实践中，承租人常以逾期利息或违约金过高进行抗辩，且裁判者也不乏持此观点，参考民间借贷的审理思路主动调整融资租赁合同项下的逾期利息或违约金的金额。

笔者认为，融资租赁合同与借贷合同法律性质不同，两者的区别无须赘述，若融资租赁合同中对于逾期利息等内容已作约定，且债务人作出了发生逾期支付租金时，接受强制执行的承诺，而债务人在事后又提出逾期利息或违约金过高有悖诚信原则，裁判者对于债务人的“反言”不应支持，且该约定不属于《民事诉讼法解释》第 480 条所列“违反法律强制性规定”的内容，复议法院认定应予执行债权文书于法有据。

第四，案例二中，对于复议法院认定“律师费”“评估费”及“实现债权的必要费用”等费用虽未发生，但在实际发生后也可列入执行范围，笔者深为认同。“债权债务明确”强调对标的、金额、计算方式、履行期限、地点和方式予以明确。对于金额在办理公证时无法明确的费用，如律师费、评估费及实现债权的费用，既然当事人有自愿强制执行的意思表示，应予支持。对此，包括北京、浙江、陕西等地区的规范性文件也规定，执行证书载明由债务人给付“律师费”“实现债权的必要费用”等，需明确其金额或计算方式等内容。

四、实践指导意见

赋予融资租赁合同强制执行效力能够方便快捷实现债权，但在运用过程中需要关注的是：

第一，根据《民事诉讼法》《关于执行问题的规定》[①] 等规定，公证机关依法赋予强制执力的债权文书，由被执行人住所地或者被执行的财产所在地法院执行。级别管辖问题参照民事诉讼法关于一审民事案件级别管辖的规定。

另外，最高院执行工作办公室于 2002 年作出《复函》[②]，对于已被赋予了强制执行效力的债权文书，当事人无权约定执行管辖，公证机关也无权确认当事人约定执行管辖。因此，虽然法律未规定强制执行公证管辖属于专属管辖，但实践中支持当事人通过合同约定变更管辖法院的做法可能性较小。

因此，考虑到出租人异地执行的成本问题，建议出租人提前收集承租人、担保人在出租人所在地是否有可供执行财产情况，以便节约执行成本。

第二，虽然通过强制执行公证可使纠纷直接进入执行程序，债务人提出双方不构成融资租赁法律关系的抗辩未作为法院不予执行债权文书的依据，但强制执行公证的目的并不是回避对基础合同审查，建议出租人仍规范操作，严格审查租赁物权属、租赁物价值、租赁物明确及特定化、合理

① 最高人民法院《关于人民法院执行工作若干问题的规定（试行）》（2008 年 12 月 16 日实施）。

② 最高人民法院执行工作办公室《关于湖北安陆市政府反映河南焦作中院“错误裁定”“错误执行”案及河南高院反映焦作中院在执行安陆市政府时遭到暴力抗法案的复函》（2002）执监字第 262 号。

设计租金及逾期利息条款。

近年来，融资租赁行业发展快速，业界不规范的操作导致部分融资租赁合同被认定为借贷关系，因此，公证机关在审查融资租赁合同时，对于租赁利率、逾期利息、违约金的计算标准比较关注。部分地方规范性文件[①]中规定，公证机构办理赋予强制执行效力债权文书时，应当对合同主体、当事人意思表示、内容、担保物状况进行审查；因返还款物和非因资金借贷而形成的债权文书，公证机构还应当审查形成该债权文书的基础交易关系。据此，公证处也会对基础交易关系进行判断并决定是否办理公证。

第三，虽然案例二中复议法院支持将律师费、评估费及实现债权费用纳入执行，其理由主要是上述费用产生后即可明确，对此笔者认为，稳妥起见，建议当事人在融资租赁合同中明确金额或计算方式，如律师费以出租人签署的合同或开具的发票金额为准，避免因该款项不明确、不具体发生争议。

第四，在实践中，对于出租人能否在申请执行证书时主张解除合同，取回租赁物分歧较大，但笔者认为，根据《联合通知》的规定，可赋予强制执行力的债权文书具备的条件包括“具有给付物品的内容”，债权文书的范围也包括“还物协议”和“以给付赔偿金为内容的协议”，因此，《融资租赁合同》中约定，出租人有权解除合同，取回租赁物，并要求承租人赔偿损失的内容也属于办理强制执行公证的范围。

需要提示的是，该请求需以解除合同为前提，公证处在出具执行证书前，将对《融资租赁合同》中合同解除的条件、赔偿损失金额的计算方式作出核实，因此，《融资租赁合同》中应对出租人解除合同条件、方式、通知如何送达、租赁物价值和赔偿损失金额的计算作出明确约定。

---

① 参见浙江省高级人民法院、浙江省司法厅《关于规范债权文书公证和强制执行及公证机构协助执行有关问题的通知》（2016 年 8 月 25 日实施）。

案例4.3　租金欠付争议的诉讼时效起算日[①]

无论是在刑事诉讼、民事诉讼还是行政诉讼中，诉讼时效制度都具有该领域独特的程序价值。在民事诉讼中，笔者认为诉讼时效最大的价值就是督促权利人及时维权，不要“躺在权利上睡觉”，如此社会纠纷方得以尽快处理，避免民事法律关系长期处于不确定的状态。值得注意的是，虽然诉讼时效的期间、起算、中止和中断都是法定的，但在具体的业务中，仍旧有许多细节值得租赁公司注意。

张某与威山（北京）机械设备有限公司、关某融资租赁合同纠纷案[②]

上诉人（原审被告）：张某

被上诉人（原审原告）：威山（北京）机械设备有限公司（以下简称“威山公司”）

原审被告：关某

一、案件基本事实

2011年5月23日，卡特彼勒（中国）融资租赁有限公司（以下称“卡特彼勒公司”）与张某签订《融资租赁协议》（以下简称“协议”），关某提供连带责任保证。协议约定张某通过融资租赁的方式购买某型号的装载机一台，租赁期限的起租日为设备的交付日，并在承租人根据协议规定支付完毕所有租金及其他应付款项时终止；如协议提前解除，则租赁期限应于提前解除时终止。协议相关通知或文件可以通过手机短信、传真、信函、人工送达、留置送达、报纸或其他媒体公告等方式，如果以信函邮寄方式发送，则信函发出后的第五个工作日，视为已经送达（而不论邮件是

---

① 本部分作者为北京市汇融律师事务所实习律师王松。

② 参见沈阳市中级人民法院（2015）沈中民三终字第01097号民事判决书，2015年09月23日作出。

否被签收、被拒收或被退回）。合同签订后，卡特彼勒公司出资为张某购买了上述装卸机并实际交付，张某自 2011 年 06 月 23 日开始支付租金，但后续并未按时足额履行支付租金的义务。截至 2013 年 12 月 4 日，张某累计拖欠租金和违约金等应付款项 271208. 61 元。

2013 年 12 月 4 日，卡特彼勒公司将协议项下全部债权以人民币 195557. 33 元的价格转让给威山公司。2015 年 4 月 3 日，卡特彼勒公司向被告张某、关某在《融资租赁协议》留存的地址邮寄《债权转让通知书》各一份，张某邮件未妥投，关某邮件由第三方代收。2015 年 5 月 19 日，威山公司以张某、关某未履行合同义务为由向人民法院提起诉讼。

二、起诉与答辩及法院的认定与判决

在一审程序中，被告张某、关某主张：协议于 2011 年 5 月 23 日签订，租赁期限 24 个月，原出租人卡特彼勒公司自其没有按期偿还租金之日起经过 2 年未主张协议项下债权，已超过诉讼时效，人民法院不应支持债权承继人威山公司的诉请。

一审法院认为：被告将租赁期限与诉讼时效相混同。本案合同性质为融资租赁合同纠纷，表现为被告占有并使用租赁物，原告收取租金。超过约定的给付租金的期限，协议仍处于持续履行过程中，被告未按期足额支付租金并不当然取得对租赁物的所有权，被告的违约行为持续存在，原告非怠于行使其到期债权。原告仍有权要求被告返还租赁物或主张继续支付租金及违约金。且根据协议关于租赁期限的约定：租赁期限的起租日为设备的交付日，并应在承租人根据协议规定支付完毕所有租金及其他应付款项时终止。故被告张某抗辩主张依据不足。

三、上诉与答辩及法院的认定与判决

张某不服一审判决并提出上诉，在上诉理由中张某指出：从 2011 年 9

月以后，原出租人卡特彼勒公司没有向其主张过任何权利，超过《民法通则》第 136 条第（三）项规定（“延付或拒付租金的”）的 1 年诉讼时效规定。

二审法院认为：依据《融资租赁司法解释》第 25 条的规定：“当事人因融资租赁合同租金欠付争议向人民法院请求保护其权利的诉讼时效期间为两年，自租赁期限届满之日起计算。”及第 26 条的规定：“本解释自 2014 年 3 月 1 日起施行。《最高人民法院关于审理融资租赁合同纠纷案件若干问题的规定》（法发〔1996〕19 号）同时废止。本解释施行后尚未终审的融资租赁合同纠纷案件，适用本解释；本解释施行前已经终审，当事人申请再审或者按照审判监督程序决定再审的，不适用本解释。”在本案中的诉讼时效期间应为两年，自租赁期限届满之日起计算。因上诉人张某在原审法庭审理中自认对双方当事人于 2011 年 5 月 23 日签订融资租赁协议，租赁期限 24 个月的事实没有异议，所以，本案的诉讼时效期间应自 2013 年 5 月 22 日租赁期限届满之日起计算，时效期间为两年，被上诉人威山公司于 2015 年 5 月 19 日向原审法院提起诉讼，并没有超过诉讼时效。

四、案件评析

本案涉及的争议焦点是：融资租赁合同项下承租人逾期交付租金直至租赁期限届满，出租人或债权人起诉的诉讼时效期间如何计算。

（一）概念：租赁期限和诉讼时效期间

本案中，一审法院认为被告张某混淆了租赁期限和诉讼时效期间，笔者对此保留意见，但对这两个概念进行对比确实具有一定的现实意义。

融资租赁合同项下的租赁期限是合同期限，是由合同当事人根据合同目的实现的需要而自由约定的，租赁期限可长可短，超过该期限而合同目的未实现，意味着合同当事人一方存在相应的违约行为，应承担相应违约责任。在融资租赁交易中，合同期限往往是对债务人的约束，即在规定时间内履行完毕相应的债务。

诉讼时效期间是法定的，是法律为了督促权利人在法益受侵害时及时地“为权利而斗争”，诉讼时效期间一旦届满且债权人无任何行动，则债务人获得了诉讼程序上的一种权利——诉讼时效抗辩权，行使该抗辩权，人民法院对权利人的权利就不再予以保护。在《民法总则》施行之前，《民法通则》规定了短期诉讼时效（1 年）、普通诉讼时效（2 年）和长期诉讼时效（20 年）三种诉讼时效期间，当事人不得约定延长或缩短诉讼时效，且预先放弃诉讼时效利益亦不被人民法院所认可。

（二）有履行期限的诉讼时效计算

根据《民法通则》第 139 条之规定，“诉讼时效期间从知道或者应当知道权利被侵害时起计算。”本案中，协议的履行期限是 24 个月，如果是履行期限届满之日一次性付款，那么显然，诉讼时效期间的起算点就是履行期限届满之日。然而，融资租赁交易的特点是“分期”，履行期限尚未届满而承租人已经出现明显的违约行为，此时如何界定债权人“知道或者应当知道权利被侵害”的时间点呢？

在一审原告起诉之日，《融资租赁司法解释》已出台，并明确规定了融资租赁合同租金欠付争议适用的诉讼时效期间和计算方法，然而一审法院并未直接引用该解释的相关规定，也未引用任何其他规定，而是进行了一番纯粹的论述。指出“协议仍处于持续履行过程中，……原告仍有权要求被告返还租赁物或主张继续支付租金及违约金”。一审法院的观点无疑是正确的，一则根据协议之约定，履行期限并未提前终止；二则协议的继续履行状态的确给债权人提供了一种可依赖的非诉讼维权路径，法律无必要将剩余的履行期限褫夺，诱导权利人采取诉讼途径。

值得注意的是，即便不直接引用《融资租赁司法解释》中的规定，此前施行的相关司法解释亦能为一审裁判提供明确的指引和依据。《最高人民法院关于贯彻执行〈民法通则〉若干问题的意见（修改稿）》（实施日期：1990 年 12 月 5 日）第 193 条规定：“因违反合同请求保护的诉讼时效，有履行期限的，从履行期限届满之日起计算；没有履行期限的，从权利人主张权利而义务人拒绝履行义务之日起计算。”《最高人民法院关于审理民事案件适用诉讼时效制度若干问题的规定》（实施日期：2008 年 9 月 1 日）第 5 条规定：“当事人约定同一债务分期履行的，诉讼时效期间从最后一期履行期限届满之日起计算。”可见，对于融资租赁合同，诉讼时效期间的起算点应当是合同约定的履行期限届满之日，也就是最后一期租金支付期限的届满之日。

（三）融资租赁合同的诉讼时效计算

与一审法院不同的是，二审法院直接引用了《融资租赁司法解释》（实施日期：2014 年 3 月 1 日）第 25 条关于“当事人因融资租赁合同租金欠付争议向人民法院请求保护其权利的诉讼时效期间为两年，自租赁期限届满之日起计算”的规定，并结合案件的基本事实罗列了合同签署之日（2011 年 5 月 23 日）、履行期限届满之日（2013 年 5 月 22 日）以及一审原告的起诉之日（2015 年 5 月 19 日）3 个日期，准确地指出债权人的起诉日在诉讼时效期间届满之日以前，并未超过诉讼时效。

《融资租赁司法解释》关于诉讼时效的规定是最高人民法院在具体领域对民事诉讼时效制度的重申和强调，有利于更精准的引导行业对法律适用的理解。值得注意的是，这里的两年诉讼时效特指“租金欠付争议”，对于其他类型的争议，不能概括化适用，需要根据法律的特殊规定进行确定。

五、实践指导意见

（一）诉讼策略要与合同机制相适配

本案中，不存在加速到期的情况，合同履行期限并未提前终止，这是极其重要的一点。实际上，租赁公司的制式合同多设置有自动加速到期的机制，对于此类合同，履行期限届满之日就发生了重大变化，要特别注意诉讼时效的计算，务必使本公司诉讼策略与合同机制相适配。

（二）不要“卡着点起诉”

本案中，债权人的起诉日距离诉讼时效期间届满之日仅差三日，虽然债权人并不是租赁公司，但是这种极具风险的操作仍旧值得租赁公司引以为戒。笔者在不少案例中也看到租赁公司不乏类似“神操作”，这与绝大多数公司“不到迫不得已不起诉”的理念有关，但笔者特别提示：如果没有完善的合同管理机制和不良资产处置机制，以及高效的诉讼团队，轻易不要“卡着点起诉”，尽量留出充分的时间进行诉讼准备，避免超过诉讼时效期间。

（三）立法新动向：两年变三年

2017 年 3 月 15 日，《民法总则》发布，第 188 条第 1 款规定：“向人民法院请求保护民事权利的诉讼时效期间为三年。法律另有规定的，依照其规定。”《民法总则》于 2017 年 10 月 1 日生效后，《民法通则》是继续生效的，但根据“新法优于旧法”的原则，这意味着普通诉讼时效期间由两年变为了三年，相应地，作为司法解释层级的《融资租赁司法解释》中关于诉讼时效的规定，也应服从《民法总则》的规定。因此，当事人因融资租赁合同租金欠付争议向人民法院请求保护其权利的诉讼时效期间，自 2017 年 10 月 1 日起，变为三年。

案例 4.4　合同约定送达地址在司法程序中的适用[①]

“送达难”一直是困扰诉讼的一个重要难题，尤其对于经常作为债权人的租赁公司来讲，送达程序耗费过多的时间，甚至最终只能通过公告的

---

① 本部分作者为北京市汇融律师事务所崔晓晔。

方式送达成为常见现象。随着该类问题的浮现，在合同中约定送达地址成了重要的预防措施，有的法院还给金融机构提出司法建议，建议其在合同中约定送达地址。那么法院可否在送达程序中直接适用该约定送达地址，成为一个值得探讨的问题。

东莞市博雅印刷有限公司诉远东国际租赁有限公司融资租赁合同纠纷案①

上诉人（原审被告）：东莞市博雅印刷有限公司（以下简称“博雅公司”）

上诉人（原审被告）：俞某甲

上诉人（原审被告）：方某某

上诉人（原审被告）：俞某乙

被上诉人（原审原告）：远东国际租赁有限公司（以下简称“远东公司”）

一、案件基本事实

2013 年 12 月 25 日，远东公司与博雅公司签订了《售后回租赁合同》和《所有权转让协议》。双方约定：博雅公司将其设备出让给远东公司，远东公司取得设备的所有权，并将设备作为租赁物出租给博雅公司使用，双方之间形成融资租赁关系，远东公司为出租人，博雅公司为承租人。租金分 36 期，每月一期，期初支付。博雅公司如在租赁期间未按时、足额支付任一期租金或合同项下其他应付款项，远东公司有权解除合同，要求赔偿损失，并按每日万分之八的标准主张逾期违约金。博雅公司还应承担远东公司行使权利所发生的律师费用和其他合理支出。

为担保博雅公司履行融资租赁合同，俞某甲、方某某、俞某乙作为连

① 参见上海市第一中级人民法院（2017）沪 01 民终 1911 号民事判决书，2017 年 3 月 28 日作出。

带责任保证人，向远东公司出具了《保证函》。担保范围包括租金、利息、违约金、损害赔偿金、租赁物件留购价款及其他应付款项。保证期间至主债务履行期届满之日满两年。根据合同约定，远东公司向博雅公司支付了设备价款，并发出了《起租通知书》。截至2016年3月17日，博雅公司全部未付租金为1838904.05元，其中到期未付租金的金额为468041.58元，因逾期支付租金产生的违约金为23124.42元。

《售后回租赁合同》约定博雅公司的送达地址是广东省东莞市东城区××路××号。该合同14.5条款约定："一旦因本合同发生任何纠纷而诉诸法院，本合同中所列明的送达地址将作为各自的司法送达地址。该送达地址适用于包括一审、二审、再审、执行等各个诉讼阶段。如诉讼期间任一方送达地址变更，该方应及时告知受诉法院变更后的送达地址。如果提供的送达地址不确切或不及时告知变更后的送达地址，导致诉讼文书无法送达或未及时送达，该方将自行承担由此可能产生的法律效果。受诉法院将诉讼文书邮寄至送达地址即视为有效送达"。《所有权转让协议》也有相同的约定。《保证函》约定：俞某甲、方某某和俞某乙的地址与上述博雅公司的送达地址相同；该地址作为诉讼的送达地址，具体内容同上述《售后回租赁合同》的约定。一审法院按上述地址向博雅公司和三名保证人邮寄过诉讼文书；邮寄传票、诉状副本、证据时，邮政"改退批条"载明"电话非本公司，此公司已搬迁"；邮寄判决书时，有方某某的签收。

二、起诉与答辩及法院的认定与判决

远东公司诉至法院请求：1. 解除远东公司和博雅公司于2013年12月25日签订的《售后回租赁合同》。2. 博雅公司返还《售后回租赁合同》项下的租赁物。3. 博雅公司支付远东公司按全部未付租金数额计算的损失1838904.05元，截至2016年3月17日的逾期付款违约金23124.42元，自2016年3月18日起计算至实际清偿日的违约金（以到期应付未付租金468041.58元为基数，按每日万分之六点六，以实际欠款天数计算）。关于违约金计算标准，起诉状中主张的是万分之六点七，庭审中调整为万分之六点六。4. 远东公司可就上述第二项租赁物与博雅公司协议折价，或将该租赁物拍卖、变卖，所得价款用于清偿博雅公司上述第三项付款义务，如所得价款不足清偿债务，不足部分由博雅公司继续清偿。5. 俞某甲、方某某、俞某乙对博雅公司上述第三项付款义务承担连带清偿责任。6. 四上诉人承担诉讼费用。

一审法院认为：融资租赁关系和担保关系均合法有效，博雅公司未按时还款，构成违约，应承担违约责任，各担保人应承担担保责任。故判决：1. 解除《售后回租赁合同》；2. 博雅公司返还远东公司租赁设备；3. 博雅公司支付远东公司按全部未付租金数额计算的损失1838904.05元，计算至2016年3月17日的逾期付款违约金23124.42元，自2016年3月18日起至实际清偿日的违约金（以到期未付租金468041.58元为基数，每日万分之六点六的标准，按实际欠款天数计算）；4. 远东公司可就上述第二项判决所述的租赁设备与博雅公司协议折价，或者将该设备拍卖、变卖，所得价款用于清偿博雅公司上述第三项付款义务，如所得价款不足清偿上述债务，则不足部分由博雅公司继续清偿，如所得价款超过上述债务，则超过部分归博雅公司所有；5. 俞某甲、方某某、俞某乙对博雅公司上述第三项付款义务承担连带保证责任，履行保证责任后，有权向博雅公司追偿。一审案件受理费和财产保全费，由博雅公司、俞某甲、方某某、俞某乙共同负担。

三、上诉与答辩及法院的认定与判决

之后，博雅公司、俞某甲、方某某、俞某乙提出上诉。四上诉人在二审庭审中提交了以下材料：1. 一审邮寄诉讼材料的邮件详情单，证明一审未有效送达；2. 服务协议、发票，证明远东公司巧立名目，变相收取高额利息；3. 汇款明细，载有“附言：归还贷款”，证明博雅公司一直认为双方是借贷关系；4. 博雅公司2013年度企业所得税汇算清缴鉴证报告，证明当时博雅公司的固定资产达不到双方合同约定的价值，合同标的金额是虚假的；5. 远东公司与博雅公司于2008年3月28日签订的《所有权转让协议》及博雅公司与广州××厂签订的购机协议，所有权说明函附页，电子银行回单，所有权转让证书等证据，证明远东公司与博雅公司之间系借贷关系，用虚假价值的租赁物达到贷款目的；6. 照片1组，证明双方共同造假，虚构设备的出厂时间、规格、型号，故合同无效；7. 录音光盘1张，证明远东公司与博雅公司协商解决纠纷。

远东公司质证：所有材料与本案无关。

二审法院认定：上述材料不能否定一审审理程序的合法性，也不能否定本案融资租赁关系、担保关系的合法性，均与本案无关，不予采信。

远东公司没有新的举证。

二审法院认为：本案的争议焦点是融资租赁关系和担保关系的合法性。针对焦点，结合上诉理由，分析如下：第一，《最高人民法院关于进一步推进案件繁简分流优化司法资源配置的若干意见》第3条规定："完善送达程序与送达方式。当事人在纠纷发生之前约定送达地址的，人民法院可以将该地址作为送达诉讼文书的确认地址。……"四上诉人在相关主、从债务合同中均明确约定了诉讼时的送达地址，一审法院也按此地址进行了邮寄送达，故一审程序合法。

判决：驳回上诉，维持原判。

四、案件评析

本案的争议焦点为，当事人之间合同约定的送达地址是否有效，法院可否在送达程序中适用。

（一）理论争议

关于该问题，法学界与法官均提出了观点。吉林大学宋显忠教授在

《约定送达地址：破解送达难“顽症”的新药方》[①] 中对约定送达地址的商业和法律功能进行分析，还引用域外立法例进行对比，其支持《最高人民法院关于进一步推进案件繁简分流优化司法资源配置的若干意见》第3条的规定，认为该条最大限度地助推审判执行工作质效的提升，满足人民群众的多元司法需求，并建议最高院向立法机关提出该立法建议。

江西高院龚雪林法官在《送达地址确认制度中的约束机制——以程序正当性为视角》[②] 一文中，支持诉前地址确认制度，但主张从严掌握，不能侵犯当事人知情权。福建省泉州丰泽区法院梁超毅法官在《论民事诉前送达地址确认制度的构建》[③] 一文中提出“民事诉前送达地址确认制度在应对‘送达难’现状中，相比其他制度具有其不可比拟的理论和实践优势，也符合社会整体变革的发展规律，有利于社会诚信体系的构建，促进中国特色社会主义法治国家的建设。”重庆市一中院李遵礼、王睿杰法官在《合同约定诉讼文书送达地址具有法律效力》[④] 一文，广东省深圳罗湖区法院陆璋、戴少雄、郑有培法官在《民商事纠纷诉前送达地址确认制度之构建》[⑤] 一文中均支持法院适用合同约定地址作为送达地址。但也有法官持反对意见[⑥]，提出“当事人之间可以约定平等主体间意思表示的‘到达’地址及其法律后果，但并不能替代人民法院约定送达地址及其法律后果”。

故理论界主流观点支持法院适用合同约定地址作为送达地址。

（二）法院的文件规定

关于法院能否在送达程序中适用合同约定送达地址的问题，我国法律法规并未作出明确的规定，但法院层面陆续出台了相关的文件。《最高人

① 参见《人民法治》，2016年10期。

② 参见《人民司法》，2015年21期。

③ 参见《法治与社会》，2014年27期。

④ 参见《人民法院报》2016年3月2日第7版，http：//rmfyb.chinacourt.org/paper/images/2016-03/02/07/2016030207_pdf.pdf.

⑤ 参见《人民法院报》2012年12月26日第7版.

⑥ 参见《不能混淆契约法律关系与诉讼法律关系》.http：//mp.weixin.qq.com/s/oKR64jfOYIOM875osjdoyA.

民法院关于进一步推进案件繁简分流优化司法资源配置的若干意见》（法发〔2016〕21 号）第 3 条规定："完善送达程序与送达方式。当事人在纠纷发生之前约定送达地址的，人民法院可以将该地址作为送达诉讼文书的确认地址。……"《最高人民法院印发〈关于进一步加强民事送达工作的若干意见〉的通知》（法发〔2017〕19 号）第 8 条规定："当事人拒绝确认送达地址或以拒绝应诉、拒接电话、避而不见送达人员、撤离原住所等躲避、规避送达，人民法院不能或无法要求其确认送达地址的，可以分别以以下情形处理：（一）当事人在诉讼所涉及的合同、往来函件中对送达地址有明确约定的，以约定的地址为送达地址；……"。即最高人民法院认可法院适用合同约定地址作为送达地址。

地方法院也出台了相关的文件，福建省高院《关于依法规范金融案件审理和执行的若干意见（试行）》第 7 条、重庆市高院《关于民事诉讼送达若干问题的解答》第 4 条、江西省高院《民事送达工作指南》第 17 条、上海市高院《关于审理信用卡纠纷案件的若干指导意见》第 3 条第 1 款、河北省高院《河北省高级人民法院案件办理简化标准》第 23 条、江苏省高院《关于当前商事审判若干问题的解答》第 12 条、上海市浦东法院《关于自贸区企业约定诉讼文书送达地址案件审理的若干意见（试行）》都支持法院适用合同约定地址作为送达地址。

故法院认可适用合同约定地址作为送达地址。

（三）司法实践

司法实践中，大量法院支持适用合同约定地址作为送达地址。北京四中院、成都中院、合肥中院、长沙中院、大连中院、常德中院、东营中院、乌兰浩特市法院、重庆市渝中区法院、西安市新城区法院、太原市迎泽区法院、石家庄市裕华区法院、南宁市江南区法院、苏州市工业园区法院等多地法院均陆续向金融机构发出了在合同中约定送达地址的司法建议书，重庆市高院还向重庆市律协发出了在民商事合同中约定送达地址的司法建议书（渝高法建〔2016〕5 号），建议当事人在合同中约定送达地址。

司法判例中，法院也有明确的审判倾向，上海市、重庆市、广东省、浙江省、江苏省、山东省等地的法院，均有多个判例认定可以适用合同约定地址作为送达地址。经笔者在中国裁判文书网的查询，仅有吉林松原中院的一个判例持反对态度，可见法院适用合同约定地址作为送达地址成为主流。

（四）实践指导意见

为便于送达，建议租赁公司与承租人、担保人等签订合同时，均约定完善的送达地址条款。该“送达条款”除应明确约定“送达地址”外，还应明确将“法院的传票、判决书、裁定书等司法文书”作为可通过约定送达地址进行送达的内容，并提示相应的法律后果，即“如因一方提供或者确认的送达地址不准确、送达地址变更后未及时告知协议其他方或司法机关、一方或其指定的接收人拒绝签收等原因，导致相关法律文书未能被实际接收的，邮寄送达的，以文书退回之日视为送达之日；直接送达的，送达人当场在送达回证上记明情况之日视为送达之日”。

综上所述，虽法律法规并未有明文规定，但理论界主流观点支持法院适用合同约定地址作为送达地址；最高人民法院与地方法院出台大量文件支持法院适用合同约定地址作为送达地址；在司法实践中，法院提倡当事人在合同中约定送达地址，司法判例也主流适用约定地址作为送达地址。据此可以得出结论，当事人之间在合同中约定了送达地址，法院可以在送达程序中适用该约定送达地址。建议租赁公司与承租人、担保人等签订合同时，均约定完善的送达地址条款。

案例 4.5　约定管辖可能出现的争议[①]

根据《民事诉讼法》第 34 条的规定，合同或者其他财产权益纠纷的当事人可以书面协议选择被告住所地、合同履行地、合同签订地、原告住

---

① 本部分作者为北京市汇融律师事务所律师李艳科。

所地、标的物所在地等与争议有实际联系的地点的人民法院管辖，但不得违反本法对级别管辖和专属管辖的规定。在实践中，出租人在融资租赁合同多约定争议解决由出租人住所地人民法院管辖，这一约定是否有效直接决定了在纠纷发生时管辖法院的确定。

首信融资租赁有限公司与开封市祥符区第一人民医院融资租赁合同纠纷案①

上诉人（原审被告）：开封市祥符区第一人民医院（以下简称“祥符医院”）

被上诉人（原审原告）：首信融资租赁有限公司（以下简称“首信租赁”）

一、案件基本事实

2013 年 5 月，祥符医院与河南旭昊医疗科技有限公司（简称“出卖人”）签订《销售合同》购买医疗设备。2013 年 10 月首信租赁和祥符医院签署了《融资租赁合同》，约定首信租赁根据祥符医院对租赁物和出卖人的选择，向出卖人采购租赁物并出租给祥符医院使用，祥符医院应按照《融资租赁合同》约定向首信租赁支付租金，《融资租赁合同》在合同首部注明出租人办公地址为北京市朝阳区安定门外大街 1 号信义大厦 1305 室，并在《融资租赁合同》第 21 条约定有关本合同的一切争议，如协商不能解决时，向北京朝阳区人民法院提起诉讼，2014 年 2 月祥符医院向首信租赁出具了《租赁物接受证书》，确认《融资租赁合同》项下租赁物清单列明的租赁物已于 2014 年 2 月 25 日交付给承租人，且承租人在该日予以接受，上述租赁物符合《融资租赁合同》的约定；在签署《融资租赁合同》的当日，首信租赁、祥符医院、出卖人签署了《购买合同补充协议》，《购买合同补充协议》对《销售合同》项下付款义务人、增值税发票开具事宜

① 参见北京市第三中级人民法院（2017）京 03 民辖终 1323 号民事判决书，2017 年 10 月 13 日作出。

等进行了变更，并在《购买合同补充协议》第7条明确约定，与《融资租赁合同》项下租赁物相关的协议，包括但不限于《购买合同补充协议》《销售合同》等相关合同方之间出现不能友好协商解决的争议时，各方同意将争议提交至北京市朝阳区人民法院诉讼解决，在《购买合同补充协议》合同首部也注明了出租人在朝阳区的办公地址。

2016年5月祥符医院开始出现逾期，经首信租赁多次催告祥符医院仍拒绝支付租金。

2017年1月，祥符医院向开封市祥符区人民法院提起诉讼，诉称《销售合同》项下租赁物未交付，出卖人已构成根本违约，给祥符医院造成巨大经济损失，请求法院解除《销售合同》，并依法判令出卖人、出卖人股东、首信租赁连带赔偿祥符医院损失。

2017年4月，首信租赁向北京市朝阳区人民法院提起诉讼，请求法院判令祥符医院向首信租赁支付《融资租赁合同》项下全部已到期未付租金、罚息、全部未到期租金、租赁物留购价款，并以上述款项为基数，按照合同约定的罚息率向首信租赁支付自起诉日起至实际支付日止的罚息等。

在首信租赁作为原告起诉祥符医院（被告）的融资租赁合同纠纷案件中，祥符医院提出管辖权异议认为本案应移送开封市祥符区人民法院审理，理由是：本案应由被告住所地管辖，本案被告住所地在开封市祥符区；首信租赁提交的《融资租赁合同》无效，祥符医院至今没有见到任何租赁物；《融资租赁合同》约定的法院与争议没有实际联系；祥符医院已就融资租赁这一事实向开封市祥符区人民法院提起了诉讼，故应由先立案的人民法院管辖；《融资租赁合同》为格式合同，关于管辖的格式条款无效。首信租赁提交了《融资租赁合同》签订时在信义大厦的租房合同以及相关的收据，用于证明其在签署《融资租赁合同》时实际在信义大厦办公。

二、一审法院的认定和裁定

法院认为，祥符医院关于《融资租赁合同》无效的意见缺乏依据，不予采信。《融资租赁合同》约定：有关本合同的一切争议，各方应根据本合同约定的内容友好协商解决，如协商不能解决时，向北京朝阳区人民法院提起诉讼。《融资租赁合同》首部列明的首信租赁办公地址为北京市朝阳区安定门外大街 1 号信义大厦 1305 室。首信租赁提供证据证明合同签订时其主要办公地址在北京市朝阳区，故北京朝阳区法院拥有管辖权。祥符医院以买卖合同纠纷为由在开封市祥符区人民法院提起的诉讼不影响本案管辖权的确定。

法院裁定：驳回被告祥符医院对本案管辖权提出的异议。

三、上诉以及二审法院的认定和裁定

祥符医院不服，向北京市第三中级人民法院提起上诉。除一审中提出的理由外，祥符医院认为"国家企业信用信息公示系统"显示首信租赁注册地在天津市，联系地址在北京市海淀区，该信息是经工商部门对社会公示公信的内容，应当认定是效力较高的承诺自认。

法院审理认定：首信租赁系依据其与祥符医院签订的《融资租赁合同》等证据提起的诉讼，并请求判令祥符医院支付租金等。《民事诉讼法》第 34 条规定："合同或者其他财产权益纠纷的当事人可以书面协议选择被告住所地、合同履行地、合同签订地、原告住所地、标的物所在地等与争议有实际联系的地点的人民法院管辖，但不得违反本法对级别管辖和专属管辖的规定。"本案中，首信租赁与祥符医院签订的《融资租赁合同》中约定："有关本合同的一切争议，各方应根据本合同约定的内容友好协商解决，如协商不能解决时，向北京市朝阳区人民法院提起诉讼。"鉴于，涉案《融资租赁合同》首部列明的首信租赁办公地址为北京市朝阳区安定门外大街1号信义大厦1305室，且根据首信租赁提交的《房屋租赁合同》及房屋租金收据，可以认定首信租赁与祥符医院签订《融资租赁合同》时在北京市朝阳区办公，北京市朝阳区系与争议有实际联系的地点，故《融资租赁合同》中有关争议由北京市朝阳区人民法院管辖的约定，符合上述法律规定，应认定合法有效。北京市朝阳区人民法院对本案具有管辖权。

法院裁定：驳回上诉，维持原裁定。

四、案件评析

本案的争议焦点在于：1.《融资租赁合同》约定争议由北京朝阳区人民法院管辖是否有效；2. 在祥符医院基于《销售合同》在开封市祥符区人民法院提起诉讼后，首信租赁能否基于《融资租赁合同》在北京市朝阳区人民法院提起诉讼并要求祥符医院支付到期未付租金等款项，是否违反一事不再理的规定。

关于争议焦点1，法院认定事实清楚，适用法律正确。祥符医院并未提交证据证明《融资租赁合同》存在法定无效的情形，而且在庭审过程中祥符医院认可了《融资租赁合同》上其签字和印章的真实性，《融资租赁合同》显然系双方真实的意思表示，应为合法有效；在管辖权的约定上，尽管《融资租赁合同》第21条约定争议由北京市朝阳区人民法院管辖，未明确注明该法院系原告住所地还是合同签订地人民法院，但根据《融资租赁合同》首部记载，原告首信租赁办公地为北京市朝阳区安定门外大街1号信义大厦1305室，这足以说明在《融资租赁合同》签订时当事人双方约定的北京朝阳区人民法院系原告住所地人民法院，这一约定不违反级别管辖和专属管辖的规定，应为合法有效。此外，首信租赁进一步提交了签署《融资租赁合同》时在信义大厦办公的租房合同以及发票，二审法院据此也认定首信租赁在签订《融资租赁合同》时在北京市朝阳区办公，北京市朝阳区系与争议有实际联系的地点。而祥符医院打印的“国家企业信用信息公示系统”上的信息，因为该公示系统上线时间为2014年3月，公示系统上填报的联系地址“北京市海淀区”也注明了填报时间在2015年6月，《融资租赁合同》签署时间在2013年，因此“国家企业信用信息公示系统”上相关信息形成于《融资租赁合同》签署后，并不具有证明效力。

关于争议焦点2，根据《民事诉讼法解释》第247条第1款规定，判断是否构成重复起诉，主要根据：（一）后诉与前诉的当事人是否相同；（二）后诉与前诉的诉讼标的是否相同；（三）后诉与前诉的诉讼请求是否相同，或者后诉的诉讼请求实质上是否否定前诉裁判结果。

本案与祥符医院在开封市祥符区法院起诉出卖人、出卖人股东和首信租赁的诉讼不属于重复起诉，主要原因在于：第一，案件当事人不同。本案与祥符医院在祥符区法院起诉的案件当事人不同；第二，案涉合同、合同签署方、法律关系均不同。本案的争议是原、被告就《融资租赁合同》发生争议，而祥符医院在祥符区法院提起的案件是祥符医院与出卖人就《销售合同》发生争议，两案所涉及的法律关系也完全不同；第三，两案的诉讼请求不同，裁判结果不存在冲突的可能。在本案中，原告是基于被告逾期支付租金而提出加速到期全部租金的诉讼请求；在祥符医院起诉的案件中，祥符医院的诉讼请求是解除《销售合同》并主张赔偿损失，两案基于完全不同的诉讼请求，解决的是不同法律关系项下各方当事人责任的承担，这正体现了直租融资租赁交易中买卖环节和租赁环节分属不同性质的争议。此外，祥符区法院受理的案件是祥符医院主张出卖人违约而向出卖人行使索赔权的争议，根据《融资租赁司法解释》第6条的规定，“承租人对出卖人行使索赔权，不影响其履行融资租赁合同项下支付租金的义务……”，因此，祥符区法院受理案件的判决并不会影响到本案的判决结果，两个诉讼实质上也不存在冲突的可能性。

五、对租赁公司的启示

根据《民事诉讼法》第23条的规定，因合同纠纷提起的诉讼，由被告住所地或者合同履行地人民法院管辖，而根据《民事诉讼法解释》第19条的规定，融资租赁合同以租赁物使用地为合同履行地。合同对履行地有约定的，从其约定。租赁公司在开展融资租赁业务过程中，考虑到承租人、出卖人分布于全国各地的因素，如果能够通过合法有效的管辖权约定将争议解决方式统一的话，租赁公司可以在约定的争议解决地集中解决争议，有利于降低诉讼成本。

在本案争议解决过程中，《融资租赁合同》通过合同首部与管辖约定条款有效约定了争议由租赁公司住所地法院管辖，在租赁公司注册地与实际办公地不一致的情形下，法院一般会要求举证证明租赁公司住所地在实际办公地而非注册地，为此建议租赁公司在业务开展过程中，能够将其实际办公地的租房合同、租金支付凭证原件等纳入《融资租赁合同》管理的范畴内，避免就租赁公司住所地发生争议时因租房合同、租金支付凭证原件丢失、表述不规范等原因处于被动地位，并在《融资租赁合同》中规范填写合同首部的企业信息，在“国家企业信用信息公示系统”中规范填写公司的注册地、办公地等企业信息。

在《融资租赁合同》约定管辖地法院时，建议严格按照《民事诉讼法》第34条的规定，选择被告住所地、合同履行地、合同签订地、原告住所地、标的物所在地等与争议有实际联系的地点的人民法院作为管辖法院，并不得违反级别管辖和专属管辖的规定。在合同条款的表述上，建议明确指向有实际联系的地点的法院即可，不建议采用约定特定法院管辖的方式，因为约定特定法院不仅存在违反级别管辖的可能性，而且也加重了当事人证明该法院是否是有实际联系地点的法院的举证责任。

案例4.6　租赁物为不动产时的诉讼管辖问题[①]

管辖权异议，是指人民法院受理案件后，被告对人民法院对案件是否有

① 本部分作者为北京汇融（天津）律师事务所律师贺欣。

管辖权提出异议，这是当事人的一项诉讼权利。《民事诉讼法》第33条规定，因不动产纠纷提起的诉讼，由不动产所在地人民法院管辖，即我国对不动产纠纷实施专属管辖，当事人不可以协议变更。在不动产融资租赁交易发生纠纷时，出租人一般在约定管辖法院提起诉讼，承租人易以争议标的为不动产，应适用专属管辖的规定为由，提出管辖权异议，从而引发争议。笔者即由此出发，结合本案对租赁物为不动产时的诉讼管辖问题作简要分析。

仲利国际租赁有限公司与济南仕林纸业有限公司等融资租赁合同纠纷管辖权异议案①

上诉人（一审被告）：济南仕林纸业有限公司（以下简称“承租人”）

被上诉人（一审原告）：仲利国际租赁有限公司（以下简称“出租人”）

一审被告：李某、孔某（以下简称“担保人”）

一、案件基本事实

出租人与承租人签订了买卖合同，约定出租人向承租人购买租赁物并向承租人出租，租赁物为不动产，自签约之日起租赁物之所有权移转出租人，同时视作由出租人适当交付承租人并予以验收。同日，出租人与承租人签订了一份《融资租赁合同》，约定出租人向承租人出租租赁物，第19条还约定“本合同签订地为济南市市中区，有关本合同的任何争议，若协商不成，双方同意提交合同签订地有管辖权的人民法院诉讼解决。”同日，担保人向出租人出具保证书，承诺对承租人向出租人所负全部债务提供连带责任保证。后承租人出现拖欠租金的情况，出租人因而提起诉讼，请求判令：1. 承租人支付全部未付租金；2. 承租人支付违约金；3. 担保人对上述诉讼请求承担连带清偿责任；4. 本案案件受理费、保全费等费用由承租人、担保人共同承担。

① 参见山东省济南市中级人民法院（2016）鲁01民辖终553号民事裁定书，2016年6月22日作出。

二、起诉与答辩及法院的认定与判决

承租人、担保人提起管辖权异议，认为案涉合同约定的管辖条款，违背《民事诉讼法解释》的规定，约定无效。本案应由不动产所在地人民法院专属管辖，请求将本案移送济南市历城区人民法院管辖。

一审法院认为：《民事诉讼法》第 34 条规定，合同或者其他财产权益纠纷的当事人可以书面协议选择被告住所地、合同履行地、合同签订地、原告住所地、标的物所在地等与争议有实际联系的地点的人民法院管辖，但不得违反本法对级别管辖和专属管辖的规定。案涉融资租赁合同第 19 条约定“本合同签订地为济南市市中区，有关本合同的任何争议，若协商不成，双方同意提交合同签订地有管辖权的人民法院诉讼解决”，该约定符合上述法律规定。一审法院对本案享有管辖权。

一审法院裁定：驳回承租人、担保人对本案管辖权提出的异议。

三、上诉与答辩及法院的认定与判决

承租人持一审管辖权异议的意见提起上诉，请求撤销一审裁定，将本案移送济南市历城区人民法院管辖。

出租人未作答辩。

二审法院认为：本案系融资租赁合同纠纷。案涉融资租赁合同第 19 条约定，发生纠纷提交合同签订地有管辖权的人民法院诉讼解决。依照《民事诉讼法》第 34 条的规定，一审法院作为案涉合同签订地的人民法院，对本案享有管辖权。

二审法院裁定：驳回上诉，维持原裁定。

四、案件评析

本案的争议焦点为融资租赁合同纠纷中，租赁物系不动产时，是否适用《民事诉讼法》第 33 条关于专属管辖的规定。两审法院均认定，本案的约定管辖符合法律规定，一审法院作为约定管辖法院，对本案享有管辖权。《民事诉讼法》第 34 条规定："合同或者其他财产权益纠纷的当事人可以书面协议选择被告住所地、合同履行地、合同签订地、原告住所地、标的物所在地等与争议有实际联系的地点的人民法院管辖，但不得违反本法对级别管辖和专属管辖的规定。"可见，除违反级别管辖和专属管辖外，有关合同或者其他财产权益纠纷均可约定管辖。

承租人提出，本案约定管辖因违背《民事诉讼法解释》的规定而无效。笔者认为承租人所指应为《民事诉讼法解释》第 28 条关于不动产纠纷专属管辖的规定，但该条规定明确，"民事诉讼法第 33 条第 1 项规定的不动产纠纷是指因不动产的权利确认、分割、相邻关系等引起的物权纠纷。"可见，不动产纠纷系指不动产的部分物权纠纷，而不包括不动产债权纠纷，因此，并非是全部与不动产有关的纠纷均应适用专属管辖。本案中虽然租赁物系不动产，但出租人要求承租人支付全部租金，系行使其基于融资租赁合同产生的租金债权请求权，属于合同债权纠纷，不属于不动产纠纷的范畴，不适用不动产纠纷的专属管辖规定。因此，两审法院均认为本案适用约定管辖，是正确的。

另外，假如租赁公司并非要求承租人支付全部租金，而是根据《合同法》第 248 条的规定[①]，要求解除合同、收回租赁物，笔者认为亦不适用不动产纠纷的专属管辖规定。因为在融资租赁交易中，租赁物对租赁公司享有的租金债权具有担保功能，租赁公司虽要求收回不动产租赁物，但该

① 《合同法》第 248 条规定："承租人应当按照约定支付租金。承租人经催告后在合理期限内仍不支付租金的，出租人可以要求支付全部租金；也可以解除合同，收回租赁物。"

主张系对合同解除后补救措施的主张，其主要目的仍在于实现债权，而非确认租赁物物权，因此其法律关系仍属于合同债权纠纷，不属于不动产纠纷的范畴，不适用不动产纠纷的专属管辖规定。在湖南省长沙县人民法院（2015）长县民初字第1211－1号案[①]中，法院即认为虽出租人请求解除租赁合同，返还租赁物，但不论租赁物是否为不动产，该案均应为融资租赁合同纠纷，并不涉及租赁物的物权问题，不属于法律规定的物权纠纷，应适用于合同纠纷管辖的相关规定。

综上所述，《民事诉讼法解释》第28条将适用专属管辖的不动产纠纷范围限定为部分物权纠纷，因此融资租赁合同纠纷中，租赁物系不动产时，不应适用关于不动产纠纷专属管辖的规定；即使租赁公司要求解除合同、收回不动产租赁物，也不适用该规定。但是，如果租赁公司并非提起合同之诉，而是提起确认不动产租赁物的物权之诉，则属于不动产物权纠纷的范畴，应适用不动产纠纷的专属管辖规定。

案例4.7　实现担保物权特别程序是否适用公告送达[②]

2007年公布施行的《物权法》第195条第二款“抵押权人与抵押人未就抵押权实现方式达成协议的，抵押权人可以请求人民法院拍卖、变卖抵押财产”的规定，为实现担保物权特别程序预留了空间，2012年新修订的《民事诉讼法》首次明确规定了“实现担保物权特别程序”，为担保物权实现提供了更加快捷、有效的途径，有利于减少抵押权人讼累、节约有限的审判资源，但在司法实践中，关于实现担保物权特别程序是否适用公告送达的争议不断，并渐对实现担保物权特别程序的制度产生巨大影响，本文拟以本案例为切入点，对该问题进行剖析。

① 参见湖南省长沙县人民法院（2015）长县民初字第1211－1号民事裁定书，2015年5月29日作出。

② 本部分作者为北京市汇融律师事务所合伙人张立国。

申请人某融资租赁公司申请拍卖、变卖被申请人陈某、卢某某所有的位于某地、某地房产案[①]

申请人：某融资租赁公司（以下简称“租赁公司”或“申请人”）

被申请人：陈某

被申请人：卢某某

一、申请人的申请

申请人称：2014 年 9 月 19 日，申请人与承租人甲公司签署了融资租赁合同（回租），即申请人以售后回租的方式为承租人提供融资租赁，租赁物转让价款 2800 万元，期限 4 年，每 3 个月支付一次租金。同日，申请人与被申请人陈某、卢某某分别签署抵押合同，被申请人陈某、卢某某分别以某地与某地房产，向申请人提供抵押担保。而在融资租赁合同履行中，承租人甲公司仅支付了部分租金，构成根本违约，现请求拍卖或变卖被申请人陈某、卢某某位于某地及某地的房产，由申请人以抵押物折价或以拍卖、变卖抵押物所得款项优先受偿。

二、法院的认定和裁决

审查中，法院分别以电话通知、邮寄等方式向被申请人陈某、卢某某送达申请书、证据等诉讼材料，均无法有效送达，现被申请人陈某、卢某某下落不明。

法院认为：因事关被申请人重大实体权利，作为被申请人应该且必须知晓本案，并有权发表意见及对申请提出异议。现被申请人未到庭，无法对实现担保物权是否有实质性争议及实现担保物权条件是否成就进行裁决，故对

① 参见北京市东城区人民法院（2016）京 0101 民特 354 号民事裁定书，2017 年 2 月 8 日作出。

申请人的请求法院不予支持。申请人可通过正常诉讼程序主张权利。

裁定如下：1. 驳回申请人租赁公司的申请；2. 申请人可以向人民法院提起诉讼。

三、案件评析

不仅是在该案中，实践中有很多实现担保物权特别程序涉及公告送达问题，有大量裁判案例，以“无法送达”或“未能送达”“本院无法判断双方当事人对主合同和担保合同是否存在实质争议”为由，裁定驳回申请人申请。那么实现担保物权特别程序是否适用“公告送达”的送达方式呢？应该说实现担保物权特别程序依法是适用公告送达的。

首先，《民事诉讼法解释》第 368 条规定，人民法院受理申请后，应当在五日内向被申请人送达申请书副本、异议权利告知书的文书。《民事诉讼法》第 85 条、第 86 条、第 87 条、第 88 条、第 89 条、第 92 条，分别规定了直接送达、留置送达、电子送达、委托送达、邮寄送达、转交送达、公告送达七种送达方式及其适用，并明确公告送达是法定送达方式、适用于“受送达人下落不明，或者本节（《民事诉讼法》第七章第二节‘送达’）规定的其他方式无法送达的”情形。《民事诉讼法解释》仅在第 140 条规定，适用简易程序的案件不适用公告送达，包括《民事诉讼法》《民事诉讼法解释》在内的法律规范并未禁止或限制在实现担保物权特别程序中适用公告送达，因此，实现担保物权特别程序适用公告送达。

其次，从《民事诉讼法》的章节结构看，实现担保物权特别程序归属于《民事诉讼法解释》第 15 章特别程序，该章第一节第 177 条明确规定实现担保物权案件适用本章规定，本章没有规定的，适用本法和其他法律的有关规定。该章第一节第 180 条规定，人民法院适用特别程序审理的案件，应当在立案之日起三十日内或者公告期满后三十日内审结。因此，公告送达适用于包括实现担保物权特别程序在内的全部特别程序案件。

再次，法律并未要求被申请人必须到庭审查，被申请人实际未到庭不影响实现担保物权特殊程序的审查。对此，本案以被申请人“下落不明，无法审查被申请人杜某某对申请人张某实现担保物权的申请是否存有异议”为由做出驳回裁定；司法实践中甚至有的案件中在诉讼文书已送达被申请人但被申请人拒不到庭参加诉讼情况下，法院仍然以“无法判断是否存在实质争议”为由做出驳回裁定[①]。那么，被申请人的到庭参与审查与否是实现担保物权特别程序审查的必要条件吗？根据非讼程序法理，非讼程序适用职权探知主义，法庭应运用职权收集证据和调查事实，不受申请人、被申请人主张的事实和证据的限制，被申请人当庭未提供证据或异议，不构成审查的障碍；基于非讼性质，当事人不进行法庭辩论，法庭仅需对申请人提供的书面材料及有关证据进行形式审查做出裁判。《民事诉讼法》《民事诉讼法解释》的规定对其非讼性质的法理予以充分体现：《民事诉讼法解释》第 370 条规定，法院可以询问被申请人，必要时可以依职权调查相关事实；《民事诉讼法解释》第 371 条规定，法院应当对主合同的效力、期限、履行情况等内容进行审查，被申请人提出异议的，人民法院应当一并审查。因此，依照《民事诉讼法解释》的规定，法院可以询问被申请人但不是应当、必须询问被申请人，法院可以一并审查“被申请人提出的异议”，而不是应当、必须审查“被申请人提出的异议”，“被申请人”并非必须到庭参与审查，以“被申请人未到庭无法审查是否存在实质争议”为由裁定驳回实现担保物权，缺乏法律依据。

最后，有的观点认为，公告送达需要六十日，而实现担保物权特别程序案件审限只有三十日，据此认为该程序不适用公告送达。前述论证中引述的《民事诉讼法》第 180 条明确规定，法院适用特别程序审理的案件，应当在立案之日起三十日内或者公告期满后三十日内审结；实现担保程序归属于《民事诉讼法》明文规定的第 15 章特别程序，实现担保物权特别程序的审限计算起点以公告期满后计算，而不是必须以立案之日为起点计

① 参见重庆市巴南区人民法院（2015）巴法民特字第 00030 号民事裁定书，2015 年 6 月 30 日作出。

算。与《民事诉讼法解释》第 243 条规定的公告期间不计入诉讼审理审限的规定是一致的，故即使在诉讼程序中，公告期间依然不计入审限。因此，以公告送达期间超过实现担保物权特别程序审限为由认定该程序不适用公告送达是缺乏法律依据的。

四、实践指导意见

从立法目的来看，实现担保物权特别程序制度设计的初衷是为了尽快实现担保物权人的合法权益，体现便捷高效、节约诉讼成本的宗旨，若简单地以被申请人下落不明或被申请人拒不到庭为由得出无法查明是否存在实质争议的结论，从而直接作出驳回裁定，则可能会起到反面的教育作用，引导被申请人学习恶意逃债、恶意推托方式。实践中已有大量案例，使实现担保物权特别程序在该等大量案例中被“休眠化”。因此，建议市场主体在相关案件中积极争取程序权益，也呼吁释明性规范能够尽早出台，使法治在实现担保物权特别程序上得以统一。

案例 4.8　共同出租人约定行使诉权的效力[①]

联合租赁是融资租赁业务模式之一，共同出租人或出于彼此优势互补的需要，或出于分散和防范风险之目的，或为符合监管要求，或囿于注册资本较低的限制，多家出租人共同为承租人提供的一种类似于银团贷款的融资租赁服务，现已成为业界较为常见的交易模式。具体而言，联合租赁是指由一家融资租赁公司牵头召集，若干家融资租赁公司共同出资，按份共有租赁物，并按出资比例或其他约定方式承担风险、分享收益，共同为承租人提供资金融通服务的一种融资租赁业务模式。

在融资租赁合同出现争议时，考虑到争议解决的便捷性，共同出租人

① 本部分作者为北京市汇融律师事务所合伙人邹颖。

往往希望由其中一方提起诉讼，共同出租人共享诉讼利益，共担诉讼风险，但该项约定能否得到法院支持曾成为共同出租人从事该类交易的顾虑。如下案例中，法院肯定了共同出租人在合同中的合意，支持了以一方共同出租人名义提起诉讼，值得参考。

斗山（中国）融资租赁有限公司与丁某、李某融资租赁合同纠纷案①

原告：斗山（中国）融资租赁有限公司（以下简称“斗山租赁”）

被告：丁某

被告：李某

一、案件基本事实

斗山租赁、光大金融租赁股份有限公司（以下称“光大租赁”）与丁某、李某签订融资租赁合同，约定斗山租赁、光大租赁作为共同出租人，共同为被告丁某提供融资，按照被告丁某的要求向河北迈威机电贸易有限公司（以下称“迈威机电”）购买斗山挖掘机一台。融资租赁合同另约定，光大租赁委托并授权斗山租赁以其自己的名义向丁某行使该合同项下所有出租人的权利，包括但不限于租金收取、租赁物的取回等。丁某不得以光大租赁与斗山租赁共有租赁物所有权等任何理由拒绝或抗辩斗山租赁代表光大租赁以其自己名义行使该合同项下的权利。被告李某对被告丁某在融资租赁合同项下的债务承担连带责任保证。

事后，斗山租赁按照融资租赁合同约定向被告丁某交付了租赁物。但被告丁某未按合同约定如期足额支付租金，经斗山租赁多此催收，仍未支付，后斗山租赁自行将租赁物取回。依照上述合同约定，丁某的行为已构成严重违约，斗山租赁诉至法院。

---

① 参见石家庄市桥西区人民法院（2015）西民商初字第00463号民事判决书，2016年7月28日作出。

二、起诉与答辩及法院的认定与判决

斗山租赁主要诉讼请求：1. 解除融资租赁合同；2. 被告丁某向斗山租赁支付上述合同项下到期未付租金；3. 被告丁某向斗山租赁支付支付违约金、律师费；4. 被告李某对上述款项承连带赔偿责任。

被告丁某和李某辩称：1. 融资租赁合同约定出租人为斗山租赁与光大租赁，二出租人共同出租，所以应由斗山租赁与光大租赁共同行使合同权利。斗山租赁单独提起诉讼，主体不合格；2. 融资租赁合同有效，应继续履行；3. 丁某与斗山租赁和迈威机电签订了买卖合同，丁某向迈威机电支付了部分款项。如判决解除融资租赁合同，斗山租赁应返还丁某已支付的上述款项。

法院认为：融资租赁合同的出租人虽为斗山租赁和光大租赁，但光大租赁在合同中明确授权斗山租赁可以自己名义单独向丁某、李某主张权利，故斗山租赁起诉符合合同约定，对二被告提出的斗山租赁主体不合格的主张不予采信。被告丁某未按合同约定支付租金，且拖欠多期，斗山租赁依约要求解除合同、支付欠付租金、违约金及律师费，且要求被告李某对丁某所负债务承担连带责任应予支持。丁某在签订融资租赁合同前先行交纳的款项，说明其在签约前即知悉并认可上述款项构成、金额及负担，其要求斗山租赁返还上述款项，无合同依据，不予支持。

法院判决：1. 解除斗山租赁与丁某、李某签订的融资租赁合同；2. 被告丁某向斗山租赁支付到期未付、违约金、律师费；3. 被告李某对上述债务承连带赔偿责任，李某承担保证责任后，有权向被告丁某追偿。

三、案件评析

《民事诉讼法》第 13 条规定，当事人有权在法律规定的范围内处分自己的民事权利和诉讼权利。处分原则是民事诉讼中的特有的，反映民事诉讼制度的本质的原则，其实质是当事人对自己享有的民事权利的自由支配和处置。当事人对自己民事权利的处分权包括实体权利和程序权利。

在本案中，斗山租赁与光大租赁作为共同出租人与承租人签订融资租赁合同，融资租赁合同出现纠纷时，光大租赁作为出租人也有权行使诉讼权利。但光大租赁在融资租赁合同中授权斗山租赁以其自己的名义提起诉讼是否正当有效？是否意味着诉权转移？对此，法律没有明确规定，学术界同样见仁见智，有观点认为诉权起源于我国《宪法》，属于公权力范围，无论是否进行诉讼，当事人均享有诉权，诉权在性质上属于人身权和绝对权，不得转移或放弃；也有观点认为从民事诉讼所要解决的纠纷的内容来看，民事诉讼具有私法的性质，学界将诉讼法律关系视为三方法律关系，即诉讼当事人之间的法律关系和诉讼当事人与法院之间的法律关系，前者更类似于私法关系，后者更倾向于公法关系①。笔者同意后一种观点，当事人对诉权的处分，特别是在当事人之间的约定，属于私法关系范围，根据私法中的意思自治原则，当事人有权对诉权转移进行约定，只要不违反法律、行政法规的强制性规定即合法有效。

笔者认为：有必要提及大陆法系民事诉讼理论体系中对诉讼实施权的探讨，诉讼实施权是将诸多民事诉讼制度，如诉讼担当、诉讼信托、诉讼代理、诉讼代表以及多数人诉讼制度予以正当化的理论基石。诉讼实施权的研究重点在于诉讼实施权的移转。诉讼实施权的移转方式之一为：当事人不移转实体权利、义务而移转诉讼实施权，即实体当事人和形式当事人存在一定的分离，形式当事人基于法律的规定或者实体当事人依法生效的授权而对某一特定的诉讼标的享有程序的管理权或者处分权②。

结合本案，区别于实体权利的转让，光大租赁作为出租人在融资租赁合同项下仍享有出租人实体权利，包括根据该合同约定获取相应租金、处置租赁物和担保物所得等。光大租赁仅将程序性的权利或诉讼实施权让渡

---

① 张艳玲．放弃民事上诉权约定的法律效力［N］．人民法院报，2011－5－4.

② 肖建国，黄忠顺．诉讼实施权理论的基础性建构［J］．比较法研究，2011（1）．

给斗山租赁，授权斗山租赁作为原告、上诉人和申请执行人等主体行使程序上的权利，包括提起诉讼、提出异议、举证、质证、辩论、上诉、申请执行、申诉等权利。在斗山租赁行使了上述权利，并从承租人和担保人处得到受偿后，应当按其与光大租赁的约定分配上述利益。光大租赁作为理性的市场主体，其对授权斗山租赁行使诉权而产生的法律效果是知悉的，对光大租赁而言，得到了节约诉讼成本的好处，但需承担斗山租赁诉讼不利的后果，光大租赁如果认为自己的权益可以通过授权斗山租赁诉讼获得司法保护或者认为自己权益还可以通过其他方式得以实现，则这种行为并没有违背民事上诉权设立的目的；同时，光大租赁达成诉讼上的契约，并未违反法律、行政法规的强制性效力性规定，该合意行为应受尊重并得到法律保护。

四、启示

在厂商租赁公司与金融租赁公司开展的联合租赁交易中，厂商租赁公司具有掌握渠道资源、面对终端客户、擅长处置租赁物的先天优势，而金融租赁公司具有资金优势。在这两类公司的合作中，金融租赁公司往往希望由厂商租赁公司出面解决争议，并为此提供便利。鉴于诉权或诉讼实施权的转移尚属理论探讨，一方面，建议共同出租人在融资租赁合同中对另一出租人的授权务必明确、具体，同时有必要约定在何种情况下终止该等授权；另一方面，虽然本案对共同出租人一方单独提起诉讼予以支持，但不排除司法实践中存在反对观点，有可能将其他共同出租人追加为第三人，或部分支持提起诉讼的共同出租人的请求，而未起诉的共同出租人则需另案解决。此外，融资租赁公司也可考虑采取隐名联合租赁模式，即仅由一方出租人代表共同出租人与承租人、担保人签订融资租赁交易文件，而共同出租人另行签订联合租赁合作协议，在合作协议中约定租赁物、租金及担保权益在共同出租人之间的分配方式。

案例4.9　承租人基于买卖合同向出卖人主张索赔，是否应追加出租人作为第三人[1]

鉴于融资租赁交易突破了合同相对性原则，使得承租人有权直接向出卖人主张索赔。承租人基于买卖合同争议往往只起诉出卖人，但有些争议涉及融资租赁合同，是否有必要追加出租人参与诉讼以便更好地查明事实、全面解决争议？《融资租赁司法解释》第24条第3款规定承租人基于买卖合同和融资租赁合同向出卖人主张索赔的，法院应当追加出租人为第三人。通过以下两案例可以清楚地理解该规定的意义。

一、案例一：上海金佐金属材料有限公司诉上海恩明汽车销售服务有限公司买卖合同纠纷案[2]

上诉人（原审原告）：上海金佐金属材料有限公司（以下简称“金佐公司”）

被上诉人（原审被告）：上海恩明汽车销售服务有限公司（以下简称“恩明公司”）

原审第三人：上海昊颖物流有限公司（以下简称“昊颖公司”）

（一）案件事实

金佐公司作为买受人与恩明公司作为出卖人签订《汽车销售合同》，约定金佐公司向恩明公司购买牵引车头和半挂车数台。后双方与北京中车信融汽车租赁有限公司（以下称“中车信融公司”）签订了《融资租赁合同》，约定部分机动车由金佐公司向中车信融公司申请办理融资租赁，中

① 本部分作者为北京市汇融律师事务所合伙人邹颖。

② 参见上海市第一中级人民法院（2015）沪一中民四（商）终字第1215号民事判决书，2015年10月27日作出。

车信融公司将货款支付至恩明公司，机动车由恩明公司交付给金佐公司。其他未通过融资租赁方式购买的机动车，由金佐公司直接向恩明公司支付购车款。

上述合同签订后，中车信融公司根据机动车交付的进度向恩明公司支付了相应购车款，但恩明公司未向金佐公司交付《融资租赁合同》项下全部机动车以及其他未通过融资租赁方式直接出卖给金佐公司的机动车；且恩明公司已交付的部分牵引车头登记在第三人昊颖公司名下，不符合双方约定。因此，买受人金佐公司将出卖人恩明公司诉至法院。

（二）起诉与答辩及法院的认定与判决

金佐公司主要诉讼请求：1. 判令恩明公司履行买卖合同，向金佐公司交付尚未交付的牵引车头和半挂车，并移交相关机动车的证照、行驶证、发票、保单；2. 判令恩明公司将已交付的牵引车头过户至金佐公司名下；3. 判令恩明公司支付违约金。审理中，金佐公司表示如其第（二）项诉请无法过户，则要求将该等牵引车头归还给恩明公司，恩明公司将相应的款项退还给金佐公司。

恩明公司辩称：金佐公司尚有购车款未付，恩明公司不交车并无不当。且恩明公司发现金佐公司有丧失或者可能丧失履行债务能力的情形出现，恩明公司行使合同法上的不安抗辩权，暂时中止履行，并已告知恩明公司提供担保方可继续履行。

一审法院在审理过程中为查实昊颖公司如何取得牵引车头，依职权追加了昊颖公司作为第三人，但昊颖公司未到庭应诉。一审法院认定：《汽车销售合同》合法有效，但结合本案事实，恩明公司已无法实际履行交付义务。经一审法院向金佐公司释明后，金佐公司仍坚持继续履行合同，故一审法院判令金佐公司向恩明公司返还已登记在昊颖公司名下的牵引车头，恩明公司返还对应货款，并向金佐公司依约支付迟延违约金等款项，驳回金佐公司的其他诉讼请求。

金佐公司不服一审判决，在上诉理由中提出：本案诉争机动车与金佐公司、恩明公司及中车信融公司之间的融资租赁合同密不可分，故应当依法追加中车信融公司作为第三人参加诉讼。

另外，金佐公司在二审中提供了中车信融公司起诉状、金佐公司答辩状及法院传票，证明因恩明公司违约未交付机动车，直接导致融资租赁合同无法履行，故中车信融公司已经以融资租赁合同纠纷为由，起诉金佐公司及恩明公司，给金佐公司造成损失的事实。

被上诉人恩明公司及原审第三人昊颖公司均未到庭陈述意见。

二审法院归纳本案争议焦点之一：中车信融公司是否应当追加为第三人参加本案诉讼。二审法院认为，本案双方当事人与中车信融公司三方签订的《融资租赁合同》及其附件，约定的各方权利义务内容与本案系争合同基本一致，仅是增加了由中车信融公司作为融资方代替金佐公司向恩明公司支付部分购车款的相关内容。且中车信融公司已经向其他有管辖权的人民法院就融资租赁交易另案提起诉讼，而本案系金佐公司起诉恩明公司依据双方系争合同交付机动车的诉讼，故一审法院未将中车信融公司追加为第三人并无不当。

二审法院驳回上诉，维持原判。

二、案例二：贾某诉三一汽车制造有限公司买卖合同纠纷案①

上诉人（原审原告）：贾某

被上诉人（原审被告）：三一汽车制造有限公司（以下简称“三一公司”）

（一）案件基本事实

贾某与中国康富国际租赁有限公司（以下称“康富租赁”）签订融资

① 参见北京市第一中级人民法院（2016）京 01 民终 5602 号民事裁定书，2016 年 10 月 12 日作出。

租赁合同，约定贾某通过融资租赁方式向三一公司购买起重机（属公安部门可办理行驶证的机动车，故以下称“机动车”）一台。贾某受康富租赁委托与三一公司与签订《产品买卖合同》，全部货款由康富租赁直接支付至三一公司。

上述合同签订后，三一公司已向贾某交付机动车，但未将购车发票及合格证交付贾某。贾某事后得知机动车已登记在其名下，但其并未取得机动车登记证、行驶证和牌照原件，贾某无法正常运营该机动车，故将三一公司诉至法院。

（二）起诉与答辩及法院的认定与判决

贾某一审提出的主要诉讼请求包括：1. 三一公司未交付购车发票及合格证，使其无法运营，致使不能实现合同目的，诉请解除其与三一公司签订的《产品买卖合同》；2. 三一公司返还全部货款；3. 三一公司赔偿贾某预期利益和各项损失。

三一公司抗辩的主要理由：1. 机动车已交由贾某占有、控制、经营，并在西安市车辆管理所完成了机动车注册登记；2. 贾某提起本案诉讼有虚假诉讼之嫌。贾某因经营不善，导致欠付康富租赁巨额租金。贾某意图以三一公司未交付购车发票及合格证为由，解除《产品买卖合同》以及《融资租赁合同》，恶意逃避债务。

一审法院查明：贾某曾以由康富租赁未办理机动车注册登记及锁机为由将康富租赁诉至北京某区法院，要求解除其与康富租赁签订的《融资租赁合同》并赔偿损失，康富租赁提出反诉，因租赁期限已满，要求贾某支付全部到期未付租金、逾期利息等款项。该案已审理终结，贾某的诉讼请求未获支持，但康富租赁的反诉请求得到了支持。

一审法院认为，贾某以三一公司未交付购车发票及合格证，无法正常运营为由要求解除与三一公司订立的《产品买卖合同》、返还价款、支付逾期利息及各项损失的诉讼请求，缺乏事实法律依据，不予支持，判决驳回贾某的全部诉讼请求。

贾某不服一审判决，提起上诉。

二审法院补充查明以下事实：案外人陈某持有贾某的身份证复印件、合格证及购车发票，在西安某车辆管理所将涉案机动车登记在贾某名下，并领取了机动车登记证、行驶证及牌号。庭审中，陈某承认办理机动车注册登记时贾某并不在场，陈某是受三一公司委托将机动车登记在贾某名下，并将领取的机动车登记证、行驶证及牌照交给了三一公司。二审期间，贾某称机动车的上述资料现在康富租赁处，且贾某提交了其与案外人管某的通话录音，管某向贾某表示，机动车登记证、牌照和行驶证已由管某取得，三一公司称管某系康富公司人员。

二审院认为：贾某系以三一公司未向其交付购车发票及合格证，不能办理牌照无法运营为由提起解除《产品买卖合同》，返还购机款并要求三一公司赔偿损失的诉讼。一审法院在未核实三一公司是否向贾某本人或贾某同意的人交付购车发票及合格证的情形下，以贾某要求解除《产品买卖合同》缺乏事实和法律依据为由驳回贾某的该项请求，属于基本事实不清。

同时认为，贾某与康富租赁之间签订了融资租赁合同，贾某受康富租赁的委托与三一公司签订了《产品买卖合同》。根据贾某一审起诉的事实与理由可知贾某系同时基于买卖合同与融资租赁合同直接向出卖人三一公司主张《产品买卖合同》项下的索赔权利。根据《融资租赁司法解释》第24条第3款关于承租人基于买卖合同和融资租赁合同直接向出卖人主张受领租赁物、索赔等买卖合同权利的，人民法院应通知出租人作为第三人参加诉讼的规定，一审法院应通知康富公司作为第三人参与诉讼。

二审法院认为，一审法院认定本案基本事实不清，程序违法，故裁定撤销一审判决，发回一审法院重审。目前重审程序中所形成的裁判尚未公示于法院裁判文书网。

三、案件评析

笔者选择的两案件均涉及承租人因买卖合同与出卖人发生纠纷，是否应加出租人作为第三人的情形，但两案的处理结果相反。

案例一中，笔者理解法院未追加出租人作为第三人的理由如下：一是出租人在买卖交易中的角色只是融资方，即替代承租人向出卖人支付租赁物购买价款，买卖合同项下其他买受人的权利义务由承租人行使和履行，这在买卖合同和融资租赁合同项下中约定一致，并无冲突；二是出租人就融资租赁合同项下与承租人的争议已由其他法院管辖，该案处理的是买卖合同项下租赁物交付事宜，根据双方当事人约定，租赁物本就应由出卖人直接支付给承租人，出租人未参与租赁物交付过程，与交付相关的案件事实无须追加出租人即可查明，因此，未追加出租人作为第三人并无不当。

案例二中，笔者赞同法院追加出租人作为第三人，且理解法院追加出租人的原因在于，承租人在该案中提出解除买卖合同的理由为出卖人未向其交付购车发票和合格证，该等资料是办理机动车注册登记、牌照和行驶证的必备资料，根据另案中查明的事实，融资租赁合同中出租人并无义务为承租人办理上述机动车登记手续，但根据承租人和出卖人在该案中的表述，上述手续的办理又有出租人参与，且该等资料现由出租人持有。鉴于该案中关于购车发票和合格证交付等事实的查清与出租人相关，因此，出于查明事实的需要，有必要追加出租人。

但笔者认为，二审裁定以《融资租赁司法解释》第 24 条第 3 款作为一审法院应当追加出租人的依据略显牵强。该条款规定："承租人基于买卖合同和融资租赁合同直接向出卖人主张受领租赁物、索赔等买卖合同权利的，人民法院应通知出租人作为第三人参加诉讼。"根据上述规定，追加出租人的前提是承租人同时基于买卖合同和融资租赁合同主张受领租赁物、索赔等买卖合同权利，应理解为当承租人向出卖人行使上述权利时，需结合两份合同的约定和履行情况才能找到全面、完整的依据，进而有追加出租人的必要。笔者认为，追加出租人参与买卖合同争议程序的根本目的在于查清事实，而非一旦买卖合同发生争议，即必然追加出租人。虽然融资租赁交易与买卖交易密不可分，但若融资租赁合同并非承租人主张权利的依据，也无查明事实之需，则无必要追加出租人。

四、启示

鉴于融资租赁交易涉及两个法律关系，不排除法院基于查明事实的需要，追加出租人作为第三人参与买卖合同诉讼的可能性。实践中经常出现两合同分别进入诉讼程序的情况，对此如何处理，司法实践中做法不一，或两案分别开展，互不影响；或中止其中一案的审理，在另一案审结后恢复审理；或不排除合并审理的可能。需提示出租人的是：建议明确出租人在买卖合同和融资租赁合同项下的权利义务，并保持两合同就上述内容约定的一致性，出租人也应严格履行上述两合同项下的义务，保障承租人得以顺利地向出卖人主张权利。

另外，出租人还应关注买卖合同的履行和争议解决进展，若以整体解决融资租赁交易纠纷和平衡各方当事人利益为视野，在发生出卖人应承担退款和赔偿责任，而承租人又欠付租金的情形时，承租人基于买卖合同获得的利益应当用于清偿租金，若买卖合同中已约定，发生买卖合同项下退款情形时，出卖人应将退款和赔偿金支付给出租人，此时，出租人作为有独立请求权的第三人参与买卖合同的诉讼亦有必要。

案例4.10　融资租赁合同发生争议，什么情况下应追加供货人①

在直租交易中涉及“三方”，即供货人、承租人和出租人；“两合同”，即供货合同和融资租赁合同。三方当事人的权利义务分别体现在两个法律关系中，且存在交叉和重叠。在出租人和承租人就融资租赁法律关系发生争议时，承租人经常要求法院追加供货人作为第三方，在什么情况下需要追加供货人作为第三方是司法审判中经常要面对的问题。

本案争议焦点为融资租赁合同发生争议，什么情况下追加供货人作为第三人。

张某、杨某与斗山（中国）融资租赁有限公司融资租赁合同纠纷案②

原告：斗山（中国）融资租赁有限公司（以下简称“斗山租赁”）

被告：张某

被告：杨某

一、案件基本事实

斗山租赁与张某于2012年7月10日签订了《融资租赁合同》，该合同约定斗山租赁根据张某的选择以86万元向供货人云南新斗山机械有限公司（以下称“新斗山公司”）购买一台斗山液压挖掘机供张某使用，由张某支付首期租金12.9万元，剩余租金80.8万元分期支付斗山租赁。《融资租赁合同》还约定，若承租人发生逾期支付情形，出租人有权：1. 向承租人追索全部到期租金、未到期租金、逾期罚息及其他应付款项；2. 终止合同，立即收回、销售或以其他方式处分租赁物；3. 向承租人追索出租人因执行

① 本部分作者为北京市汇融律师事务所合伙人邹颖。

② 参见昆明市中级人民法院（2015）昆民四终字第324号民事判决书，2015年12月7日作出。

或保护本合同项下出租人权利而产生的合理费用。

据此，斗山租赁、张某与新斗山公司签订了《买卖合同》，约定斗山租赁根据张某对供货人和租赁物的自主选择，向供货人新斗山公司购买租赁物并租赁给张某使用，租赁物保修期为两年或3000工作小时以较早者为准，保修期内设备出现故障或质量问题，新斗山公司向张某承担维修责任，斗山租赁对保修期内维修以及保修期届满后的维修均不承担任何责任。事后，新斗山公司直接向张某交付租赁物，且张某在租赁物交付证书上签字认可收到了《融资租赁合同》约定的挖掘机。

《融资租赁合同》履行过程中，张某逾期支付租金，斗山租赁诉至法院。

二、诉讼与答辩及法院的认定与判决

斗山租赁请求判令：1. 解除斗山租赁与张某签订的融资租赁合同，由斗山租赁收回出租给张某的挖掘机；2. 由张某立即支付已到期未付租金及罚息；3. 本案诉讼费用由张某承担，杨某对张某债务承担连带责任。

一审和二审中，张某均要求追加新斗山作为第三人，其理由主要为：1. 案涉挖掘机系张某向案外人新斗山公司购买，斗山租赁未向其交付租赁物；2. 新斗山公司及斗山租赁未履行挖掘机的维修义务，导致张某未向斗山租赁支付租金；3. 斗山租赁未提交任何证据证实其向供货人新斗山公司支付了86万元购买涉案挖掘机价款的事实；4. 斗山租赁与新斗山公司是典型的关联公司，张某通过新斗山公司的人员与斗山融资公司签订了《买卖合同》及《融资租赁合同》，实际是借融资租赁之名行贷款之实。张某认为实际情况是：张某支付了70余万元巨资，保管了一台定价86万元且不能正常使用的不属于自己的挖掘机近两年。

一审法院对于张某要求追加新斗山公司的主张未予认可，且判决支持了斗山租赁的诉讼请求。

张某和杨某不服一审判决，提起上诉。

二审法院归纳本案焦点之一为：本案是否须追加案外人新斗山公司作为本案当事人参加诉讼？二审法院认为：根据《融资租赁司法解释》第 24 条的规定：出卖人与买受人因买卖合同发生纠纷，或者出租人与承租人因融资租赁合同发生纠纷，当事人仅对其中一个合同关系提起诉讼，人民法院经审查后认为另一合同关系的当事人与案件处理结果有法律上的利害关系的，可以通知其作为第三人参加诉讼。出租人斗山租赁诉请要求解除《融资租赁合同》，并依据《融资租赁合同》的相关约定请求收回租赁物，由张某、杨某支付到期租金及逾期罚息，本案仅就双方履行《融资租赁合同》所产生的纠纷进行审理，并对斗山租赁的诉请进行裁判，本案的处理结果与供货人新斗山公司没有法律上的利害关系。

因此，二审法院对张某、杨某主张的本案应追加案外人新斗山公司为当事人参加诉讼，一审法院程序不当的意见，不予采纳。

三、案件评析

根据《融资租赁司法解释》第 24 条规定，当事人仅就某一个法律关系提起诉讼，法院需审查另一合同关系的当事人与案件处理结果是否有法律上的利害关系，以此决定是否追加第三人。虽然上述条款中的第三人未明确为“有独立请求权第三人”，还是“无独立请求权第三人”，但实践中融资租赁纠纷以承租人欠租争议为主，供货人对于诉请标的不存在实体权利，供货人参与融资租赁纠纷的身份一般为“无独立请求权第三人”。据此，对于涉及“三方两合同”的直租交易，若出租人以融资租赁合同纠纷为由提起诉讼，法院追加供货人作为第三人参加诉讼，是以供货人与融资租赁纠纷的处理结果具有法律上的利害关系为前提，因此，需要结合案情具体分析，并非一概而论。

“具有法律上的利害关系”是无独立请求权第三人参加诉讼的依据，根据《民事诉讼法》第 56 条第 2 款规定，“对当事人双方的诉讼标的，第三人虽然没有独立请求权，但案件处理结果同他有法律上的利害关系的，可以申请参加诉讼，或者由人民法院通知他参加诉讼。人民法院判决承担民事责任的第三人，有当事人的诉讼权利义务”。对“法律上的利害关系”的通常理解为：两个法律关系的主体、权利义务、标的物存在法律关系上的牵连，法院对已形成诉讼的法律关系的裁判，直接影响到另一法律关系中双方当事人的权利义务，如果正在诉讼中的一方当事人败诉，无独立请求权的第三人可能负有某种法律上的责任，即在确定无独立请求权第三人时，其权利、义务是并不确定的，该第三人的责任承担因案件处理结果的不同而不同。

结合本案，出租人基于承租人欠租而提出解除合同、取回租赁物、要求承租人偿还欠付租金及逾期利息的诉讼请求仅涉及融资租赁法律关系，法院是否支持出租人的请求，在结果上与供货人没有法律上的利害关系，具体而言：第一，承租人提出出租人未直接向其交付租赁物，且出租人未举证证明其已支付了租赁物购买价款，但在本案中，经法院查明，承租人已签署租赁物交付证书，接收了租赁物，取得了租赁物占有、使用的权利，承租人提出的上述两项抗辩理由显然不成立。第二，承租人要求追加供货人参加本案诉讼，其根本理由为供货人存在未适当履行维修租赁物的情形，导致承租人既无法正常使用租赁物，又得支付租金。

首先，根据《合同法》第240条的规定：“出租人、出卖人、承租人可以约定，出卖人不履行买卖合同义务的，由承租人行使索赔的权利。”第247条规定：“承租人应当履行占有租赁物期间的维修义务。”在本案中，出租人、承租人和供货人已在《买卖合同》中作出约定：保修期内设备出现故障或质量问题，供货人直接向承租人承担维修责任和维修费用，出租人对保修期内维修以及保修期届满后的维修均不承担任何责任。由此，如果供货人未履行保修责任，承租人不受合同相对性的影响，有权直接向供货人行使索赔权。

其次，《融资租赁司法解释》第6条规定：“承租人对出卖人行使索赔权，不影响其履行融资租赁合同项下支付租金的义务，但承租人以依赖出租人的技能确定租赁物或出租人干预选择租赁物为由，主张减轻或者免除相应租金支付义务的除外。”从法院调查的事实来看，本案租赁物由承租人自行选择，并不存在出租人干预的情形，承租人也无证据证明出租人在《买卖合同》项下存在违约，妨碍承租人对供货人行使索赔偿权，因此，承租人无权主张减轻或免除租金支付义务，承租人逾期付款的，应承担违约责任。

最后，根据《合同法》第248条的规定，承租人经催告后在合理期限内未支付租金的，出租人有权解除合同，取回租赁物。《融资租赁合同》中也就承租人发生违约，出租人有权行使上述权利作出了明确约定。另结合本案事实，供货人已按《买卖合同》的约定，直接向承租人交付了租赁物，租赁物处于承租人的占有之下，出租人向承租人提出解除融资租赁合同，取回租赁物且偿还租金等诉请可直接向承租人提出，承租人履行上述义务不会导致供货人负有某种法律上的责任，因此，本案的处理结果与供货人在法律上无利害关系。

综上所述，无论供货人在《买卖合同》项下是否存在违约行为，均不能作为承租人支付租金的抗辩，融资租赁合同纠纷任何一方败诉，也不会引起供货人在《买卖合同》项下相应责任的免除或增加。故供货人是否加入本案不影响事实认定和各方权利义务的确认，无须作为第三人加入本案诉讼。

四、对租赁公司的启示

鉴于直租交易中涉及买卖和融资租赁两类法律关系，虽然出租人和承租人仅就融资租赁合同发生争议，但买卖环节的事实对于认定融资租赁合同项下当事人权利义务亦产生影响，如租赁物交付时间、租赁物购买价款金额及其支付时间和方式、出租人是否对承租人的选择进行了干预以及出租人在买卖合同中是否存在其他违约等。若当事人就上述事实发生争议，而出租人无法就上述事实提供证据和合同依据的，为查明事实，法院有可能追加供货人作为第三人。一旦法院追加供货人，将对买卖合同项下的事实和当事人权利义务进行审查和认定，有可能延长审理时间，不利于出租人尽快取得判决。建议租赁公司关注购买合同的履行并掌握相关证据。

案例4.11　刑民交叉案件的处理原则①

融资租赁业务中，会有涉及刑事案件的情况出现，如租赁设备被盗抢、虚构租赁物诈骗等，此时，租赁公司因承租人拖欠租金提起民事诉讼，会受到刑事案件的影响，构成刑民交叉案件。该类案件应如何处理，是否应遵循“先刑后民”的处理方式，是值得研究的问题。

湖北省宏威化纤实业有限公司与国银金融租赁有限公司融资租赁合同纠纷案②

上诉人（原审被告）：湖北省宏威化纤实业有限公司（以下简称“宏威公司”）

被上诉人（原审原告）：国银金融租赁股份有限公司（以下简称“国银公司”）

原审被告：广东展鸿融资担保有限公司（以下简称“展鸿公司”）

一、案件基本事实

2014年5月23日，国银公司（出租人）与宏威公司（承租人）、展鸿公司（保证人）签订《融资租赁合同（售后回租模式）》，约定：宏威公司将租赁物转让给国银公司，并随即回租使用，租期为3个自然年；展鸿公司对宏威公司在合同项下的全部债务向国银公司提供连带责任保证担保。合同签订后，宏威公司向国银公司支付手续费、保证金、保险费，国银公司向宏威公司汇款3000万元。同日，宏威公司向案外人李某账户转账

① 本部分作者为北京市汇融律师事务所崔晓晔。

② 参见广东省深圳市中级人民法院（2015）深中法商终字第2467号民事判决书，2016年3月2日作出。

汇款2600万元。

宏威公司自2014年7月起即未按期支付租金，展鸿公司也没有依约履行保证担保责任。2014年11月12日，国银公司委托律师提起诉讼。

二、起诉与答辩及法院的认定与判决

国银公司提起诉讼，请求：1. 宏威公司向国银公司支付逾期未付租金、未到期租赁本金、逾期违约金；2. 宏威公司赔偿国银公司律师费；3. 展鸿公司对上述第1、2项诉讼请求项下的宏威公司全部债务承担连带清偿责任；4. 宏威公司、展鸿公司承担本案诉讼费、保全费及因诉讼发生的其他一切费用。

宏威公司辩称，本案与案外人刘某、李某涉嫌诈骗案有关联，本案应根据“先刑后民”中止审理；展鸿公司以融资租赁的名义进行合同诈骗，系以合法形式掩盖非法目的，因此涉案合同应认定为无效。

展鸿公司未应诉陈述意见。

一审法院认为，国银公司与宏威公司、展鸿公司签订的《融资租赁合同》合法有效，宏威公司对转让款的处分行为与国银公司无关，没有证据证明其向案外人转款系受国银公司指示，也没有证据证明国银公司参与宏威公司所称的刘某、李某涉嫌合同诈骗案，故对宏威公司要求本案中止审理的申请不予准许。

原审法院经审理后判决：1. 宏威公司应于判决生效之日起十日内向国银公司支付到期未付租金、未到期租金及违约金；2. 宏威公司应于判决生效之日起十日内向国银公司支付律师费损失；3. 展鸿公司对宏威公司的上述债务向国银公司承担连带清偿责任，其实际清偿后，可按其实际清偿的金额向宏威公司进行追偿。

三、上诉与答辩及法院的认定与判决

宏威公司不服一审判决，提起上诉称：该案诉争标的款因涉嫌合同诈骗，本着“先刑后民”的司法原则，应暂时中止审理。目前，黄梅县公安局已立案侦查，公安机关已将涉嫌诈骗该笔款项的展鸿公司刘某、李某抓捕归案，因案情特别重大，涉及地域较为广泛，涉案金额特别巨大，以及国银公司是否有相关人员也涉嫌合同诈骗，公安机关还在进一步的侦查。故该案在公安机关未侦查终结和判决之前，法院应本着“先刑后民”的司法原则暂时中止审理，以免造成误判或错判。据此，宏威公司请求二审法院撤销原审判决，依法改判。

国银公司答辩称：本案不需要中止审理。展鸿公司不涉及单位犯罪，其个别员工涉嫌犯罪也不影响展鸿公司作为企业法人对外民事行为的效力。而且，该个别员工涉嫌犯罪与本案是否有关没有证据证明，除本案外，展鸿公司与宏威公司之间是何关系，国银公司无从得知。国银公司已经依约支付融资租赁款至宏威公司的账户，至于宏威公司如何使用款项以及宏威公司与他人是否存在关系，国银公司无从知晓和控制，国银公司不存在过错。

展鸿公司未应诉陈述意见。

本案二审中，宏威公司申请法院向湖北省黄梅县公安局调查取证展鸿公司刘某涉嫌诈骗本案标的款一案的情况。二审法院向湖北省黄梅县公安局调查取证，该局经济犯罪侦查大队于 2016 年 1 月函复称：1. 该局于 2014 年 12 月 24 日立案为刘某涉嫌合同诈骗罪进行侦查，现犯罪嫌疑人刘某已经检察机关批准逮捕；2. 刘某案中被骗资金即为 2014 年 5 月 23 日国银公司向宏威公司的 3000 万元汇款；3. 目前尚无定论除刘某外是否还涉及其他个人或单位犯罪的问题，尚未对刘某外的其他人员采取强制措施。

二审法院认为，虽然展鸿公司刘某因涉嫌诈骗本案融资租赁款而被采取刑事强制措施，但本案现有证据并未显示国银公司、展鸿公司涉嫌单位犯罪，根据《最高人民法院关于在审理经济纠纷案件中涉及经济犯罪嫌疑若干问题的规定》第三条，应由行为人所在单位对签订、履行该经济合同所造成的后果承担民事责任。涉案融资租赁合同主体及保证人均为法人而非个人，刘某并非该合同中代表展鸿公司签字、签章的人员，其涉嫌骗取的资金则系国银公司已向宏威公司支付的融资款，依现有证据，刘某的行为与本案融资租赁合同当事人之间的合同签订及履行没有直接关联。因此，刘某个人所涉嫌的犯罪与本案合同纠纷虽有牵连，但不是基于同一法律关系或相同的法律事实而发生，不影响本案中对融资租赁合同关系内容、效力的认定，根据《最高人民法院关于在审理经济纠纷案件中涉及经济犯罪嫌疑若干问题的规定》第1条、第10条的规定，本案民事纠纷与经济犯罪嫌疑案件之间应分开审理，一审法院未中止本案审理并未违反法律、司法解释的规定。宏威公司与展鸿公司之间的行为在融资租赁合同关系内不构成对出租人的合法免责事由，宏威公司就其向案外人支付的2600万元可另循民事或刑事法律途径解决。

二审法院判决：驳回上诉，维持原判。

四、案件评析

刑民交叉案件是指民事案件与刑事案件在法律事实、法律主体方面存在重合，从而导致案件的刑事、民事部分之间在程序处理、责任承担等方面相互交叉和渗透；而正是由于案件法律事实产生了交叉，根据不同的法律规范，产生了不同的法律责任，涉及相同的主体承担，需要两种不同的诉讼程序来实现权利救济，才产生案件的交叉问题①。

（一）“先刑后民”的处理方式

我国刑民交叉案件的传统审判思路为一概“先刑后民”。《最高人民法

① 最高人民法院民事审判第一庭．最高人民法院民间借贷司法解释理解与适用[M]．北京：人民法院出版社，2015.

院关于在审理经济纠纷案件中涉及经济犯罪嫌疑若干问题的规定》（法释〔1998〕7号）第11条规定："人民法院作为经济纠纷受理的案件，经审理认为不属经济纠纷案件而有经济犯罪嫌疑的，应当裁定驳回起诉，将有关材料移送公安机关或检察机关。"第12条规定："已立案审理的经济纠纷案件，公安或检察机关函告认为有经济犯罪嫌疑的，人民法院审查确认的，应将案件予以移送。"这两条奠定了法院长期以来"先刑后民"的方式处理刑民交叉案件的基础。

但"先刑后民"并非法定原则，而是法院的习惯性处理方式①。因为上述规定的第10条就提出"人民法院在审理经济案件中，发现与本案有牵连，但与本案不是同一法律关系的经济犯罪嫌疑线索、材料，应将犯罪嫌疑线索、材料移送有关公安机关或检察机关查处，经济纠纷案件继续审理"，只是"同一法律关系"的标准在实践中难以把握，为审慎起见，法院才将刑民交叉案件一概"先刑后民"处理。

（二）"先刑后民"的反思

随着法学发展的进步，"先刑后民"的传统审判思路受到批判和反思。北京大学陈兴良教授提出"先刑后民"的三个弊端②：一是公权优先的价值观念与现代法制理念不符，二是有利于地方保护主义、司法机关干预经济纠纷、某些人恶意利用国家司法资源，三是容易侵犯当事人权利。最高人民法院何帆法官认为③，"'先刑后民'并非一项司法原则"，第一"'先刑后民'体现了公权优先的价值观念，与现代法治理念不符"；第二"如果刑民难以区分，则'先刑后民'不具有可行性"；第三"'先刑后民'容易侵犯当事人权利"。

---

① 王林清，刘高．民刑交叉中合同效力的认定及诉讼程序的构建［J］．法学家，2015（2）．

② 陈兴良，胡建生，等．关于"先刑后民"司法原则的反思［J］．北京市政法管理干部学院学报，2004（2）．

③ 何帆．刑民交叉案件审理的基本思路［M］．北京：中国法制出版社，2007.

最高人民法院民事审判第一庭也提出[①]，“先刑后民”有着一定的消极影响。第一，从价值功能而言，公权与私权应受平等保护；第二，从证明标准而言，刑事程序能动用一些民事程序所不具备的侦查手段，刑事诉讼的证明标准高于民事诉讼，这确是客观事实，但以此作为刑事程序优先于民事程序的理由，恰恰是误解了侦查手段和证明标准的意义；第三，从判决结果而言，刑民分离的情况下，对于同一案件，刑事判决和民事判决可能出现不一致甚至相互矛盾，但这符合证据规则，亦并非毫无救济手段；第四，从权利保护而言，“先刑后民”不利于对受害人实施权利救济。

（三）刑民并行的思路

随着审判经验的积累，上海市高院、陕西省高院等均出台相关规定对“先刑后民”做出修正；最高人民法院也制定了《关于审理涉及民刑交叉案件若干问题的规定》（征求意见稿，2014年7月），试图对这一问题作出修正，但未形成正式的规定。

《民间借贷司法解释》中对刑民交叉案件的审判思路做出了指导，该解释第5条第1款规定：“人民法院立案后，发现民间借贷行为本身涉嫌非法集资犯罪的，应当裁定驳回起诉，并将涉嫌非法集资犯罪的线索、材料移送公安或者检察机关。”第6条规定：“人民法院立案后，发现与民间借贷纠纷案件虽有关联但不是同一事实的涉嫌非法集资等犯罪的线索、材料的，人民法院应当继续审理民间借贷纠纷案件，并将涉嫌非法集资等犯罪的线索、材料移送公安或者检察机关。”第7条规定：“民间借贷的基本案件事实必须以刑事案件审理结果为依据，而该刑事案件尚未审结的，人民法院应当裁定中止诉讼。”即对刑民交叉案件：1. 民事行为本身涉及刑事犯罪的，属“同一事实”，应当先刑后民驳回起诉；2. 民事行为与刑事犯罪行为虽有关联但并非同一事实的，应当刑民并行；3. 民事纠纷必须以

① 最高人民法院民事审判第一庭编著：《最高人民法院民间借贷司法解释理解与适用》，人民法院出版社，2015年8月第1版。

刑事案件审理结果为依据，应当中止审理。最高人民法院在该规定中实际确立了刑民并行的审理思路。

（四）司法实践

近年来，最高人民法院在司法实践中，逐渐适用刑民并行的审判思路。（2016）最高法民申 425 号案中，法院认为“借款人涉嫌或构成刑事犯罪时，出借人起诉担保人的，应适用‘民刑分离’的原则”。（2015）民二终字第 335 号案中，法院认为“虽然涉嫌构成犯罪已经被公安机关立案侦查，但民事诉讼有关独立事实已经在本案查清，无须再以该刑事案件的结果为依据时，民事诉讼不宜中止审理”。（2015）民申字第 2929 号案、（2015）民申字第 1778 号案、（2016）最高法民终 138 号案的审判思路亦是如此。

本案中，案外人刘某诈骗本案标的款项，与融资租赁交易的履行，虽有关联但并非同一事实，刑事案件不应影响本案的审理，二审判决是正确的。

在去年发生的“e 租宝”系列案件中，安徽钰诚融资租赁有限公司与安徽钰诚控股集团、钰诚国际控股集团有限公司一道，通过互联网金融平台“e 租宝”发布虚假融资租赁债权项目，包装成理财产品进行销售，向社会公众非法吸纳巨额资金，触犯集资诈骗罪。如果投资者以民事纠纷起诉集资人，鉴于其已经涉嫌单位犯罪，该诉求有可能被法院认为符合“同一事实”的要件，以需等待刑事案件的审理结果为由中止审理民事案件。

综上所述，租赁公司遇到刑民交叉案件时，假如出现法院倾向于按“先刑后民”处理，或者对方以涉嫌刑事犯罪应“先刑后民”处理抗辩的情况，考虑到刑事案件的处理往往耗费较长的期间，此时若中止民事案件的审理，不利于租赁公司的权利保护。此时租赁公司应抛弃“先刑后民”的固有理念，积极厘清民事行为与刑事犯罪的关系，如果并非同一事实的，可以上文所述规定与案例为依据，争取民事案件的继续审理。

第五章

承租人破产时的处理

案例5.1　承租人破产时出租人申报债权是否意味着放弃租赁物的所有权[①]

本案争议焦点：在融资租赁合同纠纷中，承租人逾期支付租金构成根本违约，融资租赁公司（出租人）依法申请强制执行过程中，承租人向法院申请破产清算并被法院裁定受理后，融资租赁公司作为债权人在进行申报债权时，是否意味着放弃了对租赁物的所有权和取回权，或者是否二者只能择一行使。

山东惠民鲁洁纺织有限责任公司管理人与上海电气租赁有限公司、山东惠民鲁洁纺织有限责任公司取回权纠纷案[②]

上诉人（一审被告）：山东惠民鲁洁纺织有限责任公司（以下简称“鲁洁公司”）

被上诉人（一审原告）：上海电气租赁有限公司（以下简称“电气租赁”）

一审被告：山东惠民鲁洁纺织有限公司

一、案件基本事实

电气租赁作为出租人与鲁洁公司作为承租人于2010年10月19日签订

① 本部分作者为北京市汇融律师事务所律师王勇。

② 参见滨州市中级人民法院（2014）滨中商终字第400号民事判决书，2015年1月5日作出。

《回租购买合同》《回租租赁合同》等并进行公证。合同约定，由电气租赁向鲁洁公司购买 8 台自动络筒机（即租赁物）并回租给鲁洁公司使用，鲁洁公司按期向电气租赁支付租金，并约定电气租赁于付款之日取得对租赁物的所有权，鲁洁公司未付清所有应付款项之前，租赁物所有权归电气租赁。

合同履行中，鲁洁公司于 2012 年 8 月起未按期支付租金，电气租赁于 2012 年 11 月 6 日持《执行证书》等向山东省滨州市中级人民法院（以下简称“滨州中院”）申请强制执行。

2012 年 12 月 14 日，鲁洁公司向滨州市惠民县人民法院（以下简称“惠民法院”）申请破产清算，惠民法院于 2012 年 12 月 21 日裁定受理。2013 年 1 月 11 日，电气租赁强制执行案件移送惠民县人民法院执行。2013 年 1 月 22 日，电气租赁向鲁洁公司破产管理人（以下简称“管理人”）申报了《执行证书》上的全部债权，并被第一次债权人会议确认为有效债权。

2013 年 11 月 14 日，电气租赁提交《拍卖申请书》，申请对 8 台设备进行拍卖，并要求将拍卖所得优先清偿电气租赁的债权。管理人答复称，电气租赁对剩余未付租金及其他费用向管理人申报债权，并经债权人会议讨论通过被确认为有效债权后，电气租赁的行为已清楚表明放弃了租赁物的取回权，并应视为鲁洁公司已经偿还了欠电气租赁的所有租金和其他费用，租赁物的所有权已属于鲁洁公司。因鲁洁公司现处于破产清算阶段，上述债权能否得到清偿，取决于破产程序中财产分配的结果，电气租赁在申报债权时应充分考虑了可能出现的法律后果。因此，在电气租赁已放弃租赁物取回权后，再要求取回租赁物或申请将租赁物拍卖所得优先清偿债权没有事实及法律依据。

后经拍卖程序，涉案 8 台设备变现 1912584. 96 元。

二、起诉与答辩及法院的认定与判决

电气租赁的诉讼请求为：鲁洁公司及其管理人向电气租赁返还涉案8台设备拍卖款1912584.96元。

一审法院审理认为：融资租赁合同是出租人根据承租人对出卖人、租赁物的选择，向出卖人购买租赁物，提供给承租人使用，承租人支付租金的合同。鲁洁公司与电气租赁签订融资租赁合同后，鲁洁公司自2012年8月起未按期付款，后电气租赁持《执行证书》向滨州中院申请强制执行；2012年12月14日，鲁洁公司向惠民法院申请破产清算，2013年1月22日电气租赁向管理人申报了《执行证书》上的全部债权并保留对涉案设备的所有权；此后，电气租赁又于2013年1月23日向惠民法院提交了《拍卖申请书》，申请对涉案的8台设备进行拍卖，并要求优先清偿债权。电气租赁的债权至今未能实现，根据《融资租赁司法解释》第21条第2款：出租人诉请全部租金未予清偿后，出租人再行起诉请求解除融资租赁合同、收回租赁物的，人民法院应予受理。据此，一审法院认为，本案所涉及的8台设备所有权应归电气租赁所有，租赁设备不属于破产财产，电气租赁依法可以取回，但鉴于8台设备已拍卖，电气租赁主张对设备拍卖款优先清偿其债权的主张，应予支持。鲁洁公司及其管理人辩称涉案租赁物所有权已归属鲁洁公司，无事实和法律依据，不予支持。一审法院判决：鲁洁公司管理人于本判决生效之日起十日内给付电气租赁涉案8台设备拍卖款1912584.96元。

鲁洁公司管理人不服一审判决上诉称：

1. 一审判决适用法律错误。第一，惠民法院裁定受理鲁洁公司破产清算前，鲁洁公司欠付电气租赁的租金，而电气租赁已经选择了与鲁洁公司《回租租赁合同》中规定的措施，即要求鲁洁公司立即付清所有租金和其他费用，电气租赁也对上述租金及其他费用共计5105140.12元向管理人进行了债权申报，电气租赁也派人参加了债权人会议，并没有就上述债权提出任何异议。电气租赁申报的债权被确认为有效债权后，依法参与了破产财产分配，破产财产分配方案已经惠民法院裁定执行，应视为鲁洁公司已经偿还电气租赁的所有租金和其他费用。因此鲁洁公司全部未付租金已经履行，只是双方对涉案 8 台设备归属有争议，惠民法院对此予以提存，但并不意味着鲁洁公司欠电气租赁的全部租金没有履行。第二，一审判决适用《融资租赁司法解释》第 22 条的规定错误。本案，电气租赁并未请求解除融资租赁合同，而只是请求确认设备拍卖款项的归属。因此，一审判决适用该条法律规定的前提并不存在，且该条款明确规定“出租人依照本解释第十二条的规定请求解除融资租赁合同，同时请求收回租赁物并赔偿损失的，人民法院应予支持。前款规定的损失赔偿范围为承租人全部未付租金及其他费用与收回租赁物价值的差额”。如根据一审判决，则电气租赁在申报的债权得到确认后，电气租赁既收回了租赁物，又得到了全部未付租金及其他费用共 5105140. 12 元的破产财产分配，显然与上述司法解释规定相违背。

2. 一审判决对本案认定事实不清，导致判决错误。电气租赁申报的债权被确认为有效债权后，破产财产分配方案已由法院裁定执行，应视为鲁洁公司已经偿还电气租赁的所有租金和其他费用。因此，一审判决认定“原告的债权至今未能实现”属认定事实不清。根据鲁洁公司与电气租赁签订的《回租租赁合同》第 14. 2 条之规定，在电气租赁已对鲁洁公司欠其的全部租金及其他费用申报债权并依法参与债权分配的情况下，鲁洁公司对涉案设备已经拥有所有权。

3. 一审判决涉案设备拍卖款归电气租赁所有错误。根据法律规定，电气租赁在“要求支付全部租金”和“收回租赁物”之间只能选择其一，现电气租赁在已经要求支付全部剩余租金和其他费用并已经依法申报债权且得到惠民法院裁定执行的情况下，再要求取回租赁物于法无据。综上所述，请求二审法院查清事实，依法改判或发回重审。

电气租赁答辩称：

1. 电气租赁与一审被告鲁洁公司是融资租赁关系，出租人不仅享有主张租金的权利，同时对租赁物享有所有权。且双方也对租赁物的归属达成了协议，《回租租赁合同》第14.2条约定，电气租赁主张债权时，鲁洁公司应按要求付清所有租金、违约金和其他一切损失、残值转让费用等其他费用之后，租赁物的所有权才转让给鲁洁公司。上述约定完全符合《合同法》的规定，且管理人及鲁洁公司自电气租赁申请执行至今，未向电气租赁支付过任何款项，故涉案8台设备所有权归电气租赁所有。

2. 电气租赁自申请执行到申报债权、参加债权人会议及对租赁物申请拍卖等行为中一直积极主张对涉案8台设备的所有权。《融资租赁司法解释》规定：出租人请求承租人支付合同约定的全部未付租金，人民法院判决后承租人未予履行，出租人再行起诉请求解除租赁合同、收回租赁物的，人民法院应予受理。上述法律解释表明，出租人主张债权后且在债权未受清偿前，租赁物的所有权仍属出租人所有。因此，管理人关于主张债权即视为放弃租赁物的所有权，没有事实和法律依据。

3. 涉案设备拍卖所得应归电气租赁所有。根据法律规定，在破产程序中，租赁物及所有权保留的财产均不属于债务人的财产。上诉人将涉案8台设备列入鲁洁公司的破产财产，无任何法律依据和事实依据。因此，涉案8台设备拍卖所得电气租赁应优先受偿。

滨州中院审理认为，《合同法》第242条规定，出租人享有租赁物的所有权，承租人破产的，租赁物不属于破产财产。《最高人民法院关于适用〈企业破产法〉若干问题的规定（二）》第2条规定，下列财产不应认定为债务人财产：（一）债务人基于仓储、保管、承揽、代销、借用、寄存、租赁等合同或者其他法律关系占有、使用的他人财产。在破产案件中，租赁物不属于破产财产，也不应认定为债务人财产。本案，电气租赁与鲁洁公司存在融资租赁合同关系，合同明确约定涉案租赁物在租赁期间电气租赁享有所有权，鲁洁公司未按期付款，电气租赁以向法院申请强制执行方式主张权利，且鲁洁公司被宣告破产后，电气租赁即向其破产管理人申报债权，并声明保留对涉案租赁物的所有权，之后又对涉案租赁物申请拍卖，要求优先清偿债权。因此，管理人主张电气租赁主张债权视为放弃租赁物的所有权，没有事实和法律依据，不予支持。电气租赁作为出租人主张债权后，涉案 8 台设备的所有权仍属电气租赁所有。鉴于上述租赁物已经拍卖，电气租赁主张对该拍卖款优先受偿，符合法律规定，应予支持。综上所述，管理人的上诉理由不能成立，不予支持。一审判决认定事实清楚，适用法律正确，应予维持。据此，判决如下：驳回上诉，维持原判。二审案件受理费 22800 元，由管理人承担。

三、案件评析

《合同法》第 242 条规定，出租人享有租赁物的所有权，承租人破产的，租赁物不属于破产财产。本案涉及融资租赁交易的承租人进入破产清算程序后，出租人作为债权人申报债权与主张融资租赁合同项下对租赁物的所有权（取回权）相互之间的关系问题。法院裁定受理鲁洁公司破产清算申请后，电气租赁向管理人依法申报债权，此项债权的请求权基础是电气租赁（出租人）基于融资租赁合同约定的租金债权，其请求依约提出、合法有效。

在融资租赁法律关系中，通常约定承租人履行融资租赁合同项下全部租金及其他应付款项支付义务前，出租人享有租赁物的所有权。本案，交易双方即约定电气租赁于付款之日取得对租赁物的所有权，鲁洁公司未付清所有应付款项之前，租赁物所有权归电气租赁。一般而言，租金债权及租赁物所有权（取回权）是融资租赁交易项下出租人基于合同约定和法律规定的固有权利，在承租人破产清算程序中，二者可以同时主张（而非必须择一行使）。鲁洁公司构成根本违约后进入破产清算程序，只要电气租赁的债权未得到全部清偿，其对租赁物享有的所有权并不因申报破产债权而丧失或发生转移，更不能得出申报债权即意味着电气租赁放弃了租赁物的所有权和取回权。因此，鲁洁公司管理人关于电气租赁申报的债权被确认为有效债权后，依法参与了破产财产分配且破产财产分配方案已经惠民法院裁定执行，应视为鲁洁公司已经偿还电气租赁的所有租金和其他费用的抗辩理由，没有事实和法律依据。

此外，融资租赁公司（出租人）可以提交《拍卖申请书》，申请对租赁物进行拍卖并将拍卖所得价款优先用于清偿其租金债权也是出租人在破产清算程序中应享有的权利。本案，鉴于出租人（电气租赁）参与破产财产分配后仅清偿了部分债权，剩余未受清偿部分的债权仍可以主张租赁物拍卖所得款项优先受偿。因此，一审法院认为，本案所涉及 8 台设备所有权应归电气租赁所有，租赁设备不属于破产财产，电气租赁依法可以取回，但鉴于 8 台设备已拍卖，电气租赁主张对设备拍卖款优先清偿其债权的主张，应予支持。

《最高人民法院关于审理企业破产案件若干问题的规定》第 71 条规定："下列财产不属于破产财产：（一）债务人基于仓储、保管、加工承揽、委托交易、代销、借用、寄存、租赁等法律关系占有、使用的他人财产。"《企业破产法》第 38 条规定："人民法院受理破产申请后，债务人占有的不属于债务人的财产，该财产的权利人可以通过管理人取回。"本案，出租人（电气租赁）结合实际情况仅向管理人主张租赁物拍卖所得之优先受偿权于法有据。因此，二审法院认定鲁洁公司管理人关于电气租赁主张债权视为放弃租赁物的所有权和辩称涉案租赁物所有权已归属于鲁洁公司的主张，没有事实和法律依据，判决驳回其上诉，维持原判。

四、实践指导意见

破产取回权是指破产管理人接管破产企业移交的财产时，对于不属于破产企业的财产，其所有人可从破产管理人处取回的权利。在承租人进入破产清算程序后，融资租赁公司（出租人）申报债权时应明确提出对租赁物享有所有权和取回权的主张。同时，根据融资租赁公司（出租人）和承租人双方融资租赁交易的租赁物种类或类型，建议融资租赁公司（出租人）结合自身实际情况并权衡租赁物取回、处置等的便利与难易程度等因素向管理人主张租赁物的取回权或租赁物拍卖所得款项之优先受偿权，以最大限度地保障债权的实现或回收。

案例5.2 承租人破产时出租人是否可以取回租赁物，是否需要交纳保管费[1]

本案争议焦点：在融资租赁交易中，承租人破产时，租赁公司（出租人）依法主张租赁物取回权，但破产管理人提出租赁公司申报债权即视为已选择通过破产债权方式受偿债权且就该申报行为已发生租赁物所有权转移的后果，租赁物已成为债务人财产，这一观点是否有法律依据？破产管理人还认为租赁公司应向其支付租赁物保管费。在此情形下，租赁公司（出租人）可否取回租赁物？是否应支付保管费？

北京京城国际融资租赁有限公司与益阳市美凯力塑料包装有限公司取回权纠纷案[2]

上诉人（一审原告）：北京京城国际融资租赁有限公司（以下简称“京城租赁”）

被上诉人（一审被告）：益阳市美凯力塑料包装有限公司（以下简称“美凯力”）

一、案件基本事实

2012年10月22日，美凯力作为承租人与京城租赁作为出租人签订融资租赁合同，约定开展融资租赁交易（租赁期限36个月），由京城租赁根据美凯力对供货人和租赁物的指定，从供货人处购买FR180型机组式凹版印刷机（即租赁物），并出租给美凯力使用，美凯力按约定向京城租赁支付租金等。

融资租赁合同签订后，京城租赁依约全面履行了合同义务，但美凯力

---

① 本部分作者为北京市汇融律师事务所律师王勇。

② 参见湖南省益阳市中级人民法院（2017）湘09民终1079号民事判决书，2017年9月15日作出。

仅履行部分租金偿付义务，已构成该合同项下根本违约。2014 年 10 月 29 日，京城租赁向北京市朝阳区人民法院（以下称“朝阳法院”）提起融资租赁合同纠纷之诉，同年 12 月 18 日，朝阳法院作出民事调解书（以下称“调解书”）。京城租赁曾先后向朝阳法院依法申请强制执行，但美凯力一直未履行生效法律文书确定的义务。

2016 年 3 月 3 日，美凯力向湖南省益阳市资阳区人民法院（以下称“资阳法院”）申请破产清算。2016 年 3 月 14 日，资阳法院裁定受理美凯力破产清算申请。2016 年 5 月 16 日，京城租赁向美凯力破产管理人（以下称“管理人”）申报了债权。2016 年 6 月 17 日，资阳法院召开美凯力第一次债权人会议。2016 年 6 月 23 日，京城租赁向管理人依法书面提出破产清算异议，主张对涉案租赁物依法享有所有权和取回权，但管理人在书面答复中认为：“《合同法》第 242 条关于租赁物不属于破产财产的规定，仅适用于融资租赁合同租赁期内，而美凯力是在合同租赁期限届满后破产的，不受《合同法》第 242 条的约束，租赁物可以成为破产财产。京城租赁在租赁期满后向管理人申报债权，但申报事项并未包括取回租赁物，这表明京城租赁是想通过实现破产债权方式来终结融资租赁合同，而破产清算，是支付合同项下款项、履行合同义务的一种形式，也符合租赁物所有权转移的条件。因此，美凯力已通过破产清算程序履行了租赁合同项下义务，租赁物所有权已由出租人转移至承租人美凯力，该租赁物依法应当纳入破产财产。此外，京城租赁没有按照规定在《破产财产变价方案》提交第一次债权人会议表决前向管理人提出取回权。因此，管理人将租赁物纳入破产财产进行处置在实体上和程序上都合法，对京城租赁提出的租赁物取回权不予认可。”

2016 年 7 月 28 日，京城租赁向管理人书面提出返还租赁物的要求并于 2016 年 8 月 31 日以美凯力和美凯力管理人为共同被告提起取回权诉讼。

二、起诉与答辩及法院的认定与判决

京城租赁向一审法院起诉，请求：1. 判令美凯力返还融资租赁合同项下租赁给美凯力使用的 FR180 型机组式凹版印刷机壹台；2. 判令由美凯力承担诉讼费用。京城租赁指出：原、被告双方针对租赁物取回权问题曾多次沟通并相互致函，但管理人关于京城租赁（债权人）选择申报破产债权即视为美凯力可以通过破产清算程序履行融资租赁合同项下全部义务，租赁物所有权已转移至美凯力名下——京城租赁丧失租赁物所有权和取回权的观点缺乏事实和法律依据，管理人对《合同法》《企业破产法》及司法解释等法律法规存在错误理解，不能正确和依法履行管理人职责，本案管理人及其团队明显缺乏破产清算案件的专业胜任能力。

美凯力辩称：管理人在 2016 年 12 月 12 日致函京城租赁的通知中已代表美凯力对京城租赁享有的租赁物取回权予以认可，但因京城租赁未支付租赁物保管费等费用，美凯力（管理人）依法有权拒绝京城租赁取回该租赁物。

一审法院认为：法律规定租赁物不属于破产财产，京城租赁依法享有融资租赁合同中租赁给美凯力使用的 FR180 型机组式凹版印刷机壹台的所有权，有权行使取回权。人民法院裁定受理破产申请的，应当同时指定管理人，管理人应履行接管债务人的财产、印章和账簿、文书等资料；调查债务人财务状况，制作财产状况报告；管理和处分债务人的财产等职责。管理人履行上述职责有相应报酬。对不属于债务人的财产，管理人进行了保管等工作，权利人行使取回权时，会产生委托费、托运费等费用，这些费用法律明确规定应由行使取回权的权利人依法向管理人支付。在美凯力的破产财产变价方案提交债权人会议表决之后，京城租赁才向美凯力管理人主张取回租赁物，还应当承担迟延行使取回权增加的相关费用。因京城租赁至今拒绝向美凯力管理人支付相应的保管等费用，美凯力管理人依法有权拒绝京城租赁取回该租赁物，故对美凯力管理人拒绝京城租赁取回该租赁物的请求予以支持，对京城租赁的诉讼请求不予支持。依照《合同法》第242条、《企业破产法》第38条、第44条、《最高人民法院关于适用〈中华人民共和国企业破产法〉若干问题的规定（二）》第26条、第27条第1款、第28条规定，判决：驳回京城租赁的诉讼请求。案件受理费6850元，由京城租赁负担。

三、上诉与答辩及法院的认定与判决

京城租赁提起上诉称：1. 一审判决认定事实不清。美凯力与京城租赁之间的融租租赁合同到期后，美凯力因经营不善，其法定代表人姚某某与案外人梁某某在2015年12月就签署了租赁协议，将包括诉争租赁物在内的全部固定资产整体租赁给案外人承租经营，管理人并没有为诉争租赁物支付保管费；根据合同约定，取回费用应由美凯力承担；京城租赁在债权申报、债权人会议中及债权人会议召开一周后等环节均提出了租赁物的所有权与取回权主张，没有怠于行使取回权；美凯力并没有履行租赁合同项下的全部义务，美凯力无权主张以支付留购价款的方式购买租赁物。2. 一审判决适用法律错误。管理人履行法定职责应通过《企业破产法》的管理人报酬制度获取报酬，无权另行主张诉争租赁物的保管费，而且美凯力及管理人在一审中并没有提起反诉（或另诉），一审法院支持美凯力管理人的抗辩意见没有法律依据；本案不应适用《最高人法院关于适用〈中华人民共和国企业破产法〉若干问题的规定（二）》（以下称《企业破产法司法解释（二）》）第26条、第28条。请求撤销一审判决，将本案发回重审或查清事实后改判。

美凯力二审辩称：一审判决认定事实清楚，适用法律正确，京城租赁的上诉请求与事实理由均不能成立，应予维持原判。因涉案租赁物到期后，京城租赁没有及时取走租赁物，美凯力及管理人采取了一系列的积极措施保管和保全诉争租赁物，因此而产生的费用应当由京城租赁承担。因京城租赁拒绝支付相关费用，依据《企业破产法司法解释（二）》第26

条、第28条规定，管理人可以拒绝交付诉争租赁物。

二审期间，经京城租赁申请，二审法院依法调取了美凯力于2015年12月18日与案外人梁某某签订的《工业厂房、设备租赁合同》一份，双方当事人对该证据的真实性均无异议。京城租赁另提供了视听资料和照片及其委托诉讼代理人与梁某某的谈话记录，以证明梁某某与美凯力法定代表人姚某某签订上述合同后，梁某某至今仍占有并使用包括诉争租赁物在内的美凯力厂房和机器设备等资产的事实。京城租赁提供的证据与二审法院调取的《工业厂房、设备租赁合同》书证内容能够相互印证。

二审法院查明：融资租赁合同约定的租赁期限届满，若美凯力按时足额支付了合同项下所有款项并履行了合同项下全部义务，租赁物的所有权转移至美凯力；若发生未如约支付租金等款项或未经京城租赁事先书面同意转租涉案租赁物等情形时，美凯力构成根本违约，京城租赁有权要求美凯力返还租赁物或直接进入租赁物所在地取回租赁物。上述合同履行过程中，美凯力未如约履行租金给付义务，京城租赁起诉至北京朝阳法院后，双方调解达成了分期付款协议，但美凯力仍拖欠应付租金。融资租赁合同于2015年11月21日到期。美凯力未经京城租赁同意，于2015年12月18日与案外人梁某某签订了《工业厂房、设备租赁合同》，合同约定：美凯力将公司的厂房与本案诉争设备以年租金50万元的价格整体出租给梁某某，租赁期为两年，租赁期内由梁某某承担厂房、设备的维修费用等。至今梁某某仍在履行该合同，涉案租赁物“陕西北人牌”FR180型机组式凹版印刷机壹台仍由案外人梁某某占有并用于生产。2016年3月，美凯力向资阳法院申请破产，资阳法院裁定受理后，指定湖南鹏达资产管理有限公司担任美凯力管理人。同年5月，京城租赁向资阳法院申报了诉争租赁物到期未付租金及逾期利息130余万元的债权。同年6月，京城租赁向资阳法院以及美凯力管理人提出了涉案租赁物的所有权及取回权主张。京城租赁与美凯力管理人多次交涉后，美凯力管理人同意京城租赁行使取回权，但要求京城租赁支付保管费等相关费用共计15万元，双方未达成一致意见，京城租赁遂起诉于一审法院。一审查明的案件其他事实与二审查明的一致，二审法院予以确认。

二审法院认为：京城租赁与美凯力之间签订的融资租赁合同合法有效。《合同法》第242条规定，出租人享有租赁物的所有权。承租人破产的，租赁物不属于破产财产。《合同法》第248条规定，承租人应当按照约定支付租金。承租人经催告后在合理期限内仍不支付租金的，出租人可以要求支付全部租金；也可以解除合同，收回租赁物。《企业破产法》第38条规定，人民法院受理破产申请后，债务人占有的不属于债务人的财产，该财产的权利人可以通过管理人取回。本案中，京城租赁依约履行了合同义务，美凯力长期拖欠租金等费用，又未经京城租赁同意将租赁物转租给案外人，美凯力已构成违约，京城租赁可以要求解除合同，收回租赁物。京城租赁主张行使取回权，符合法律规定，本院予以支持。美凯力管理人以京城租赁未支付诉争租赁物的保管费为由予以抗辩，因管理人在一审期间对保管费未提出反诉，又没有提供充分证据证明为涉案租赁物支出了15万元保管费的事实，且本案诉争租赁物在管理人接管债务人的财产之前就由债务人美凯力租赁给案外人梁某某占有并进行生产经营，故本院对美凯力的抗辩不予采信。综上所述，京城租赁的上诉请求成立，本院予以支持。依照《合同法》第242条、第248条、《企业破产法》第38条、《民事诉讼法》第170条第1款第（二）项规定，判决如下：1. 撤销资阳法院（2016）湘0902民初894号民事判决；2. 由美凯力于本判决生效后三十日内将租赁物即“陕西北人牌”FR180型机组式凹版印刷机壹台返还给京城租赁。一审案件受理费6850元、二审案件受理费6850元，共计13700元，全部由美凯力负担。本判决为终审判决。

四、案件评析

《合同法》第242条规定，出租人享有租赁物的所有权，承租人破产的，租赁物不属于破产财产。京城租赁申报债权时，就向管理人提交了双方达成融资租赁交易所签订的全部交易文件及生效法律文书，证明 FR180 型机组式凹版印刷机系融资租赁交易项下的租赁物。《企业破产法司法解释（二）》第二条规定，债务人基于仓储、保管、承揽、代销、借用、寄存、租赁等合同或者其他法律关系占有、使用的他人财产，不应认定为债务人财产。《企业破产法》第 38 条规定，人民法院受理破产申请后，债务人占有的不属于债务人的财产，该财产的权利人可以通过管理人取回。基于上述法律规定以及双方相关约定，租赁物不属于债务人的财产，不得列为破产财产，出租人有权取回租赁物。但本案管理人错误认为申报破产债权即视为租赁物所有权发生转移而将租赁物列入美凯力破产财产并拟拍卖方式予以处置，其行为已侵害京城租赁的合法权益。

本案，京城租赁并未怠于行使取回权，而美凯力提出京城租赁支付租赁物“保管费”主张并提供的证据材料在证据形式与内容上均与待证事实（即保管行为）之间没有关联性。同时，美凯力整体资产（含厂房及租赁物等全部机器设备）已出租给案外人占有和使用，管理人没有事实上的保管行为。因此，美凯力及管理人关于支付租赁物“保管费”的主张和抗辩缺乏事实依据。

五、实践指导意见

破产取回权是出租人享有的合法权利，建议租赁公司在承租人进入破产清算程序、依法申报债权时，向管理人明确提出租赁物取回权或融资租赁债权之优先受偿权（或租赁物处置款项优先受偿）等主张，以防止或避免租赁公司在享有租赁物所有权情形下其融资租赁债权被管理人视为（或按照）一般破产债权对待和处理，进而失去破产财产分配环节融资租赁公司本应享有的优先受偿权。如果租赁物种类是便于取回的中小型机器设备、机动车等动产，租赁公司可通过直接取回租赁物变价处置、厂商回购等方式回收部分债权；如果租赁物种类是不方便实际取回与处置的大型生产设备或生产线等，也可通过积极主张取回权而获得较一般债权人优先的清偿顺位，以最大限度保障债权的实现或回收。

此外，租赁公司（出租人）行使破产取回权时，还应关注和考虑《企业破产法司法解释（二）》第 26 条、第 28 条中有关“破产财产变价方案或者和解协议、重整计划草案”表决时点、费用承担的规定，上述规定是判断权利人是否迟延行使取回权、权利人应否承担迟延行使取回权所增加费用的依据。建议租赁公司（出租人）与承租人在融资租赁合同中明确约定在承租人进入破产清算程序后相关费用（包括但不限于租赁物取回费用）的承担，以防止或避免承租人或管理人根据上述“表决时点”等规定主张应由租赁公司（出租人）承担迟延行使取回权发生的相关费用，保障租赁公司（出租人）取回权的顺利行使和实现。虽然上述约定不一定能对抗《企业破产法》的规定，但有约定至少可以争取，好过无约定。本案恰巧由于美凯力将租赁物租给他人使用之事实而被二审法院认定不能收取“保管费”，但在破产清算程序中，大多数情况下租赁物仍处于承租人或管理人占有状态，有些租赁物不易取回，出租人是否要交纳保管费的问题值得思考。

案例 5.3　承租人破产，破产管理人是否有权决定解除融资租赁合同[①]

《企业破产法》第 18 条规定，破产管理人对未履行完毕的合同有权决定解除或者继续履行，并通知对方当事人。上述规定被视为破产管理人对未履行完毕的合同享有法定解除权，但在融资租赁交易中，破产管理人是否仍有权依据上述规定行使解除权，并继而要求出租人取回租赁物，不再支付剩余未到期租金？破产管理人的主张初听似乎不无道理，但从融资租赁合同“不可解约性”角度分析，这一观点并不成立，且在本案中亦得以印证。

---

① 本部分作者为北京市汇融律师事务所合伙人邹颖。

杭州众意纸业有限公司与中信富通融资租赁有限公司、江苏隆亨纸业有限公司、浙江板桥清园环保集团有限公司、夏某、应某融资租赁合同纠纷案[①]

上诉人（原审被告）：杭州众意纸业有限公司（以下简称“众意公司”），诉讼代表人杭州众意纸业有限公司管理人

被上诉人（原审原告）：中信富通融资租赁有限公司（以下简称“中信富通”）

原审被告：江苏隆亨纸业有限公司（以下简称“隆亨公司”）

原审被告：浙江板桥清园环保集团有限公司（以下简称“清园公司”）

原审被告：夏某

原审被告：应某

一、案件基本事实

中信富通与隆亨公司、众意公司签订《融资租赁合同》，约定隆亨公司、众意公司作出共同承租人以回租方式向中信富通转让租赁物，中信富通将租赁物出租给共同承租人隆亨公司、众意公司使用。

同日，中信富通分别与清园公司、夏某、应某、隆亨公司、众意公司签订两份《保证合同》，约定清园公司、夏某、应某为《融资租赁合同》项下共同承租人应付款项提供连带责任保证。

同日，中信富通与隆亨公司、众意公司签订了《保证金合同》，约定隆亨公司、众意公司向中信富通支付租赁保证金，担保《融资租赁合同》项下债务的履行。

上述合同签订后，各方完成了合同约定的结算、所有权转移、租赁物接收、动产权属登记及开具增值税发票的事项。合同履行过程中，隆亨公

① 参见天津市高级人民法院（2015）津高民二终字第0070号民事判决书，2015年7月20日作出。

司、众意公司发生逾期支付情形，故中信富通诉至法院。

另外，一审法院审理过程中，浙江省富阳市人民法院裁定受理众意公司因不能清偿到期债务，且资不抵债而向法院提出的重整申请。

二、起诉与答辩及法院的认定与判决

中信富通的主要诉讼请求为：要求隆亨公司、众意公司支付全部到期未付租金和未到期租金、滞纳金、违约金、律师费及其他全部款项，清园公司、夏某、应某就上述两公司的债务承担连带保证责任①。

众意公司提出解除《融资租赁合同》以及滞纳金数额较高的抗辩，隆亨公司则同意继续履行该合同。

一审法院认为，各方当事人签订的《融资租赁合同》等合同系真实意思表示，内容不违反法律、行政法规的强制性规定，合法有效，均应遵守履行。众意公司根据《企业破产法》第 18 条的规定解除《融资租赁合同》，一审法院予以确认。隆亨公司同意继续履行，可与中信富通另行约定。

依照《合同法》第 98 条的规定，合同解除，合同的权利义务终止，不影响合同中结算和清理条款的效力。中信富通要求交纳欠付租金及剩余全部租金和名义货价即属于结算条款的内容，中信富通请求的数额有合同的明确约定，证据充分，予以确认。另外，一审法院对众意公司提出的滞纳金过高等意见予以采纳。

一审法院主要判决内容：1. 解除中信富通与隆亨公司、众意公司的《融资租赁合同》；2. 隆亨公司、众意公司共同给付中信富通到期未付及未到期租金、滞纳金、律师费；3. 清园公司、夏某、应某对上述两公司的债务承担连带保证责任。

① 鉴于本案一审判决书未在中国裁判文书网中公示，中信富通的一审诉讼请求来源于该公司在二审判决中的答辩内容。

众意公司不服一审判决，提起上诉。主要上诉理由为：1. 根据《合同法》第97条的规定，合同解除后，尚未履行的债务中止履行，一审判决给付尚未到期的全部租金，缺乏法律依据；2. 根据《合同法》第248条，解除《融资租赁合同》与给付全部租金二者仅能支持其一，如果既判决合同解除又支持给付全部租金，等同于既支持合同解除又支持合同继续履行，两者相互矛盾，与法律规定相违背；3. 根据《合同法》第94条和《企业破产法》第18条规定，《融资租赁合同》的解除为法定解除，无须对方当事人同意；4.《融资租赁合同》约定的救济内容，不属于结算和清理条款，不能适用《合同法》规定的合同权利义务终止，不影响合同中结算和清理条款的效力；5. 在《融资租赁合同》解除后，中信富通应当取回租赁物。

二审法院认为，《融资租赁合同》系各方当事人的真实意思表示，内容不违反法律、行政法规的强制性规定，合法有效。合同明确约定如隆亨公司、众意公司在租赁期间未能按时足额支付合同项下任何一期租金或其他应付款项时，中信富通有权提前终止合同，并要求隆亨公司、众意公司立即付清全部租金、滞纳金、违约金及一切其他应付款项。《合同法》第248条规定，承租人经催告后在合理期限内仍不支付租金的，出租人可以要求支付全部租金；也可以解除合同，收回租赁物。现隆亨公司、众意公司未按约支付租金，中信富通提起诉讼要求其付清全部租金及名义货价，符合合同约定和法律规定。

中信富通提起本案诉讼后，浙江省富阳市人民法院裁定受理众意公司的重整申请，众意公司管理人在本案诉讼中主张依据《企业破产法》第18条行使合同解除权。对此，二审法院认为：《企业破产法》第18条规定破产管理人享有的法定解除仅适用于受理破产申请后，管理人对破产申请受理前成立而债务人和对方当事人均未履行完毕的合同有权决定解除。在融资租赁合同中，出租人负有支付租赁物购买价款、将租赁物交付承租人使用的积极义务并承担保证承租人在租赁期间对租赁物占有、使用的消极义务。出租人就其中的积极义务履行完毕，即实现了签订融资租赁合同的实质性目的，应认定出租人就融资租赁合同已履行完毕。另外，是否支持承租人管理人行使合同解除权，除需要考量是否有利于破产财产价值最大化和恢复其偿债能力之外，还应兼顾融资租赁合同中出租人的利益。本案中，中信富通与隆亨公司、众意公司签订的是售后回租式融资租赁合同，租赁物原本就归隆亨公司所有，中信富通公司签订融资租赁合同的主要目的是收取租金，并非收回租赁物。中信富通依约支付完转让价款即视为将租赁物交付给隆亨公司、众意公司使用，中信富通就融资租赁合同的主要义务已经履行完毕。在隆亨公司、众意公司未按期支付租金，中信富通在先提起诉讼要求隆亨公司、众意公司支付全部租金的情况下，众意公司再依据《企业破产法》第 18 条就融资租赁合同行使解除权缺乏依据。此外，对众意公司管理人行使解除权的主张不予支持，不会导致破产财产绝对价值的减少，并且有利于平衡中信富通与众意公司其他债权人的利益。

二审法院判决：撤销一审判决中解除《融资租赁合同》的判项，维持该判决中众意公司、隆亨公司仍向中信富通支付全部到期未付及未到期租金、滞纳金、律师费等其他判决内容。

三、案件评析

本案焦点问题是承租人破产，破产管理人是否有权依据《企业破产法》第 18 条的规定解除《融资租赁合同》。本案二审法院从融资租赁合同的性质和目的出发，详细论证出租人和承租人在该种合同项下权利和义务的属性，从而作出破产管理人无权依据《企业破产法》第 18 条行使法定解除权的认定，具有实践指导意义。

1. 融资租赁合同的重要特征为“不可解约性”。

融资租赁合同不可解约性的特征是由融资租赁合同性质决定的，融资租赁交易的本质是“融资”，兼有“融物”的功能，出租人开展融资租赁交易的目的是为了收取租金，租赁期限内租金的浮动一般与同期中国人民银行贷款利率的调整有关，与承租人通过占有使用租赁物取得的收益程度无关。特别是在租赁期满，承租人仅支付名义货价即取得租赁物所有权时，出租人无意取租赁物所有权，交易的融资性体现的更为突出。

不可解约性更深层的语义是，若承租人一旦中途退租，给出租人造成的损失包括已到期未付和未到期租金在内的全部租金，因此，承租人中途退租则仍应付出与合同正常履行一样的代价，即在上述全部租金的范围内承担赔偿责任。

2.《企业破产法》第 18 条适用的条件是破产申请受理前成立，但双方未履行完毕的合同，其中“未履行完毕”强调的是双方均有合同主要义务尚待履行。

《企业破产法》第 18 条规定，人民法院受理破产申请后，管理人对破产申请受理前成立而债务人和对方当事人均未履行完毕的合同有权决定解除或者继续履行，并通知对方当事人。本条是关于破产申请受理前成立而双方均未履行完毕的合同如何处理的规定。对于上述尚待履行的合同，破产管理人必须作出决策，延续对债务人有利的合同，解除对债务人不利的合同，以使债务人财产最大化。

但该条适用的前提是对“双方当事人均未履行完毕的合同”，破产管理人才有决定继续履行合同或者解除合同的权利。“双方当事人均未履行完毕”指的是双方当事人均有核心或积极义务未履行，如买卖合同项下，出卖人尚未交付货物；施工合同项下，承包方尚未完成主要施工责任。

在融资租赁交易中，出租人核心或积极义务即为支付租赁物购买价款，其他义务包括保证承租人在租赁期限内的平静占有、确保承租人在履行了全部义务后行使留购租赁物的权利等，均属于附随或消极义务。而承租人已获得了足额融资，其在融资租赁合同项下的目的已实现，此后承租人的核心或积极义务则是按期支付租金，且该义务持续于整个租赁期限。因此，在出租人履行了支付租赁物购买价款义务后，融资租赁合同项下已不存在“双方均未履行”的前提，破产管理人无权依据《企业破产法》第 18 条的规定行使合同解除权。

3. 破产管理人能否行使《企业破产法》第 18 条规定的合同解除权，

不应仅从破产程序的经济价值角度考量，兼顾债权人的利益与企业破产法追求的实质公平并不冲突。

在本案中，破产管理人提出解除《融资租赁合同》意为不再支付剩余未到期租金，也不再保管租赁物。如果该主张实现，承租人将摆脱沉重的支付压力，放弃非核心设备，有利于承租人轻装上阵开展下一步的重整程序，有可能恢复偿债能力或提高整体受偿率。但正如二审法院所持观点，破产管理人行使解除权还应兼顾融资租赁合同中出租人的利益，考量解除行为会不会导致破产财产绝对价值的减少，是否有利于平衡出租人和其他债权人的利益。若支持破产管理人主张，出租人的债权只能通过取回和处置租赁物清偿，无法参与和享受重整程序和承租人恢复清偿后的利益，还有可能承担支付租赁物保管费的责任，这对出租人极不公平，也未必有利于重整程序的进程。另就本案而言，属于共同承租模式，在共同承租人就《融资租赁合同》后续履行未达成统一意见的情况下，更不宜割裂共同承租人与出租人之间的关系，分别处理，支持破产管理人解除合同。

此外，笔者认为，无论融资租赁合同解除与否，破产管理人的上述目的均无法实现。《融资租赁司法解释》第 22 条规定，融资租赁合同解除后，出租人有权要求承租人赔偿损失，损失赔偿的范围为全部未付租金与收回租赁物之间的差额。这条规定承接了《合同法》第 97 条规定合同解除后一方当事人需承担赔偿责任的本意。据此，上述规定再次印证了融资租赁合同不可解约性的特征，即使融资租赁合同被解除，承租人也应在全部未付租金的范围内承担赔偿责任，当然，租赁物的价值应予扣除，这与出租人在破产程序中享有的租赁物取回权殊途同归。

四、启示

近年来出租人与破产管理人之间观点冲突日益增多，特别就融资租赁合同解除权行使、出租人取回租赁物、租赁物保管费支付等方面经常各执一词。无论观点如何，承租人出现破产，出租人债权得到清偿的可能性普遍较低，建议出租人在开展交易时关注租赁物的变现能力，在承租人破产的情况下，租赁物担保债权实现的功能得以充分体现，不仅是出租人债权受偿的可靠途径，也是出租人参与重整、和解等程序时借以与其他债权人利益博弈的资源。因此，出租人应始终保持融资租赁交易“融资”和“融物”的“初心”，方得租赁债权实现的可能。

第六章

与担保相关争议

案例6.1　担保人未取得内部决议文件情形下提供担保的效力[①]

在公司对外提供担保时，根据《公司法》第16条的规定应取得董事会、股东会或者股东大会的决议。如果法定代表人在未按照上述规定取得内部决议的情形下自行代表公司签署担保文件的，该代表行为是否有效取决于相对人是否知道或应当知道法定代表人超越权限订立担保合同。从最高院的判决来看，《公司法》第16条对法定代表人代表权的限制应属于接受担保方"应当知道"的内容，接受担保方理应对法定代表人在签署担保文件时是否已取得内部授权文件进行"形式审查"。

吴某某与泰州市天利投资发展有限公司、周某某民间借贷纠纷案[②]

再审申请人（一审原告，二审被上诉人）：吴某某

被申请人（一审被告，二审上诉人）：泰州市天利投资发展有限公司（以下简称"天利公司"）

一审被告：周某某

一审被告：扬州东煜贸易发展有限公司（以下简称"东煜公司"）

一、案件基本事实

2011年10月25日，戴某某向吴某某借款1000万元，借款期限为

① 本部分作者为北京市汇融律师事务所律师李艳科。

② 参见最高人民法院（2014）民申字第1876号民事判决书，2014年11月14日作出。

2011 年 10 月 25 日至 12 月 31 日。天利公司、东煜公司、周某某提供不可撤销的连带责任保证担保。当日吴某某通过银行转账的方式将 1000 万元汇至戴某某的个人账户。戴某某在银行汇款凭证上签名确认此款已收到。

之后戴某某分多次向吴某某还款 464 万元后不再还款。因索款无果，2013 年 1 月 24 日吴某某诉至扬州市中级人民法院（一审法院）。请求判令：1. 周某某、东煜公司、天利公司立即代为偿还借款本金 1000 万元及逾期还款违约金（从 2012 年 1 月 1 日至实际还款之日，按银行同期贷款利率的四倍计算）；2. 三被告立即偿付实现债权的律师费 30 万元。

另外，保证人天利公司成立于 2010 年 9 月 29 日，注册资本为 2000 万元，原股东为戴某某、朱某某，各占 50% 股份，法定代表人为戴某某。本案合同上所加盖的天利公司公章，是戴某某私自刻制，为此天利公司已向公安机关报案，天利公司股东朱某某并不知道私刻公章的事情，该担保的事情朱某某也不知情。

天利公司辩称：合同上加盖的天利公司公章并非天利公司正常使用的合法刻制的单位公章，戴某某以天利公司名义为其与吴某某签订的借贷合同进行担保，其行为涉嫌违法犯罪，担保行为无效，相关责任应当由戴某某个人承担。

二、一审法院的认定和判决

针对天利公司担保效力及责任承担的问题，法院认为：天利公司为戴某某向吴某某借款提供担保的行为合法有效，依法应承担连带责任。理由是：

1. 根据《公司法》第 16 条第 2 款之规定，公司可以为股东或实际控制人提供担保，但必须经股东会或者股东大会决议。现戴某某作为天利公司的法定代表人，未经公司股东会决议，擅自以公司名义为其个人债务提供担保，违反了上述法律规定，但上述法律规定系对公司内部的约束，法律并未明确若违反该规定必然致使担保合同无效；

2. 天利公司提供担保时，戴某某系天利公司的法定代表人，其在借贷合同中担保人处加盖天利公司的公章，并以天利公司法定代表人的身份签名，作为借贷合同中的出借人吴某某，对戴某某持有的天利公司公章及享有相应权限具有合理信赖，已履行了形式审查义务；

3. 天利公司提供担保的行为，未经公司股东会决议。该担保属于越权担保，而越权担保合同性质属于效力待定合同，而非无效合同。由于戴某某在该合同上的签名和加盖公章的行为，符合法律规定的表见代表的构成要件，应确认该代表行为有效。

综上所述，应确认天利公司为戴某某向吴某某借款提供担保的行为合法有效，根据双方合同约定和相关法律规定，天利公司依法应承担连带责任。

法院判决：1. 被告周某某、东煜公司、天利公司于本判决生效后十日内给付原告吴某某由戴某某所欠的借款本金 7451273 元及逾期付款的利息；2. 被告周某某、东煜公司、天利公司于本判决生效后十日内赔偿原告吴某某实现债权的费用 135850 元；3. 驳回原告吴某某的其他诉讼请求；4. 案件受理费 87600 元、财产保全费 5000 元，合计 92600 元，由吴某某负担 24392 元，由周某某、东煜公司、天利公司各负担 22736 元。

三、上诉与答辩及法院的认定和判决

一审判决后，天利公司不服判决，向江苏省高级人民法院提起上诉称，原审判决认定事实不清，适用法律严重错误，主要理由是：戴某某在借贷合同上担保人处加盖的天利公司的公章，系戴某某个人非法刻制的，该行为不能代表天利公司，对天利公司无约束力。吴某某明知用于担保的资产是天利公司的资产，戴某某是该公司的股东，仅持有 50% 的股权，且是该公司的经理；吴某某亦明知该担保行为未经天利公司股东会决议，是戴某某擅自以公司名义为其个人债务提供担保，故该担保行为非法无效。

法院审理认定：戴某某的代表行为应属越权担保，且吴某某应当知道戴某某已超越代表权限，故该代表行为对天利公司不生效力，其法律后果应由行为人戴某某自行承担。理由是：

首先，天利公司系由戴某某、朱某某共同出资设立的有限责任公司，双方各持50%股份。戴某某作为天利公司法定代表人，其虽可以代表公司对外开发经营活动，但其应在法律、公司章程等规定的权限范围内活动。因天利公司章程对公司担保事项没有规定，故天利公司对外担保应由公司权力机构即股东会决定。根据《公司法》第16条的规定，天利公司为股东戴某某提供担保必须经公司股东会决议，且戴某某本人没有表决权。根据已查明的事实，戴某某代表天利公司为其本人向吴某某借款提供担保，另一股东朱某某并不知情，公司没有形成股东会决议。故戴某某虽为天利公司法定代表人，但其代表公司为本人借款提供担保的行为已超越代表权限，该代表行为应属越权担保。

其次，根据《担保法司法解释》第11条规定："法人或者其他组织的法定代表人、负责人超越权限订立的担保合同，除相对人知道或者应当知道其超越权限的以外，该代表行为有效。"因此，戴某某越权担保行为对天利公司是否有效，取决于担保权人吴某某是否知道或者应当知道戴某某已超越了代表权限。从吴某某在庭审中的陈述来看，双方签订借贷合同时，吴某某知道戴某某系天利公司股东，其只是基于戴某某系天利公司法定代表人的身份及加盖天利公司单位公章的事实而信赖其有代表权。但戴某某系代表公司为其本人借款提供担保，如其本人不能偿还1000万元借款，其行为后果将直接导致公司利益转移给其本人，故戴某某的代表行为具有明显地超越代表权的外观。而公司为其股东提供担保这种无对价的特殊关联交易，《公司法》第16条第2款已作出限制性规定，即必须经股东会或者股东大会决议。该规定不仅调整公司内部管理事务，亦规范公司外部交往事务。因为法律既已将公司为股东担保的行为予以明文规定即具有公开宣示效力，担保权人理应知晓并遵守该规定，不得以不知法律有规定或宣称对法律有不同理解而免于适用该法律。因此，天利公司为股东戴某某借款提供担保是否经股东会决议，理应成为担保权人吴某某“应当知道”的内容。

最后，吴某某出借资金1000万元，从交易风险控制角度而言，吴某某亦应查阅天利公司章程，并依天利公司章程指引，进一步对公司担保是否经股东会决议进行形式审查，并以此证明自己的善意第三人身份。吴某某仅以戴某某系天利公司法定代表人及加盖天利公司单位公章即信赖天利公司的担保行为，未尽审慎注意义务，不构成对戴某某越权代表行为的善意，不属于受法律所保护的善意相对人。天利公司对戴某某代表公司为其本人向吴某某借款提供担保而签约的行为并不知情，对戴某某私刻天利公司单位公章的行为亦不具有管理上的失职，故吴某某主张天利公司应依据借贷合同中有关天利公司担保的约定承担连带保证责任的诉讼请求，于法无据，本院不予支持。

综上所述，一审判决认定基本事实清楚，但认定戴某某在借贷合同上签名及加盖天利公司单位公章的行为符合表见代理的构成要件，从而认定戴某某越权担保行为有效，属适用法律不当，应予纠正。

四、再审申请及法院的认定和判决

吴某某不服江苏省高级人民法院（2014）苏民终字第0009号民事判决，向最高人民法院申请再审。

吴某某申请再审称：1. 天利公司提供担保的行为虽然与《公司法》第16条的规定相冲突，但该条并非效力性强制性规定，担保依然有效；2. 吴某某并不具备知晓担保行为依法是否属于越权行为的能力和条件，依据《担保法司法解释》第11条的规定，天利公司担保行为有效；3. 在天利公司不能举证证明吴某某存在恶意的情形下，应当认定吴某某为善意第三人，吴某某已经尽到合理的审查义务。综上所述，请求再审本案。

法院经审查认为：1. 关于本案的法律适用问题。二审法院认定戴某某越权代表行为对天利公司不生效力，适用的法律是《公司法》第16条第2

款、第3款和《担保法司法解释》第11条，并未适用《合同法》第52条第（五）项关于违反法律、行政法规的强制性规定的合同无效的规定。二审法院并非基于《公司法》第16条的规定为效力性强制性规定认定本案所涉担保合同无效。2. 关于天利公司是否受担保合同拘束的问题。《公司法》第16条第2款明确规定，公司为公司股东或者实际控制人提供担保的，必须经股东会或者股东大会决议。法律规定具有公示作用，吴某某应当知晓。因法律有明确规定，吴某某应当知道天利公司为戴某某的债务提供担保须经天利公司股东会决议，而其并未要求戴某某出具天利公司的股东会决议，吴某某显然负有过错，因而其不能被认定为善意第三人。二审法院认定担保合同对天利公司不产生拘束力并无不当。

综上所述，再审法院驳回吴某某的再审申请。

五、案件评析

本案争议的焦点在于法定代表人在未按照《公司法》第16条的规定取得股东会决议的情形下，越权签署担保文件的效力。

《合同法》第50条明确了表见代表行为的效力，即法定代表人超越权限订立的合同，除相对人知道或者应当知道其超越权限的以外，该代表行为有效。《民法总则》第61条第2款和第3款对此做出了进一步的规定，即法定代表人以法人名义从事的民事活动，其法律后果由法人承受。法人章程或者法人权力机构对法定代表人代表权的限制，不得对抗善意相对人。从上述规定来看，表见代表行为原则上有效并约束所代表的法人，除非相对人知道或应当知道其超越权限。

在本案中，无论是二审法院还是再审法院，均认为《公司法》第16条的规定是对法定代表人代表权的限制性规定，即法定代表人签署担保文件之前应当取得所代表公司的股东会授权，该规定作为一项法律规定具有公示作用，相对人应当知晓该规定。在此情形下，相对人仅以法定代表人签字和加盖公司公章的外观来作为其构成善意的判断标准未得到法院的支持。根据法院的判决理由可以看出，相对人还应对是否已取得股东会决议进行“形式审查”，才足以认定其为善意。

六、对租赁公司的启示

本案虽非融资租赁交易，但租赁公司在接受担保时经常遇到这个问题，本案判决具有参考意义。关于《公司法》第 16 条系管理性规范还是效力性规范的争议尚无定论，表见代理的范围和效力问题也产生了争议。从法院判决结果来看，一旦认定法定代表人超越权限签订担保合同，且相对人为非善意相对人的情形下，担保行为便对所代表的法人没有约束力，该公司无须承担任何责任，这一结果比担保合同无效的情形更不利于保障债权人的利益。因此，在租赁公司接受担保时，应正确理解《公司法》第 16 条的规定，要求提供担保的公司向租赁公司出具相应的董事会或股东会决议文件并进行形式审查，避免将取得股东会或董事会决议文件的要求误解为可有可无的合规性要求，简单得出只需法定代表人签字并盖章担保合同即生效的片面性结论，确保取得合法有效的担保用以保障自身债权的实现。

案例 6.2　国企提供担保未经国资委审批的效力[①]

租赁公司接受国企提供担保的，在发生争议时，国企经常会以未经主管部门即国资委的审批为由主张对外担保无效，那么国企对外提供担保是否需经国资委的审批，及未经国资委审批时担保合同的效力问题，是值得探讨的。本文试从如下案例出发作简要分析。

国泰租赁有限公司与山东信莱大豆生物科技有限公司等融资租赁合同

① 本部分作者为北京市汇融律师事务所崔晓晔。

纠纷案①

原告：国泰租赁有限公司（以下简称“国泰公司”）

被告：山东信莱大豆生物科技有限公司（以下简称“信莱公司”）

被告：山东省高唐蓝山集团总公司（以下简称“蓝山集团”）

被告：山东泉林纸业有限责任公司（以下简称“泉林公司”）

一、案件基本事实

国泰公司与信莱公司签订了融资租赁合同，合同约定了租赁物，还约定在信莱公司履行完毕本合同项下所有义务前，租赁物的物权始终属于国泰公司。国泰公司与信莱公司签订的抵押合同约定，信莱公司依照国泰公司的授权，将国泰公司所有的租赁物抵押给国泰公司。在这之后，国泰公司为融资租赁合同项下的租赁物抵押事宜，向信莱公司出具授权委托书，授权信莱公司将租赁物抵押给国泰公司，并向主管行政机关办理抵押登记手续。国泰公司还与蓝山集团、泉林公司签订保证合同，蓝山集团、泉林公司为信莱公司在融资租赁合同项下的债务提供连带责任保证。

2014 年 8 月 20 日、2015 年 1 月 30 日，国泰公司分别向信莱公司各支付融资款 3000 万元，合计 6000 万元。2014 年 8 月 21 日、2015 年 1 月 30 日，信莱公司分别向国泰公司各支付手续费 180 万元，合计 360 万元。2016 年 11 月 8 日，因信莱公司拖欠租金，国泰公司决定向法院提起诉讼。2017 年 1 月 13 日，国泰公司为本案诉讼，聘请律师并支付代理费 289467 元。

① 参见济南市中级人民法院（2016）鲁 01 民初 2152 号民事判决书，2017 年 3 月 27 日作出。

二、起诉与答辩及法院的认定与判决

国泰公司诉至法院请求：1. 信莱公司支付到期未付租金及逾期租金占用利息、违约金，未到期租金，共计 32144640.55 元；2. 国泰公司对信莱公司抵押的设备享有优先受偿权；3. 蓝山集团、泉林公司对国租（14）回字第 201407303 号融资租赁合同项下的债务承担连带保证责任；4. 案件受理费、财产保全费、律师费用由各被告承担。

信莱公司辩称：融资租赁合同是售后回租的，设备由信莱公司卖给国泰公司，后由信莱公司进行租赁。现在设备没有转移所有权，所以融资租赁合同不成立、不生效。后签订的抵押登记可以证明所有权还是在信莱公司。国泰公司不具备金融经营许可，其将设备以抵押的形式借款给信莱公司，违反法律强制性规定，应认定无效。国泰公司基于无效合同主张租金、利息、违约金没有法律依据。

蓝山集团辩称：租赁物的所有权尚在信莱公司名下，归信莱公司所有。国泰公司关于对抵押设备享有优先受偿权的诉讼请求，也可以认定国泰公司对租赁物不享有所有权。本案从法律关系上应认定为名为租赁，实为非金融企业向非金融企业发放借款，以合法形式掩盖非法目的，因此借贷行为无效。信莱公司实际使用租赁本金 5640 万元，国泰公司主张的利息数额过高。国泰公司与蓝山集团签订的保证合同意思不真实，保证合同无效。蓝山集团是全民所有企业，对外提供重大担保，应当经代表国家履行出资义务的出资人，即国资委的同意，保证合同仅有保证人的签字和印章，没有国资委同意提供担保的审查批复，根据《中华人民共和国企业国有资产法》（主席令第五号，以下称《企业国有资产法》）、《担保法司法解释》的规定，该担保合同无效。

泉林公司辩称，同蓝山集团答辩意见。

法院认为，……本案的争议焦点有四。……其四，国泰公司与蓝山集团签订的保证合同是否因未经国资委审批而无效。分述如下：……

（四）关于国泰公司与蓝山集团签订的保证合同是否因未经国资委审批而无效。《合同法》第 52 条第（五）项规定，违反法律、行政法规的强制性规定的，合同无效。《合同法司法解释（二）》第十四条规定，合同法第 52 第（五）项规定的强制性规定，是指效力性强制性规定。《企业国有资产法》第 30 条与第 33 条的规定，应为管理性规定，实质是内部控制程序，不能以此约束交易相对人，违反该规定的也不应认定合同无效。因此，蓝山集团关于保证合同未经国资委审批应当无效的答辩理由不能成立。

综上所述，国泰公司要求信莱公司支付到期未付租金、未到期租金、逾期租金占用利息，承担律师代理费符合法律规定和合同约定，本院予以支持；其要求信莱公司支付的违约金，应按年利率 13.5% 给付，超出部分本院不予支持。国泰公司与信莱公司约定抵押的设备，已办理抵押登记，国泰公司依法对抵押登记的设备享有优先受偿权。蓝山集团、泉林公司作为保证人，应对信莱公司的上述债务承担连带清偿责任。依照《合同法》第 60 条、第 206 条、第 207 条，《担保法》第 18 条、第 21 条第 1 款之规定，判决如下：

1. 被告山东信莱大豆生物科技有限公司于本判决生效之日起十日内偿还原告国泰租赁有限公司到期未付租金 6109920.78 元、未到期租金 25639683.12 元；2. 被告山东信莱大豆生物科技有限公司于本判决生效之日起十日内偿还原告国泰租赁有限公司逾期租金占用利息 145539.82 元（计至 2016 年 11 月 8 日），及自 2016 年 11 月 9 日至本判决确定的履行期限届满之日的逾期租金占用利息（以到期未付租金 6109920.78 元为基数，按融资租赁合同约定的年租赁利率 10.5% 计付）；3. 被告山东信莱大豆生物科技有限公司于本判决生效之日起十日内偿还原告国泰租赁有限公司违约金（自 2016 年 8 月 20 日至本判决确定的履行期限届满之日，以到期未付租金 6109920.78 元为基数，按年利率 13.5% 给付）；4. 被告山东信莱大豆生物科技有限公司于本判决生效之日起十日内偿还原告国泰租赁有限公司实现债权的律师代理费 289467 元；5. 原告国泰租赁有限公司对国租

（14）抵字第201407303号抵押合同项下的抵押物享有优先受偿权；6. 被告山东省高唐蓝山集团总公司、山东泉林纸业有限责任公司对本判决前4项确定的债务承担连带清偿责任。

三、案件评析

本案例分析关注的争议焦点为：国企对外提供担保是否需经国资委的审批及未经国资委审批时担保合同的效力问题。

（一）国资委审批

我国《担保法》等法律法规及司法解释均未规定国企对外提供担保应经过国资委的审查批复。本案中，蓝山集团认为国企对外提供重大担保应有国资委的审查批复，其依据为《企业国有资产法》与《担保法司法解释》，结合法院的认定，可以合理推测蓝山集团指的是《企业国有资产法》第30条、第33条的规定。《企业国有资产法》第30条规定："国家出资企业合并、分立、改制、上市，增加或者减少注册资本，发行债券，进行重大投资，为他人提供大额担保，转让重大财产，进行大额捐赠，分配利润，以及解散、申请破产等重大事项，应当遵守法律、行政法规以及企业章程的规定，不得损害出资人和债权人的权益。"第33条规定："国有资本控股公司、国有资本参股公司有本法第30条所列事项的，依照法律、行政法规以及公司章程的规定，由公司股东会、股东大会或者董事会决定。由股东会、股东大会决定的，履行出资人职责的机构委派的股东代表应当依照本法第13条的规定行使权利。"

可见，《企业国有资产法》第30条与第33条均未有要求国企为他人提供大额担保应取得国资委的审批。实践中，之所以有部分企业持应取得审批的观点，其实质根源于计划经济与政府管制的消极影响，随着市场经济的发展，国企早已开始建立法人治理结构与现代企业制度，国务院也要求国企发挥公司章程在企业治理中的基础作用，履行出资人职责的机构要行使股东权利，而不是行使行政管理权力，该种事事都要取得审批的观点早应被摒弃。另外，《企业国有资产法》第 45 条规定，未经履行出资人职责机构的同意，国有独资企业、国有独资公司不得为关联方提供担保；第 43 条第 2 款规定，本法所称关联方，是指本企业的董事、监事、高级管理人员及其近亲属，以及这些人员所有或者实际控制的企业。蓝山集团与法院均未提及该条，可以合理推测蓝山集团与信莱公司并非关联方。《企业国有资产法》规定的“关联方”与实践中经常提及的“关联方”相比范围较窄，可见第 45 条只是意在防范该部分人员谋取不当利益，造成国有资产流失，这样小的限制范围也是对国企自主经营权利的尊重。

除为《企业国有资产法》规定的关联方提供担保外，我国法律法规并未规定国企为他人提供大额担保应取得国资委的审批意见。

（二）合同效力

《合同法》第 52 条第（五）项规定，违反法律、行政法规的强制性规定的，合同无效。《合同法司法解释（二）》第 14 条规定，《合同法》第 52 第（五）项规定的强制性规定，是指效力性强制性规定。关于如何识别效力性强制性规定，最高人民法院认为“应当采取正反两个标准。在肯定性识别上，首先的判断标准是该强制性规定是否明确规定了违反的后果是合同无效，如果规定了违反的后果是导致合同无效，该规定属于效力性强制性规定。其次，法律、行政法规虽然没有规定违反将导致合同无效的，但违反该规定如使合同继续有效将损害国家利益和社会公共利益的，也应当认定该规定是效力性强制性规定。在否定性识别上，应当明确法律、行政法规的强制性规定仅关系当事人利益的，法律、行政法规的强制性规定仅是为了行政管理或纪律管理需要的一般都不属于效力性强制性规定”①。

笔者认为，本案中即使蓝山集团与信莱公司系《企业国有资产法》规

① 人民法院出版社法规编辑中心．最高人民法院合同法司法解释（二）问答［M］．北京：人民法院出版社，2009：63.

定的关联方，即该法要求蓝山集团取得国资委的审批，但该规定也并未明确违反的后果是合同无效，同时考虑国资委的审批程序系行政管理的需要，违反其不会损害国家利益和社会公共利益，该规定应是非效力性强制性规定。因此，本案法院提及“《企业国有资产法》的上述规定，应为管理性规定，其实质是内部控制程序，不能以此约束交易相对人，违反该规定的，亦不应认定合同无效”，也说明了法院认为《企业国有资产法》的相关规定并非效力性强制性规定。

故即使蓝山集团与信莱公司系《企业国有资产法》规定的关联方，鉴于该法的相关规定并非效力性强制性规定，违反其也不会导致担保合同无效。

（三）司法实践的参考

《最高人民法院关于国有工业企业以机器设备等财产为抵押物与债权人签订的抵押合同的效力问题的批复》（法释〔2002〕14 号）规定：“根据《中华人民共和国担保法》第 34 条和最高人民法院《关于适用〈中华人民共和国合同法〉若干问题的解释（一）》第 9 条规定的精神，国有工业企业以机器设备、厂房等财产与债权人签订的抵押合同，如无其他法定的无效情形，不应当仅以未经政府主管部门批准为由认定抵押合同无效。”该司法解释虽规制的系抵押行为，但其认为不应当仅以未经政府主管部门批准为由认定抵押合同无效的思路，是可以应用到所有担保行为之中的。

湖南省岳阳市中级人民法院（2016）湘 06 民终 1005 号案，法院认为《企业国有资产法》“旨在规范对企业国有资产的管理，加强对企业国有资产的保护”，第 45 条第 2 款规定“即立足于此限制国家出资企业的行为，防止国家出资企业的董事、监事、高级管理人员及其近亲属以及这些人员所有或者实际控制的企业损害国有资产，实质系内部管理性规范，不能以此约束交易相对人”。该法院也认为《企业国有资产法》第 45 条规制为关联方提供担保的规定，并非效力性强制性规定。

故从司法实践的角度，法院也认为《企业国有资产法》的相关规定并非效力性强制性规定，违反其不会导致担保合同无效。

（四）实践指导意见

根据上文所述，我国法律法规并未规定国企为他人提供担保应取得国资委的审批意见，未经该审批也不会导致担保合同无效的后果。故建议租赁公司在接受国企担保时，第一，应根据《企业国有资产法》第30条、第33条及《公司法》第16条，取得内部有权机构的批准；第二，应注意该项担保是否属于《企业国有资产法》第43条、第45条规定的关联方担保，是否需经履行出资人职责的机构同意；第三，假如发生争议国企以未经审批抗辩的，租赁公司可以考虑综合上文所述的《企业国有资产法》及《合同法》的相关规定、最高院的相关批复、法院的相关判例等予以辩驳。

综上所述，我国法律法规并未规定国企为他人提供大额担保应取得国资委的审批，部分企业持应取得审批的观点的根源，在于计划经济与政府管制的消极影响，随着市场经济的发展早应被摒弃。即使《企业国有资产法》规定为关联方提供担保应经审批，但未经该审批也不会导致担保合同无效的后果。

案例6.3　事业单位提供担保的法律效力①

我国《担保法》明确规定，学校、幼儿园、医院等以公益为目的的事业单位不得为保证人，但实践中，事业单位提供担保的情形时有发生，而事业单位类型多样，法律规定却不甚详尽，因此，业界对于事业单位能否提供担保的问题存在诸多疑惑。那么事业单位提供担保的后果是什么？结合以下案例，笔者将对事业单位提供担保的效力做简要的分析，以期与读者共同学习探讨。

---

① 本部分作者为北京市汇融律师事务所合伙人李雪梅，北京汇融（天津）律师事务所律师孟俐君。

微山县隆丰物资有限公司与山东鲁路公路工程有限公司、济宁市公路管理局微山公路局企业借贷纠纷案①

上诉人（原审被告）：山东鲁路公路工程有限公司（以下简称“鲁路公司”）

上诉人（原审被告）：济宁市公路管理局微山公路局（以下简称“微山公路局”）

被上诉人（原审原告）：微山县隆丰物资有限公司（以下简称“隆丰公司”）

一、案件基本事实

2010 年 2 月—2012 年 1 月，鲁路公司因业务需要，多次向隆丰公司借款。2012 年 8 月 12 日，双方达成书面借款协议，约定：确认前述借款事实，并约定借款利息为月息 1.5%，每 6 个月付一次利息，如不能按时付息，该利息自动转作本金并按月息 1.5% 计息。微山公路局作为担保人为该借款提供担保。同日，隆丰公司又与鲁路公司签订补充协议，约定截至 2012 年 8 月 12 日，借款产生的利息共计 1199335.11 元，鲁路公司自 2012 年 8 月 12 日按月付息，于 2012 年 9 月 12 日前付清全部利息，如当月利息未按时付清，所欠利息在下月转为本金计利。

鲁路公司向隆丰公司偿还部分借款本息，其余未偿还。

二、起诉与答辩及一审法院的认定和判决

隆丰公司向法院起诉请求：1. 鲁路公司、微山公路局连带共同偿还借款本息。2. 鲁路公司、微山公路局按照借款协议约定的利息标准偿还起诉

① 参见山东省高级人民法院（2016）鲁民终 487 号二审民事判决书，2016 年 8 月 23 日作出。

后至全部本息给付之日的借款利息。

法院认为：隆丰公司与鲁路公司自2010—2012年，发生多笔借款，双方在借款协议及补充协议中明确载明，经双方财务对账核实，确认鲁路公司的欠款数额，庭审中隆丰公司亦提供了借款收据，印证鲁路公司借款的事实，故法院认定鲁路公司的借款本金数额。关于借款利息，借款协议中约定月息1.5%，并将利息计入本金计算复利，在补充协议中附有利息清单，清单中载明利息标准及数额，其利率计算标准不超过银行同期同类别贷款利率的四倍，法院予以支持。

微山公路局作为担保人在借款协议中盖章，为上述借款提供担保，根据《担保法》第19条规定，该担保为连带责任担保，微山公路局对借款应承担连带清偿责任。另外，隆丰公司提供的证据显示微山公路局为经费自理的事业法人，微山公路局未提供证据证明其是以公益为目的的事业单位，故根据《担保法》第9条及《担保法司法解释》第16条的规定，微山公路局的担保行为有效，其辩称其作为国资的事业单位，本身不是经营主体，其担保行为无效的理由，法院不予支持。

法院判决支持隆丰公司的诉讼请求。

三、二审法院的认定和判决

鲁路公司和微山公路局均提起上诉并认为：微山公路局系公益性事业单位，根据《担保法司法解释》第3条及《担保法》第5条之规定，其为涉案债务提供担保的行为无效。

二审法院认为：隆丰公司与鲁路公司之间的借贷协议及补充协议均合法有效，并归纳本案焦点问题，其中第2个为微山公路局提供的保证是否有效，其是否应承担连带清偿责任。

针对该焦点问题，法院认为：根据《担保法司法解释》第3条和第16条的规定，除了以公益为目的的事业单位之外，还有从事经营活动的事业单位。从事经营活动的事业单位作为保证人的，保证合同应当认定为有效。本案中隆丰公司提交的微山公路局登记管理信息公开情况显示，微山公路局的业务范围是公路养护、公路工程建设等；经济来源为经费自理；具体经费来源为上级补助收入；该单位面向社会开展业务活动和经营活动。从该证据显示，微山公路局作为事业单位法人，其具有社会公益职能，同时也面向社会从事经营活动。其对外签订的保证合同不违反法律、行政法规强制性规定，应认定为有效合同，隆丰公司以保证合同有效为由主张微山公路局承担连带清偿责任，法院予以支持。上诉人微山公路局主张其属于以公益为目的的事业单位、不应当承担保证责任的理由不成立，法院不予支持。

二审法院判决：驳回上诉，维持原判。

四、案件评析

本案涉及的主要争议焦点之一是事业单位提供担保的效力问题，本案虽非融资租赁合同纠纷，但该争议焦点是租赁公司关切的问题，结合本案，笔者从以下几个方面进行简要评析，以期能给租赁公司些许启发：

（一）事业单位的性质及分类

根据《民法总则》第 88 条及《事业单位登记管理暂行条例实施细则》（中央编办发〔2005〕15 号）第 6 条的规定，事业单位具有法人资格，可以独立开展活动，并以其财产独立承担责任。

就事业单位的性质及分类而言，《事业单位登记管理暂行条例》（2004 年，国务院令第 411 号）第 2 条规定：事业单位，是指国家为了社会公益目的，由国家机关举办或者其他组织利用国有资产举办的，从事教育、科技、文化、卫生等活动的社会服务组织。上述规定限定事业单位的举办只能是为了服务科教文卫等社会公益事业，这也是我国事业单位设立之初的主要目的，但随着市场化的逐步深入，事业单位的性质及类型呈现多样化发展。根据《国务院办公厅关于印发分类推进事业单位改革配套文件的通知》（国办发〔2011〕37 号，以下称“国发 37 号文”）的规定，根据职能不同，目前我国事业单位分为承担行政职能的事业单位、从事生产经营活动的事业单位以及从事公益服务的事业单位。

（二）事业单位提供担保的效力分析

《担保法》第 9 条规定：“学校、幼儿园、医院等以公益为目的的事业单位、社会团体不得为保证人”。《物权法》第 184 条及《担保法》第 37、53 条规定：学校、幼儿园、医院等以公益为目的的事业单位、社会团体的教育设施、医疗卫生设施和其他社会公益设施不得抵押，可以其教育设施、医疗卫生设施和其他社会公益设施以外的财产为自身债务设定抵押。

根据上述规定，结合事业单位分类，具体分析如下：

第一，从事公益服务的事业单位，包括公益一类事业单位和公益二类事业单位，法律明确规定其不得作为保证人。关于该类事业单位提供担保的法律后果，根据《担保法司法解释》第 3 条，该担保合同无效。但担保合同无效并不意味着担保人不承担任何责任，由于债权人和事业单位担保人对事业单位提供担保不合法均明知，故对担保合同无效均有过错，根据《担保法》第 5 条第 2 款及《担保法司法解释》第 7 条，主合同有效而担保合同无效，担保人承担民事责任的部分，不超过债务人不能清偿部分的 1/2；若主合同无效，则担保人承担民事责任的部分不超过债务人不能清偿部分的 1/3。

从事公益服务的事业单位虽不以营利为目的，却不排除其可能在确保公益目标的前提下，依据相关法律法规提供与主业相关的服务，并取得收益（如公益二类事业单位），笔者认为此种情形并不影响其公益性质，该类事业单位提供担保的，应属《担保法司法解释》第 53 条规定情形，即仅可以其公益设施以外的财产为其自身债务设定抵押担保，不得作为保证人或以其公益设施提供担保。

第二，从事生产经营活动的事业单位，指所提供的产品或服务可以由市场配置资源、不承担公益服务职责的事业单位。对于此类事业单位，

《担保法司法解释》第 16 条明确规定，如无其他导致保证合同无效的情况，其所签订的保证合同应当认定为有效。

第三，承担行政职能的事业单位，指承担行政决策、行政执行、行政监督等职能的事业单位。对于此类事业单位，我国法律、司法解释虽未明确规定其可否作为保证人，但鉴于一般来说，该类事业单位直属国家机关，承担行政管理及公共服务的职能，经费来源为国家财政拨款，因此，既没有从事经营活动的资格，也没有除国家财政外的其他利益获取渠道。而担保是一种纯经济行为，该等事业单位不具有承担担保责任的资格及经济基础，且类比我国法律规定国家机关不得作为保证人，笔者认为，承担行政职能的事业单位同样不宜作为保证人。

由于我国事业单位的职能或职责存在多样性和复杂性，实践中也并非仅从事单一类型的活动，很多事业单位既承担公益、行政或公共服务的职能，同时也从事具体的经营活动，无法明确将其归类。因此，如何确定事业单位的属性及分类以及该事业单位可否提供担保，还应综合多种因素具体判断。从查询到的多数判决来看，法院除关注事业单位的职能范围、是否开展具体经营活动外，还尤为关注事业单位的经费来源。本案中，两审法院均认定微山公路局提供担保有效的重要原因之一即为“经济来源为经费自理”，再如安徽省高级人民法院（2012）皖民二终字第 00148 号案中，法院认定潜山县商务局市场服务中心系“自收自支的事业单位，其支出经费全部来源于自身的经营性收入，……具有对市场进行管理，为经营户提供服务的职能，但其是通过经营管理国有市场资产，收取市场设施租赁服务费等经营性活动来履行该职能，因此，不能视之为公益性事业单位”。

有鉴于此，笔者认为，事业单位可否提供担保，应当考察该事业单位的《事业单位法人证书》所载宗旨和业务范围，结合该事业单位的经费来源、日常职责及经营活动等情况进行综合判断，而其中的经费来源是重要的判断标准，经费来源往往决定其公益性质或公共服务属性，决定其可否从事经济行为，或面向社会开展经营活动。

由本案引申出的一个小问题，即在法律未明确禁止的情况下，公益性事业单位提供金钱质押担保是否违反《物权法》《担保法》的规定？笔者认为，一旦该事业单位被认定为公益性事业单位，那么除以其公益设施以外的财产为其自身债务设定抵押担保外，不得以任何形式为他人债务提供担保。其原因在于：金钱质押担保属于以自身财产提供担保的一种方式，鉴于公益性事业单位的经费来源为国家财政，经费使用应符合特定公益目的，即便可开展相关经营活动，其收益的使用一般也为国家统一筹划，因此，其经费与其公益设施财产无异，均具有“公益目的”。以该等具有“公益目的”的经费提供金钱质押担保的，其实质及法律后果与作为保证人提供担保、以公益设施提供担保无异，应认定担保合同无效。

五、对租赁公司的启示

根据《民法总则》第 87 条，事业单位属于非营利法人，即为公益目的或者其他非营利目的成立，不向出资人、设立人或者会员分配所取得利润的法人。这与《事业单位登记管理暂行条例》第 2 条规定的事业单位是为了服务科教文卫等社会公益事业而设立是一致的，实践中出现的另外两类事业单位，不符合事业单位的举办初衷，自 2011 年开始的事业单位分类改革，就是让事业单位真正回归到公益属性，使行政类和经营类事业单位回归到其本来属性。

关于事业单位改革的方向，《中共中央、国务院关于分类推进事业单位改革的指导意见》（中发〔2011〕5 号，以下简称“中发 5 号文”）和国发 37 号文提出了明确要求：承担行政职能的事业单位逐步将行政职能划归行政机构，或转为行政机构，今后不再批准设立；从事生产经营活动的事业单位要逐步转为企业或撤销，今后不再批准设立；只有从事公益服务的事业单位将继续保留在事业单位序列。根据中发 5 号文规定的改革时间表，承担行政职能事业单位和从事生产经营活动事业单位的改革基本完成，即这两类已从事业单位序列中剔除，今后，事业单位应全都是公益性质，到 2020 年，我国将形成新的事业单位管理体制和运行机制，形成中国特色公益服务体系，因此，租赁公司接受事业单位提供担保的空间越来越小，2020年之后，事业单位提供的担保可能将一律无效。但对于租赁公司已经接受的事业单位担保，应区分具体情况，如果属于经营性事业单位，则担保合同有效，其仍应当承担担保责任；如果属于公益性事业单位或行政性事业单位，担保合同将会被认定无效，但担保人也应承担相应的民事责任，即就债务人不能清偿的债务承担1/2的偿还责任。

案例6.4　应收账款质押是否应通知债务人①

在融资租赁交易中，为保障融资租赁合同中出租人债权的实现，双方当事人可约定由承租人将其享有的应收账款债权质押给出租人。根据《物权法》的相关规定，应收账款质权自信贷机构办理出质登记时设立。但需要进一步讨论的问题是应收账款质押是否要通知债务人及其法律后果是什么？

英大汇通融资租赁有限公司与江苏云飞电力科技有限公司、常州市长帆电工新材料有限公司融资租赁合同纠纷案②

原告：英大汇通融资租赁有限公司（以下简称“英大公司”）

被告：江苏云飞电力科技有限公司（以下简称“云飞公司”）

被告：常州市长帆电工新材料有限公司（以下简称“长帆公司”）

被告：胡某某

被告：万某某

被告：胡某甲

---

① 本部分作者为北京市汇融律师事务所明文丰。

② 参见天津市第一中级人民法院（2016）津01民初268号民事判决书，2017年2月14日作出。

一、案件基本事实

2014 年 4 月 17 日，出租人英大公司与承租人云飞公司签订融资租赁合同，开展售后回租业务；该融资租赁合同的附件 4 为长帆公司、胡某某、万某某和胡某甲作为担保人签署的不可撤销的连带责任保证函；后英大公司与云飞公司签订了两份应收账款质押合同和应收账款质押登记协议，约定由云飞公司以其对江苏省电力公司物资供应公司等几十家公司（以下统称“应收账款债务人”）享有的应收账款债权，向英大公司提供质押担保，上述质押担保均已在中国人民银行征信中心办理了应收账款质押登记。上述合同签订后，英大公司按约履行了支付租赁物购买价款的义务，但云飞公司未完全履行按期支付租金的义务。2015 年 9 月 10 日，英大公司委托律师向五被告寄送达律师函进行催收。截至一审开庭日，云飞公司仍欠付第 4 期部分租金及此后各期租金。

案件审理过程中，胡某甲否认其担保责任并申请对融资租赁合同及其所附担保函中“胡某甲”字样是否胡某甲本人所签进行鉴定。鉴定结果显示，融资租赁合同及其所附担保函中“胡某甲”字样不是胡某甲所签。

二、起诉与答辩及法院的认定与判决

因云飞公司欠付租金，出租人英大公司诉至法院。诉称：承租人未完全履行租金支付义务，已经构成了融资租赁合同约定的违约事件，且经英大公司多次催收后承租人仍不支付，故依据《融资租赁司法解释》第 12 条及第 22 条的规定，英大公司有权请求解除融资租赁合同，同时请求收回租赁物并赔偿损失；根据涉诉担保函的约定，英大公司有权要求其余四被告承担连带担保责任；根据涉诉应收账款质押合同的约定，英大公司有权以云飞公司出质的应收账款优先受偿。

云飞公司、长帆公司、胡某某、万某某共同辩称：对签订融资租赁合同、担保函、应收质押账款合同的事实，办理相关应收账款质押登记的事实，原告支付相关价款的事实以及原告催收债权的相关事实均没有异议；对原告要求解除合同的诉讼请求也没有异议；仅就延迟利息、违约金的计算事项请求法院依法审查裁判，合理计算。

胡某甲辩称：融资租赁合同上的签字并非胡某甲本人所签，不应当承担连带责任。

法院审理认为：

英大公司与云飞公司签订的融资租赁合同，系当事人双方真实意思表示，不违反法律强制性规定，合同合法有效。英大公司依约向作为出卖人和承租人的云飞公司支付了购买价款，并将租赁物交付云飞公司使用，云飞公司应当按照合同的约定支付租金，因云飞公司不履行自身义务，本院依据双方合同的约定和相关法律的规定对英大公司要求解除合同、收回租赁物的诉讼请求予以支持，并由云飞公司承担相应赔偿责任。

长帆公司、胡某某、万某某在融资租赁合同中以担保人的身份承诺对云飞公司在融资租赁合同项下承担的租金和其他合同义务承担连带保证责任，该承诺系其真实意思表示，不违反法律规定。英大公司要求该三方担保人承担连带责任的诉讼请求，本院予以支持。经鉴定，融资租赁合同和担保函上“胡某甲”字样均非胡某甲本人所签，英大公司要求胡某甲承担连带责任的诉讼请求，本院不予支持；

英大公司与云飞公司签订的两份应收账款质押合同和应收账款质押登记协议，系当事人真实意思表示，符合法律规定，并在信贷征信机构办理了出质登记，质权有效设立。但在诉讼过程中，英大公司未提供云飞公司与作为应收账款债务人之一的武汉华源电力集团有限公司汉阳分公司应收账款存在的合同依据，不能确定该应收账款的存在，英大公司请求以该项应收账款优先受偿的诉讼请求，本院不予支持。对于其余应收账款，英大公司均提供了相关合同依据，英大公司诉讼请求的数额低于担保债权数额，云飞公司也认可存在应收账款，英大公司要求对云飞公司根据相关合同在约定的期间内产生的应收账款优先受偿的诉讼请求，本院予以支持。但英大公司未提供云飞公司通知应收账款债务人的证据，英大公司享有优先受偿的债权范围以云飞公司通知应收账款债务人时，或者在诉讼保全或后续的执行过程中法院实际通知应收账款债务人时，实际存在的应收账款，以及在此后的登记应收账款期限内产生的应收账款为限。

三、案件评析

本案是一起因承租人违反租金支付义务而导致的融资租赁合同纠纷案件。从出租人与承租人的诉辩观点看，承租人云飞公司对出租人英大公司的诉讼主张基本认同，仅对迟延利息及违约金的计算问题请求法院酌情减免。鉴于融资租赁合同中相关事项的约定较为明确，双方当事人亦不存在过多争议，笔者对其他问题不做过多讨论。但本案涉及出租人应收账款质权实现的问题，法院在判定出租人享有的应收账款债权优先受偿的范围时，指出“英大公司享有优先受偿的债权范围以云飞公司通知应收账款债务人时，或者在诉讼保全或后续的执行过程中法院实际通知应收账款债务人时，实际存在的应收账款，以及在此后的登记应收账款期限内产生的应收账款为限”。这一问题需要融资租赁公司予以重视。

鉴于我国的应收账款质押制度在2007年《物权法》修订后才确立起来，存在时间较短，实践经验尚不丰富，相关规则有待总结，故关于应收账款质押是否需要通知债务人的问题易被融资租赁公司所忽视，租赁公司对其相应的法律后果也往往缺乏充分的认识。故笔者认为，有必要予以讨论：

首先，明确应收账款质权的性质。应收账款质权实为权利质权，关于权利质权的性质，理论上存在争议。有观点认为权利出质实为权利转让，因出质的客体仅限于有体物而不包含权利，故权利出质系以担保的形式进行了权利的转让。也有观点认为权利出质的目的为担保而非权利转让，权利与动产类似可成为出质的客体，权利出质没有法律障碍。另有观点结合两者认为权利质权系准质权，参照适用动产质权的规定。从《物权法》的规定看，我国法律认可权利可以出质，权利质权系权利出质而非权利转让。

其次，明确应收账款质权设立的生效要件。《物权法》第228条规定，“以应收账款出质的，当事人应当订立书面合同。质权自信贷征信机构办理出质登记时设立”，故应收账款出质采用登记要件主义。本案所涉质权在信贷机构进行了登记，质权即有效设立，产生了物权公示效力。《合同法》第80条规定，“债权人转让权利的，应当通知债务人。未经通知，该转让对债务人不发生效力”，因此有观点认为应收账款出质需通知债务人后才对债务人发生效力，此观点与本案的审判意见相一致，具有先进性。应收账款质押虽与债权转让的性质不同，但就对债务人发生效力的问题上，通知都是有积极意义的。

最后，回归应收账款优先受偿的范围是否以通知债务人为限定条件的问题。笔者认为，应收账款出质虽以登记的方式公示设立，但对融资租赁公司而言，通知债务人并非没有意义。原因在于法律并未规定债务人有查询的义务，债务人依原法律关系向出质人（融资租赁合同关系中的承租人）偿还债务仍可消灭债权，随之消灭应收账款质权。故应收账款出质虽是物权，具有对世性，但并不能对抗不知情的债务人。对此，法院的相关判例[①]与王利明教授在《物权法研究》一书中的观点保持了一致，即“通知债务人……只是质权人能否向债务人收取债权的要件，也就是说，如果通知了债务人，质权人可以向其收取，而如果没有通知债务人，债务人有权拒绝”，“如果债务人因为不知道债权设定了出质而仍然向原债务人清偿，该清偿有效。应收账款质权人无权要求债务人继续向其清偿，或者请求清偿无效”。

① 参见最高人民法院（2012）民申字第1019号民事判决书、安徽省高级人民法院（2014）皖民二终字第00658号民事判决书。

四、对租赁公司的启示

融资租赁交易中，以应收账款出质主要基于出租人与承租人的意思，对作为第三人的债务人的权利义务基本无不利影响，按照《物权法》的规定，该质权的设立不需要通知并取得债务人的同意。但如前所述，因应收账款出质登记不能对抗不知情的债务人，从融资租赁公司的角度看，通知债务人仍为必要。因此提示融资租赁公司，为保障自身应收账款质权的实现，防止应收账款债务人向承租人履行，融资租赁公司作为应收账款的质权人应及时通知应收账款债务人出质事宜，并在承租人违约时及时止付，必要时配合账户监管，以确保质权利益的实现。

案例6.5　融资租赁公司无法办理采矿权抵押登记的法律后果①

近几年，融资租赁公司在办理采矿权抵押登记时，部分地区国土资源部门要求融资租赁公司提供金融许可证、贷款合同，并以融资租赁公司的经营范围内不包括“贷款业务”为由拒绝为融资租赁公司办理采矿权抵押登记，在此情况下，融资租赁公司如何采取救济措施成为出租人面临的一大困境。

本案争议焦点：国土资源部门拒绝为融资租赁公司办理采矿权登记，出租人在持有采矿证原件的前提下，出租人能否依《担保法司法解释》第59条规定主张优先受偿权。

工银金融租赁有限公司与山西离柳焦煤集团有限公司融资租赁合同纠纷案②

原告：工银金融租赁有限公司（以下简称“工银租赁”）

被告：山西离柳焦煤集团有限公司（以下简称“离柳焦煤”）

① 本部分作者为北京市汇融律师事务所合伙人邹颖。

② 参见最高人民法院（2016）最高法民终605号民事判决书，2016年12月7日作出。

一、案件基本事实

2013 年 5 月 15 日，工银租赁与离柳焦煤分别签订两份《融资租赁合同》，约定以离柳焦煤所有的铁路专用线、井巷工程、机电设备、生产和安全设备为标的开展回租式融资租赁业务。合同签订后，工银租赁依约支付了相应租赁物购买价款。

2013 年 5 月 15 日，双方签订了《抵押合同》，约定离柳焦煤将其持有的朱家店煤矿采矿权抵押给工银租赁。

鉴于离柳公司在履行《融资租赁合同》过程中发生逾期，且工银租赁得知离柳焦煤于 2013 年 11 月将朱家店煤矿采矿权抵押给民生银行太原分行，并在山西省国土资源厅办理了抵押备案，故工银租赁后续与离柳焦煤签订了《补充协议》，约定离柳焦煤另将兑镇煤矿采矿权抵押给工银租赁，并办理采矿权抵押登记。

后双方在向兑镇煤矿采矿权抵押登记机关，即山西省国土资源厅咨询采矿权抵押办理事宜时得知，鉴于工银租赁的经营范围不含“贷款业务”，不符合山西省国土资源厅规定的办理采矿权抵押登记资格要求，无法办理抵押登记，因此，2014 年 8 月 1 日，在工银租赁的要求下，离柳焦煤将兑镇煤矿采矿许可证原件交予工银租赁。

《融资租赁合同》和《补充协议》履行过程中，离柳焦煤再次发生逾期，工银租赁将离柳焦煤诉至天津市高级人民法院。

二、起诉与答辩及法院的认定与判决

工银租赁主要诉讼请求：1. 要求离柳焦煤支付逾期未付租金及其相应逾期利息；2. 因离柳焦煤未按《补充协议》的约定办理抵押登记，要求离柳焦煤向工银租赁支付相应违约金；3. 主张对兑镇煤矿采矿权享有抵押权，且在担保范围内对该等采矿权进行拍卖、变卖所得款项中优先受偿。

离柳焦煤一审未提交答辩意见。

天津市高级人民法院（以下简称“一审法院”）查明工银租赁与离柳焦煤签订《融资租赁合同》《补充协议》的事实，双方在签订了兑镇煤矿的相应抵押合同后，未在主管机关办理抵押登记手续。

一审法院认为：

离柳焦煤为实现融资目的，将其所有的铁路专用线、井巷工程及其相应设备的所有权转让给工银租赁、再从工银租赁租回使用，并按期支付租金，属于融资租赁法律关系的售后回租交易模式。本案中，双方签订的《融资租赁合同》《补充协议》和相应抵押合同系各方当事人为保证融资租赁交易的正常履行而自愿签订，系真实意思表示，且不违反法律、行政法规强制性规定，均为合法有效。离柳焦煤未按期支付租金，违反合同约定，应承担相应违约责任。

对于工银租赁主张对离柳焦煤抵押的采矿权行使优先受偿权问题，一审法院认为：采矿权为不动产性质物权，按照我国相关法律规定，采矿权抵押属于应经登记设立抵押权的财产范畴，兑镇采矿权未在主管部门进行登记备案，故工银租赁主张其享有抵押权不能成立，且工银租赁主张兑镇采矿权未办理登记是基于主管部门的原因，缺乏事实依据，不予支持。

一审法院判决①：1. 离柳焦煤向工银租赁支付逾期未付租金及依据融资租赁合同约定计算的逾期利息；2. 离柳焦煤因未按《抵押合同》约定办理采矿权抵押登记，应向工银租赁支付的违约金；3. 驳回工银租赁的其他诉讼请求。

三、上诉与答辩及法院的认定与判决

工银租赁不服一审法院判决，上诉至最高人民法院（以下称“二审法

---

① 参见天津市高级人民法院（2016）津民初3号民事判决书，2016年7月4日作出。

院”）。

离柳焦煤二审辩称：采矿权是基于不动产性质的物权，未经登记的抵押权不成立。兑镇煤矿采矿权也被多个法院查封，故请求法院驳回工银租赁的上诉请求。

除一审法院查明的事实外，二审法院另查明：1. 2014 年 1 月 27 日，山西省国土资源厅发布《关于进一步明确采矿权抵押备案有关事项的通知》（晋国土资函〔2014〕123 号）要求：向非银行机构进行融资，申请办理采矿权抵押备案的，需提供非银行机构法人经营范围含贷款业务的法人营业执照及中华人民共和国金融许可证。2. 2014 年 8 月 1 日，离柳焦煤将兑镇煤矿采矿权许可证原件交予工银租赁保管至今。3. 2014 年 5 月 9 日，工银租赁委托北京市汇融律师事务所律师前往山西省国土资源厅询问工银租赁能否办理抵押备案时，被告知营业执照载明的经营范围必须包含贷款业务才可办理。4. 兑镇煤矿采矿权在此之前已被四家单位进行了查封。

二审争议焦点问题主要是：工银租赁对案涉的兑镇煤矿采矿权是否享有抵押权和优先受偿权。

二审法院认为：

《物权法》第 123 条关于“依法取得的探矿权、采矿权、取水权和使用水域、滩涂从事养殖、捕捞的权利受法律保护”的规定，明确了采矿权作为用益物权的法律属性。但《物权法》并未规定采矿权系不动产，亦没有关于采矿权抵押登记的明确规定，从而导致实践中对矿业权抵押问题的不同认识和差别化处理。

参照国土资源部发布的《矿业权出让转让管理暂行规定》（国土资发〔2000〕309 号）第 3 条第 1 款、《中华人民共和国增值税暂行条例实施细则》第 23 条、财政部、国家税务总局发布的《关于固定资产进项税额抵押问题的通知》（财税〔2009〕113 号）等国家相关部委的相关规定以及社会对矿产资源的一般理解，矿产资源可视为土地附着物，矿业权适用不动产法律法规予以调整。因此，在法律、行政法规没有另外规定的情况下，上述部委的规章、规范性文件可以作为认定矿产资源及矿业权属性的重要参考。

根据《物权法》第 9 条第 1 款“不动产物权的设立、变更、转让和消灭，经依法登记，发生效力；未经登记，不发生效力，但法律另有规定的除外”之规定，以及第 180 条第 1 款、第 187 条等抵押权自登记时设立的相关规定，矿产资源作为土地附着物，探矿权、采矿权抵押应遵循登记生效主义原则，抵押权应自登记时设立。目前，矿业权抵押尚无法律明确规定的登记部门。国土资源主管部门作为矿产资源勘查许可证、采矿许可证的审批登记机关，基于《矿业权出让转让管理暂行规定》和《关于进一步完善采矿权登记管理有关问题的通知》（国土资发〔2011〕14 号）等规范性文件的规定，为矿业权抵押办理备案手续。鉴于不动产物权登记的主要功能和作用在于借此获得对世的公示效力，就目前矿业权抵押备案的主要功能及效果而言，备案与登记并无实质区别，抵押权人可借此取得对抗他人的公示效力和优先受偿权。在法律、行政法规尚无明确矿业权抵押登记部门的情况下，国土资源主管部门依据部门规章或地方性法规办理的矿业权抵押备案，可视为矿业权抵押登记，矿业权抵押权自登记或者备案时设立。案涉抵押合同未办理备案登记，一审法院据此认定采矿权抵押权均未设立，并无不当。

工银租赁提出，即使采矿权抵押权自备案登记时设立，案涉采矿权抵押未备案登记非基于工银租赁原因，而是基于登记部门原因致使其无法办理抵押备案登记，根据《担保法司法解释》第 59 条的规定，其应对案涉采矿权享有优先受偿权。二审法院认为，工银租赁的主张不能成立，理由如下：

首先，根据《抵押合同》的约定，办理抵押备案登记的义务人为离柳焦煤，工银租赁没有证据证明离柳焦煤办理过采矿权抵押登记，虽然双方在二审中均陈述办理过案涉采矿权抵押登记，但无法就办理时间、地点、经办人、提交文件等作出详细具体的说明并提供相应的证据，难以进一步确认是否因登记部门的原因导致未能办理案涉采矿权抵押的备案登记。

其次，兑镇煤矿采矿权许可证原件尽管交付给了工银租赁保管，但工银租赁在2014年8月接受兑镇煤矿采矿权抵押时，已知悉2014年1月27日山西省国土资源厅发布的相关采矿权抵押备案的通知，其经营范围内无贷款业务将无法办理采矿权抵押备案。在此情况下其与离柳焦煤签订抵押合同，应自行承担相应风险，不属于《担保法司法解释》第59条“因登记部门的原因致使其无法办理抵押物登记”的情形。

最后，在工银租赁申请法院查封前，已有四家债权人对兑镇煤矿的采矿权在先申请了查封，工银租赁不享有对抗上述债权人的优先受偿权。

二审法院判决：驳回上诉，维持原判。

四、案件评析

第一，鉴于《物权法》未明确规定采矿权抵押登记的法律性质，实践中对采矿权抵押登记产生的是设权效力，还是对抗效力存在不同认识。最高法院在本案中确认采矿权具有不动产属性，进而认定国土资源主管部门办理的采矿权抵押登记具有设权效力，适用不动产物权登记生效原则，对于司法实践具有指导意义。同时，明确了国土资源主管部门在实践中采用的“采矿权抵押备案”和“采矿权抵押登记”两种方式在功能和法律效果上并无二致，亦通过案例指导的方式厘清了部门规章或地方性法规因用语不统一而产生的误解。

第二，《担保法司法解释》第59条的规定：“当事人办理抵押物登记手续时，因登记部门的原因致使其无法办理抵押物登记，抵押人向债权人交付权利凭证的，可以认定债权人对该财产有优先受偿权。但是，未办理抵押物登记的，不得对抗第三人。”该条款是对于因登记机关无法办理抵押登记的当事人享有优先受偿权之特殊保护。

对于二审判决认定工银租赁不能依据《担保法司法解释》第59条的规定主张兑镇煤矿采矿权的优先受偿权，笔者认为，存在以下值得商榷之处：

首先，国土资源部门制定和执行与《物权法》相悖的规定是导致兑镇煤矿采矿权未办理抵押登记的根本原因，这点毋庸置疑。国土资源部于2011年1月20日发布的《关于进一步完善采矿权登记管理有关问题的通知》(国土资发〔2011〕14号）一文中规定：“四、规范采矿权抵押备案、注销条件（二十八）采矿权人申请抵押备案的，应向登记管理机关提交以下资料：……3. 贷款合同；……”山西省国土资源厅于2013年7月8日发布的《关于进一步规范采矿权抵押备案有关工作的通知》（晋国土资发〔2013〕237号）中规定：“二、采矿权抵押备案申报材料……（四）贷款合同原件。……”以及山西省国土资源厅于2014年1月27日发布的《关于进一步明确采矿权抵押备案有关事项的通知》（晋国土资函〔2014〕123号）规定：“三、向非银行机构进行融资，申请办理采矿权抵押备案的，需提供非银行机构法人经营范围含贷款业务的法人营业执照及‘中华人民共和国金融许可证’。”此外，其他省份，如湖南国土资源厅也有同样的规定。也就是说，无论工银租赁或离柳焦煤是去询问如何办理，还是正式递交材料申请办理，最终的结果都是无法办理，因此，采矿权抵押未办理的原因不在于“办理过程”，而在于“办理无依据”，正是因为国土资源部门制定的依据限制了抵押权主体范围，才使案涉采矿权抵押登记无法办理。

在本案中，双方当事人在庭审中均陈述就工银租赁其能否作为抵押权人办理兑镇煤矿采矿权抵押现场咨询国土资源部门，当事人事先的询问行为也是办理抵押登记的一部分，得到登记部门无法办理的答复后，当事人也无递交具体材料的必要和可能，但判决书回避了对国土资源部门不可能接受申请登记材料的合理事实。

其次，对于查封债权人是否属于《担保法司法解释》第59条规定的“第三人”，本案判决持肯定态度，但缺乏说理依据和过程。最高人民法院于2006年5月18日在向四川省高级人民法院《关于担保法司法解释第五十九条中的“第三人”范围问题的答复》（法函〔2006〕51号）中提到：因登记部门的原因致使当事人无法办理抵押物登记是抵押未登记的特殊情形，如果抵押人向债权人交付了权利凭证，人民法院可以基于抵押当事人的真实意思认定该抵押合同对抵押权人和抵押人有效，但此种抵押对抵押当事人之外的第三人不具有法律效力。该《答复》规定得过于泛泛，容易使“第三人”被解读为除当事人之外的一切合法主体。

笔者认为，《担保法司法解释》第59条无疑是给面对登记机关无能为力的当事人的另一种救济方式，确认取得权利凭证的当事人对抵押物的优先受偿权，意在尊重交易实质，保护实体权利。因此，第59条中的“第三人”应是符合《物权法》规定的有权取得物权善意第三人，而非保全或执行程序中的查封债权人，查封债权人本质上是普通债权人，对抵押物没有设置过物权，不享有物权优先性，查封债权仅是通过事后救济的方式获得的一种就查封物平等受偿的普通债权，查封债权人之间也没有先后顺序。

另外，参考部分学者和法官在商事外观主义中对第三人的解读①，“根据外观主义原则维护交易安全的宗旨，第三人的适用范围应局限于就相关标的从事交易的第三人”。采取外观主义原则的目的在于维护交易安全，在权衡第三人与实际权利人之间利益时，之所以向第三人倾斜，是为了追求维护交易安全这一价值目标。但查封债权人，是因其他债务纠纷而用被执行人财产还债，无维护交易成本之价值目标的需要，概言之，仅就某查封财产主张清偿债务而非就该权利从事交易的第三人，不能根据外观主义原则寻求救济。

同样地，在本案中，工银租赁和离柳焦煤具有抵押的真实意思表示，并实施了“办理”的行为，工银租赁基于对《担保法司法解释》第59条的信赖，采取了相应的措施，而查封债权人事先并未采取防控措施，仅是利用诉讼程序占领先机，从维护公平正义的价值取向而言，不应享有优先受偿权，司法机关应回归实质主义，保障工银租赁的优先受偿权。

---

① 张勇健．商事审判中适用外观主义原则的范围探讨与最高人民法院《关于适用〈中华人民共和国公司法〉若干问题的规定（三）》相关条文对照［J］．法律适用，2011（8）．

五、对租赁公司的启示

鉴于采矿权抵押登记面临诸多实践操作问题，笔者建议融资租赁公司在拟使用采矿权抵押等担保措施时注意以下几点：

第一，事先了解抵押登记机关的办理要求。除采矿权抵押外，融资租赁公司在办理房地产、在建工程、机动车、设备等财产抵押登记过程中，也遇到类似问题，建议在办理相关抵押登记前到登记机关了解办理要求，根据具体情况适时调整担保措施。

第二，如遇登记机关提出无法办理抵押登记时，建议与登记机关的法制部门以及上一级主管部门进行充分沟通，并留存和收集询问、沟通过程中的必要证据，如录音、录像等，同时尽量取得登记机关不予办理抵押登记的书面回复。

第三，及时采取法律措施主张权权利，如发送公司函、律师函，必要时申请行政复议、行政诉讼。

《物权法》《担保法》都是以维护和促进市场交易为出发点的，没有对交易形式以及交易主体的资质做出特殊要求。部门规定和地方规范性文件排除贷款合同之外的其他合同形式与交易主体办理采矿权抵押显然违反了法律规定。登记机关依据与法律相冲突的下位法拒绝履行法定职责，融资租赁公司有权提起行政复议、行政诉讼。

第四，发挥主管部门和行业协会作用。随着融资租赁行业规模的扩大，主管机构和各地行业协会为行业发声尤为重要，本案所涉及的问题关乎整个融资租赁行业的法律环境建设，建议融资租赁公司将所遇问题及时上报主管部门，并反馈给行业协会，推动相应抵押登记的主管部门对此作出相应回复。

第五，发挥人大代表、政协委员参政议政作用。融资租赁公司中的投资者中不乏各级人大代表、政协委员，建议在参政议政中及时提案，要求国土资源部门顺应大势修改与法律冲突的部门规章和其他规范性文件，停止区分抵押权人、区分主债权类型的不平等登记行为，推动融资租赁法律制度的完善。

案例6.6　非法定机关办理抵押登记的效力[①]

《物权法》规定了动产抵押自抵押合同生效时设立，未经登记不得对抗善意第三人。《物权法》及有关法律规范规定了以动产作为抵押财产进行抵押登记的机关，若抵押登记未在法定机关办理而是在非法定机关办理的，效力如何呢？我们结合本案予以剖析。

拉赫兰顿融资租赁（中国）有限公司与桓台县工商行政管理局、桓台县农村信用合作联社工商管理行政抵押登记案[②]

上诉人：桓台县农村信用合作联社（一审第三人，以下简称“桓台信用社”）

被上诉人：拉赫兰顿融资租赁（中国）有限公司（一审原告，以下简称“拉赫兰顿公司”或“出租人”）

一审被告：桓台县工商行政管理局（以下简称“桓台工商局”）

一审第三人：淄博国泰起重吊装工程有限公司（以下简称“国泰公司”或“承租人”）

一、案件基本事实

出租人拉赫兰顿公司与承租人国泰公司签署了《租赁协议》《委托购买合同》《备忘录》，拉赫兰顿公司以融资租赁方式为承租人提供LTM1500－8.1利勃海尔全路面起重机（涉案车辆）。为承租人经营方便，出租人同意承租人国泰公司在淄博市公安局交通警察支队车辆管理所办理了涉案车

---

① 本部分作者为北京市汇融律师事务所合伙人张立国。

② 参见山东省淄博市中级人民法院（2014）淄行终字第16号二审行政判决书，2014年6月26日作出。

辆的注册登记，将该车登记在其名下，登记车牌号为鲁 CA7706。后上诉人桓台信用社与桓台硕泰机械化施工有限公司（以下简称“硕泰公司”）签订《流动资金借款合同》一份。合同约定，硕泰公司向桓台信用社借款18000000 元用于购买钢板。同时，国泰公司与桓台信用社签订《抵押合同》一份，国泰公司以涉案车辆等为上述借款提供抵押担保。国泰公司与桓台信用社到桓台工商局处申请为上述抵押物办理抵押登记，桓台工商局受理登记申请文件后，在桓工商抵登字（2012）第 006 号《动产抵押登记书》上加盖了动产抵押登记专用章，并注明了盖章日期 2012 年 1 月 17 日。

二、起诉与答辩及法院的认定与判决

一审中出租人诉请：拉赫兰顿公司认为其对涉案车辆享有所有权，承租人无权处分，桓台工商局为桓台信用社、国泰公司作出的抵押登记行为侵犯其合法权益，向法院提起行政诉讼，请求依法确认被告作出的桓工商抵登字（2012）第 006 号《动产抵押登记书》行为无效，并予以撤销。

一审法院经审理认为：《中华人民共和国道路交通安全法实施条例》第八条规定：“机动车所有人将机动车作为抵押物抵押的，机动车所有人应当向登记该机动车的公安机关交通管理部门申请抵押登记。”《担保法》第 42 条第（四）项规定：“以航空器、船舶、车辆抵押的，办理抵押登记的部门为运输工具的登记部门”。根据上述法律规定，涉案车辆在已经办理机动车注册登记的情况下，其抵押登记应当由登记该机动车的公安机关交通管理部门负责办理。被告桓台工商局虽有办理部分动产抵押登记的职权，但为涉案起重机办理抵押登记属其他部门的职权，因此，被告为涉案起重机办理的抵押登记应予撤销。

法院判决：撤销被告桓台工商局 2012 年 1 月 17 日作出的桓工商抵登字（2012）第 006 号《动产抵押登记书》中对 LTM1500 – 8. 1 利勃海尔全路面起重机的抵押登记。案件受理费 50 元，由被告桓台工商局负担。

三、上诉与答辩及法院的认定与判决

上诉请求及理由：上诉人桓台信用社请求二审法院撤销一审判决，依法改判驳回拉赫兰顿公司一审诉讼请求。理由如下：1. 一审法院判决认定被上诉人拉赫兰顿公司具备本案主体资格错误，被上诉人与桓台工商局作出的动产抵押登记行为之间不具有法律上的利害关系，被上诉人不具备本案诉讼主体资格。涉案车辆登记在国泰公司名下，国泰公司是所有权人。拉赫兰顿公司对抵押物不享有任何正当权益，其与具体行政行为没有法律上的利害关系。2. 一审法院判决认定抵押物属于车辆，并应当由车辆登记机关办理抵押登记与客观事实不符。3. 桓工商抵登字（2012）第006号动产抵押登记书已经淄博市中级人民法院生效判决确认有效，该判决书认定桓台信用社对抵押设备享有抵押权，抵押登记证书合法有效。

拉赫兰顿公司答辩：上诉人提起上诉没有事实和法律依据，请求二审法院驳回上诉，维持原判。理由如下：1. 拉赫兰顿公司拥有对涉案车辆的所有权，桓台工商局针对抵押物作出的抵押登记行为侵犯了拉赫兰顿公司的合法权益，因此，拉赫兰顿公司与桓台工商局作出的抵押登记行为之间具有法律上的利害关系。2. 本案中抵押物为全路面汽车起重机，依法属于由公安机关负责注册登记的机动车，且已经在淄博市公安局交警支队车辆管理所办理过机动车注册登记，其抵押登记理应由车管所负责办理。桓台工商局无权对抵押物办理动产抵押登记。3.（2012）淄商初字第63号民事判决书正是依据桓台工商局作出的动产抵押登记，认定桓台县农信社对抵押物享有优先受偿权，答辩人不服63号判决，向山东省高级人民法院提出再审申请，山东省高级人民法院已经于2013年8月13日作出（2013）鲁民申字第319号民事裁定书，裁定再审并中止了63号判决的执行。

桓台工商局答辩：一审被告桓台工商局答辩称案涉具体行政行为，适用法律正确，程序合法，一审判决认定事实错误，应当予以撤销。理由如下：1. 桓台工商局的行为未对拉赫兰顿公司的权利产生实际影响；2. 拉赫兰顿公司的起诉已经超过诉讼时效，依法应当予以驳回。

二审法院经审理认为及判决：二审法院认为，拉赫兰顿公司的起诉未超过起诉期限且其具备本案原告的诉讼主体资格。拉赫兰顿公司主张其对涉案车辆享有所有权，并提供了拉赫兰顿公司与国泰公司签署的《租赁协议》《委托购买合同》《备忘录》及（2012）中国贸仲沪裁字第488号《裁决书》予以证实。同时，拉赫兰顿公司不服淄博市中级人民法院对桓台信用社诉硕泰公司、国泰公司借款合同纠纷一案作出的（2012）淄商初字第63号民事判决，山东省高级人民法院已作出裁定指令淄博市中级人民法院对（2012）淄商初字第63号民事判决进行再审。拉赫兰顿公司认为桓台工商局作出桓工商抵登字（2012）第006号《动产抵押登记书》，侵犯了其对租赁物拥有的合法物权。综合上述情况，拉赫兰顿公司与桓台工商局作出的抵押登记行为之间具有法律上的利害关系，拉赫兰顿公司具备本案原告的诉讼主体资格。

二审法院认为：根据《机动车运行安全技术条件》（GB 7258—2004）的规定，机动车是由动力装置驱动或牵引、在道路上行驶的、供乘用或（和）运送物品或进行专项作业的轮式车辆，……专项作业车是在其设计和技术特性上用于特殊工作的车辆，例如，道路清洁车辆、汽车起重机等。涉案车辆属性属于机动车范畴。根据《道路交通安全法》《中华人民共和国道路交通安全法实施条例》《机动车登记规定》《担保法》等的规定，涉案车辆作为抵押物办理抵押登记应当由登记该机动车的公安机关交通管理部门负责办理。桓台工商局不能提供证据和相关法律规定确定涉案车辆属于《动产抵押登记办法》规定的生产设备，据此，应认定桓台工商局将涉案车辆为生产设备办理抵押登记无法律授权，属超越法定职权，依法应予以撤销。因此，上诉人上诉称涉案抵押物属于设备范畴，桓台工商局有权办理动产抵押登记，抵押登记合法有效的上诉理由不能成立，本院不予支持。二审法院做出“驳回上诉，维持原判”的判决。

四、案件评析

《物权法》第5条确立了物权法定的原则，即物权的种类和内容，由法律规定。违反物权法定的行为不产生物权上的效力。该案例中，承租人国泰公司无权处分了出租人享有所有权的涉案车辆的担保物权，与桓台信用社签署了抵押合同，并在非法定抵押部门办理了抵押登记，依据《合同法》《物权法》《担保法》等法律规范的规定，桓台工商局对涉案车辆办理的抵押登记依法无效，不能产生动产抵押登记的对抗效力。

正如二审判决书所述，根据《机动车运行安全技术条件》（GB 7258—2004）的规定，涉案车辆属性为机动车，并在车辆管理部门办理了注册登记。《担保法》第42条第（四）项规定："以航空器、船舶、车辆抵押的，办理抵押登记的部门为运输工具的登记部门"。《道路交通安全法》第8条规定："国家对机动车实行登记制度。机动车经公安机关交通管理部门登记后，方可上道路行驶。"《中华人民共和国道路交通安全法实施条例》第8条规定："机动车所有人将机动车作为抵押物抵押的，机动车所有人应当向登记该机动车的公安机关交通管理部门申请抵押登记。"《机动车登记规定》第22条规定："机动车所有人将机动车作为抵押物抵押的，应当向登记地车辆管理所申请抵押登记。"因此，涉案车辆应在车辆管理部门办理抵押登记。

另外，国家工商行政管理总局《动产抵押登记办法》第2条规定："企业、个体工商户、农业生产经营者以现有的以及将有的生产设备、原材料、半成品、产品抵押的，应当向抵押人住所地的县级工商行政管理部门办理登记。未经登记，不得对抗善意第三人"。因此，工商行政管理部门的办理动产抵押登记的范围不覆盖机动车，桓台工商局不应对机动车进行抵押登记。

行政机关的权力来源于法律的授权，法无授权即禁止，因此桓台工商局无权对涉案车辆进行抵押登记，从行政法范畴来说其抵押登记行为无效。根据《物权法》第 188 条规定，以生产设备、原材料、半成品、产品、交通运输工具抵押的，抵押权自抵押合同生效时设立；未经登记，不得对抗善意第三人。该条款修改了《担保法》第 41 条、第 42 条的规定，将“航空器、船舶、车辆”“企业的设备和其他动产”等动产设立抵押的要件调整为“抵押合同生效时”设立；但未经登记的，无法产生对抗善意第三人的效力。因此，从《民法》《物权法》范畴来说，桓台工商局对涉案车辆进行的抵押登记不能产生对抗善意第三人的效力。

承租人国泰公司无权处分出租人享有所有权的涉案车辆，为他人提供抵押，桓台信用社是否构成善意第三人，是否能善意取得抵押权呢？根据《物权法》第 106 条规定，无权处分情况下受让人在全部符合下列情形时构成善意第三人，依法可以取得相应物权：1. 受让人受让该不动产或者动产时是善意的；2. 以合理的价格转让；3. 转让的不动产或者动产依照法律规定应当登记的已经登记，不需要登记的已经交付给受让人。笔者认为，桓台信用社作为以金融借贷业务为主营业务的市场主体，应熟谙担保业务的操作、明晰各类动产的抵押登记机关，其舍近求远、在非法定机关对动产进行抵押登记，有非善意之嫌；其次，在非法定机构办理抵押登记，没有满足善意取得的法定条件，不应属于善意第三人。

五、实践指导意见

动产抵押权自抵押合同生效时设立，未经登记的，不得对抗善意第三人。根据物权法定原则，动产抵押的登记只有在法定部门办理才产生对抗善意第三人的效力，基于融资的属性，融资租赁交易中涉及大量的抵押担保，为防范法律风险，出租人应对抵押财产性质做出准确认定，依法办理登记。另外，基于融物的属性，融资租赁产生占有与所有的分离，《融资租赁司法解释》第 9 条第 2 款为出租人对抗第三人的善意取得开辟了一条路径，即出租人授权承租人将租赁物抵押给出租人，出租人对租赁物设立抵押登记时也应在抵押登记机关的确定上予以充分注意，防范风险。

案例6.7　保证人能否要求出租人先行处分租赁物以实现债权[①]

融资租赁实践中，为保障出租人债权的实现，出租人会要求承租人向其提供担保。但发生纠纷后，出租人要求保证人承担连带保证责任时，保证人可能会以各种理由对抗出租人的主张。那么保证人可否以“出租人应就租赁物先行折抵，不足部分再由保证人承担”进行抗辩？

江苏金融租赁股份有限公司与孙某、郑州五环彩印有限公司、河南天峰实业有限公司融资租赁合同纠纷案[②]

原告：江苏金融租赁股份有限公司（以下称“金融租赁公司”）

被告：郑州五环彩印有限公司（以下称“五环公司”）

被告：河南天峰实业有限公司（以下称“天峰公司”）

被告：孙某

一、案件基本事实

2012年11月19日，出租人金融租赁公司与承租人五环公司、出卖人天峰公司签订《协议书》，约定五环公司于2012年9月20日向天峰公司采购柯达CTP设备一台，经三方确认，五环公司将自行购买该设备改为向金融租赁公司融资租赁设备，设备款为100万元，金融租赁公司付款取得所有权后出租给五环公司使用。同日，出租人金融租赁公司与承租人五环公司签订《融资租赁合同》，约定：金融租赁公司将其所有的上述设备出租给五环公司使用；租赁期内，租赁物的所有权属于金融租赁公司，五环公司对租赁物只有使用权；租赁期限为2012年11月21日至2015年5月21

① 本部分作者为北京市汇融律师事务所明文丰。

② 参见南京市鼓楼区人民法院（2015）鼓商初字第342号民事判决书，2015年7月28日作出。

日，共31期；五环公司延迟支付租金及相关费用时，金融租赁公司有权按逾期金额的日万分之六收取逾期利息。

同日，天峰公司、孙某与金融租赁公司分别签订《保证合同》，约定：天峰公司、孙某为五环公司的债务提供连带责任保证担保，保证范围为五环公司在《融资租赁合同》项下的所有债务，总金额为1124900元，及其因违约应承担的违约金、损害赔偿金、诉讼费等；一旦承租人未能及时足额偿还租金或履行其他相关义务，金融租赁公司有权直接要求保证人承担保证责任，保证人应在接到金融租赁公司未能及时足额偿还到期租金通知的五个工作日内直接向金融租赁公司无条件地支付保证范围内索偿的金额；无论承租人或第三人是否提供物的担保（抵押或质押），金融租赁公司均有权要求保证人承担保证责任，而无须先行处分担保物。

合同签订后，五环公司支付了首期租金、手续费和风险金，金融租赁公司亦向天峰公司支付了全部设备款并将设备交付五环公司使用，但五环公司未能按约支付租金，存在多期逾期付款的情形。

二、起诉与答辩及法院的认定与判决

因承租人五环公司逾期支付租金，出租人金融租赁公司诉至法院，诉称：《融资租赁合同》签订后，金融租赁公司按约履行了相关义务，五环公司亦正常使用设备，但未能按约支付租金，截至2015年1月21日，五环公司尚欠第22—27期共计六期到期租金未能支付，金融租赁公司多次催要未果，故金融租赁公司有权要求五环公司偿还已到期未付租金及未到期租金共计241040元、名义货价1000元、截至2014年1月21日的逾期利息29268元，并自2014年1月22日起至实际给付之日止的逾期利息；鉴于保证人天峰公司、孙某与金融租赁公司签订了《保证合同》，承诺为五环公司的所有债务承担连带保证责任，故保证人应当对五环公司的上述债务承担保证责任。

保证人天峰公司辩称：其对五环公司租金支付情况并不清楚，五环公司向其反映涉案全部租金均已支付完毕，租金支付及是否存在违约情形应由法院依法查实，原告应在全部租金已支付完毕的情况下向五环公司返还风险金；原告主张违约金标准过高，且起诉前并未向其催要租金，其无须承担保证责任，且即使承担保证责任也应由三被告按份承担；涉案租赁物在租金支付完毕前应属原告所有，故原告应先就租赁物进行清偿，不足部分再由被告承担。

承租人五环公司、保证人孙某未到庭，也未答辩。

法院认为：案涉《融资租赁合同》《保证合同》均系当事人的真实意思表示，且不违反法律、行政法规的禁止性规定，合法有效，各方当事人应依约履行。合同签订后，金融租赁公司已按约受让五环公司的案涉设备，并将该设备出租给五环公司使用，五环公司应按约履行租金支付义务。五环公司仅支付了部分租金且存在多期逾期支付情形，已构成违约，应承担相应的违约责任；根据融资租赁合同约定，如五环公司延迟支付租金及相关费用时，金融租赁公司有权按日万分之六的标准收取逾期付款利息，并要求五环公司付清全部已到期未付租金、未到期租金、逾期利息和其他应付款项，该逾期付款利息标准并未明显过高，故对金融租赁公司要求五环公司支付已到期未付租金及未到期租金共计 241040 元（已扣除风险金 60260 元）、名义货价 1000 元、逾期利息 29268 元（截至 2015 年 1 月 21 日）的诉讼请求，符合合同约定，且具有事实和法律依据，法院予以支持；针对 2015 年 1 月 21 日之后的逾期付款利息，金融租赁公司自愿将利息标准调整至日万分之五，系其真实意思表示，且该标准符合法律规定，故对金融租赁公司主张自 2015 年 1 月 22 日起至实际给付之日止、以起诉时到期未付租金 180780 元为基数、按日万分之五标准支付逾期利息的诉讼请求，予以支持。天峰公司辩称金融租赁公司应就涉案租赁物先行折抵，不足部分再由三被告平均分担，且因起诉前并未向其催告，故天峰公司无需承担保证责任。根据保证合同约定，天峰公司、孙某对五环公司融资租赁合同项下的所有债务、五环公司应承担的违约金和逾期利息等承担连带清偿责任，金融租赁公司有权直接要求保证人承担保证责任，该条款并未约定天峰公司收到催要通知系其承担保证责任的前提，且在金融租赁公司起诉后，天峰公司亦未能及时还款，故天峰公司的该抗辩意见，没有事实和法律依据，法院不予采纳。对金融租赁公司要求天峰公司、孙某承担连带清偿责任的诉讼请求，法院予以支持。天峰公司、孙某在承担保证责任后，有权就其实际清偿部分向五环公司追偿，也可以要求其他保证人清偿其应当分担的份额。

三、案件评析

本案是一起因承租人违反租金支付义务而导致的融资租赁合同纠纷案件，涉及的主要法律问题是保证人的责任承担，法院立足于《保证合同》的约定，指出合同未约定“保证人收到催要通知系其承担保证责任的前提”，结合“在出租人起诉后，保证人未能及时还款”的事实，最终认定保证人的主张没有事实和法律依据，保证人承担连带清偿责任。但遗憾的是，法院并没有对保证人提出的“涉案租赁物在租金支付完毕前应属出租人所有，故出租人应先就租赁物进行清偿，不足部分再由保证人承担”的主张进行正面回应。笔者认为，该问题值得探讨。

（一）明确出租人要求保证人承担连带清偿责任的依据

《担保法》第 18 条的规定，当事人在保证合同中约定保证人与债务人对债务承担连带责任的，为连带责任保证。连带责任保证的债务人在主合同规定的债务履行期届满没有履行债务的，债权人可以要求债务人履行债务，也可以要求保证人在其保证范围内承担保证责任。套用此条的逻辑，连带责任保证中，在承租人未在案涉《融资租赁合同》规定的债务履行期内履行债务的情况下，出租人金融租赁公司享有选择权，即其既可以要求承租人履行债务，也可以要求保证人承担连带清偿责任，故出租人金融租赁公司可以直接要求保证人承担清偿责任。

（二）透过现象看本质

本案中，保证人主张租赁物在租金支付完毕前属出租人所有，故出租人应就租赁物先行折抵，不足部分再由承租人和保证人平均分担，其试图仅对出租人行使物权后不能受偿的债权部分承担保证责任，实质是要求出租人主张物权而放弃部分债权。融资租赁交易中，发生承租人违约的，出租人具有两种选择权，即出租人可以在就租赁物实现物权的同时要求承租人及其保证人赔偿自己的损失（此部分属于债权），又可以对承租人及其保证人主张其基于租金等款项支付义务而存在的债权，要物还是要债是出租人享有的选择权，这是《合同法》第 248 条及《融资租赁司法解释》赋予出租人的权利，任何人都无权强迫出租人选择其一而放弃另一种，法院也只是释明而已，保证人更无权强迫出租人只能选择物权，因此，保证人的主张与融资租赁交易的法理以及《合同法》《物权法》《担保法》的精神相违背。

（三）本案区别于人保和物保的并存问题

为担保债权的实现，主债权合同项下，可能既有担保人向债权人提供的保证担保，又有抵押人或质押人向债权人提供的物保（抵押人或质押人可以是债务人自己也可以是其他第三人），当债务人不履行债务时，是由提供人保的担保人负责清偿，还是由债权人优先处分担保物清偿债务，就产生了物保和人保的并存。

关于物保和人保并存时的处理，一般原则是有约定从约定，没有约定或约定不明的，按照《物权法》第 176 条的规定处理。该条规定：“被担保的债权既有物的担保又有人的担保的，债务人不履行到期债务或者发生当事人约定的实现担保物权的情形，债权人应当按照约定实现债权；没有约定或者约定不明确，债务人自己提供物的担保的，债权人应当先就该物的担保实现债权……”该规定估计是本案保证人提出抗辩的主要法律依据，但是本案不可类推适用本条“没有约定或者约定不明确，债务人自己提供物的担保的，债权人应当先就该物的担保实现债权”的处理规则，主要原因在于融资租赁业务，出租人对租赁物享有的是所有权，不具备探讨物保和人保并存的前提，即使经出租人同意，承租人将租赁物抵押给出租人，由于租赁物不属于承租人所有，也不适用该法律条款。本案不存在自物抵押与人保的并存，因此是要求就租赁物实现权利还是要求保证人履行保证责任，权利在出租人手里，不能作为保证人的有效抗辩理由。

四、对租赁公司的启示

首先，本案中保证人的相关抗辩应当引起融资租赁公司的充分重视，分析本案法院的审理观点可知，保证责任的承担与保证合同的约定密不可分，故提示融资租赁公司应关注保证合同的条款设计。除将保证责任的承担方式、保证的范围、保证期间等必要事项约定明确外，还应当就出租人是否要向保证人发出到期债务催缴通知书；既有物保又有人保的情况下，出租人如何实现自身权利等事项作出特别约定。此外，为阻却保证人关于“出租人应先就租赁物进行清偿，不足部分再由保证人承担”的抗辩，保证合同中可以明确约定“无论出租人要实现债权还是实现物权，保证人均应对承租人的全部债务承担连带清偿责任”。其次，即使本案存在人保与物保并存的问题，但鉴于本案保证合同的条款设计比较完善，出租人已以约定的形式排除了保证人要求出租人先就物保实现债权的可能性，故出租人亦能有效对抗保证人的主张，进而获得充足的担保利益。综上所述，本案出租人的做法给了其他租赁公司有益的启示，值得借鉴。

案例6.8 出租人对授权承租人设定抵押权的租赁物是否有优先受偿权[①]

融资租赁兼具融资与融物特性，因而租赁物占有权与所有权天然分离，在动产融资租赁项下，租赁物因承租人占有表征而被无权处分致使被第三人善意取得物权的案例大量存在。为维护交易安全，预防动产租赁物之物权被承租人无权处分、被第三人善意取得，租赁公司开创了授权承租人在租赁物上设立抵押权的实践，这一做法被《融资租赁司法解释》所认可。关于出租人就该特定抵押物是否享有优先受偿权，包括如下案例在内的许多案例做出了积极的判决，但实践中也存在不同观点，本文旨在从法律规范、法理角度论证赋予出租人优先受偿权的合法性、合理性及其重要性。

台新融资租赁（中国）有限公司苏州分公司与被告吴某某、江某融资租赁合同纠纷案[②]

原告：台新融资租赁（中国）有限公司苏州分公司（以下简称“台新租赁”或“出租人”）

被告：吴某某（以下简称“吴某某”或“承租人”）

被告：江某（以下简称“江某”或“保证人”）

一、案件基本事实

2014年9月15日，出租人与承租人、保证人签订《融资租赁合同》（编号：1409160005）。合同约定：租赁物件为奔驰牌轿车一辆（车型为SMART，车牌号码为苏B×××××，发动机号为3B21HH8247）；本合同

① 本部分作者为北京市汇融律师事务所合伙人张立国。

② 参见苏州工业园区人民法院（2015）园商初字第02343号民事判决书，2015年12月18日作出。

项下融资租赁交易以售后回租的方式开展；双方约定租赁物之购买价款为人民币 63000 元；出租人一旦将购买价款给付往承租人指定账户，承租人即应将租赁物转让并以占有改定方式交付给出租人以代替实际交付，同时视为出租人已将租赁物交付并出租给承租人使用；每期租金 2255 元，租赁期间自 2014 年 9 月 23 日至 2017 年 9 月 22 日，租金给付日为自起租的次月起，每月 23 号；承租人未依约定按期给付租金，出租人有权就逾期未给付部分按每日万分之五之比率向承租人计收违约金，直至付清为止；保证人应就承租人履行本合同的义务负连带保证责任，保证范围为本合同项下全部承租人的义务，保证期限为本合同签订之日起至本合同约定的承租人全部义务履行期届满后两年。

2014 年 9 月 15 日，出租人与承租人签订《车辆抵押合同》（编号：1409160005）。合同约定：承租人同意提供其占有的车辆（租赁物）作为抵押物，对出租人在《融资租赁合同》项下享有的全部债权进行不可撤销担保；抵押车辆为租赁物；抵押物担保的范围为主合同项下承租人应支付的所有款项。2014 年 9 月 19 日，出租人、承租人就上述租赁物抵押办理了抵押登记手续。

2015 年 9 月 15 日，承租人向出租人出具《车辆价款付款指示》。同日，出租人向承租人指定的账户汇款人民币 63000 元。

承租人自 2015 年 6 月 23 日起即未再支付租金。

二、起诉与答辩及法院的认定与判决

出租人诉请：1. 承租人向出租人支付全部未付租金人民币 63140 元；2. 承租人向出租人支付《融资租赁合同》项下的违约金；3. 保证人江某对前述债务向出租人承担连带担保还款责任；4. 出租人对设定抵押权租赁物的折价或者拍卖、变卖的价款享有优先受偿权；5. 诉讼费用由被告承担。

承租人、保证人均缺席，未做答辩。

法院经审理认为及判决：

出租人、承租人间的融资租赁合同关系依法成立有效，出租人、承租人均应受该合同条款的约束，享受及承担该合同约定的权利、义务。现出租人已按约提供租赁物，承租人也应按约付款，承租人未按合同约定期限及时向出租人支付租金构成违约，故出租人有权要求承租人支付全部已到期及未到期租金。关于出租人主张的已到期租金的违约金，其主张按每日万分之五计算，也有合同依据。故自2015年11月11日起至承租人实际付款之日止的违约金以63140元中的未给付部分为基数，按每日万分之五计算。江某作为融资租赁合同的连带保证人，应就承租人的上述债务承担连带清偿责任。被告江某在承担保证责任后，有权向承租人追偿。

因此，一审法院缺席判决如下：1. 承租人应于本判决生效之日起十日内归还出租人已到期未付及未到期租金人民币63140元，并赔付出租人相应违约金；2. 如承租人未按上述期限付款，出租人有权以承租人名下车牌号为苏B×××××车辆（即租赁物）折价或者以拍卖、变卖所得价款优先受偿；3. 保证人对承租人上述第一项付款义务承担连带清偿责任。保证人在承担保证责任后，有权向承租人追偿。

一审判决生效。

三、案件评析

承租人、保证人均缺席庭审，未对包括以设定抵押权的租赁物的变价优先受偿在内的出租人的诉讼请求形成答辩。判决认定出租人对抵押租赁物有优先受偿权，同样的判决参见本书中相关案例①。案例本身虽未形成争议焦点，但该问题因涉及出租人的风险防控与债权实现，在日常工作中，笔者经常被融资租赁公司问及，基于实践中产生的问题以及经常被询问的角度，对认定融资租赁出租人对设抵租赁物是否有优先受偿权，我们

① 参见本案例选评案例2.5：租赁车辆登记在承租人名下是否影响出租人的所有权。

从法律规范、法理维度结合实践一一分析开来：1. 抵押权的设立是否以抵押人享有抵押物的所有权为前提？2. 抵押物是否不可为抵押权人享有所有权的物？3.《融资租赁司法解释》以最高人民法院公布施行的司法解释设定所有人抵押权的效力如何？4. 法律规范是否对出租人享有抵押权之租赁物有限制优先受偿的规定？5. 承认《融资租赁司法解释》设定的所有人抵押权，是否是对《融资租赁司法解释》确定的“物债择一、债不得偿时再诉物”架构的违反与架空？6. 设立抵押权并对租赁物优先受偿是否符合出租人、承租人双方的意思表示？

第一，《民法通则》（主席令第 37 号，1987 年 1 月 1 日施行）规定，抵押财产系债务人或者第三人“提供”，《民通意见》进一步明确，以自己不享有所有权财产作抵押物的，应当认定抵押无效。《担保法》沿袭《民法通则》及《民通意见》的规定，将抵押设立的前提设定为享有所有权（国有资产的抵押除外）。《物权法》适应市场经济的发展，将抵押财产设定为抵押人有权处分的财产，而非享有所有权的财产。因此，抵押权的设立不以抵押人享有抵押物所有权为前提，有权处分即可。

第二，关于抵押物是否不可为抵押权人享有所有权之物的问题比较复杂。从传统民法理论来看，抵押权系保全债权的担保物权，旨在保障特定债权的实现，所有权包括占有、使用、收益、处分的全部权能，变价处分系所有权应有之义，于所有权人所有之物上另行定限物之变价的抵押权则产生所有权与抵押权的混同，抵押权因其系所有权的应有之义而被吸收，除非承认所有人抵押。所有人抵押，也称所有人抵押权，指所有权人于自己所有的财产上由自己保有抵押权，它系现代各国抵押权法中一种十分特殊的制度[①]。我国《担保法》《物权法》未规定此制度，但《担保法司法解释》对后有的所有人抵押权予以承认：《担保法司法解释》第 77 条规定，同一财产向两个以上债权人抵押的，顺序在先的抵押权与该财产的所有权归属一人时，该财产的所有权人可以以其抵押权对抗顺序在后的抵押

① 陈华彬．论所有人抵押权——基于对德国法和瑞士法的分析［J］．现代法学，2014（5）．

权。即若顺序在先抵押权人取得抵押物之所有权，即使其主债权消灭，仍可以其抵押权所担保的数额对抗顺序在后的抵押权。《担保法司法解释》之后，笔者认为，《融资租赁司法解释》关于出租人授权承租人将租赁物抵押给出租人的规定，系再次对融资租赁交易项下出租人的所有人抵押权予以承认。

第三，《物权法》对于所有人抵押权未做明文规定，仅第179条规定，为担保债务的履行，债务人或者第三人不转移财产的占有，将该财产抵押给债权人的……又根据前述第（一）项分析，抵押财产系抵押人有权处分之财产；故《物权法》未明文限制将所有人之物为所有人设立抵押担保。《担保法司法解释》《融资租赁司法解释》将其解释为承认了所有人抵押权，顺理成章。《担保法司法解释》规定具有阻止后顺位抵押权升进的效力，符合后发的所有人抵押权的性质和效力；《融资租赁司法解释》规定具有对抗后设的抵押权的效力，符合先有的所有人抵押权的性质和效力。相反的观点认为，按照《立法法》的分工，最高人民法院没有立法权，按照严格的物权法定主义，司法解释无权创设物权类型，故据此否定《融资租赁司法解释》的效力。但是，《融资租赁司法解释》满足了市场的稳定性需求，由于所有人抵押权依然是抵押权，尤其是《物权法》条文未明确禁止、文义之上尚可包容所有人抵押权的前提下，且其效力与普通抵押权相同，只是抵押权存在于抵押权人自己的所有物上不同于普通抵押权，可以说它没有违反物权法定原则①。

第四《物权法》第195条明确规定，债务人不履行到期债务或者发生当事人约定的实现抵押权的情形，抵押权人可以与抵押人协议以抵押财产折价或者以拍卖、变卖该抵押财产所得的价款优先受偿。由于《物权法》对所有人抵押权文义尚可包容但未做明文，《物权法》及《融资租赁司法解释》以及其他法律规范，均未见对出租人之所有人抵押权限制优先受偿的规定，故出租人有权对其享有所有人抵押权之抵押物优先受偿。

---

① 崔建远．物权法（第二版）［M］．北京：中国人民大学出版社，2011.

第五根据《合同法》第248条规定，承租人经催告后在合理期限内仍不支付租金的，出租人可以要求支付全部租金；也可以解除合同，收回租赁物。在《融资租赁司法解释》出台之前，对前述规定中“分号”的理解一直存有表并列还是表选择的分歧。《融资租赁司法解释》发布并施行后，其第21条确定了“物债择一、债不得偿时再诉物”架构，也因此给出租人带来了讼累、给社会带来有限诉讼资源的浪费，此不赘述。回到《融资租赁司法解释》承认的出租人之所有人抵押权上，应该说是司法解释为出租人实现债权且是有物权保障之债权设置的另一种可选的权利保障程序与途径，恰似于万千相中拈取抽象而予以确定的两个模型，不同的条件、不同的触发、并行不悖。再者，从融资租赁的本质来说，融资融物兼备、以物保债的特性天生带有物权保障，法理上、法律上均认为融资租赁是非典型的担保、兼具担保债权的功能，《融资租赁司法解释》承认的出租人之所有人抵押权，不但与“物债择一、债不得偿时再诉物”架构不相违反、不相冲突，更应是对融资租赁本质的再次肯定和应有回归。

第六实践中有观点认为［如新疆维吾尔自治区高级人民法院（2014）新民二初字第27号判决］，出租人授权承租人将租赁物抵押给出租人真实意思在于对抗善意第三人、而非出租人获得所有人抵押权。从《融资租赁司法解释》第九条的行文来看，其首要意思是该等抵押权经登记后产生对抗善意第三人的效力；另外，设立抵押权并经登记本身根据前述分析无疑产生设立抵押权的效力。出租人主张所有权（融资租赁交易应有含义）、主张以物保债（融资租赁交易应有特性）、主张优先受偿（抵押权应有含义）系正常交易主体之追求，承租人认可所有权（融资租赁交易应有含义）、认可以物保债（融资租赁交易应有特性）、认可抵押权（抵押合同的形成与登记）是所涉合同的明确认定、所涉登记的明确公示。故出租人与承租人之间，应属已形成完整的、真实的、合法合约的合意，依法、依约、依理均应认定出租人的所有人抵押权、均应认定出租人有权对抵押租赁物优先受偿。

四、实践指导意见

根据本文第三条分析，抵押权的设立不以抵押人享有抵押物的所有权为前提，抵押物可以是抵押权人享有所有权的物，出租人授权承租人将租赁物抵押给自己符合法律规定；《融资租赁司法解释》将《物权法》解释为承认出租人所有人抵押权，顺理成章，不违反物权法定主义；法律规范未限制出租人对享有抵押权之租赁物优先受偿的规定，承认《融资租赁司法解释》设定的所有人抵押权，不但与《融资租赁司法解释》“物债择一、债不得偿时再诉物”架构不相违反、不相冲突，更应是对融资租赁本质的再次肯定和应有回归；并且，出租人授权承租人将租赁物抵押给出租人真实意思不仅在于对抗善意第三人、也在于出租人获得所有人抵押权，应认定出租人有权对抵押租赁物优先受偿。故基于动产物权变动公示公信原则，在现有法律规范框架之下，为最大限度地防范善意取得制度对天生占有与所有相分离的融资租赁交易出租人的伤害，建议广大出租人普遍设立对动产租赁物的抵押权，即使未被具体裁判认定为有对设抵租赁物优先受偿权、也至少可以获得对抗善意第三人的效力。书同文，车同轨，行同伦，市场呼唤进一步的释明性法律规范以实现法制的统一。

案例6.9　善意取得制度对融资租赁出租人的侵害[①]

融资租赁交易中，出租人享有租赁物的所有权，承租人有权占有、使用租赁物。基于占有权与所有权的长期分离，出租人的租赁物所有权存在被无权处分巨大风险，实践中存在大量的租赁物被第三人善意取得的案例，本案例就是其中之一，融资租赁公司应当对此予以足够重视并尽力防范。

---

① 本部分作者为北京市汇融律师事务所合伙人张立国。

仲利国际租赁有限公司与招商银行股份有限公司广州南方报业支行、东莞市清亦韵实业有限公司、宋某某金融借款合同纠纷案①

上诉人：仲利国际租赁有限公司（一审第三人，以下简称“仲利租赁”或“出租人”）

被上诉人：招商银行股份有限公司广州南方报业支行（一审原告，以下简称“招商银行”或“抵押权人”）

被上诉人：东莞市清亦韵实业有限公司（一审被告，以下简称“清亦韵公司”或“承租人”）

被上诉人：宋某某（一审被告，以下简称“宋某某”或“保证人”）

一、案件基本事实

仲利租赁与清亦韵公司开展了一笔融资租赁业务。随后，2013 年 4 月 12 日，招商银行与清亦韵公司签订《授信协议》，约定招商银行向清亦韵公司授信 1600 万元。授信期间为 24 个月，自 2013 年 4 月 12 日起到 2015 年 4 月 11 日止。授信期间内授信额度可循环使用。每次贷款金额、期限等可由双方另签具体业务合同（含借据）、协议予以约定。清亦韵公司应当按协议和各具体合同的约定按时足额偿还贷款本息。清亦韵公司未按协议或各具体合同约定按时足额偿还贷款本息的，视为发生违约事件，招商银行有权提前收回贷款本息和相关费用。

同日，宋某某作为保证人向招商银行出具《最高额不可撤销担保书》，自愿为清亦韵公司在《授信协议》项下所欠招商银行的所有债务承担连带保证责任。保证担保的范围为招商银行根据《授信协议》在授信额度内向清亦韵公司提供的贷款本金余额之和（最高限额为 1600 万元），以及利息、罚息、复息、违约金、保理费用和实现债权的其他相关费用。即使另

① 参见广东省广州市中级人民法院（2015）穗中法金民终字第 716 号二审民事判决书，2015 年 12 月 29 日作出。

行设有抵押或质押或其他保证，招商银行也有权选择直接向保证人追索，而无须先行处理抵押物、质物。

同日，招商银行与清亦韵公司签订《最高额抵押合同》，约定清亦韵公司以其所有的或依法有权处分的财产作为抵押物。清亦韵公司用于抵押的抵押物详见该合同的抵押物附表，该附表显示抵押物为机器设备共计 49 台（以下称“租赁物”）。双方就租赁物抵押于 2013 年 4 月 19 日办理了抵押登记。该登记书记载，抵押人为清亦韵公司，抵押权人为招商银行。

2013 年 4 月 25 日，招商银行与清亦韵公司签订《借款合同》，约定清亦韵公司向招商银行贷款 400 万元，贷款期限 12 个月，自 2013 年 4 月 25 日起至 2014 年 4 月 25 日止。2013 年 5 月 27 日，招商银行与清亦韵公司签订《借款合同》，约定清亦韵公司向招商银行贷款 400 万元，贷款期限 12 个月，自 2013 年 5 月 27 日起至 2014 年 5 月 27 日止。2013 年 6 月 3 日，招商银行与清亦韵公司签订《借款合同》，约定清亦韵公司向招商银行贷款 400 万元，贷款期限 12 个月，自 2013 年 6 月 3 日起至 2014 年 6 月 3 日止。同日，招商银行与清亦韵公司签订《借款合同》，约定清亦韵公司向招商银行贷款 400 万元，贷款期限 12 个月，自 2013 年 6 月 3 日起至 2014 年 5 月 30 日止。上述四份《借款合同》均约定，借款人未按期偿还贷款的，对其未偿还部分从逾期之日起改按在原利率基础上加收 50% 计息。借款人应当按合同约定按时足额偿还贷款本息。借款人未按合同约定按时足额偿还贷款本息的，视为已发生违约，招商银行有权提前收回已发放的贷款本息和相关费用。

截至 2014 年 11 月 13 日，清亦韵公司尚欠招商银行贷款本金 14823750. 59 元，利息 459460 元。

租赁合同发生争议，仲利公司向上海市市长宁区法院提起诉讼，上海市长宁区法院就仲利公司诉清亦韵公司、宋某某、江苏协易机床城有限公司（下称协易公司）、上海谱港机床有限公司等融资租赁合同纠纷一案，出具（2013）长民二（商）初字第 1650 号民事调解书（以下简称“调解书”），显示各方当事人达成调解协议：清亦韵公司应向仲利公司支付租金及违约金；清亦韵公司付清上述款项前，租赁物所有权归仲利公司所有。

招商银行诉请承租人、清亦韵公司、宋某某金融借款合同纠纷一案进行中，仲利公司知悉后，作为有独立请求权的第三人加入该诉。

二、起诉与答辩及法院的认定与判决

一审中抵押权人诉请：清亦韵公司向招商银行偿还借款本金及利息；清亦韵公司不履行上述债务时，招商银行有权从拍卖或者变卖清亦韵公司提供抵押的租赁物的所得价款中优先受偿；宋某某对清亦韵公司上述债务承担连带清偿责任。

出租人诉请：出租人享有租赁物所有权，招商银行抵押权应为无效。

未见承租人、保证人答辩。

一审法院经审理认为：招商银行与清亦韵公司签订的《授信协议》《最高额抵押合同》《借款合同》以及宋某某出具的《最高额不可撤销担保书》意思表示明确、真实，符合自愿、公平、诚实信用的原则，合法有效。招商银行已履行了发放贷款义务，清亦韵公司未按期履行供款义务，已构成违约。招商银行要求清亦韵公司清偿全部借款本息，符合合同约定，一审法院予以支持。

至于招商银行对租赁物是否享有抵押权的问题。本案中，且不论租赁物的实际所有人为谁，即使仲利公司享有租赁物的所有权，清亦韵公司无权将租赁物抵押给招商银行，但是在招商银行与清亦韵公司签订《最高额抵押合同》时，双方约定由清亦韵公司以其所有的或依法有权处分的财产作为抵押物，清亦韵公司并向招商银行提交了协易公司出具的购货单位为清亦韵公司的设备发票原件等材料，且案涉设备由清亦韵公司占有使用，双方并在相关机构办理了动产抵押登记手续。则招商银行应成为善意第三人，取得案涉机器设备的抵押权。另外，现无证据显示本案中具有仲利公司已在案涉机器设备的显著位置作出标识、涉案设备已经抵押给仲利公司并办理了抵押权登记等招商银行知道或者应当知道案涉机器为租赁物的情形。因此，涉案租赁物的抵押符合《物权法》第106条规定的情形，招商银行取得租赁物的抵押权。

宋某某作为清亦韵公司向招商银行借款的保证人，对本案债务应承担保证责任。

一审法院判决：1. 清亦韵公司向招商银行偿还借款本金14823750.59元及利息；2. 清亦韵公司不履行上述债务时，招商银行有权从拍卖或者变卖设抵租赁物的所得价款中优先受偿；3. 宋某某对上述债务承担连带清偿责任。

出租人上诉请求及主要理由：撤销一审判决第二项；确认招商银行对租赁物的抵押权无效，其不享有租赁物拍卖或变卖价款中的优先受偿权。主要理由如下：

1. 租赁物的所有权从合同约定以及生效调解书认定所有权是仲利公司，《最高额抵押合同》的抵押约定，属于无效处分行为，该约定自始无效；2. 招商银行未审查租赁物的买卖合同、仲利公司对租赁物有明确标识，招商银行未审查所有权存在严重过错行为，不能被认定为善意取得；3. 招商银行未尽到谨慎审查义务。

抵押权人答辩：1. 仲利公司主张买卖合同是证明租赁物所有权的唯一依据，背离常识，没有任何法律依据。2. 善意取得制度并不是以物的所有权人有过错为前提；3. 在本案中仲利公司若真为租赁物所有权人，其存在严重过错，4. 仲利公司没有对租赁物在显著位置作出任何标识，使他人无法知悉租赁物为仲利公司所有；5. 仲利公司没有作租赁登记公示；6. 若仲利公司为租赁物所有权人，根据规定其可将该设备反抵押给自己，现其未作任何抵押登记。

承租人、担保人二审无答辩。

二审法院经审理认为及判决：即便租赁物实际不属于清亦韵公司所有，但招商银行在签订《最高额抵押合同》时已经审查了清亦韵公司提供的发票抵扣联（购货单位名称为“东莞市清亦韵实业有限公司”）、股东会决议、抵押物保险单及发票、设备评估报告等材料，且租赁物在抵押合同签订时由清亦韵公司所占有，鉴于上述情况，在没有相反证据的情况下，招商银行有理由相信租赁物属于清亦韵公司所有，其已经尽到了谨慎审查的义务，且已办理抵押登记手续，故招商银行属于善意第三人，依法应取得租赁物的抵押权。仲利公司认为招商银行没有审查租赁物的买卖合同等证据，对此本院认为，动产所有权是以占有为公示原则的，买卖合同并非证明动产所有权的必要条件，故本院对其意见不予采信。

综上所述，二审法院判决驳回上诉，维持原判。

三、案件评析

融资租赁是出租人根据承租人对供货人及租赁物的指定，取得租赁物并租赁给承租人占有、使用，承租人向出租人支付租金的合同。融资租赁兼具融资与融物特征，融物性使融资租赁交易天然产生租赁物所有与占有的分离。根据动产占有公示所有权的原则，动产租赁物项下，出租人所有权自租赁物交付给承租人之日起便一直暴露在被无权处分的风险下。尤其在《物权法》实施后，善意取得制度更使出租人面临丧失动产租赁物所有权的风险。该案例就是出租人动产租赁物被承租人无权处分，第三人依法善意取得租赁物抵押权、优先受偿权的典型。

《物权法》对善意取得的规定是我国法律第一次正式承认善意取得制度。善意取得，是指无权处分他人财产的财产占有人在不法将其占有的财产转让给第三人后，如果受让人在取得该财产时是出于善意，就依法取得该财产的所有权，原财产所有权人不得要求受让人返还财产的制度。《物权法》第106条规定：无处分权人将不动产或者动产转让给受让人的，所有权人有权追回；除法律另有规定外，符合下列情形的，受让人取得该不动产或者动产的所有权：1. 受让人受让该不动产或者动产时是善意的；2. 以合理的价格转让；3. 转让的不动产或者动产依照法律规定应当登记的已经登记，不需要登记的已经交付给受让人。受让人依照前款规定取得不动产或者动产的所有权的，原所有权人有权向无处分权人请求赔偿损失。当事人善意取得其他物权的，参照前两款规定。

善意取得制度是从公示公信力出发保障交易安全的法律制度，与物权的公示公信原则密切相关。我国《物权法》未设立普通动产物权的登记制度，不动产的公示公信依靠登记制度，普通动产物权的公示方法绝大程度上就是依靠占有，占有所具有的公信力正是动产物权善意取得制度赖以产生的逻辑前提。设立善意取得制度的目的也在于保护善意第三人的信赖利益，以此来维护交易稳定，否则一笔交易随时可能因前一手交易人无处分权而被撤销，使交易永远处于不稳定的状态。通过善意取得制度可以避免交易处于不稳定状态，保护善意第三人的利益。善意取得制度的确立反映了物权制度从重“所有”到重“利用”的发展轨迹。“物尽其用，财尽其效”是善意取得制度的价值目标之一。善意取得制度，实际上牺牲财产所有权人的利益以保护财产交易活动的安全，这种对财产所有权人利益的限制与割舍，需要符合严格的条件限制，因此法律规定善意取得的适用需要符合特定的要求，因此《物权法》特意规定了三项条件。但在融资租赁交易中，租赁物的所有权属于出租人，占有、使用和收益的权利属于承租人，且融资租赁是中长期融资，因此，根据《物权法》规定的动产物权的占有公示制度，第三人有可能以为承租人就是租赁物的所有权人，为承租人侵犯出租人的所有权创造了条件，使出租人面临从既有物权又有债权的有利地位降为只有债权而丧失物权之境况的极大风险，从而严重阻碍融资租赁业发展。基于此，为保护融资租赁出租人对租赁物的所有权，《融资租赁司法解释》第9条将“（一）出租人已在租赁物的显著位置作出标识，第三人在与承租人交易时知道或者应当知道该物为租赁物的；（二）出租人授权承租人将租赁物抵押给出租人并在登记机关依法办理抵押权登记的；（三）第三人与承租人交易时，未按照法律、行政法规、行业或者地区主管部门的规定在相应机构进行融资租赁交易查询的；（四）出租人有证据证明第三人知道或者应当知道交易标的物为租赁物的其他情形”作为对抗善意取得的法定情形。对保护出租人对租赁物的所有权、保护融资租赁交易的发展、维护市场公平与稳定，产生了重大作用。但若从根本解决之策的角度，仍然有赖于融资租赁所有权统一登记制度的设立，原因如下：首先，显著标识存在被移除、拆除、损毁的风险；其次，出租人授权承租人将租赁物抵押给出租人在某些地方存在登记障碍；最后，虽中国人民银行征信中心融资租赁登记系统已被业内普遍认可，但从全社会来讲，普遍融资租赁登记制度尚未建立和被法律认同，出租人尚无法通过融资租赁登记实现对抗善意取得。因此，确立统一的融资租赁所有权登记制度并依法确认其登记效力，才是解决融资租赁交易项下出租人所有权被大量无权处分并被善意取得问题的根本之策。

四、实践指导意见

在现有法律规范下，为保护出租人对租赁物的所有权，融资租赁公司最行之有效的方法是充分利用《融资租赁司法解释》第 9 条的规定，多角度、多维度为对抗无权处分、善意取得设置防火墙，尤其建议融资租赁公司在已被业内普遍认可的中国人民银行征信中心融资租赁登记系统进行登记，以对抗银行等机构的善意取得；以及尤其建议融资租赁公司授权承租人将租赁物抵押给出租人并在登记机关依法办理抵押权登记，以对抗全部第三人的善意取得，从某种程度上将，该种对抗第三人善意取得的方式，也成为了出租人对租赁物享有优先受偿权的一种利器①。从立法的角度，建议确立统一的融资租赁所有权登记制度并依法确认其登记效力，以从根本上解决融资租赁交易项下出租人所有权被大量无权处分并被善意取得问题。

① 参见本案例选评案例 6. 8。

案例 6.10　中登网的融资租赁登记是否具有对抗第三人的法律效力[①]

在融资租赁交易中，由于租赁物的所有人与占有人的分离，且没有法定的融资租赁交易登记机关，导致租赁物存在被承租人重复融资的风险。目前，中国人民银行征信中心动产融资统一登记公示系统（即中登网）是主要的融资租赁登记系统，那么中登网的融资租赁登记能否产生对抗第三人的法律效果？笔者本案对此作简要分析。

安徽信成融资租赁有限公司与乐山市沙湾中盛陶瓷有限公司、乐山市商业银行股份有限公司沙湾支行物权保护纠纷案[②]

原告：安徽信成融资租赁有限公司（以下简称“出租人”）

被告：乐山市沙湾中盛陶瓷有限公司（以下简称“承租人”）

被告：乐山市商业银行股份有限公司沙湾支行（以下简称“抵押银行”）

一、案件基本事实

2012 年 2 月 10 日，出租人、承租人与供货人广东科达机电股份有限公司签订了《购销合同》，约定承租人通过融资租赁的方式向供货人购买设备，该等设备作为租赁物由出租人出租给承租人。后，出租人与承租人签订了《融资租赁合同》，约定出租人将《购销合同》项下设备出租给承租人，租赁期满且承租人付清全部租金及其他款项后，由出租人出具《租赁物所有权转移证明书》，租赁物即归承租人所有。2012 年 7 月 11 日，出租人就租赁物在中国人民银行征信中心融资租赁登记系统进行了融资租赁

① 本部分作者为北京汇融（天津）律师事务所律师贺欣。

② 参见乐山市沙湾区人民法院（2015）沙湾民初字第 850 号一审民事判决书，2015 年 12 月 29 日作出。

物初始登记，并在租赁物的显著位置标示："本机器属于融资租赁设备，所有权人为：安徽信成融资租赁有限公司。"同时，设备发票均备注："本发票涉及的货物属安徽信成融资租赁有限公司所有。未经安徽信成融资租赁有限公司的同意，不得转让、转租、抵押或其他侵犯所有权的行为。在安徽信成融资租赁有限公司未出具《所有权转移证明书》之前该设备的所有权不转移。"

2015 年 4 月 22 日，承租人在未还清出租人租金，未取得租赁物所有权的情况下，因借款事宜与抵押银行签订了《流动资金借款合同》与《最高额抵押合同》，将《融资租赁合同》项下租赁物抵押给抵押银行作担保。抵押银行未要求承租人提供抵押物的增值税发票原件，双方在沙湾区工商行政管理局办理了动产抵押登记。

二、起诉与答辩及法院的认定与判决

出租人认为承租人与抵押银行的行为侵犯了其合法权益，因而提起诉讼，请求判令：1. 确认承租人将出租人的融资租赁设备抵押给银行的行为无效；2. 承租人、抵押银行在乐山市沙湾区工商行政管理局注销对出租人融资租赁设备的抵押登记；3. 承租人、抵押银行承担本案诉讼费。

抵押银行辩称：抵押银行与承租人对贷款担保的抵押行为签订了抵押合同，抵押银行在办理抵押时尽到了审查义务。抵押合同是有效的，不应该撤销。

法院认为：本案所涉《融资租赁合同》《购销合同》《流动资金借款合同》均属有效合同。《最高额抵押合同》中涉及的抵押物属于出租人的租赁物，根据《合同法》第 242 条，承租人未付清租金及出租人未出具《所有权转移证明书》之前，该租赁物的所有权属于出租人。承租人在未取得租赁物所有权的情况下，将属于出租人的租赁物设定抵押，出租人主张抵押物权权利不成立，要求确认设定抵押行为无效，法院予以支持。

根据《融资租赁司法解释》第 9 条的规定，首先，出租人已在租赁物的显著位置上作出标识，表明此批设备属于租赁物且属于出租人所有；其次，抵押银行签订抵押合同时，未按照银行行业规定，在办理资产抵押业务时，未登陆融资租赁登记公示系统进行融资租赁交易查询；最后，抵押银行亦未要求承租人提供抵押设备的增值税发票原件，以确定该抵押设备确为承租人所有。故鉴于以上情形，抵押银行提出的该项抗辩与法院查明的事实不符，其不属于善意第三人，不能享有对上述租赁物的抵押物权。其与承租人理应到乐山市沙湾区工商行政管理局对上述融资租赁设备的抵押登记予以注销。

法院判决：1. 确认承租人将出租人所有的租赁物抵押给抵押银行的行为无效；2. 承租人与抵押人于本判决生效之日起三十日内在乐山市沙湾区工商行政管理局注销出租人所有的租赁物的抵押登记。

三、案件评析

本案的争议焦点为中登网的融资租赁登记能否产生对抗第三人的法律效果，即在承租人已与租赁公司开展融资租赁交易后，承租人又以租赁物为担保物向其他融资机构融资的，租赁公司在中登网的融资租赁登记能否避免其他融资机构依据《物权法》第 106 条善意取得租赁物的所有权或其他物权。

（一）融资租赁登记的对抗效力

根据《物权法》第 106 条的规定，“善意”是构成善意取得的重要判断标准。根据《物权法司法解释（一）》第 15 条的规定，“受让人受让不动产或者动产时，不知道转让人无处分权，且无重大过失的，应当认定受让人为善意。”可见，“善意”是指第三人不知道转让人无处分权，且对不知道转让人无处分权无重大过失。“不知道”系第三人的主观认知情况，“无重大过失”系客观判断标准，对于重大过失的认定，实践中经常转化为第三人是否尽到了注意义务。根据《融资租赁司法解释》第 9 条的规定，“承租人或者租赁物的实际使用人，未经出租人同意转让租赁物或者在租赁物上设立其他物权，第三人依据物权法第106条的规定取得租赁物的所有权或者其他物权，出租人主张第三人物权权利不成立的，人民法院不予支持，但有下列情形之一的除外：……（三）第三人与承租人交易时，未按照法律、行政法规、行业或者地区主管部门的规定在相应机构进行融资租赁交易查询的；……”。可见，若法律、行政法规、行业或者地区主管部门规定，第三人在开展交易前应在相应机构进行融资租赁交易查询而未查询的，应视为没有尽到注意义务构成重大过失，不属于善意，从而融资租赁登记发生了对抗效力。

（二）中登网的查询义务主体

在我国法律、行政法规并未规定融资租赁登记机关的情况下，中登网发展为主要的融资租赁登记系统，2014年3月20日，中国人民银行发布了《关于使用融资租赁登记公示系统进行融资租赁交易查询的通知》，“要求银行等机构作为资金融出方在办理资产抵押、质押和受让等业务时，应当对抵押物、质物的权属和价值以及实现抵押权、质权的可行性进行严格审查，并登录融资租赁登记公示系统查询相关标的物的权属状况，以避免抵押物、质物为承租人不具有所有权的租赁物而影响金融债权的实现”。可见，金融机构在办理资产交易业务时应查询中登网。

有地区也出台相应规定，如2011年11月2日，天津市金融办、人民银行天津分行、天津市商务委、天津银监局下发了《关于做好融资租赁登记和查询工作的通知》，其第3条要求，“各银行、金融资产管理公司、信托公司、财务公司、汽车金融公司、消费金融公司、金融租赁公司、外商投资融资租赁公司、内资融资租赁试点企业、典当行、小额贷款公司、融资性担保公司在办理资产抵押、质押、受让等业务时，应登录征信中心的融资租赁登记公示系统，查询相关标的物的权属状况”。可见，在天津地区，不仅是金融机构，上述类金融机构在办理资产交易业务时也应查询中登网。

综上所述，租赁公司在中登网的融资租赁登记仅能对负有查询义务的主体在善意取得上发生对抗效力，而根据现有规定，金融机构在办理资产交易业务时负有查询中登网的义务，其他机构不负有该义务（天津地区等有其他规定的除外）。本案中，抵押银行作为金融机构未依据中国人民银行于2014年3月20日发布的规定查询融资租赁交易，并于2015年4月22日接受租赁物抵押，法院认为其不能善意取得抵押物权，是正确的。

（三）司法实践观点

司法实践中，在中国人民银行《关于使用融资租赁登记公示系统进行融资租赁交易查询的通知》公布后，法院基本认可金融机构在办理资产交易业务时负有查询中登网的义务，如苏州市吴江区人民法院（2016）苏0509民初10032号案。而金融机构在查询中登网后未发现融资租赁登记且租赁公司亦未采取其他有效的权属公示措施的，金融机构可以善意取得租赁物的相应物权，如最高人民法院（2015）民二终字第138号案、福建省福州市中级人民法院（2016）闽01民终5455号案、江苏省南通市通州区人民法院（2016）苏0612民初7870号案，法院均如此认定。

同时，还有法院认为融资担保公司也负有查询中登网的义务，如四川省乐山市中级人民法院（2016）川11民终220号案，法院认为四川省金汤融资担保有限公司“自述未通过中国人民银行征信中心融资租赁登记平台对讼争设备进行查询，故金汤公司在与中盛公司签订抵押反担保合同时，未尽到认真审查的义务”。但笔者认为法院的认定值得商榷，融资担保公司并非金融机构，除非四川地区有相关规定，否则中登网的融资租赁登记对其不发生对抗效力，应认定其可以善意取得抵押权。

可见，司法实践中主流观点认为，中登网的融资租赁登记可以对抗作为查询义务主体的金融机构善意取得租赁物，但不排除有部分法院认为，类金融机构也有查询义务，其实，遇到这种情况时，这些类金融机构可以其并非《融资租赁司法解释》第9条规定的查询义务主体进行抗辩。

四、对租赁公司的建议

第一，建议租赁公司在开展融资租赁业务时，及时在中登网办理融资租赁登记，并详细列明租赁物。且由于目前仅金融机构及部分地区的类金融机构负有查询义务，建议租赁公司还应采取其他有效的权属公示措施，如在租赁物合同及发票原件上盖章、在租赁物显著位置作标识等。

第二，建议租赁公司在开展融资租赁交易前，查询中登网的融资租赁登记情况，避免对租赁物的重复融资，从而产生案涉争议。

第三，假如租赁公司（金融租赁公司除外）未查询中登网登记，而对租赁物进行了重复融资的，建议租赁公司尝试从公司并非中登网的查询义务主体角度出发，抗辩不负有审查义务，不存在重大过失，争取适用善意取得制度取得租赁物。

案例 6.11　买卖不破租赁原则是否适用融资租赁法律关系①

融资租赁合同履行期间，出租人对租赁物享有所有权，但该所有权是受制于合同约束的“所有权”。因此，当出租人对外转让租赁物或在租赁物上设定担保权利、在受让人取得租赁物所有权或担保权人实现了担保权利后，买卖不破租赁原则是否依然适用，即承租人是否可以依据融资租赁合同项下的租赁权对抗租赁物的后继所有权从而继续占有使用租赁物？本文中的案例，虽然二审判决维持了一审原判，但在该原则是否适用融资租赁法律关系的这个角度上两审判决有着截然不同的观点。笔者以此为契机，对买卖不破租赁原则是否适用融资租赁法律关系进行了分析，希望能给读者些许提示。

海南亚太通用航空有限公司与上海华办船舶物资贸易有限公司融资租

① 本部分作者为北京市汇融律师事务所律师战荣。

赁合同纠纷案[①]

上诉人（原审原告）：海南亚太通用航空有限公司（以下简称“承租人”或“海南亚太公司”）

被上诉人（原审被告）：上海华办船舶物资贸易有限公司（以下简称“抵押权人”或“华办船舶公司”）

一、案件基本事实

本案涉及三方主体：本案的上诉人，即作为承租人的海南亚太公司；作为出租人和租赁物抵押人的上海豪海通用航空有限公司（以下称“出租人”或“豪海公司”）；本案的被上诉人，即作为租赁物抵押权人的华办船舶公司”。以下分别从承租人与出租人、抵押权人与出租人的关系来介绍本案的交易背景及案件概况：

（一）承租人与出租人之间的关系

2011 年 3 月 30 日，承租人与出租人签订了《二架 Cessna208B 飞机融资租赁合同》（以下称“《融资租赁合同》”），合同主要条款约定：租赁物为生产序号 208B－2211（注册号 B－9427）和 208B－2270（注册号 B－9428）的两架飞机；租赁期限为 120 个月，每 12 个月为一个还租期，共计 10 期，期末支付。2011 年 6 月 27 日，该两架飞机在中国民用航空局进行登记，并取得《民用航空器国籍登记证》，根据该登记证显示，海南亚太公司为飞机的运营人，飞机的所有权人为豪海公司，但并未显示这两个公司之间存在融资租赁合同。而且作为承租人的海南亚太公司未就其对两架飞机的占有权向国务院民用航空主管部门办理占有权登记。

2013 年 3 月 10 日，承租人与出租人签订《豪海亚太合作费用结算一

① 参见上海市第二中级人民法院（2017）沪 02 民终 7079 号民事判决书，2017 年 11 月 3 日作出。

览表》，根据该表显示：自2010年11月9日开始合作到2013年3月10日为止，双方同意解除B－9427和B－9428的租赁合同，并对由此而给承租人造成的预期收益损失，出租人同意向承租人支付10000000元的违约赔偿等。

（二）抵押权人与出租人之间的关系

2011年10月11日，抵押权人作为出借人与出租人作为借用人签订《物资借用合同》一份，出租人从抵押权人处借用角钢等物质，为确保出租人能在借用期满时向抵押权人归还《物资借用合同》项下的物资，或虽未归还物资但能支付折价款，出租人以其所有的注册号为B－9427、B－9428的两架飞机为履行合同提供抵押担保，并于同年10月12日办理了《民用航空器抵押权登记证》。事后，出租人并未归还借用物资，也未按约支付折价款。

2013年，抵押权人诉至原上海市闸北区人民法院，要求出租人支付借用物资折价款、违约金、律师费等，在出租人不能履行上述还款义务时，抵押权人有权对注册号为B－9427、B－9428的两架飞机行使抵押权。在该案审理中，双方自愿达成调解协议，法院于2013年4月11日出具了民事调解书。但调解书生效后出租人并未履行调解协议，故2013年4月16日，抵押权人依据该调解书向该法院申请执行。执行过程中，涉案两架飞机经过了评估和拍卖程序，但并未成功拍出。2015年7月3日抵押权人依据法院的民事裁定书取得涉案两架飞机的所有权。

二、起诉、上诉及法院的认定与判决

2017年3月，承租人作为原告以抵押权人作为被告向上海市静安区人民法院提起融资租赁合同纠纷一案的诉讼，承租人依据《合同法》第二百二十九条“买卖不破租赁”之规定，要求抵押权人继续履行《融资租赁合同》。法院于2017年6月27日做出（2017）沪0106民初9959号民事判决书，判决：驳回承租人的诉讼请求。

一审判决认为承租人与抵押权人之间不存在书面法律关系，驳回原告即承租人诉讼请求的理由如下：首先，租赁物在租赁期间发生所有权变动的，不影响租赁合同的效力。但承租人与出租人已于2013年3月10日协议解除融资租赁合同，抵押权人取得涉案飞机所有权日期（2015年7月3日）在该融资租赁合同解除时间之后，并非在租赁期间，故承租人主张缺乏事实依据。其次，民用航空器的融资租赁和租赁期限为六个月以上的其他租赁，承租人应当就其对民用航空器的占有权向国务院民用航空主管部门办理登记；未经登记的，不得对抗第三人。涉案两架飞机并未办理占有权登记，且承租人并无证据证明抵押权人办理抵押权登记时知晓涉案飞机已由承租人承租，从此角度看，承租人主张也缺乏依据。最后，如承租人陈述，承租人与出租人实际履行的是托管模式项下的协议，还存在出租人欠付费用的情况，没有完全履行融资租赁协议。可见，对于涉案两架飞机，承租人与出租人之间的法律关系、权利义务边界并不清晰，无法简单按照融资租赁合同所约定内容来确定，更何况该合同已解除，在抵押权人仅系因抵债获得了涉案两架飞机，并未对出租人负有其他对价义务的情况下，承租人无法据此要求抵押权人履行系争融资租赁合同。

承租人不服该一审判决，遂向上海市第二中级人民法院提起上诉，二审中，各方未提交新的证据，二审判决认为一审判决认定事实清楚，适用法律正确，应予维持，故判决：驳回上诉，维持原判。

二审判决的理由如下：首先，租赁合同法律关系与融资租赁法律关系是两种不同的法律关系，融资租赁虽然也包含租赁的内容，但本质上还带有融资性质，融资租赁合同的履行可能导致租赁物权属的转移，而租赁合同没有这一特征。如果允许融资租赁合同在所有权人变更后继续履行，会导致租赁物权属的争议。除非各方就融资租赁合同的继续履行达成一致，否则承租人难以直接要求新的所有权人继续履行原合同。其次，按照《民用航空法》的规定，承租人未就涉案民用航空器的融资租赁向国务院民用航空主管部门办理登记的，不得对抗第三人。该规定明确了未经公示的融资租赁不具有对抗第三人的直接效力。本案中，承租人未就涉案民用航空器的融资租赁办理登记，且并无证据表明上诉人（承租人）、被上诉人（抵押权人）和案外人（出租人）已就系争融资租赁合同的继续履行、租赁物权属另行有约，故承租人请求继续履行合同的诉请，本院不予支持。

三、案件评析

（一）一审判决和二审判决对买卖不破租赁原则的观点

对于买卖不破租赁原则是否适用于融资租赁法律关系的这个问题上，一审判决和二审判决有着截然不同的观点：

一审判决直接引用了《合同法》第229条的规定：租赁物在租赁期间发生所有权变动的，不影响租赁合同的效力。笔者认为本规定体现了买卖不破租赁原则，这是租赁合同的一个特点，即租赁权的物权化特点。所谓物权化是指在租赁关系存续期间，承租人对租赁物的占有使用可以对抗第三人，即使是该租赁物所有权人或享有其他物权的人也不例外。租赁物在租赁期间发生所有权变动的，不影响租赁合同的效力。

二审判决则认为：租赁合同法律关系与融资租赁法律关系是两种不同的法律关系，融资租赁虽然也包含租赁的内容，但本质上还带有融资性质，融资租赁合同的履行可能导致租赁物权属的转移，而租赁合同没有这一特征。如果允许融资租赁合同在所有权人变更后继续履行，会导致租赁物权属的争议。除非各方就融资租赁合同的继续履行达成一致，否则承租人难以直接要求新的所有权人继续履行原合同。

笔者认为，二审判决的上述观点违背了我国现行的法律规定和实践的惯常做法：1. 法律规定方面，虽然融资租赁法律关系有通过物权保障债权的这一特性，但《合同法》第229条所规定的买卖不破租赁原则并未限定该租赁只指普通的租赁而不包括融资租赁。而且《融资租赁司法解释》第8条明文规定："出租人转让其在融资租赁合同项下的部分或者全部权利，受让方以此为由请求解除或者变更融资租赁合同的，人民法院不予支持”。融资租赁合同履行期间，出租人对租赁物享有所有权，但该所有权是受制于合同约束的“所有权”。因此，如出租人对外转让租赁物，其仍应履行保障承租人有效占有、使用租赁物的义务，受让方也不能据此取得租赁物的完整所有权，无法实际占有、使用租赁物。而且在融资租赁合同到期之后，若承租人在没有违约行为的前提下依据合同行使其留购权，受让方应依据合同的约定将租赁物所有权转让给承租人。2. 实践的惯常做法方面，在融资租赁交易的实践中，经常有租赁资产转让的交易，即融资租赁关系中的出租人将其在融资租赁合同项下的权利转让给受让人，该权利的转让有时只转让租赁债权，但有时也是租赁债权与物权一起转让。根据《合同法》第 79 条至第 81 条的规定，除法律另有规定、当事人另有约定或根据合同性质不得转让之外，债权人可以将合同的权利全部或者部分转让给第三人，所以融资租赁法律关系中的出租人无论是只转让租赁债权还是债权物权一并转让，都不违反法律规定。

（二）租赁权是否可以对抗通过实现抵押权而取得的所有权

本案中，抵押权人取得涉案两架飞机并不是通过原融资租赁合同项下出租人的转让，而是通过依据法院的生效法律文书行使其抵押权取得。此时，是否仍适用买卖不破租赁的原则？

笔者认为，根据《担保法司法解释》第 65 条：“抵押人将已出租的财产抵押的，抵押权实现后，租赁合同在有效期内对抵押物的受让人继续有效”之规定，在租赁物的占有使用之公示效力无特殊强制性登记规定要求的情况下买卖不破租赁原则仍然适用。但如果抵押权先于租赁权设立并登记，那么根据《物权法》第 190 条之规定，抵押权人实现抵押权后，租赁权就不能对抗抵押权人所取得的所有权了，因为从租赁权的物权化角度出发，当它与抵押权共存于同一财物上时，应适用权利冲突的内部规则，即前物权优于后物权的原则来确定哪项权利更优先。

（三）飞机的占有权登记是否影响买卖不破租赁原则

本案中，承租人未就其对两架飞机的占有权向国务院民用航空主管部门办理占有权登记，在此情况下买卖不破租赁原则是否依然适用？笔者认为不再适用。根据《民用航空法》第33条："民用航空器的融资租赁和租赁期限为6个月以上的其他租赁，承租人应当就其对民用航空器的占有权向国务院民用航空主管部门办理登记；未经登记的，不得对抗第三人"之规定，飞机虽是动产，但承租人因租赁而产生的对飞机的占有权不能仅以实际占有，而应当以权利登记（本案中是占有权登记）作为其对抗第三人的要件。因为从抵押权人的角度看，其设立抵押权时若已知该抵押物上存在租赁关系，则抵押权人必然将租赁关系纳入抵押物价值计算范围之内，使在先租赁权对抗后设抵押权也不会对抵押权人引发不公平的后果。而承租人未就其对两架飞机的占有权向国务院民用航空主管部门办理占有权登记的行为已使其丧失了对抗善意第三人的权利，所以本案的一审和二审判决以未依据《民用航空法》的规定进行公示的融资租赁不具有对抗第三人的直接效力为由，驳回承租人要求抵押权人继续履行融资租赁合同的请求，符合法律规定。

四、对租赁公司的启示

鉴于租赁公司再融资的需要，实践中存在大量出租人将其在融资租赁合同项下的部分或全部权利转让给第三方的交易，所以在融资租赁合同中应提前做好安排，如合同有效期限内，出租人有权将其在合同中全部或部分权利转让给第三方，有权将合同项下所应收取的款项设定应收账款质押、保理等处分行为，有权将租赁物转让、抵押给第三方。承租人在此确认出租人行使上述权利已获得承租人的同意，承租人将积极配合出租人对上述权利的行使，并在出租人要求下积极配合出租人完成相应的手续。

融资租赁合同项下，在整个租赁期间内，出租人都负有保证承租人对租赁物的占有和使用的消极义务。租赁公司作为出租人转让其在租赁合同项下的部分或全部权利后，基于买卖不破租赁的原则，受让方不能影响承租人在租赁合同项下的权利，即不得影响承租人对租赁物的占有和使用。否则，因出租人的转让行为而给承租人就租赁物的占有和使用造成不利影响、甚至引发承租人损失时，承租人有权依据《合同法》第 245 条和《融资租赁司法解释》第 17 条之规定，要求出租人赔偿其损失。

当租赁物的租赁权或因租赁而产生的占有权有“未经登记不得对抗第三人”的法律规定时，融资租赁交易中的承租人应注意，若租赁物受让人或抵押权人是善意取得租赁物所有权，那么未经登记的租赁权或占有权就不能对抗后实现的所有权了，即买卖不破租赁原则将不再适用。

第七章

特殊交易模式

案例7.1 委托购买模式项下，承租人未实际购买租赁物是否影响租赁合同的效力及法律关系的认定①

在委托购买模式的融资租赁交易中，承租人根据出租人的委托购买租赁物，若承租人未实际履行购买义务，是属于承租人违反合同约定，涉及合同履行问题，还是涉及租赁合同的效力及融资租赁法律关系的认定，是一个值得探讨的问题。由于合同法律关系认定的判断因素较为复杂，实践中合同签署及履行过程中的诸多因素均可能影响对合同法律关系的认定，有鉴于此，笔者结合本案，以期为委托购买模式的融资租赁交易提出合理化建议。

江苏金融租赁有限公司与启东市南方润滑液压设备有限公司、南通惠港造船有限公司等融资租赁合同纠纷案②

上诉人：江苏金融租赁有限公司（原审原告，以下简称“江苏金租”）

上诉人：启东市南方润滑液压设备有限公司（原审被告，以下简称“南方公司”）

被上诉人：南通惠港造船有限公司（原审被告，以下简称“造船公司”）

被上诉人：南通惠港船舶推进器有限公司（原审被告，以下简称“推进器公司”）

被上诉人：张某某，南方公司法定代表人（原审被告）

---

① 本部分作者为北京汇融（天津）律师事务所律师孟俐君。

② 参见江苏省高级人民法院（2013）苏商终字第0191号民事判决书，2014年9月19日作出。

一、案件基本事实

造船公司与无锡国电华新起重运输设备有限公司（以下简称“国电公司”）签订门式起重机定作合同，合同价款3080万元，约定合同签订后3日内预付20%。江苏金租作为出租方与造船公司作为承租方签订《融资租赁合同》（以下简称“融资租赁”），合同附表中约定租赁物为400tX120M造船门式起重机，型号160t/20t+（120t+120t）-H78m-L120mA5，价格为3080万元，数量为1；买卖合同编号为苏租（2010）买卖字第209号，供应商为国电公司；起租日为合同签署当日，租赁期限为37个月；无租赁保证金，无手续费；租金第1期为1080万元，其他36期，每期667000元，合计34812000元。江苏金租与造船公司签订《租赁设备委托购买协议》（以下简称“委托协议”）约定：江苏金租委托造船公司办理租赁设备购买事宜，包括签订执行租赁合同项下的所有租赁设备买卖合同、支付购买价款等；协议签订后3个工作日内，江苏金租凭造船公司的《付款通知书》向其支付设备款项专用于支付租赁设备购买价款，造船公司不得挪作他用；该款项不足支付租赁设备购买总价的差额部分由造船公司自行补足，但该行为的发生不影响租赁设备所有权在租赁期间归属江苏金租。造船公司有权以自己名义对外签订买卖合同，由此产生的一切责任一概由造船公司承担，合同文本（副本）应在签订后7日内交付江苏金租；造船公司有义务告知江苏金租买卖合同的履行情况，当买卖合同履行完毕后7日内应将买卖合同项下发票和提单（如有）等整套交易单据交付江苏金租；所有租赁设备装配完毕后3个工作日内，造船公司应向江苏金租出具《租赁物件验收证明》。江苏金租与推进器公司、南方公司、张某某作为保证人分别签订保证合同，为江苏金租在租赁合同项下债权提供连带责任保证。造船公司出具《付款通知书》，要求江苏金租于上述合同签订当日支付设备款3080万元。

江苏金租依通知支付设备款3080万元当日，造船公司即按租赁合同约定向江苏金租汇款 1080 万元。造船公司陆续偿还 8 期租金后开始逾期，且造船公司未实际依约购买租赁物，遂江苏金租诉至法院。江苏金租提起诉讼后，江苏省启东市人民法院裁定受理启东市银洲担保有限公司对造船公司的破产申请。

二、起诉与答辩及法院的认定与判决

江苏金租要求造船公司支付全部已到期未付租金、未到期租金及逾期利息（按日万分之八计算），推进器公司、南方公司、张某某承担连带责任；三被告抗辩称造船公司已进入破产程序，江苏金租应走申报债权程序，且租赁物不存在，名为融资租赁实为企业借贷，租赁合同无效。

法院认为：租赁合同从内容看符合法律规定，采用融资租赁的外部表现形式，形式要件合法且系当事人真实意思表示，应属有效。被告抗辩称名为融资租赁实为借款，与事实不符，不予支持。江苏金租按照日万分之八计算逾期支付利息过高，应调整为按照同期人民银行贷款基准利率计算为宜。本次租赁合同在履行中未实际购买租赁物的主要责任在造船公司，造船公司不能因其违约行为获益；但江苏金租未核实造船公司是否有实际购买行为的前提下，将全部款项交给造船公司，事后也未实际审查相应购买单据，因此江苏金租存在过错，也应承担一定责任。结合本案实际情况，南方公司、推进器公司、张某某应对造船公司的主债务承担 80% 的担保责任。上述保证人承担担保责任后，可以向造船公司行使追偿权；因人民法院已经受理造船公司破产案件，江苏金租未申报债权，上述保证人可以参加破产财产分配，预先行使追偿权。

法院判决：1. 确认江苏金租对造船公司享有的全部已到期未付租金、未到期租金及逾期利息（按中国人民银行同期贷款基准利率计算）；2. 推进器公司、张某某、南方公司对造船公司上述第一项债务在 80% 范围内承担担保责任，推进器公司、张某某、南方公司承担保证责任后，有权向造船公司追偿；3. 驳回江苏金租的其他诉讼请求。

三、上诉与答辩及法院的认定与判决

江苏金租不服原审判决，提起上诉请求：造船公司按照合同约定的每日万分之八利率标准计算应承担的两期逾期付款利息；南方公司、推进器公司、张某某对造船公司的债务承担全部连带担保责任。

南方公司亦不服原审判决，提起上诉称：原审法院仅从租赁合同的形式要件、内容等方面审查，对资金往来、主合同擅自变更及名为融资租赁实为借贷等未作实质审查，在无租赁物的情况下认定融资租赁关系，背离了基本事实。案涉租赁合同因租赁物缺失而无效，相应担保合同也应无效。造船公司、推进器公司、张某某认同南方公司的上诉请求。

对于原审判决查明事实，南方公司、张某某、推进器公司认为遗漏了江苏金租和造船公司均未订立租赁物买卖合同的事实。江苏金租认为合同已经订立。

法院认为：

第一，融资租赁涉及出租人、承租人、出卖人三方主体，包含买卖和租赁两个合同关系，租赁物买卖是不可缺少的环节。本案并无租赁物的买卖，造船公司曾与国电公司订立租赁物定作合同因造船公司未支付定金并未实际履行，租赁合同未追认上述定作合同，也未将其列为附件。因此，设备价款均为3080万元，但不能认定江苏金租、造船公司之间就购买设备、完成融资租赁达成了真实合意。且造船公司收到江苏金租支付3080万元设备款当日向江苏金租支付1080万元，剩余2000万元不足以购买约定设备。应当认定双方的真实意思仅为资金的融通及分期偿还，而非融资租赁，故租赁合同实际为借贷合同，超越了江苏金租经营许可范围，亦违反了现行金融法规的强制性规定，依据《合同法》第52条第（五）项，应当认定合同无效。

第二，造船公司向江苏金租借款2000万元应当返还，按中国人民银行同期贷款基准利率标准给付利息。《企业破产法》第46条规定，附利息的债权自破产申请受理时起停止计息。故自启东法院受理了造船公司的破产申请后不再计算利息，造船公司已经支付的款项从上述款项中扣除。在合同无效的前提下，江苏金租关于逾期付款利息的请求缺乏依据，不予支持。

第三，南方公司签订担保合同的真实意思应为对租赁合同项下有关债务及责任提供担保，而非为企业间融资行为。造船公司在要求南方公司担保时，隐瞒了未购买设备的事实，对于未实际购买租赁物、融资款项改变资金用途等情况，南方公司无从知晓，亦无过错，《担保法司法解释》第八条规定，主合同无效而导致担保合同无效，担保人无过错的，担保人不承担民事责任；担保人有过错的，担保人承担民事责任的部分，不应超过债务人不能清偿部分的三分之一。故南方公司在本案中不应承担保证责任。

第四，江苏金租与推进器公司之间曾以融资租赁名义发生类似业务，张某某是造船公司、推进器公司实际控制人，结合以往业务中互为担保的关联关系，应当认定推进器公司、张某某对本案所涉租赁合同真实目的明知，具有过错，应承担造船公司对江苏金租债务不能清偿部分三分之一的责任。

综上所述，二审法院判决：1. 撤销一审判决；2. 确认江苏金租对造船公司享有2000万元本金及利息（自起租日起至造船公司破产前一日止，按照中国人民银行同期贷款基准利率计算）的债权；3. 推进器公司、张某某对造船公司上述债务不能清偿部分承担三分之一的责任，推进器公司、张某某承担责任后，有权向造船公司追偿；4. 驳回江苏金租其他诉讼请求。

四、案件评析

本案争议焦点为委托购买模式下，承租人未实际购买租赁物是否影响租赁合同的效力及法律关系的认定，对此，笔者认为：租赁物未实际购买并不必然影响租赁合同的效力及法律关系的认定，应具体分析租赁物未实际购买系履约不能的问题，还是当事人在签署租赁合同之时即无购买租赁物之合意的问题。若为前者，则属于合同履行中的问题，在双方交易项下其他要素均符合融资租赁交易法律关系的前提下，不应仅因租赁物未实际购买而否定租赁合同的效力及法律关系；若为后者，鉴于双方在开展交易之时即只有融资，没有融物，不符合融资租赁法律关系的特性，应认定为借贷关系，在租赁合同无其他无效情形的前提下，租赁合同应认定为有效的借贷合同，按照借贷法律关系进行审理。

本案中，笔者认为判决认定案涉租赁合同为借贷合同的主要理由为：第一，租赁合同及委托协议未明确追认承租人与供应商之前签署的买卖合同，也未附件，因此，融资租赁交易中始终无明确的买卖合同。第二，租赁物购买价款总额为3080万元，而租赁合同约定的首期租金为1080万元，首期租金金额所占租金总额比例过大，且在出租人向承租人支付租赁物购买价款当日支付，而剩余2000万元不足以购买合同约定的设备，因此该种租金支付安排与委托购买之目的相悖。第三，在出租人支付完毕租赁物购买价款后，从现有案件材料看不出出租人是否就承租人受托购买租赁物的履行情况进行了了解，是否按照委托协议的约定要求承租人提供买卖合同复印件、发票、《租赁物件验收证明》等文件，出租人事实上是否关心租赁物的购买情况和关注租赁物购买价款的使用情况，也是判断双方关系的因素之一。综合以上原因，出租人与承租人之间如果未就购买租赁物、完成融资租赁达成了真实合意，双方真实意思表示只有融资没有融物，就不构成融资租赁法律关系，二审法院认定租赁合同实际为借贷合同符合法律规定。

但对于二审判决认为租赁合同被认定为借贷合同，超越了出租人经营许可范围，亦有违现行金融法规的强制性规定，依据《合同法》第52条第（五）项，认定合同无效的结论，笔者持否定态度：《合同法》第52条第（五）项规定，违反法律、行政法规的强制性规定的合同无效。《合同法司法解释（二）》第14条规定，“合同法第52条第（五）项规定的

‘强制性规定’，是指效力性强制性规定”，可见只有违反了法律、行政法规的强制性、效力性规定，合同才必然无效。而二审判决认定出租人“有违现行金融法规的强制性规定”，却未明确指出具体违反了哪部金融法规的哪一条规定，结论的得出过于简单，缺乏论证和明确的法律依据。且从目前来看，2015 年 8 月 6 日最高院出台《民间借贷司法解释》以来，事实上企业间借贷一般已不构成合同无效的事由。

最后，就判决南方公司不承担担保责任，笔者认为：虽然本判决是以租赁合同无效、则担保合同无效为前提，但即便在租赁合同有效但不构成融资租赁法律关系的情况下，若担保合同对此未明确约定，担保人以租赁物不存在，事实上加重自身担保责任等理由抗辩的，也不排除获得判决支持的可能。

五、对租赁公司的启示

结合本案例，在委托购买模式项下，建议出租人关注如下方面：

第一，出租人与承租人之间签署的委托协议应明确拟委托购买的租赁物、供应商、买卖合同等信息，以证明双方之间已就委托购买租赁物达成合意，且租赁交易（包括租金支付方式、起租时间、租赁期限等）的安排应符合委托购买及融资租赁之目的，不应存在明显与目的相悖的交易安排。第二，建议租赁物购买价款由出租人直接支付给供应商，避免承租人不按约定用途使用资金。第三，建议租赁合同及委托协议项下约定一个租赁物的最迟交付日，承租人未在该日前完成租赁物的购买及交付的，构成违约，以此排除租赁物迟迟未予购买或交付情况下出租人的责任。第四，出租人应当关注承租人受托购买租赁物的实际履行情况，要求承租人实时汇报相关情况，并将相关文件如付款凭证、发票、租赁物接受及验收文件等提交出租人，且在租赁物未依约交付时及时发送通知、采取救济措施等，最大限度地保障自身的合法权益。

案例7.2 委托购买协议未实际履行，融资租赁合同的效力及保证人责任承担[①]

在委托购买模式下的融资租赁交易中，可由出租人委托承租人直接向供货人购买租赁物，出租人根据约定将租赁物购买价款支付给承租人。但在购买协议未实际履行的情况下，承租人并未取得租赁物，而出租人已按约履行了支付租赁物购买价款的义务，此时融资租赁合同的性质和效力如何？是否“名为融资租赁实为借贷”？

启东市南方润滑液压设备有限公司与江苏金融租赁有限公司、南通惠港船舶推进器有限公司等融资租赁合同纠纷案[②]

再审申请人（一审被告、二审上诉人）：启东市南方润滑液压设备有限公司（以下简称“南方公司”）

被申请人（一审原告、二审被上诉人）：江苏金融租赁有限公司（以下简称“金融租赁公司”）

被申请人（一审被告、二审被上诉人）：南通惠港船舶推进器有限公司（以下简称“推进器公司”）

一审被告：南通惠港造船有限公司（以下简称“造船公司”）

一审被告：张某某

一、案件基本事实

2009年9月14日，金融租赁公司作为出租人与推进器公司作为承租人签订了一份《融资租赁合同》，约定出租人根据承租人的要求，从供货人无锡顺和机械有限公司（以下简称“顺和公司”）购进两台立式车床出

---

① 本部分作者为北京市汇融律师事务所明文丰。

② 参见江苏省高级人民法院（2014）苏审三商申字第069号民事裁定书，2014年8月4日作出。

租给承租人使用，并根据顺和公司付款通知书的要求向承租人支付货款；同日，上述三方签订《租赁设备委托购买协议》（以下简称《委托购买协议》），约定金融租赁公司委托推进器公司办理租赁设备购买事宜；同日，造船公司、南方公司、张某某作为保证人与金融租赁公司分别签订三份《保证合同》，保证人为承租人推进器公司在《融资租赁合同》项下的全部债务提供连带保证责任。2009 年 9 月 15 日，金融租赁公司依据顺和公司出具的付款通知书，汇付 610 万元给推进器公司。推进器公司已支付了截至 2011 年 6 月 15 日的租金，未支付剩余租金。案件受理后，担保人造船公司破产，于 2011 年 12 月 6 日进入破产清算程序。

二、起诉与答辩及法院的认定与判决

因承租人未按期支付租金，金融租赁公司诉至法院，诉称：因推进器公司未按期支付租金，出租人有权依照《融资租赁合同》《保证合同》的约定要求承租人及保证人承担相应责任。

保证人造船公司辩称：本案实际上是企业借贷关系，作为主债务人的推进器公司未实际受金融租赁公司委托购买两台立式车床，融资租赁合同因租赁物不存在而无效，保证合同亦无效。

保证人南方公司辩称：金融租赁公司未履行提供租赁物的法定义务，南方公司不应承担保证责任；涉案融资租赁合同实际是借款合同，因违反法律规定而无效，保证合同亦应无效。

一审法院认为：第一，关于《融资租赁合同》性质的认定问题。根据《委托购买协议》的约定，推进器公司从顺和公司处购买租赁物应视为代理金融租赁公司的行为，本案租赁物及供货人均由推进器公司选定，金融租赁公司也按照顺和公司的书面指示将租赁标的物的全部价款支付给推进器公司。上述事实表明，金融租赁公司与推进器公司所签合同符合融资租赁合同的法律特征，双方之间系融资租赁合同关系。造船公司、南方公司虽称推进器公司实际并未取得涉案租赁物，但就此并未提供相应证据，而现有证据表明推进器公司在2011年6月15日前一直按融资租赁合同约定的时间分期支付租金。退一步讲，即便顺和公司未交付租赁物，金融租赁公司对此亦无过错，亦不影响本案融资租赁合同的效力认定，造船公司、南方公司的抗辩没有法律依据，本院不予采纳。

第二，关于造船公司、南方公司保证责任如何承担的问题。涉案融资租赁合同及保证合同均合法有效，造船公司、南方公司应依法承担连带保证责任。但鉴于造船公司发生破产，根据《企业破产法》的相关规定，金融租赁公司在案件审理过程中将要求造船公司承担连带保证责任的请求变更为要求确认造船公司对上述债务负有连带偿还责任，具有法律依据，予以支持。

三、上诉与答辩及法院的认定与裁判

南方公司不服，提起上诉称：1. 原审判决回避了租赁物是否存在的关键问题。《委托购买协议》明确了金融租赁公司将租赁物提供义务转移给了推进器公司，金融租赁公司在租赁物购买合同履行完毕后7日内，审查合同项下的租赁物发票和提单，该事实首先表明了租赁物提供的义务主体是金融租赁公司，因委托合同产生的法律后果，应由金融租赁公司承担。由此可见，租赁物是否购买是发生在两被上诉人及出卖人之间，应当由其举证证明。2. 金融租赁公司应当保证承租人对租赁物的占有和使用，原审判决让人理解成非银行金融机构有权经营贷款，违反法律的禁止性规定。3. 上诉人有充分证据表明《委托购买协议》并未履行，且两被上诉人存在过错。4. 本案《融资租赁合同》因缺乏必要的标的物而无法履行，上诉人的担保责任也相应免除。

金融租赁公司辩称：1. 原审判决表明本案中租赁物与主合同效力及保证人是否承担担保责任没有必然的法律联系。2. 金融租赁公司作为出租人，已经履行了支付租赁物购买价款的义务，承租人取得租赁物在法律上已经没有实际障碍，是承租人原因导致租赁物未被占有和使用，出租人对此没有过错。3. 保证人应对出租人因此遭受的损失承担保证责任。

二审法院认为：在本案融资租赁合同关系中，出租人的主要义务是支付购买租赁物的价款，其权利是收取租金。本案中，涉案租赁物是由推进器公司选定，金融租赁公司按照顺和公司的书面指示将租赁标的物的全部价款支付给了推进器公司，金融租赁公司已经按约履行了支付租赁物价款的主要义务。金融租赁公司与推进器公司的行为符合融资租赁合同的法律特征，双方之间系融资租赁合同关系；推进器公司收到 610 万元价款后，未购买租赁物，致使融资租赁合同未能履行，责任不在金融租赁公司；《委托购买协议》中约定的“买卖合同履行完毕后 7 日内将买卖合同项下的发票和提单等整套单据交付给金融租赁公司”是推进器公司的义务，金融租赁公司未及时审查发票和提单，并不能就此认定其存在过错。上诉人没有证据证明金融租赁公司在与推进器公司签订《融资租赁合同》时是为了向推进器公司放贷。上诉人主张本案系名为融资租赁，实为企业借贷，依据不足。上诉人为推进器公司与金融租赁公司之间的《融资租赁合同》提供保证，系其真实意思表示，推进器公司逾期未能支付租金，保证人应对推进器公司的债务承担连带偿还责任。

四、再审申请与答辩及法院的认定与裁判

南方公司不服，申请再审称：1.《融资租赁合同》名为融资租赁，实为企业借贷，合同无效。金融租赁公司没有证据证明案涉租赁物存在。南方公司财务张某、造船公司财务张某甲、顺和公司董事长何某某等人的侦查笔录可以证明本案当事人自认构成借贷。《保证合同》因《融资租赁合同》的无效而无效，南方公司不承担保证责任。2. 即使认定《融资租赁合同》有效，保证人也应在债权人放弃的物的担保范围内免除保证责任。本案中，金融租赁公司本可通过收回其享有所有权的租赁物实现其权利，但金融租赁公司将资金直接支付给推进器公司并放任其随意使用，无异于放弃了对租赁物的所有权，舍弃了租赁物的担保。

金融租赁公司辩称：1.《融资租赁合同》合法有效，因我国《合同法》未设定出租人严格审查买卖合同的履行情况的义务，故推进器公司收到设备款后未履行《委托购买协议》并不影响《融资租赁合同》的效力。2. 融资租赁不同于抵押借款，租赁物虽具有担保作用，但并非抵押物。而南方公司提供担保时完全知晓担保的方式、范围，应承担保证责任。

再审法院认为：1.《融资租赁合同》并非名为融资租赁实为借贷，其合法有效。承租人推进器公司未取得《融资租赁合同》项下的租赁物的事实，属于合同有无履行的事实，不属于认定合同效力的事由；南方公司称公安机关侦查笔录中相关人员所作的融资租赁合同实为借贷关系的陈述只是其个人对法律关系的判断，并不能改变本案《融资租赁合同》及《委托购买协议》的法律特征。2. 南方公司不应在租赁物价值范围内免除保证责任。因案涉租赁物归金融租赁公司所有，金融租赁公司不可能以自己的财产担保自己的债权，故本案中并不存在《担保法》《物权法》规定的物的担保，南方公司主张其免责缺乏事实依据。

五、案件评析

本案的特征在于采用委托购买的方式开展融资租赁业务，但实际上承租人并未购买租赁物。因此，在出租人向承租人主张租金支付义务，并向保证人主张保证责任时，保证人以融资租赁法律关系未成立，融资租赁合同无效为由进行抗辩，主张自身保证责任的免除。本案中，确定保证人责任的前提是判断融资租赁合同是否有效。如果融资租赁合同无效，根据《担保法》的相关规定，保证人可不按保证合同的约定对承租人债务承担保证责任。本案经过了三次审理，法院皆认为融资租赁合同成立并有效，保证人不免除保证责任。

从购买合同未履行不意味着租赁合同当然无效的角度来看，判决书的观点具有先进性。但本案中保证人的抗辩抓住了融资租赁合同并无实际租赁物的关键点，从保证人的角度出发，简单地认定本案构成融资租赁法律关系而非借贷法律关系，值得商榷。

根据现有的案件材料，我们无从获知合同的实际履行情况，仅能进行合理推断。保证人担保的债务为承租人在融资租赁合同项下的全部债务，为了自身利益，保证人会对主合同的履行情况给予关注或进行提示，若保证人发现承租人未付款、租赁物未交付的事实并提示给出租人和承租人，承租人仍不履行购买义务、出租人也不督促承租人履行购买义务的，保证人就有充分的理由认定案涉当事人具有借贷的意图；若本案合同履行过程中，出租人、承租人及出卖人三方均对不支付租赁物购买价款、不交付租赁物达成合意，则本案实际上仅有资金的往来而无租赁物的买卖和占有。近似于出租人、承租人和出卖人三方联合起来，使保证人加入到一项“融资”交易中并承担连带保证责任。在此种情况下，似乎应当认定构成借贷法律关系。

六、对租赁公司的启示

本案虽最终认定成立融资租赁法律关系，基本支持了出租人的诉讼请求，但本案的争议问题应当引起融资租赁公司对租赁物买卖之履行问题的重视。在融资租赁行业获得高速发展的背景下，一些融资租赁公司在开展融资租赁业务时存在不够规范的问题，尤其是在委托购买模式下，存在因“欠缺租赁物的买卖”“没有实际的租赁物”而被法院认定为借贷法律关系的风险。2015 年江苏省高院公布了一起典型的名为融资租赁实为借贷的案件①，该案情节与本案存在一定的相似之处，都采用委托购买的形式，对方当事人都以“没有租赁物的买卖”进行抗辩。但该案中，法院认定融资租赁合同双方当事人的真实意思仅为资金的融通及分期偿还，虽名为融资租赁，但实际上并无实际的租赁物。法院在裁判要旨中指明，融资租赁交

① 参见江苏省高级人民法院（2013）苏商终字第 0191 号民事判决书，此案被纳入 2015 年江苏省高院“十大金融商事审判典型案例”。

易应具备融资与融物相结合的特征，仅有资金空转的“融资租赁合同”，应当按照实际构成的法律关系处理。而本案中出租人实际上很难证明其与承租人之间并无借贷的意图，但保证人关于案涉融资租赁合同无实际租赁物而实际构成借贷合同关系的抗辩却掷地有声。可以看出，在承租人通过融物而实现融资的过程中，租赁物的买卖是不可缺少的环节，由此提示融资租赁公司在委托购买模式下更要重视租赁物买卖这一环节，关注购买合同的履行和进展情况。融资租赁合同若没有租赁物的保障，极易被认定为借贷法律关系，对出租人而言，将面临较大的法律风险，包括但不限于在向对保证人主张保证责任时，保证人以主合同无效导致从合同无效，保证人不必承担保证合同项下的担保责任进行抗辩。

另外，本案《委托购买协议》约定金融租赁公司在租赁物购买合同履行完毕后 7 日内，审查合同项下的租赁物发票和提单，故金融租赁公司应当履行好自己的责任。保证人就金融租赁公司未及时审查发票和提单等事项主张金融租赁公司存在过错，对委托购买协议未及时履行负有一定的责任，虽存在苛责或放大出租人审查责任的嫌疑，但同时也提醒了融资租赁公司应按照合同的约定及时审查发票和提单，督促受托人及时履行购买融资租赁物等义务，促成融资租赁合同的履行，以自身的实际行动对抗承租人及保证人的抗辩。但也不应过分强调出租人的审查义务，主要是因为委托购买模式下出租人的责任主要在于支付货款。对发票和提单等事项进行审查是出于避免商业风险的考虑，但不应当成为出租人必须承担的法律责任。

综上所述，提请融资租赁公司关注租赁物购买合同的履行情况，在委托承租人购买融资租赁物时，亦尽到合理注意义务，减轻自身商业风险。

案例 7.3 承租人在融资租赁合同签订前与供货人签订租赁物买卖合同的，出租人对承租人向供货人支付租赁物购买价款的义务是否承担连带责任[①]

融资租赁业务中存在一种常见的模式，即承租人在与供货人签订租赁物买卖合同后，再和出租人签订融资租赁合同及委托购买合同，约定出租人委托承租人向供货人购买租赁物开展融资租赁交易。这种模式中，当承租人不履行向供货人支付租赁物购买价款的义务时，出租人是否应承担连带支付义务，是值得探讨的问题。

安徽省湖滨机械厂与江苏振亚特种螺钉有限公司、江苏泰富恒通特种材料有限公司等买卖合同纠纷案[②]

上诉人（原审原告）：安徽省湖滨机械厂（以下简称“供货人”）

被上诉人（原审被告）：江苏振亚特种螺钉有限公司（以下简称“承租人”）、江苏泰富恒通特种材料有限公司（以下简称“受让人”）、中航国际租赁有限公司（以下简称“出租人”）

一、案件基本事实

2010 年 9 月 26 日，供货人与承租人签订《供货合同》及技术协议一份；2010 年 10 月 12 日，双方又签订《轧线辅助设备供货合同》及技术协议一份，上述合同（以下合称“买卖合同”）均约定供货人向承租人出售设备，并约定了设备价款、产品规格、付款方式、设备交付、违约责任等条款。合同签订后，供货人依约向承租人履行了交付、安装、调试设备等全部合同义务。

---

① 本部分作者为北京市汇融律师事务所律师任立。

② 参见江苏省高级人民法院（2015）苏商终字第 00324 号民事判决书，2015 年 8 月 11 日作出。

2010 年 11 月 22 日，出租人与承租人签订《融资租赁合同》，约定出租人与承租人签署委托购买合同，承租人以自身名义直接与供货人就租赁物件购买进行商定并签署购买合同，出租人在购买合同项下仅承担支付租赁物件价款的义务，购买合同项下其他义务、责任和风险均由承租人承担。合同还对租金、付款、租赁物的管理、违约责任等作了约定。后双方基于《融资租赁合同》的约定，又签订了《委托购买合同》一份，出租人作为委托方，委托承租人代表其向供货人购买产品。上述合同签订后，出租人先后向承租人支付了全部购买价款。

2012 年 7 月 27 日，承租人法定代表人书面确认其尚欠付供货人部分设备购买价款。

因承租人出现资金困难，无力按《融资租赁合同》的约定向出租人支付租金等，出租人、承租人、受让人于 2013 年 3 月 28 日签订了《债务重组补充协议》，约定：出租人在《融资租赁合同》项下的全部债务由受让人承接，租赁物由受让人租赁使用，所有权仍属于出租人。

二、起诉与答辩及法院的认定和判决

因承租人未支付全部设备购买价款，供货人向法院提起诉讼，主张：鉴于承租人对所欠供货人的购买价款金额已确认，且出租人是涉案设备的所有权人、受让人目前承租该设备，故供货人要求承租人偿还欠付价款，并要求出租人、受让人对承租人支付租赁物购买价款承担连带清偿责任。

承租人辩称，承租人在履行与出租人签订的《融资租赁合同》时已支付了保证金和租金等款项，且 2013 年将《融资租赁合同》进行了转让，由受让人接受了《融资租赁合同》的权利义务，现在租赁物由受让人占有使用，应由受让人向供货人支付租赁物购买价款。

受让人辩称：本案买卖合同关系仅限于供货人和承租人，且租赁物所有权属于出租人，受让人并无支付租赁物购买价款的义务。

出租人辩称：本案的买卖合同关系早于出租人和承租人建立的融资租

赁关系，且出租人在融资租赁关系中的义务已履行完毕，所以不应承担付款责任。

一审法院认为：各方签订的合同均系当事人真实意思表示，且合同约定的内容不违反法律强制性规定，应为合法有效。

供货人已履行《供货合同》项下义务，故供货人要求承租人向其支付欠款的诉讼请求，法院予以支持。

出租人与承租人之间存在融资租赁关系，租赁物系出租人委托承租人进行购买，为此，双方签订了《委托购买合同》，出租人已向承租人支付了全部价款；受让人目前租赁使用涉案设备是基于出租人、承租人、受让人三方签订的《债务重组补充协议》及其与出租人重新签订的《融资租赁合同》。涉案设备的所有权仍属于出租人，受让人向出租人租赁涉案设备，支付租金，其履行义务的对象为出租人而非供货人。

综上所述，根据合同的相对性原则，供货人买卖合同的相对方为承租人，承租人也对买卖关系的发生、欠款等事实予以认可，其当向供货人履行支付购买价款的义务。至于融资租赁关系、债务的承接关系均与供货人主张的购买价款无关联，供货人要求出租人和受让人对承租人的欠款承担连带清偿责任无事实和法律依据，法院不予支持。

三、上诉与答辩及法院的认定和判决

供货人提起上诉称：1. 如果《供货合同》在前，则《融资租赁合同》所附的应为供货人出售设备的合同，而非《委托购买合同》，故出租人取得案涉设备所有权的真实情况不明，融资租赁事实存疑。出租人、承租人、供货人通过所谓融资租赁、债务重组等方式，以合法形式掩盖非法目的，移转承租人重大资产，使得供货人对承租人的债权无法实现。2.《委托购买合同》表明设备的买受人为出租人，承租人仅是受托人，支付购买价款的义务由出租人实施，且出租人取得设备所有权，故虽然与供货人签订买卖合同的是承租人，但买卖合同关系中的买受人应为出租人。3. 出租人、承租人、受让人以融资租赁、债务重组等方式侵犯供货人的合法权益，故应对清偿购买价款承担连带责任。综上所述，请求改判出租人、承租人、受让人共同向供货人偿还拖欠购买价款的本息并承担一、二审案件诉讼费用。

承租人辩称：承租人因经营不善停业后，未与任何组织、机构达成过任何形式的重组协议，供货人认为承租人应与出租人和受让人承担共同或连带还款责任没有事实或法律依据。

出租人辩称：供货人与承租人建立的是买卖合同关系，承租人与出租人建立的是融资租赁关系，两者性质、时间、内容上均无关联性；出租人已经履行完毕其与振亚公司融资租赁关系中的义务，《债务重组补充协议》亦明确出租人对承租人只享有债权，不负有任何债务。

二审法院认为：出租人和受让人均不应承担租赁物购买价款的连带责任。

关于出租人，法院认为：首先，融资租赁法律关系包含融资租赁合同和买卖合同，在融资租赁法律关系项下，融资租赁方式是直租的，买卖合同形成于出卖人和出租人之间，融资租赁方式是回租的，买卖合同则形成于出租人和承租人之间。就前者而言，租赁物的出卖人有权直接向出租人，即买卖合同的买受人主张购买价款；就后者而言，承租人已经取得租赁物所有权后向出租人出卖租赁物，然后再行回租，故之前向承租人出售相关租赁物的出卖人并非融资租赁法律关系项下的出卖人，根据合同相对性原则，其无权向出租人主张购买价款。本案中，承租人与供货人之间的买卖合同签订在前，出租人与承租人《融资租赁合同》签订在后，出租人并非买卖合同当事人，供货人亦非融资租赁法律关系项下的出卖人，出租人并未与供货人形成买卖合同关系，不负有对供货人支付购买价款的义务。

其次，出租人和承租人在《融资租赁合同》中承租人以其自身名义直接与供货人签订购买合同，《委托购买合同》与《融资租赁合同》的内容相互对应，实际上是出租人和承租人之间明确双方关于“租赁物件”所有权的依据；供货人并未举证证明承租人在签订买卖合同时向其披露了该《委托购买合同》，前述购买合同中也未出现出租人，换言之，承租人并未将《委托购买合同》作为代理权限的依据向供货人出示，亦未依据《委托购买合同》以出租人代理人的身份或以出租人名义购买租赁物。

关于受让人，法院主张：受让人承接的是承租人在《融资租赁合同》项下对出租人负有的债务，受让人并未取得"租赁物件"的所有权，供货人主张受让人应对承租人的还款责任承担连带清偿责任缺乏事实及法律依据，依法不予支持。

综上所述，法院判决：驳回上诉，维持原判。

四、案件评析

笔者认为，本案主要争议焦点为：承租人先和供货人签订租赁物买卖合同，再和出租人签订融资租赁合同和委托购买合同，承租人不履行租赁物购买价款支付义务的，供货人是否有权向出租人主张租赁物购买价款？对这一问题，笔者作出如下分析：

（一）本案中委托购买合同实际上为隐名代理

委托购买合同的本质就是委托合同，《合同法》第396条规定："委托合同是委托人和受托人约定，由受托人处理委托人事务的合同。"融资租赁中的委托购买合同项下，出租人和承租人约定，承租人以自身名义代替出租人向融资租赁合同约定的供货人购买租赁物，委托的事务为购买租赁物。

《合同法》第402条规定："受托人以自己的名义，在委托人的授权范围内与第三人订立的合同，第三人在订立合同时知道受托人与委托人之间的代理关系的，该合同直接约束委托人和第三人，但有确切证据证明该合同只约束受托人和第三人的除外。"本案中，因为租赁物买卖合同先于融资租赁合同订立，所以第三人即实践中的供货人在订立合同时必然不知晓委托人即出租人的存在，即属于上述条款规定的隐名代理；根据上述规定，租赁物购买合同也就无法约束供货人和出租人，只能约束供货人和承租人，供货人在承租人不履行合同义务时，应向承租人而非出租人主张权利。

（二）关于本案判决

笔者认为，本案判决结论正确，但裁判逻辑存在可商榷之处：二审判决中提到，直租模式下，供货人作为买卖合同中的出卖人有权直接向作为买受人的出租人主张购买价款，而在回租模式下，买卖合同项下的出卖人（供货人）并非融资租赁法律关系项下的出卖人（承租人），根据合同相对性原则，供货人无权向出租人主张购买价款；本案中，出租人并非承租人和供货人签订的买卖合同的当事人，故判决中认为出租人没有向供货人支付租赁物购买价款的义务。

然而，判决书中的上述论述不足以推断出其结论。首先，本案并非售后回租，故不应以“回租模式下供货人无权向出租人主张购买价款”为由推定本案中的供货人也无权向出租人主张购买价款。其次，当事人在委托购买合同中往往并不约定终止原本的买卖合同，而是约定出租人和承租人追认原买卖合同为出租人委托承租人签署，在这种情形下，若说出租人和供货人完全无关，未免欠妥。

因此，笔者认为若根据《合同法》中关于隐名代理的规定，判决鉴于供货人在订立合同时不知出租人和承租人委托代理关系，承租人又未向供货人披露出租人，所以供货人不应向出租人主张租赁物购买价款，似乎逻辑更为通顺和严谨。

（三）出租人在实践中存在的风险及防范

根据《合同法》第 403 条规定，隐名代理的受托人向第三人披露委托人后，合同相对性被打破，合同直接约束委托人与第三人，第三人可以行使介入权，直接向委托人主张权利。融资租赁交易中，承租人和供货人签订买卖合同后，再与出租人签订融资租赁合同和委托合同的，双方可以约定是否向供货人披露出租人，即是否打破合同相对性原则。

1. 向供货人披露出租人

根据上述规定，此时买卖合同直接约束作为委托人的出租人和作为第三人的供货人。一方面，当供货人未履行、迟延履行买卖合同或履行不当，出租人有权直接根据买卖合同约定，向供货人主张权利；另一方面，如果承租人未及时向供货人支付租赁物购买价款，则出租人应当承担违约责任。

为了避免这种风险产生，可以让供货人也作为委托购买合同或包含委托购买关系的三方合同的当事人，明确约定承租人是向供货人支付租赁物购买价款的义务人，供货人无权向出租人主张购买价款①；或者在委托购买合同中约定，承租人就买卖合同项下任何违约直接向供货人承担责任，且承租人保证使出租人免于供货人的任何索赔。

2. 不向供货人披露出租人

这种情形下，买卖合同的相对性未被打破，合同仍约束承租人和供货人。如果承租人不履行支付租赁物购买价款义务的，供货人不能要求出租人承担连带责任，对出租人有利；但是，融资租赁合同一般约定出租人自供货人向承租人交付租赁物之日起取得租赁物所有权，因此如果供货人不交付租赁物或者交付租赁物不符合约定的，出租人无法直接要求供货人根据买卖合同约定交付租赁物，故出租人存在无法取得租赁物所有权的风险。

另外，实践中出租人委托承租人在以自身名义向供货人购买租赁物的情形下，若出租人直接将购买款项支付给承租人，则可能产生承租人挪用租赁物购买款项的风险，因此出租人可以在委托购买合同中作出相应安排，如约定出租人直接将购买款项支付至监管账户，并委托银行对资金用途进行监管。

---

① 李中华·融资租赁运作实务与法律风险防范［M］. 北京：法律出版社，2012：113.

案例 7.4　共同承租的效力[①]

共同承租作为融资租赁交易的一种创新模式，对其是否构成融资租赁法律关系不应以某一个或多个承租人是否实际占有和使用了租赁物为标准，而应按照《合同法》第 237 条、《融资租赁司法解释》第 1 条的规定，判断出租人是否是根据承租人对出卖人和租赁物的选择，向出卖人购买租赁物并提供给承租人使用；同时，应结合租赁物的性质、价值、租金的构成以及当事人之间的权利义务关系进行认定。

信达金融租赁有限公司诉山西和田物资集团有限公司等融资租赁合同纠纷案[②]

原告：信达金融租赁有限公司（以下简称“信达租赁公司”）

被告：山西和田物资集团有限公司（以下简称“和田物资公司”）

被告：江苏华源石化有限公司（以下简称“华源石化公司”）

被告：任某某

一、案件基本事实

2013 年 3 月 15 日，信达租赁公司作为出租人与和田物资公司、华源石化公司作为共同承租人签订《融资租赁合同》，约定承租人以筹措资金为目的，将其拥有真实所有权并有权处分的租赁物转让给出租人，再由出租人出租给承租人使用，租赁期限为 4 年，自 2013 年 6 月 25 日至 2017 年 3 月 25 日共 16 个租金支付日，每期应还租金 14451458. 17 元。

华源石化公司以其四宗国有土地使用权提供抵押，任某某以其持有的和田物资公司 51% 股权提供质押担保，同时任某某提供保证担保。

---

① 本部分作者为北京市汇融律师事务所律师李艳科。

② 参见北京市第二中级人民法院（2015）二中民（商）初字第 04420 号民事判决书，2015 年 12 月 25 日作出。

信达租赁公司如约向和田物资公司支付融资租赁款2亿元。合同履行过程中，和田物资公司、华源石化公司按约定支付四期租金后发生拖欠。

二、起诉及法院的认定和判决

信达租赁公司向北京市第二中级人民法院（以下简称“北京二中院”）提起诉讼。请求法院判令和田物资公司、华源石化公司立即支付到期未付租金、全部未到期租金、留购价款20万元及逾期利息等，判令在全部款项付清前，《融资租赁合同》项下的所有租赁物的所有权归信达租赁公司，判令任某某以其持有的和田物资公司51%股权承担质押担保责任，判令华源石化公司以抵押的土地使用权承担抵押担保责任，判令任某某承担连带保证责任等。

被告华源石化公司答辩称：

1. 信达租赁公司诉称和田物资公司、华源石化公司将涉案的租赁物转让信达租赁公司不是事实。涉案的租赁物是华源石化公司的资产，而不是和田物资公司的资产。

2. 信达租赁公司诉称2013年3月25日信达租赁公司依约向和田物资公司、华源石化公司支付转让价款2亿元不是事实。

第一，信达物资公司应当与华源石化公司就租赁物型号、规格和规范、主要性能、工艺、材料、合同价款及付款方法、质量保证、争议解决、合同签署与生效等内容签订一份《买卖合同》。而事实上，这一作为转让租赁物所必须签订的《买卖合同》并未签署，特别是对付款方式未作约定。第二，信达租赁公司并未向华源石化公司支付其购买租赁物的对价2亿元。

3. 信达租赁公司诉称在《融资租赁合同》履行过程中，和田物资公司、华源石化公司应于2014年6月25日、9月25日、12月25日分别支付信达租赁公司第5期、第6期和第7期租金，这是对事实认识有误。

这起纠纷案件事实上是由和田物资公司利用华源石化公司资产作为融

资平台，获取2亿元融资，其整个合同谈判签约均是由和田物资公司一手操作的。服务费800万元、保证金2400万元，也是由和田物资公司支付给信达租赁公司的，关于这一点从《融资租赁合同》第16条约定能够予以印证。该条款的乙方单指的是和田物资公司，并未将华源石化公司列入其中，其通讯录、电子邮件、银行账户等亦为和田物资公司。在履行《融资租赁合同》过程中，第1期至第4期租金的支付人也是和田物资公司，华源石化公司没有实际支付。同样，华源石化公司对剩余的租金也没有支付义务。

4. 信达租赁公司对华源石化公司提出的诉讼请求均应当依法予以驳回。

作为涉案租赁物的所有人，信达租赁公司既没有与华源石化公司签订租赁物的《买卖合同》，也没有向华源石化公司支付租赁物的价款、租赁物的所有权没有发生过转移，信达租赁公司与华源石化公司之间未形成融资租赁法律关系。信达租赁公司的第四项诉讼请求要求确认租赁物的所有权。信达租赁公司既主张对租赁物的所有权，又要求给付到期租金和未到期租金，是重复和矛盾的。信达租赁公司要求华源石化公司以铜国用（2012）第04195等四宗土地使用权对《融资租赁合同》项下的到期未付租金、全部未到期租金、留购价款及逾期利息承担担保责任不成立。信达租赁公司与和田物资公司、华源石化公司签订的《融资租赁合同》，从合同内容和后果上看具有法律所规定的恶意串通，损害华源石化公司利益的情形。和田物资公司不是租赁物的原所有者，却被挂名为所有者，其也不是承租人，却被挂名为共同承租人，这些虚假说辞的目的，显然是为了把应当支付给华源石化公司的2亿元租赁物转让款支付给和田物资公司，其后果是让华源石化公司在得不到租赁物转让对价的同时，丧失价值2亿元的资产及四宗土地使用权，同时承担过亿元的赔偿责任。所以，依法应当确认《融资租赁合同》无效。信达租赁公司与和田物资公司之间实为民间借贷法律关系。华源石化公司不能对这种借贷行为提供担保，华源石化公司提供的担保也无效。

法院认为：根据《合同法》第 8 条规定，依法成立的合同，对当事人具有法律约束力。依法成立的合同，受法律保护。本案中，和田物资公司、华源石化公司与信达租赁公司签订了《融资租赁合同》，约定和田物资公司、华源石化公司以筹措资金为目的，将租赁物清单中所列设备以 2 亿元的价格转让给信达租赁公司，再由信达租赁公司出租给和田物资公司、华源石化公司使用，和田物资公司、华源石化公司按期向信达租赁公司支付租金。这种售后回租的交易方式符合我国相关法律规定。该合同项下的租赁物真实、明确，双方当事人协商确定的租赁物价值不存在低值高买的情形，以租赁成本和租赁利率为基础计算的租金，反映了租赁物的价值和出租人的合理利润，故应当认定信达租赁公司与和田物资公司、华源石化公司构成融资租赁法律关系。

华源石化公司抗辩称，涉案租赁物是华源石化公司所有的资产，信达租赁公司既没有与华源石化公司签订租赁物的《买卖合同》，也没有向华源石化公司支付租赁物的价款，租赁物的所有权没有发生过转移，信达租赁公司与华源石化公司之间未形成融资租赁法律关系。对此，法院认为，华源石化公司在明知和田物资公司并非涉案租赁物的所有人的情况下，自愿与和田物资公司以共同承租人的身份和信达租赁公司签订了《融资租赁合同》，约定将华源石化公司拥有所有权和处分权的租赁物转让给信达租赁公司，此系华源石化公司与和田物资公司协商一致作出的交易安排，不损害国家、集体或者第三人利益，故不影响本案《融资租赁合同》的有效性。涉案租赁物为华源石化公司的自有财产，并非由信达租赁公司向第三方购买。《融资租赁合同》中已就租赁物型号、规格、合同价款及付款方法等作出了明确约定，故信达租赁公司与华源石化公司未另行签订《买卖合同》，不影响双方当事人享有权利和承担义务。因信达租赁公司已经按时将 2 亿元转让价款支付至经过双方确认的共同承租人账户，故应当认定信达租赁公司已经依约履行了向和田物资公司和华源石化公司支付转让价款的义务。和田物资公司和华源石化公司作为共同承租人在《融资租赁合同》附件 4《所有权转移证书》上盖章确认，故应当认定《融资租赁合同》项下的租赁物所有权已经转移至信达租赁公司。综上所述，本院对华源石化公司提出的抗辩意见不予采纳。

此外，华源石化公司还提出和田物资公司和信达租赁公司恶意串通，损害华源石化公司的利益；和田物资公司和信达租赁公司之间名为融资租赁、实为借贷，本案《融资租赁合同》应当认定无效。华源石化公司的上述主张缺乏事实依据，法院不予采信。本案《融资租赁合同》系双方当事人的真实意思表示，内容不违反我国法律、行政法规的强制性规定，故应当认定有效。

法院判决被告和田物资公司和华源石化公司承担向原告信达租赁公司支付到期未付租金、全部未到期租金、逾期利息、留购价款等款项的支付义务。

三、案件评析

本案的争议焦点在于共同承租人和田物资公司和华源石化公司以华源石化公司的资产作为租赁物，与出租人信达租赁公司开展融资租赁交易时，融资租赁合同的性质是共同承租还是构成其他法律关系。

本案判决将案涉共同承租合同认定为融资租赁法律关系，未支持华源石化公司辩称的“名为租赁、实为借贷”的抗辩。在实践中，还存在其他几种存有争议的共同承租的模式，如共同承租人之一提供了全部租赁物、接收全部租赁物购买价款、实际使用租赁物并负责日常租金的支付事宜，其他共同承租人仅按照融资租赁合同承担连带支付租金的义务，对于此类共同承租交易模式中的其他共同承租人，有观点认为会被认定为担保人，对此观点有待商榷，原因如下：

1. 在其他共同承租人自愿签署共同承租的融资租赁合同时，与担保合同相比，其他共同承租人取得了融资租赁合同项下占有和使用租赁物的权利，与担保合同项下仅承担担保义务却不享有主合同项下主权利存有明显的差别；

2. 在民事法律关系中，与债务人承担连带债务清偿责任的民事主体，并不意味着便是担保人，也有可能是并存债务承担中的承担人等。仅根据承担连带清偿责任便将其他共同承租人解释为担保人缺乏事实和法律依据。

四、对租赁公司的启示

共同承租作为一种较为创新的融资租赁交易，建议租赁公司在开展此类业务时，严格按照《物权法》《合同法》等规定，从共同承租人处取得租赁物的所有权，并将租赁物出租给承租人共同占有和使用；通过《融资租赁合同》明确共同承租人均享有占有和使用租赁物的权利，具体的占有和使用事宜由共同承租人自行协商确定；建议在支付租赁物购买价款、交付租赁物、接受租赁物、连带承担租金支付义务等事宜上取得所有承租人的共同确认。

案例 7.5　回购协议的法律性质①

我国法律明确规定了保证、抵押、质押、留置、定金等几种典型的担保方式，回购并不属于《担保法》规定的典型担保方式。在实践中，宜将回购协议解释为一种兼有保证合同与附条件买卖合同性质的双务合同，对其效力的判断以及当事人之间的权利义务关系的调整，应依照回购协议约定的回购条件、回购责任范围等进行认定，尊重当事人的意思自治。

狮桥融资租赁（中国）有限公司与宝鸡华山工程车辆有限责任公司融资租赁合同纠纷案②

上诉人（原审被告）：宝鸡华山工程车辆有限责任公司（以下简称“华山公司”）

---

① 本部分作者为北京市汇融律师事务所律师李艳科。

② 参见天津市第二中级人民法院（2015）二中民二终字第0764号民事判决书，2015年11月16日作出。

被上诉人（原审原告）：狮桥融资租赁（中国）有限公司（以下简称“狮桥租赁”）

原审第三人：周某某

原审第三人：呼伦贝尔市耀海汽车销售有限公司（以下简称“耀海公司”）

一、案件基本事实

2013 年 4 月 2 日，周某某（买受人）与耀海公司（出卖人）签订了《产品买卖合同》（以下简称“买卖合同”），约定购买陕汽牌 SX3250MP3 自卸汽车 2 台，单价 315000 元/台，总价款 630，000 元。合同签订后，周某某签署《交车验收单》，确认于 2013 年 4 月 26 日在呼伦贝尔市接收车型为 SX3250MP3 的车辆 2 台，车架号分别为 LZGCL2R46DB000433 和 LZGCL2R42DB000431。

2013 年 4 月 27 日，狮桥租赁与周某某、耀海公司签署《协议书》，约定：周某某为向耀海公司履行买卖合同项下付款义务，经耀海公司推荐，周某某向狮桥租赁申请办理融资租赁售后回租业务，并签订《融资租赁合同》等相关文书；周某某和耀海公司共同承诺自买卖合同生效之日起周某某取得设备的所有权；买卖合同生效后，耀海公司同意并支持周某某将设备出卖给狮桥租赁，办理售后回租业务，自《融资租赁合同》生效时，上述设备的所有权即属于狮桥租赁。

同日，狮桥租赁与周某某签订了《融资租赁合同》，约定出租人通过售后回租方式为承租人提供融资支持。出租人和承租人对租赁期限、起租时间、每期还租时间、利率、每期租金额等进行了充分协商，承租人无条件同意出租人基于共同协商的条件制作生成的《租赁支付表》，并承诺按时、足额支付租金。

2013 年 6 月 1 日，狮桥租赁与华山公司、耀海公司签订《租赁物回购协议书》，约定：鉴于耀海公司及华山公司向狮桥租赁推荐的客户（即承租人）与狮桥租赁签订《融资租赁合同（售后回租）》及相关附件，承租人向耀海公司购买了设备并签订买卖合同，耀海公司系华山公司的经销商，华山公司为租赁物的生产商，耀海公司对其销售给承租人的全部租赁物在约定条件下向狮桥租赁承担回购义务，耀海公司不能承担本协议的回购义务的，由华山公司向狮桥租赁承担与耀海公司同等的回购义务。如承租人出现融资租赁合同中约定的违约行为，狮桥租赁有权于上述承租人违约行为出现时向耀海公司发送租赁物回购通知，耀海公司有义务和责任在狮桥租赁发送租赁物回购通知之日起五日内向狮桥租赁支付租赁物项下的全部回购价款；如果在前述约定的回购条件成就后，狮桥租赁向耀海公司发出的租赁物回购通知之日起十五日内，耀海公司不能承担本协议约定回购义务的，由华山公司向狮桥租赁承担与耀海公司同等的回购义务，狮桥租赁有权立即向华山公司发送回购通知，华山公司应在狮桥租赁发出租赁物回购通知之日起的五日内向狮桥租赁支付租赁物项下的回购价款；耀海公司或华山公司承担本协议约定的回购义务不以狮桥租赁移交租赁物为前提条件，自耀海公司或华山公司承担回购责任之日起，承租人同意就已获清偿债务的租赁物所有权归属于承担了回购义务的耀海公司或华山公司；狮桥租赁应于收到耀海公司或华山公司全部回购款之日起 7 个工作日内将回购租赁物的相关材料及所有权转移文书交于耀海公司或华山公司。该协议后附《融资租赁合同明细表》，载明承租人、融资租赁合同号、支付表号、设备价款以及支付表租金总额，共45 台租赁物，其中包括周某某以售后回租方式向狮桥租赁租赁的陕汽牌 SX3250MP3 自卸车 2 台。

因《融资租赁合同》签订后，周某某除首期款外，未支付任何租金，狮桥租赁向天津市滨海新区人民法院提起诉讼，其中被告为华山公司，周某某、耀海公司为第三人。诉讼请求为：1. 被告华山公司向原告狮桥租赁支付包含截至 2014 年 3 月 10 日的逾期租金 289551. 40 元、剩余本金 382052. 98 元，2013 年 6 月 3 日—2013 年 9 月 3 日的逾期违约金175770元，以上回购款共计 847374. 38 元；2. 诉讼费由被告承担。

二、一审法院的认定和判决

法院认为，本案的争议焦点为：

（一）原、被告及第三人耀海公司之间签订的《租赁物回购协议书》是否成立并生效

法院认为原、被告及第三人耀海公司签订的《租赁物回购协议书》符合《合同法》关于合同成立生效的相关规定，具备了成立并生效的法定条件。

（二）被告是否应当承担回购责任

被告华山公司将回购合同定性为一般保证合同，主张应先向第三人周某某主张权利，再向被告主张权利，且第三人耀海公司和被告为共同保证人，应将耀海公司列为共同被告。法院认为，融资租赁回购合同是在融资租赁行业发展过程中新兴的合同形式，它不同于保证合同是一种单务合同，回购合同在约定一方承担回购义务的情况下，会同时约定另一方转移租赁物所有权，是一种兼有保证合同与所有权转移类合同性质的双务合同。由此，融资租赁回购合同不能等同于担保合同，不能单纯援引《担保法》的相关规定。本案系融资租赁合同项下的回购协议纠纷，因没有相应的下级案由，故确定案由为融资租赁合同纠纷。案涉回购协议明确约定，如承租人出现融资租赁合同中约定的违约行为，原告有权于上述承租人违约行为出现时向第三人耀海公司发送租赁物回购通知，耀海公司有义务和责任在原告发送租赁物回购通知之日起五日内向原告支付租赁物项下的全部回购价款。根据上述约定，当承租人出现违约时，原告有权选择向承租人主张违约责任或向回购义务人主张回购责任。回购协议又约定：如果在前述约定的回购条件成就后，原告向耀海公司发出的租赁物回购通知之日起 15 日内，耀海公司不能承担本协议约定回购义务的，由被告向原告承担

与耀海公司同等的回购义务，原告有权立即向被告发送回购通知，被告应在原告发出租赁物回购通知之日起的五日内向原告支付租赁物项下的回购价款。根据上述约定，在耀海公司接到租赁物回购通知之日起15日内不能承担回购协议约定的回购义务时，由被告向原告承担与耀海公司同等的回购义务。依据庭审查明的事实，第三人周某某拖欠原告租金，属于合同约定的回购情形，且在原告发出回购通知后，第三人耀海公司未依约履行回购义务，被告承担回购责任的条件已经成就，应当依约向原告承担回购协议。

（三）如果被告应当承担回购责任，承担的责任范围如何确定

根据《租赁物回购协议书》的约定，被告华山公司应向原告支付的回购款金额为711374.38元（即《融资租赁合同》项下逾期租金153551.4元、剩余本金382052.98元及2013年6月3日至2013年9月3日的违约金175770元）。

另外，依照合同约定，自被告华山公司或第三人耀海公司承担回购责任之日起，原告狮桥租赁同意就已获清偿债务的租赁物所有权归属于承担了回购义务的被告或第三人耀海公司，故被告履行了约定的回购义务后，即获得了租赁物的所有权。原告应于收到被告全部回购款之日起7个工作日内，依照合同约定将回购租赁物的相关材料及所有权转移文书交予被告。

法院判决：1. 被告宝鸡华山工程车辆有限责任公司于本判决生效之日起十日内向原告狮桥融资租赁（中国）有限公司支付回购款711374.38元；2. 驳回原告狮桥融资租赁（中国）有限公司的其他诉讼请求；3. 案件受理费12274元，减半收取6137元，由原告狮桥融资租赁（中国）有限公司负担680元，被告宝鸡华山工程车辆有限责任公司负担5457元。

三、上诉以及二审法院的认定和判决

华山公司不服，向天津市第二中级人民法院提起上诉称：本案为保证

合同法律关系，是融资租赁合同的从合同，合同对保证责任的形式未约定，上诉人享有先诉抗辩权。且本案应当将原审第三人耀海公司列为共同被告。

法院审理认定：本案涉及融资租赁回购，该回购合同在约定一方承担回购义务的情况下，同时约定另一方转移租赁物所有权，是一种兼有保证合同与所有权转移类合同性质的双务合同，由此，融资租赁回购合同不能等同于担保合同。且一审判决书中对《租赁回购协议》的真实性、合法性均已作出认定，华山公司应当按照该协议的约定承担回购责任。华山公司所述本案应将耀海公司列为本案被告的上诉理由，因本案系属合同之债，原审法院为查明案件事实，将耀海公司列为本案第三人参加诉讼并无不妥。综上所述，一审法院审判程序合法，所作判决认定事实清楚，适用法律正确，法院予以维持。

四、案件评析

本案的争议焦点在于华山公司承担的回购责任是否属于一般保证责任。对此一审和二审法院均认定回购合同是不同于担保合同的双务合同，回购人应当按照回购协议约定承担约定的回购责任。

从相关判例来看，回购并非我国法律规定的一种典型担保方式，宜认定为是一方基于交易安排应当按照约定承担的民事责任。与担保相比，回购合同的效力及当事人之间的权利义务关系不宜直接适用《担保法》的规定，而应尊重当事人的意思自治，按照《合同法》以及回购协议的约定处理。

五、对租赁公司的启示

由于回购协议在实践中是一种兼有保证合同与所有权转移类合同性质的双务合同，为保障回购协议起到与连带责任保证相似的效果，建议租赁公司在与回购人签署回购合同时可以参考《担保法》《合同法》《买卖合同司法解释》等规定拟定。回购协议应至少包含回购标的、回购条件、回购价款以及回购标的物的交付及债权转移等条款。如果涉及租赁物的回购，建议租赁公司在回购协议中明确约定出租人不承担租赁物的瑕疵担保责任和交付责任，并在实际操作过程中及时告知回购人标的物的情况，避免回购人可能向租赁公司主张瑕疵担保责任的风险。

案例 7.6　回购交易中的交付责任[①]

在直接融资租赁交易模式中，供货人对租赁物和/或租赁债权提供回购义务是非常常见的，对于回购双方的权利义务，出租人与供货人有的通过融资租赁业务框架协议来约定，有的则通过专门的回购合同来约定。回购担保作为一种增信措施，一定程度上降低了出租人的融资风险。但是如果融资租赁业务框架协议或者回购合同中对于回购标的、回购条件、出租人是否承担交付租赁物等义务约定不清的话，供货人如果支付了全部回购价款而无法取得全部租赁物所有权诉请出租人返还租赁物或者承担无法返还的赔偿责任，出租人可能面临败诉的风险。

广东捷成工机械有限公司与广东汇赢融资租赁有限公司买卖合同纠纷案[②]

上诉人：广东捷成工机械有限公司（原审原告，以下简称“捷成公司”或“供货人”）

被上诉人：广东汇赢融资租赁有限公司（原审被告，以下简称“汇赢租赁”或“出租人”）

---

① 本部分作者为北京市汇融律师事务所律师孙静。

② 参见广东省佛山市中级人民法院（2016）粤 06 民终 42 号二审民事判决书，2016 年 4 月 12 日作出。

一、案件基本事实

2011 年 8 月 25 日，汇赢租赁作为出租人，双峰县家宝艺陶瓷有限公司作为承租人（以下简称“家宝艺公司”或“承租人”），捷成公司作为供货人，签订《购销合同》一份；同时，汇赢租赁与家宝艺公司签订《融资租赁合同》一份，以及捷成公司与汇赢租赁签订《融资租赁业务合作协议》一份。约定，汇赢租赁依家宝艺公司选择从捷成公司处购买设备并租予家宝艺公司，家宝艺公司向汇赢租赁租赁设备并支付租金。租赁物为型号 JCY3850B 陶瓷全自动液压压砖机、一次布料系统、自动翻坯机、瓷质抛光打蜡生产线。另外，《融资租赁业务合作协议》中约定，如果承租人在租赁期限内连续两期或累计两期未能按时、足额支付租金的，捷成公司同意按照承租人已逾期的租金及未到期的剩余租金无条件回购上述设备，回购不涉及机械实物移交。汇赢租赁在收到捷成公司支付的租金及罚息后 5 天内，由捷成公司委派律师以汇赢租赁名义向法院提起诉讼，汇赢租赁应当给予协助。捷成公司代承租人按期清偿全部租金及相关费用后，汇赢租赁将租赁物《所有权转移证明书》移交给捷成公司。

上述合同及协议签订后，汇赢租赁依约向捷成公司支付了《供货合同》项下货款，捷成公司亦依约向家宝艺公司交付了上述机械设备。2012 年 7 月起承租人开始欠付租金，2013 年 5 月 17 日，捷成公司向汇赢租赁支付了回购款人民币 1767413.63 元。2013 年 6 月 8 日，汇赢租赁向广东省佛山市南海区人民法院（以下简称“原审法院”）起诉家宝艺公司要求取回租赁物，原审法院判令家宝艺公司向汇赢租赁返还租赁物。该案于 2013 年 11 月 8 日进入执行程序，执行过程中，家宝艺公司仅向汇赢租赁返还了型号为 JCY3850B 陶瓷全自动液压压砖机、一次布料系统，但自动翻坯机、瓷质抛光打蜡生产线不知所踪，无法查明具体存放地点，致使无法执行。

二、起诉与答辩及法院的认定与判决

捷成公司诉请：要求汇赢租赁向其交付租赁物中的自动翻坯机、瓷质抛光打蜡生产线，如汇赢租赁无法交付，要求其返还无法交付部分租赁物的相应回购款共计人民币843193元。

原审法院经审理认为：回购条款设置的目的是保障出租人的债权得以实现，具有担保的属性。回购人在向出租人支付回购款后，出租人向回购人转让租赁物所有权，涉及租赁物的交付方式，而无论是实物交付还是直接交付租赁物《所有权转移证明书》，均能发生租赁物所有权的转移效果。本案的争议焦点在于捷成公司向汇赢租赁支付了租赁物的全部回购款，汇赢租赁是否须向捷成公司实际交付租赁物。如无法实物交付，汇赢租赁应否向捷成公司返还无法交付部分租赁物的回购款。对于本案两个争议焦点，原审法院分析如下：根据《融资租赁业务合作协议》的约定，回购人在支付了回购款项回购租赁物后，汇赢租赁仅有协助捷成公司追回租赁物的义务，约定的交付方式为向其出具租赁物《所有权转移证明书》，汇赢租赁并不承担租赁物灭失的风险，故汇赢租赁不负有向捷成公司返还租赁物的义务。本案中，汇赢租赁在捷成公司支付了全部回购款后，依约以自己的名义起诉承租人取回租赁物并进行强制执行程序，并将执行到位的JCY3850B陶瓷全自动液压压砖机、一次布料系统移交给了捷成公司，剩余租赁物因不知所踪，执行不能而无法交付捷成公司，汇赢租赁已经穷尽措施为捷成公司回收租赁物，已完成《融资租赁业务合作协议》项下回收租赁物的义务，故捷成公司要求没有返还租赁物义务的汇赢租赁返还租赁物的请求无理，法院予以驳回。在汇赢租赁不负返还租赁物义务的情况下，汇赢租赁是否须向捷成公司退回未收回部分的租赁物的回购款，同理，案涉《融资租赁业务合作协议》并未约定汇赢租赁有向捷成公司退回已支付的未执行到位的租赁物的回购款的义务，故捷成公司的此项诉讼请求，法院亦予以驳回。

原审法院判决：驳回捷成公司全部诉讼请求。

三、上诉与答辩及法院的认定与判决

捷成公司上诉请求及理由：撤销原审判决，改判支持捷成公司的原审全部诉讼请求。理由如下：本案不是典型的融资租赁合同纠纷，本案中同时存在买卖合同关系与租赁关系两种并行的法律关系，所以涉案回购行为的真正对价是汇赢租赁在收到回购款后应当将其取回的属于汇赢租赁所有的涉案机械设备返还给捷成公司，如果不能将实物返还给捷成公司，汇赢租赁应当将相应赔偿款支付给捷成公司。

汇赢租赁答辩：一审判决认定事实清楚，适法正确。理由如下：本案的核心法律关系是典型的融资租赁合同关系，而不是融资租赁合同关系与买卖合同关系并行，双方的买卖合同只是融资租赁合同的从合同，买卖交易只是整个交易结构的一部分，原审法院将回购性质认定为担保性质是正确的。根据《融资租赁业务合作协议》第 3 条的约定，可以反映回购就是担保性质，该条款也明确说明回购是无条件的，且不需要移交实物，在实际操作中由承租人直接将租赁物交付给捷成公司，汇赢租赁只是提供融资服务。本案中，汇赢租赁已经按约履行了协助捷成公司取回租赁物的义务，租赁物在执行阶段的灭失风险不应由汇赢租赁承担。

二审法院经审理认为及判决：本案二审期间的争议焦点为对捷成公司提出的要求汇赢租赁返还租赁物或赔偿相关损失的诉讼请求是否应予支持。本院审理认为：首先，根据《融资租赁业务合作协议》第 3 条“融资租赁的担保及风险控制措施”及第四条“双方责任、义务”的约定，捷成公司的回购行为具有担保的属性。其次，本案中，虽然汇赢租赁保留租赁物的所有权，但是租赁物均存放于承租人处所，在捷成公司回购租赁物时，汇赢租赁无法直接向捷成公司交付租赁物，所以《融资租赁业务合作协议》约定的“回购不涉及机械实物移交”符合事实情况。但是该约定也并不能推导出汇赢租赁对租赁物交付过程中出现毁损灭失情形免责的结论，故上述约定不能当然作为汇赢租赁在本案中无需承担责任的合同依据。最后，《融资租赁业务合作协议》并未约定租赁物在回收过程中出现毁损、灭失等情形时相关责任应如何承担。在此种情况下，不能将租赁物丢失的法律后果简单归责于捷成公司或汇赢租赁一方。综上三点，依据民法之公平原则酌定捷成公司、汇赢租赁分别对租赁物丢失所造成的经济损失承担50%的责任。对于捷成公司提出的诉讼请求中超出上述范围部分的，因缺乏事实及法律依据，本院予以驳回。

四、案件评析

本案涉及主要问题是：如果在回购合同中明确约定回购标的为租赁物，在供货人支付了全部回购价款后，由于租赁物毁损灭失无法取得租赁物所有权的风险应由谁承担。二审法院直接改判出租人承担其无法向供货人交付租赁物的50%的赔偿责任有一定合理性，但判决说理部分值得商榷。

在直接融资租赁交易模式中，供货人为了降低出租人的融资风险，以促进销售为目的向出租人提供回购义务是很常见的。回购交易虽常见，但是实务中对于回购合同的定性仍然存在不同见解。笔者倾向认同附条件买卖合同说，认为回购合同实质上是一种附条件的买卖合同，当回购合同约定的回购条件达成时，供货人负有向出租人支付回购价款回购租赁物和/或租赁债权的义务。供货人不是替代承租人履行义务后取得追偿权，而是直接向出卖人购买租赁物和/或租赁债权，然后以受让人（新的债权人）的身份去取回租赁物和/或实现租赁债权。该等回购义务是在一定条件成就时供货人向承租人承担的一种独立义务。在认清回购合同的法律性质后，笔者认为，回购交易中租赁物毁损灭失的风险负担规则应当适用《合同法》第九章买卖合同的规定。根据《合同法》第142条的规定："标的物毁损、灭失的风险，在标的物交付之前由出卖人承担，交付之后由买受人承担，但法律另有规定或者当事人另有约定的除外。"该条款确定了买卖合同风险负担的一般规则，即以交付为标的物风险转移的标志，同时也允许当事人另行约定风险负担的规则。何谓交付，标的物的交付仅指标的物的占有人由销售方变更为购入方，并不必然包括物的所有权的转移。交付的形式分为现实交付和观念交付，观念交付又分为简易交付、指示交付和占有改定。所以回购合同中如何约定租赁物的回购方式、租赁物毁损灭失的风险负担规则极为重要。

本案中，捷成公司作为供货人与出租人签订了《融资租赁业务合作协议》，该协议第 3 条“融资租赁的担保及风险控制措施”约定：承租人在租赁期限内连续两期或累计两期未能按时、足额支付租金、捷成公司同意按照承租人已逾期的租金及未到期的剩余租金无条件回购租赁物，回购不涉及机械实物交付。若捷成公司能收回租赁物的，应于该租赁物撤离承租人的存放地点五日天内将《融资租赁合同》中承租人应当支付的全部款项一次性支付给汇赢租赁。另外，《融资租赁业务合作协议》对于汇赢租赁配合收回租赁物也做了相应了约定。从该约定可以看出，供货人向出租人提供的是“见物回购”的担保措施，即捷成公司在回购条件达成时通过支付回购价款换取租赁物的所有权，回购标的不涉及租赁债权。那么在捷成公司已向汇赢租赁支付完毕全部回购价款后，其应当依约取得租赁物的所有权。在《融资租赁业务合作协议》中未对租赁物的交付、回购中租赁物的风险负担规则作出明确约定的情形下，出租人作为转让方应当对租赁物的毁损灭失负担相应的法律责任。二审法院考虑到融资租赁交易的特殊性，鉴于出租人并不实际控制租赁物，适用民法之公平原则酌定汇赢租赁、捷成公司共同承担部分租赁物毁灭损失的法律风险，判决结果具有一定合理性。但是通读本判决书，判决书未对《融资租赁业务合作协议》中回购担保的定性以及回购交易中租赁物毁损灭失的风险负担做出详细说明，而是直接适用公平原则改判，略有遗憾。

五、对租赁公司的启示

建议租赁公司系与供货人签署专门的回购合同，并且在回购合同中明确以下内容：第一，明确回购标的。建议在回购合同中明确约定回购标的为租赁物和/或租赁债权，如此约定的意义在于供货人只要支付了回购价款，即可以取得租赁物所有权和受让租赁债权，如果在租赁物无法取回的情形下，租赁公司通过支付回购价款受让了租赁债权也可以通过请求承租人支付租金来获得清偿，可以避免租赁公司承担供货人无法取得租赁物所有权而要求其承担赔偿责任的风险。第二，明确租赁公司向供货人承担交付租赁物的方式。建议在回购合同中约定，租赁公司不负责租赁物的实物交付，通过指示交付的方式将租赁公司对承租人的返还请求权让与供货人，即租赁公司向承租人和供货人发送《租赁物和/或租赁债权转移通知书》，即视为甲方已向乙方履行了租赁物交付和/或租赁债权转让义务。第三，明确回购中租赁物毁损灭失的风险负担规则。鉴于在租赁期限内，租赁物由承租人实际占有使用，租赁公司并不掌握租赁物的控制权，建议在回购合同中明确约定，租赁公司不对租赁物届时的状况做任何的承诺和保证，如果回购时租赁物毁损灭失，回购人仍然承担回购义务，此时其受让的是租赁公司在租赁合同项下对承租人的债权，并明确租赁物交付前的风险由承租人承担，交付后的风险由供货人承担。

第八章

其他

案例8.1　违反预算法规定是否必然导致融资租赁合同无效[①]

2015年1月1日，修订后的《中华人民共和国预算法》（以下简称《预算法》）实施，根据该法第35条，除发行地方政府债券外，地方政府及其所属部门不得以任何方式举借债务。也就是说，地方政府及其所属部门的融资渠道只有发行债券一种方式，其他融资方式都可能违法。那么，地方政府或其所属部门通过融资租赁方式获取资金是否属于违法融资？租赁公司与地方政府或其所属部门签署的融资租赁合同效力是否因此受到影响？这也是各租赁公司普遍关心的问题，笔者在中国裁判文书网公开的裁判文书中未发现涉及《预算法》的融资租赁纠纷案例，故选取了3个涉及《预算法》问题的其他纠纷案例以作分析，虽非融资租赁纠纷，但其审判思路可供租赁公司参考。从以下判决结果可以看出，司法实践中，关于违反《预算法》是否导致合同无效，存在截然相反的两种判决，相同的诉求在不同的法院判决完全不同，亟待司法规范。

① 本部分作者为北京市汇融律师事务所合伙人李雪梅。

一、有些判决书认为违反《预算法》不属于《合同法》规定的"违反法律、行政法规的强制性规定"情形，合同有效

（一）相关案例：连城县揭乐乡人民政府与周某民间借贷纠纷案[①]

上诉人（一审被告）：连城县揭乐乡人民政府（以下简称"揭乐乡政府"）

被上诉人（一审原告）：周某

1. 案件基本事实

揭乐乡政府因资金周转需要，于2012年2月9日向周某借款50万元，并出具了一份福建省行政事业单位（社团）往来结算凭证。自2012年3月23日起，揭乐乡政府先后通过银行转账及现金形式支付给周某26万元，在揭乐乡政府付款前，周某均向揭乐乡政府出具一份收据，并注明所收款项为利息，揭乐乡政府按程序审批后付款。后经周某催收，揭乐乡政府未予归还。故周某诉至法院。

2. 起诉与答辩及法院的认定与判决

周某主要诉讼请求：揭乐乡政府立即偿还借款50万元，并支付自2014年4月9日起至清偿之日止按月利率2%计算的利息。

法院认为，揭乐乡政府向周某借款的行为不是具体行政行为，属平等主体间的民事法律行为，该借贷关系不违反法律强制性规定，借贷行为有效，揭乐乡政府关于双方间借贷关系无效的主张不成立。揭乐乡政府借款后，连续数月每个月均有规律地向周某支付1万元，且周某出具给揭乐乡政府的收据中亦注明款项性质为利息，因此应认定该借款为有息借款，且约定的月利率为2%，揭乐乡政府称双方未约定利息，不应支付利息的辩

① 参见龙岩市中级人民法院（2016）闽08民终229号二审民事判决书，2016年4月19日作出。

解意见，不予采纳。双方未约定还款期限，在给予揭乐乡政府必要的期限后，周某有权随时向其主张还款，经周某催收，揭乐乡政府未予归还，属违约行为，依法应承担相应的民事责任。因此，判决支持周某的全部诉讼请求。

揭乐乡政府不服，提起上诉。

3. 二审当事人主张及法院判决

揭乐乡政府主要上诉理由：1. 上诉人从未认可所还款项为利息。2. 依据《预算法》第 27 条、第 28 条，地方政府无权借款也无权发行债券变相借款。上诉人作为乡镇政府无权对外借贷，其借贷行为违反法律规定，应属无效。《国务院办公厅关于坚决制止发生新的乡村债务有关问题的通知（国办发〔2005〕39 号）》明确禁止地方政府（特别是乡镇一级政府）向民间举债。根据《民间借贷司法解释》第 14 条规定，“具有下列情形之一，人民法院应当认定民间借贷合同无效：……（五）其他违反法律、行政法规效力性强制性规定的”，本案的借贷行为应认定无效。上诉人向被上诉人借款 50 万元，扣除已付 26 万元，尚欠 24 万元。3. 借贷行为有效，但双方未约定利息，根据《民间借贷司法解释》第 25 条第 1 款“借贷双方没有约定利息，出借人主张支付借期内利息的，人民法院不予支持”的规定，被上诉人诉请按月利率 2% 支付利息不应得到支持。综上，上诉人仅需向被上诉人支付尚欠借款 24 万元。

被上诉人周某辩称：1. 本案属平等主体之间的民间借贷关系。上诉人的借款行为不是依法定职权作出的具体行政行为，而是平等主体之间的民事法律行为。《预算法》第 27 条、第 28 条只是限定于地方政府发行债券，不适用于本案。《国务院办公厅关于坚决制止发生新的乡村债务有关问题的通知（国办发〔2005〕39 号）》仅是政府规范性文件，不是法律、行政法规，该规范性文件不能作为认定借贷合同无效的依据。2. 双方虽未书面约定利息，但以实际履行表明月利率为 2%。

二审法院认为：揭乐乡政府向周某借款的行为不是具体行政行为，属于平等主体之间的民事法律行为和财产关系，该借贷行为不违反法律、法规的强制性规定，合法有效，依法受保护。上诉人辩称本案借贷关系无效的抗辩主张，理由不成立。双方虽未书面约定利息，但上诉人借款后连续多月每月向被上诉人支付 1 万元，被上诉人每次出具的收据均注明所收款项为利息，自借款之日起至讼争前，上诉人对此均未提出异议。上诉人辩称其一直有异议，但未提交任何证据证明，故不予采纳。经被上诉人主张后，上诉人仍未还本付息，属违约行为，应按约偿还借款本息。

综上所述，二审判决驳回上诉，维持原判。

二、另外一些判决书认为违反《预算法》属于《合同法》规定的“违反法律、行政法规的强制性规定”，或认为违反法律和社会公共利益，从而判决合同无效。

（一）案例一：永州市冷水滩区凤凰街道办事处与蒋某民间借贷纠纷案[①]

上诉人（一审被告）：永州市冷水滩区凤凰街道办事处（以下简称“凤凰街道办”）

被上诉人（一审原告）：蒋某

1. 案件基本事实

2013 年 12 月 27 日，凤凰街道办与蒋某签订《借款协议》，约定：凤凰街道办向蒋某借款 20 万元，月息为 3%，借款用途为完成税收入库，于 2014 年 3 月 27 日还清本息，逾期则按本息累计计息的方式计算。协议签订当天，蒋某即付给凤凰街道办 20 万元，凤凰街道办同时出具了借条。凤凰街道办按季度给付了蒋某 2015 年 3 月 27 日前的利息，之后，再未支付利息。就上述借款，蒋某多次催收，凤凰街道办未予偿还。

---

① 参见永州市中级人民法院（2016）湘 11 民终 1196 号二审民事判决书，2016 年 4 月 19 日作出。

2. 一审法院的认定与判决

蒋某诉至法院请求：凤凰街道办偿还借款本金及自2015年3月至本金还清之日止按月息2.5%计算的利息。

法院认为：《借款协议》因违反了《预算法》第35条第3款、第4款的规定而无效。虽《借款协议》无效，但借款事实存在，凤凰街道办应承担返还借款本金和资金占用期间利息的民事责任。凤凰街道办辩称蒋某诉请支付2015年3月后按月息2.5%计算的利息，违背了法律规定。根据《民间借贷司法解释》第29条第2款第（二）项“约定了借期内的利率但未约定逾期利率，出借人主张借款人自逾期还款之日起按照借期内的利率支付资金占有期间利息的，人民法院应予支持”及第30条“出借人与借款人既约定了逾期利率，又约定了违约金或者其他费用，出借人可以选择主张逾期利息、违约金或者其他费用，也可以一并主张，但总计超过年利率24%的部分，人民法院不予支持”的规定，蒋某诉请按月息2.5%计算支付利息超过法律规定，因此对凤凰街道办的该辩称予以支持。蒋某诉请的利息应按月利率2%从2015年3月27日起计算至借款本金付清时止。综上所述，判决：1. 凤凰街道办返还蒋某借款20万元并按月利率2%支付从2015年3月27日起至本金还清之日止的利息；2. 驳回蒋某其他诉讼请求。

凤凰街道办不服，提起上诉。

3. 二审法院判决

二审法院认为：双方当事人争执焦点是凤凰街道办是否应当返还蒋某本金并支付利息。上诉人凤凰街道办提出该借款实际用于永州联信房地产开发公司（以下简称“联信公司”）完税，应由联信公司或其法定代理人陈某偿还，本案遗漏诉讼主体。根据已查明事实，《借款协议》系上诉人与被上诉人签订，上诉人是借款人，被上诉人是出借人，联信公司并非《借款协议》的借款人，根据合同的相对性，上诉人提出本案遗漏诉讼主体的上诉理由不能成立。《预算法》第35条第3款规定，“地方政府及其所属部门不得以任何方式举借债务”。《合同法》第52条规定，“有下列情形之一的合同无效：……（五）违反法律、行政法规的强制性规定”。上诉人与被上诉人签订的《借款协议》违反《预算法》的强制性规定，应属无效。根据《合同法》第58条，上诉人应将借款本金返还被上诉人。被上诉人作为普通公民，基于对上诉人作为政府部门的信任，与上诉人签订《借款协议》，将款项借给上诉人，并无过错。上诉人作为政府部门，理应知道不能作为债务人对外举借债务，因此上诉人对于《借款协议》的签订存在过错，应赔偿被上诉人因合同无效造成的损失。本案中，被上诉人的损失即是利息损失，故一审法院依照《民间借贷司法解释》，以支付利息的形式判决上诉人赔偿被上诉人损失并无不当。

综上所述，二审法院判决驳回上诉，维持原判。

本案最终判决《借款协议》无效，凤凰街道办返还借款本金并按月利率2%赔偿蒋某损失。

（二）案例二：项某诉王某、建昌县XX局八家子分局、建昌县XX局民间借贷纠纷案①

原告：项某

被告：王某

被告：建昌县XX局八家子分局（以下简称“八家子分局”），被告王某系该局局长

被告：建昌县XX局

2014年11月27日，王某以给八家子分局使用为由向项某借钱，并向项某出具了加盖八家子分局公章的欠条，借款金额3万元，口头约定还款期限。到期后项某向王某要求还款，王某多次拖延，一直未偿还。项某遂起诉至法院请求各被告连带偿还借款本金及利息。

原告诉称：王某欠钱应当偿还。因加盖了八家子分局公章，所以分局应当连带偿还。又因建昌县XX局是法人单位，对公章管理不严，应连带

① 参见建昌县人民法院（2016）辽1422民初673号一审民事判决书，2016年6月13日作出。

偿还欠款。

被告王某未到庭，提交书面答辩称，其只是欠原告3万元，没有利息。

被告八家子分局未到庭，提交书面答辩称，其只是欠原告3万元，没有利息。八家子分局是独立法人单位，有独立的经费，故八家子分局同意承担责任。

被告建昌县XX局未到庭，亦未提交书面答辩。

法院认为，地方政府及其所属部门不得以任何方式举借债务，故被告王某向原告借款时加盖八家子分局公章的行为因违反法律和社会公共利益而无效，原告与八家子分局未形成合法的民间借贷关系，但八家子分局应将取得的不当利益予以返还；因八家子分局是有独立经费的机关法人，故原告与被告建昌县XX局未形成合法的民间借贷关系；因被告王某在借条上签字，应视为是项某和王某之间形成了合法的民间借贷关系，故对项某要求王某偿还借款本金的诉讼请求应予支持。关于借款利息，因双方之间的借条未记载利息，王某亦予以否认，且借条上未记载借款期限，依法应视为不支付利息。综上，依照《合同法》第196条、第206条、第211条，《预算法》第35条，《民法通则》第58条、第92条等规定，判决：八家子分局返还项某3万元，王某连带偿还责任；驳回项某其他诉讼请求。

本案判决结果：借款合同无效，八家子分局按不当得利向项某返还本金，王某承担连带责任，未支持项某要求支付利息的诉求。

三、案件评析

以上案件和判决虽非直接与融资租赁相关，但均涉及《预算法》对合同效力的影响问题，在融资租赁交易实践中，很多情况下租金来源于财政预算。据此推断，《预算法》第35条关于地方政府举债的限制性规定也可能对融资租赁业务产生不利影响。

（一）《预算法》第35条的性质分析

根据《预算法》第35条第3款规定，地方政府及其所属部门只能通过发行地方政府债券方式举借债务，除此之外不得以其他任何方式举借债务。关于该规定是效力性规范抑或管理性规范，理论界及司法实践中存在争议，而规范性质的界定直接关系到其是否可以作为判定合同效力的依据，因此，有必要对此进行厘清。

从《预算法》第35条第3款的内容来看：首先，其规制对象是地方各级政府及其所属部门；其次，其内容是限制地方各级政府及其所属部门的举债方式，即只能通过发行地方政府债券的方式举借债务；最后，根据《预算法》第94条的规定，违反该规定的法律后果是举债主体及主管人员等承担行政责任。

关于效力性规定和管理性规定如何区分，我国目前尚无统一规定。最高人民法院在《最高人民法院合同法司法解释（二）问答》[①] 及《合同案件审判指导》[②] 中均认为：识别效力性强制性规定应当采取正反两个标准：1. 肯定性识别，首先，该强制性规定是否明确规定了违反的后果是合同无效，如果规定了，该规定便属于效力性强制性规定；其次，虽未规定违反的后果是合同无效，但违反该规定如使合同继续有效将损害国家利益和社会公共利益的，也应当认定为效力性强制性规定。2. 否定性识别，法律、行政法规的强制性规定仅关系当事人利益的，或该强制性规定仅是为了行政管理或纪律管理需要而制定的，一般不属于效力性强制性规定，如《城市房地产管理法》第54条、《公务员法》第53条。

按照上述标准衡量，《预算法》并未规定地方政府及其所属部门违反第35条的后果是合同无效，而是规定了行政责任，属于为了行政管理需要而制定的规定，与《公务员法》第53条异曲同工，因此，笔者认为，《预

---

① 人民法院出版社法规编辑中心．最高人民法院合同法司法解释（二）问答［M］．北京：人民法院出版社，2009：63.

② 奚晓明．合同案件审判指导［M］．北京：法律出版社，2014：133.

算法》第35条应属于管理性规定。

（二）《预算法》第35条对融资租赁合同效力的影响

1. 地方政府或其所属部门通过融资租赁方式采购货物或工程是否违反《预算法》的规定

根据《政府采购法》第2条，国家机关、事业单位和团体组织使用财政性资金采购依法制定的集中采购目录以内的或者采购限额标准以上的货物、工程和服务，属于政府采购，采购方式包括购买、租赁、委托、雇用等。此处未明确融资租赁是否属于政府采购范围。从本质上说，融资租赁也是承租人通过有偿方式取得货物、工程的一种方式。一方面，《政府采购法》明确规定"租赁"属于"采购"范畴，而"租赁"和"融资租赁"均是承租人通过支付租金获得占有、使用租赁物的方式，另一方面；出租人购买租赁物，享有租赁物的所有权，但租赁物和供应商由承租人选择和指定，租赁期满承租人以象征价格留购租赁物，从实质上说，承租人为租赁物的实际购入人。因此，无论是从购买的角度，还是从租赁的角度，承租人以融资租赁方式取得租赁物应属于《政府采购法》的调整范畴。其二，《国务院办公厅关于加快融资租赁业发展的指导意见》（国办发〔2015〕68号）及《国务院办公厅关于促进金融租赁行业健康发展的指导意见》（国办发〔2015〕69号）均鼓励政府购买融资租赁服务，鼓励各级人民政府在提供公共服务、推进基础设施建设和运营中购买融资租赁服务，这与《政府采购法》一脉相承。

结合《政府采购法实施条例》第2条"以纳入预算管理的资金作为还款来源的借贷资金，视同财政性资金"的规定，若地方政府部门通过融资租赁方式购入货物或工程，且租赁公司在该融资租赁业务项下的租金债权已通过合法程序被纳入财政预算，应属于地方政府部门使用财政性资金购入货物或工程，属于政府采购范畴，不违反《预算法》规定。但是，有的地方政府文件（如四川）将融资租赁作为违法举债的方式之一，笔者认为，这一规定的前提是"违法违规"，如果地方政府严格按照《预算法》

规定的程序将租金的偿还列入预算，不属于“违法违规”。

综上所述，笔者认为，经过正当程序、通过融资租赁方式取得货物或工程属于《政府采购法》规定的政府采购行为，不属于《预算法》第35条第3款限制的情形。

2. 对融资租赁合同效力的影响

虽然笔者认为融资租赁不属于《预算法》第35条第3款限制的情形，但不排除部分裁判机关认为地方政府或其部门通过融资租赁方式采购货物或工程系违反《预算法》的行为，若如此，则地方政府及其所属部门与租赁公司签署的融资租赁合同的效力是否会受到影响？

根据《合同法》第52条：“有下列情形之一的，合同无效：（一）一方以欺诈、胁迫的手段订立合同，损害国家利益；（二）恶意串通，损害国家、集体或者第三人利益；（三）以合法形式掩盖非法目的；（四）损害社会公共利益；（五）违反法律、行政法规的强制性规定。”结合本文第二部分提及的案例，最有可能据以认定融资租赁合同效力的依据是上述第（四）、第（五）两种情形，以下逐一分析。

（1）关于损害社会公共利益

关于何谓公共利益，我国法律法规没有进行规定。梁慧星教授组织起草的《物权法草案》第49条曾对公共利益表述为：“所谓公共利益，指公共道路交通、公共卫生、灾害防治、科学及文化教育事业、环境保护、文物古迹及风景名胜区的保护、公共水源及引水排水用地区域的保护、森林保护事业，以及国家法律法规规定的其他公共利益。”王利明教授则认为，公共利益本身在受益人的范围上具有不特定性，受益可以是多方面的，既可以是经济上的，也可以是教育、科学、文化等精神上的。综上所述，公共利益，即在一定社会条件下或特定范围内与不特定多数主体利益相一致的方面，利益范围既包括经济利益，也包括正义、公平、美德等抽象价值。

那么，地方政府及其所属部门通过融资租赁方式采购货物或工程，是否损害了社会公共利益？地方政府或其所属部门举债增加了政府债务支出，从而使得公民所缴纳的税收更多地用于填补政府债务而非用于社会建设，可能导致该政府投入其他公共服务或基础设施领域的支出减少，因而损害了当地民众的利益，有损公共利益。但是，从资金投向来看，如果租赁公司向地方政府提供的融资投向了供水、供气、供热、城市污水垃圾处理、公交车、城市照明等城市公用事业建设，以及城市轨道交通、高速公路、高速铁路等基础设施建设，事实上，地方政府通过融资租赁方式获取的资金也多是投向了城市公用事业及基础设施建设，从这一角度来说，租赁公司通过与地方政府及其所属部门开展融资租赁交易不仅促进了城市建设发展，还对社会公共利益有利。因此，是否有损公共利益应具体分析，不宜一概而论。

（2）关于违反法律的强制性规定

根据《合同法司法解释（二)》第 14 条，若《预算法》第 35 条属于效力性强制性规定，相应合同的效力才会受到影响。

根据前文分析，《预算法》第 35 条属于管理性规定，因此，不宜作为判断合同效力的依据。

因此，本文第二部分案例一中法院认为“上诉人与被上诉人签订的《借款协议》违反《预算法》的强制性规定，应属无效”的观点值得商榷。

（3）小结

综上所述，关于《预算法》第 35 条对合同效力的影响，理论和实务界存在截然相反的两种观点，相同的情形曾经在对《公司法》第 16 条的理解上发生，对于公司违反《公司法》第 16 条所提供的担保的效力，理论和实务界争论了 10 余年，直到近几年最高人民法院在多个判决中认为《公司法》第 16 条属于管理性强制性规定，不影响担保合同的效力，这一争论才初步有了结果，如今《预算法》又要上演相同的剧目，最终应该由全国人大出台立法解释或者最高人民法院作出司法解释对效力性规定和管理性规定的区分标准进行释明，以彻底解决这一争论。

四、启示

本文提及的三个判决涉及的金额都较小，且都是基层政府，无论合同效力如何，判决还本付息或是返还本金赔偿损失，都不会引起系统性风险和地方政府债务风险，但若如融资租赁业务般动辄上亿，则可能会出现较大的债务风险。近几年，国务院及财政部、发改委等部委多次发文鼓励PPP项目，即社会资本介入公用事业和基础设施建设，而融资租赁的特性决定了其是PPP项目的最佳搭档。融资租赁的本质是投资，目的在于获取收益，对PPP项目来说，租赁公司的收益来源于项目公司从PPP项目中所获收益，而项目公司的收益取决于PPP项目的付费机制，根据现行规定，PPP项目的付费机制有使用者付费、政府付费、可行性缺口补贴三种，其中后两种均涉及政府财政支出，而政府的任何支出都必须先有预算，这就涉及与《预算法》的衔接问题。按照我国现行《预算法》的财政预算机制，政府财政是一年一预算，而PPP项目动辄一二十年，最长可达三十年，这与预算体制明显不符，财政预算的不可预期性使得社会资本方的收益无法获得保障，不利于PPP项目的长远发展。PPP项目的实质是政府购买服务，若要实现可持续发展，应考虑做好制度设计和政策安排，改变现行单一年度的预算体制，建立跨年度预算平衡机制、实行中长期财政规划，以使社会资本投入方有明确的预期和恒久的保障，才能最终实现推广PPP项目的目的，达到引入社会资本、提升公共服务的目的。

参考文献

[1]奚晓明．最高人民法院关于融资租赁合同司法解释理解与适用[M]．北京:人民法院出版社,2014.

[2]何帆．刑民交叉案件审理的基本思路[M]．北京:中国法制出版社,2007.

[3]王利明．物权法研究[M]．北京:中国人民大学出版社,2002.

[4]王利明．物权法论[M]．北京:中国政法大学出版社,2008.

[5]王轶．物权变动论[M]．北京:中国人民大学出版社,2001.

[6]张稚萍．融资租赁案例选评[M]．北京:人民法院出版社,2001.

[7]李曙光．企业国有资产法释义[M]．北京:法律出版社,2012.

[8]高鸿钧．法治:理念与制度[M]．北京:中国政法大学出版社,2002.

[9]黄建中．合同法分则重点疑点难点问题判解研究[M]．北京:人民法院出版社,2006.

[10]史树林,乐沸涛．融资租赁制度概论[M]．北京:中信出版社,2012.

[11]王忆华．租赁实务与会计[M]．北京:中信出版社,1990.

[12]刘德权．最高人民法院司法观点集成[M]．北京:人民法院出版社,2014.

[13]梁慧星．梁慧星文选[M]．北京:法律出版社,2003.

[14]奚晓明．合同案件审判指导[M]．北京:法律出版社,2014.

[15]郑雷．船舶融资租赁法律问题研究[M]．北京:法律出版社,2012.

[16]李鲁阳,张雪松．融资租赁的监管[M]．北京:当代中国出版社,2007.

[17]苏迪尔·阿曼波．国际租赁完全指南．李命志等,译．[M]．北京:

北京大学出版社,2007.

[18]克里斯·布比耶. 租赁与资产融资——执业者的综合指南. 徐娜等,译.[M]. 北京:中国金融出版社,2009.

[19]杜万华. 合同案件审判指导[M]. 北京:法律出版社,2014.

[20]李中华. 融资租赁运作实务与法律风险防范[M]. 北京:法律出版社,2012.

[21]人民法院出版社法规编辑中心. 最高人民法院合同法司法解释(二)问答[M]. 北京:人民法院出版社,2009.

[22]最高人民法院民事审判第一庭. 最高人民法院民间借贷司法解释理解与适用[M]. 北京:人民法院出版社,2015.

[23]最高人民法院民事审判第二庭. 最高人民法院关于融资租赁合同司法解释理解与适用[M]. 北京:人民法院出版社,2014.

[24]全国人民代表大会常务委员会法制工作委员会. 中华人民共和国企业国有资产法释义[M]. 北京:法律出版社,2008.

[25]张稚萍,融资租赁司法解释评析[J]. 北京仲裁,2014.

[26]李伟. 光租船舶扣押与拍卖的法律问题研究——兼评2015年《最高人民法院关于扣押与拍卖船舶适用法律若干问题的规定》第三条,社会科学辑刊,2015.

[27]薛正纲. 船舶融资租赁合同与船舶光租合同的比较,中国海事审判网,2002.

[28]方团益. 船舶融资租赁下的所有权制度研究[J]. 知识经济,2010.

[29]冯玖聚. 融资租赁船舶可扣性分析[J]. 法治与社会,2013.

[30]李志刚. 融资租赁若干法律实务问题[J]. 法与思微信公众号,2017.

[31]张艳玲. 放弃民事上诉权约定的法律效力[J]. 人民法院报,2011.

[32]肖建国. 诉讼实施权理论的基础性建构[J]. 比较法研究,2011.

[33]王林清,刘高. 民刑交叉中合同效力的认定及诉讼程序的构建

[J]. 法学家,2015.

[34]陈兴良,胡建生. 关于“先刑后民”司法原则的反思 [J]. 北京市政法管理干部学院学报,2004.

[35]宋显忠. 约定送达地址:破解送达难“顽症”的新药方 [J]. 人民法治,2016.

[36]龚雪林. 送达地址确认制度中的约束机制——以程序正当性为视角 [J]. 人民司法,2015.

[37]梁超毅. 论民事诉前送达地址确认制度的构建 [J]. 法治与社会,2014.

[38]李遵礼,王睿杰. 合同约定诉讼文书送达地址具有法律效力 [J]. 人民法院报,2016.

[39]戴少雄,郑有培. 民商事纠纷诉前送达地址确认制度之构建 [J]. 人民法院报,2012.

[40]王林清,刘高. 民刑交叉中合同效力的认定及诉讼程序的构建 [J]. 法学家,2015.

[41]张勇健. 商事审判中适用外观主义原则的范围探讨与最高人民法院《关于适用〈中华人民共和国公司法〉若干问题的规定(三)》相关条文对照 [J]. 法律适用,2011.

[42]陈华彬. 论所有人抵押权——基于对德国法和瑞士法的分析 [J]. 现代法学,2014.

北京市汇融律师事务所简介

北京市汇融律师事务所于2005年3月设立，是经批准设立的合伙制律师事务所。自成立以来，汇融一直致力于在各个专业领域为客户提供富有成效的法律服务。发展至今，汇融已经成为具有特色的专业律师事务所之一，在融资租赁法律服务领域具有丰富的经验和专业积累，“服务租赁投资，规范租赁交易，支持租赁创新，维护租赁权益”是汇融的服务理念。汇融总部设于北京，并在天津和山东设立分所。

除融资租赁外，汇融的业务范围涵盖了诸多领域，在商业保理、外商投资、银行信贷与项目融资、重组与并购、公司管理与资产证券化、政府法律顾问、国内和国际组织法律顾问、企业法务、房地产与基础设施建设、劳动人事、争议解决等方面均有建树。

汇融的团队成员来自中国人民大学、中国政法大学、南开大学、对外经贸大学、北京外国语大学、东京大学、德国科隆大学、德国波恩大学及美国圣路易斯华盛顿大学等国内外一流的法学院。汇融人不仅具有深厚的理论功底和法律素养，而且不少精通英语、日语、德语、财务、会计和国际贸易等相关领域的专业知识。“分工明确，配合默契；秉承专注，精益求精”的工作作风和“稳重、高效、创新”的服务方式，使得汇融得以为客户提供专业、及时、全面的解决方案。

汇融与海内外知名法律专家、学者和相关行业协会建立了广泛而稳定的合作关系，并有幸长期获得他们的支持和专业协助。汇融具备通力协作、承办重大疑难案件和处理各种法律事务的能力，可随时为客户提供最前沿、高效的专业服务。

秉持“十年磨一剑”的工匠精神，汇融人苦心孤诣、精益求精，不断开拓创新，在服务理念、人才培养、专业建设等方面取得了质的突破和积淀，铸造了汇融品质。浩荡潮流，不进则退，百尺竿头，更进一步，汇融将为取得更优秀的业绩而继续努力！

零壹租赁智库简介

零壹租赁智库为零壹财经旗下独立、专业、开放、创新的融资租赁学术及业务交流平台，提供高质量的新闻资讯和研究产品，开展多层次、高效率、有创见的研讨活动。服务载体包括：零壹租赁网，微信公众号“零壹融资租赁简报”，《中国融资租赁行业年度报告》系列书籍，融资租赁行业相关报告等。

智库的功能定位为：

1. 推动行业企业的融合交流，构建产业生态；

2. 通过对市场的前瞻性研究，为企业的长远发展提供外部智力支持；

3. 通过高品质的媒体内容、研究报告，帮助建立行业新标杆地位；建立租赁新时代的行业新标准；形成长期品牌阵地。

零壹财经是独立的新金融知识服务机构，建立了媒体 + 数据 + 研究 + 智库的独立第三方服务架构，拥有新媒体、零壹研究院、零壹数据、零壹智库等服务平台。

零壹智库是零壹财经旗下的内容品牌及研究服务平台，坚持独立、专业、开放、创新的价值观，建立了多元化的学术团队，通过持续开展金融创新的调研、学术交流、峰会论坛、出版传播等业务，服务新金融机构，探索新金融发展浪潮。

零壹财经书系：

《中国融资租赁行业年度报告》系列 、《中国 P2P 借贷服务行业白皮书》系列 、《中国众筹服务行业白皮书》系列 、《互联网金融：框架与实践》、《数字货币》、《比特币》、《互联网保险新模式》、《互联网消费金融：模式与实践》、《互联网理财资产供给》、《百变互联网理财》系列 、《P2P 借贷投资人手册》等。